Una Nueva Luz para El KamYno

"Para transitar la vida como un camino a la verdad"

MIGUEL ÁNGEL ALDAPE RAMÍREZ

BARKER❸JULES

BARKER ❷ JULES

Una Nueva Luz para El KamYno

Edición: Barker & Jules Books™
Diseño de Portada: | Barker & Jules Books™
Diseño de Interiores: Juan José Hernández Lázaro | Barker & Jules Books™

Primera edición - 2021
D. R.© 2021, MIGUEL ÁNGEL ALDAPE RAMÍREZ

I.S.B.N. | 978-1-64789-444-3
I.S.B.N. eBook | 978-1-64789-445-0

BARKER & JULES, LLC
2248 Meridian Blvd. Ste. H, Minden, NV 89423
barkerandjules.com

DEDICADO A:

Alcohólicos Anónimos:
el gran milagro del siglo XX

ÍNDICE

Agradecimientos

A Dios:
Por absolutamente todo.
A Herlinda, mi madre:
Por enseñarme el temor a Dios y el amor al conocimiento.
A José Guadalupe, mi padre:
Por enseñarme a vivir en libertad y con responsabilidad.
A mi esposa, María del Socorro:
Por haber elegido transitar junto a mí su vida.
A mis hijos, Miguel Adiel, César Alejandro, Ángel Adrián y Jorge Octavio:
Por inspirar en mí la posibilidad del amor incondicional.
A la comunidad de Alcohólicos Anónimos:
Por haber hecho lo suficiente para seguir existiendo.
A Alfredo Salazar:
Por ser el instrumento de Dios para llegar al lugar indicado.
A Hacienda Fortaleza San Benito:
Por haber sido el primer paso para encontrar "El KamYno".
Al grupo de 4º y 5º paso "La Victoria", de Monterrey, Nuevo León México:
Por haberme recibido con inmenso cariño en su Comunidad después de renacer
A mi comunidad Una Nueva Luz:
Por ser la chispa que encendió El KamYno.
A Hacienda KamYno al Despertar
Por ser el laboratorio en donde Dios está creando una nueva forma de vivir.

Introducción

Estás a punto de iniciar una travesía hacia lo más profundo del saber humano. Como resultado de casi 40 años de investigación, validación y generación de conocimiento sobre la constitución y funcionamiento del ser humano, en este libro podrás encontrar los elementos necesarios para comprenderte a ti mismo y a quienes te rodean. Así mismo, encontrarás una cantidad importante de las leyes, principios y procesos que regulan nuestra vida en este planeta, con lo cual podrás hacer consciente lo inconsciente, es decir, moverte de participar en una vida que te pasa, a elegir y experimentar la vida que deseas. Entiendo que se han escrito miles o cientos de miles de libros sobre el tema, sin embargo, la aproximación que estás por conocer viene de una conjunción de variables por demás peculiar, las cuales abordaré con profundidad más adelante.

Así, el tema central de esta obra es el ser humano y su proceso de interacción consigo mismo, con Dios y con los demás. De un correcto manejo de las leyes y principios naturales que gobiernan al ser humano y a estos tres procesos de interacción, depende la calidad de toda nuestra vida. Por lo tanto, a través del contenido del libro iré compartiendo contigo conocimientos sobre cómo funcionamos y el porqué de la forma en que nos relacionamos con todo lo que existe.

Casi desde el principio, la mayoría de las personas que lean este libro empezarán a cuestionar algunos aspectos de su contenido. La razón de esto es que se encontrarán con una gran cantidad de "aproximaciones a la verdad" que seguramente nunca han escuchado. Menciono "aproximaciones a la verdad" porque aun y cuando para mí lo aquí expuesto es verdad, me queda claro que la verdad como tal es algo que se podrá saber y conocer, pero siempre será muy complejo transmitir a través del lenguaje. Además, la vida no es otra cosa que el camino a la verdad, el cual se transita accediendo a grados de conocimiento cada vez más cercanos a la verdad.

Más adelante comprenderás mejor a qué me refiero con esto, por lo pronto sólo te puedo sugerir que te des la oportunidad de comprender el contenido de este libro, ya que va a cambiar para siempre tu forma de ver la vida. Otórgame el beneficio de la duda o prosigue con un poco de fe hasta que tengas oportunidad de adentrarte en el libro y te decidas a poner en práctica algunos aspectos de su contenido. La verdad nos hace libres y estás a punto de tener la oportunidad de liberarte de las limitaciones que producen la mayoría de los conflictos y fracasos del ser humano.

Una de las particularidades más importantes del contenido de este libro es que no es teórico. En realidad, es el resultado de la aplicación práctica de lo que Dios ha puesto en mi camino por los últimos 40 años. Han sido cuatro las etapas evolutivas por las que considero haber transitado, cada una cimienta la siguiente:

1. **Organizacional.** Por casi 20 años tuve la oportunidad de laborar en el mundo organizacional para Delphi Packard Electric Systems, división de General Motors (GM). Empecé como técnico de mantenimiento y terminé como gerente general de planta. Como parte de esta etapa tuve la oportunidad de adentrarme en una gran cantidad de aspectos de supervisión, dirección y liderazgo necesarios para una exitosa gestión de equipos de trabajo y procesos productivos. Considero a General Motors una de las mejores escuelas para el desarrollo profesional de los últimos 30 años del siglo XX.

2. **Desarrollo humano.** Por 18 años, de 1992 a 2010, me embarqué en una búsqueda frenética de conocimiento sobre el ser humano y sus procesos de interacción con el mundo que lo rodea. Por siete años seguidos estudié programación neurolingüística (PNL) en el Centro Mexicano de PNL localizado

en Guadalajara, Jalisco, México. Cursé cientos de horas de talleres, seminarios y diplomados en liderazgo, *coaching*, trabajo en equipo y temas variados en desarrollo humano. En este periodo leí alrededor de 1,500 libros de muy variadas corrientes del desarrollo humano. Laboralmente, pasé de ser empleado de GM a ejercer como consultor de empresas en productividad, liderazgo, *coaching*, trabajo en equipo y desarrollo humano en general. Esta etapa consolidó en mí habilidades y conocimientos que me permitieron desarrollar una capacidad especial para comprender, integrar, generar y transmitir conocimientos relativos al ser humano como sistema. Como resultado de esto escribí tres libros. Encontrarás los títulos en la bibliografía que aparece al final de este libro. Además, diseñé e impartí por varios años un diplomado en Desarrollo Humano y otro en Liderazgo y Coaching.

3. **Despertar espiritual.** A inicios de 2011 llegó a mí la oportunidad de vivir la experiencia espiritual de 4º y 5º paso, ofrecida por una comunidad dedicada a este tipo de retiros. Incluso cuando el concepto viene de Alcohólicos Anónimos (AA), estas comunidades no son parte oficial de AA. Sin embargo, por la nueva forma de vida que le ofrecen a quienes toman el retiro, estas se han extendido a lo largo y ancho de México desde 1992, año en que nacieron. Si bien siempre he creído en Dios, fue hasta que viví este retiro espiritual que puedo decir que empecé un verdadero proceso de despertar. A partir de que tomé mi retiro y hasta marzo de 2017, tuve la extraordinaria ocasión de adentrarme en el mundo espiritual de AA. Me integré a la comunidad de 4º y 5º paso, donde tomé mi retiro, prácticamente leí toda la literatura que maneja AA y, para el 1 de diciembre de 2011, mi esposa y yo abríamos el grupo de autoayuda de 4º y 5º paso Una Nueva Luz, del que fui coordinador hasta marzo de 2017. Como resultado de esta etapa de mi vida se consolidó la intuición como forma de adquisición de conocimiento. Como coordinador de grupo tenía que dirigir las juntas diarias en la comunidad, lo que me

enfrentaba a la necesidad de exponer temas de la literatura espiritual de AA. Esto, complementado con la experiencia de asistir cada cuatro semanas a servir a los retiros espirituales, fue metiéndome a un proceso en el cual, con determinada frecuencia, "llegaba" conocimiento nuevo a mi consciencia (revelaciones).

4. **KamYno de mejoramiento de mí mismo.** Para marzo de 2017 llegaba la nueva señal de cambio. Por algunas situaciones dentro de la corriente de 4º y 5º paso a la que pertenecíamos, se gestó la posibilidad de iniciar nuestra propia comunidad de autoayuda. A ese momento, mis inquietudes por utilizar todo cuanto se me había regalado como herramientas para mejorar, sumado a la necesidad de algunos militantes de realmente conformar un programa que nos guiara a mejorar los aspectos más difíciles de nuestras vidas, provocaron que definiéramos que era tiempo de seguir nuestro propio camino. Fue así que en marzo de 2017 surge la comunidad El KamYno, una asociación de seres humanos dispuestos a experimentar un nuevo camino de mejoramiento personal. Para esto era necesario contar con una estructura nueva para nuestro ambicioso programa. Gracias a la costumbre de crear y registrar conocimiento basado en las revelaciones que llegaban, y a la gran cantidad de conocimiento generado durante la tercera etapa de mi vida descrita arriba, nació la estructura de mejoramiento personal para El KamYno. En marzo de 2018 terminó el proceso de creación y se publicó por primera vez. A partir de ahí, inició el proceso de comprensión para la aplicación práctica de lo establecido por la estructura. Finalmente, después de 2 años llegamos a nuestro destino: una estructura 100% objetiva, metodológica y aterrizada para experimentar nuestro proceso de mejoramiento de nosotros mismos.

En resumen, este libro contiene todos los aprendizajes y revelaciones que Dios ha puesto en mi camino como parte de mi experiencia de vida, planteados en forma de un Proceso de Mejoramiento de Sí Mismo, El KamYno, que pueda ser transitado por cualquier ser humano que esté dispuesto a ser responsable de sí mismo, a comprometerse con Dios y a entregarse a una comunidad espiritual.

El libro está dividido en tres partes. En la primera parte, "La verdad", se plantean los principios, procesos y resultados que cimientan el proceso de vida del ser humano en su caminar por esta vida. En la segunda parte, "La vida", se plantea la estructura, los modelos y los conocimientos necesarios para comprender los elementos fundamentales bajo los cuales ocurre la vida. En la tercera parte, "El KamYno", encontrarás la estructura del Proceso de Mejoramiento de Sí Mismo propuesto y las acciones específicas sugeridas para lograr un bienestar cada día más profundo y duradero, a través de transitar por este KamYno espiritual.

Había escuchado y leído en diferentes momentos de mi vida que el desarrollo espiritual se debe buscar en comunidad. Ya metido en la cuarta etapa de mi vida, pude comprobar que este principio era más contundente que lo que había considerado. La única manera de lograr y mantenerse en un verdadero desarrollo espiritual es como militante de una comunidad. El viaje espiritual yendo solos es altamente peligroso y, por lo regular, termina en un destino que produce sufrimiento. Hay muchas razones por lo que esto ocurre, mencionaré algunas de ellas más adelante. Por lo pronto, te comparto esto porque es necesario aclararte que jamás podrás obtener todo el beneficio que El KamYno tiene para ti si no lo experimentas como militante activo de una comunidad para el desarrollo espiritual. Aunque este libro pueda ser de utilidad para cualquier ser humano que lo lea y aplique su contenido, está escrito para ser usado como material de apoyo dentro de los siguientes tipos de grupos humanos:

1. **Comunidades para el progreso espiritual El KamYno.** Actualmente, sólo estamos operando en Monterrey, Nuevo León; en Ciudad Juárez, Chihuahua, y en Xalapa, Veracruz; las

tres, ciudades ubicadas en México. Con la ayuda de Dios iremos teniendo la oportunidad de operar en más localidades con el transcurso del tiempo.

2. **Grupos de Alcohólicos Anónimos.** Creo que este libro puede llegar a ser parte de la hermosa literatura que AA tiene para soportar su programa de recuperación. Estoy seguro de que se puede convertir en una poderosa herramienta para que los padrinos y madrinas acompañen a sus ahijados por el proceso de dominio y eliminación de los defectos de carácter que produce la famosa "borrachera seca".

3. **Grupos de 4º y 5º paso.** Una de las diferencias importantes entre los grupos de AA y los de 4º y 5º paso es que en estos últimos con sólo asistir al retiro de un fin de semana se tiene la oportunidad de dar un brinco exponencial de consciencia con respecto a la vida espiritual. Como para ser militante de estos grupos se tiene que asistir primero al retiro, de viernes en la tarde a domingo en la tarde, para el lunes por la mañana ya se cuenta con una expansión de consciencia tal que se hace indispensable contar con una metodología para el mejoramiento personal que soporte dicha expansión de consciencia. Una de las particularidades de estos grupos es que ofrecen una nueva oportunidad de vida para quienes toman el retiro. Con *Una Nueva Luz para El KamYno*, estoy seguro tendrán la oportunidad de ofrecer a sus militantes la oportunidad de capitalizar esa nueva oportunidad de vida.

4. **Grupos Anónimos de varios tipos.** Definitivamente, este libro podrá llevarse como material de apoyo en todos los grupos de autoayuda emergentes de AA, Neuróticos Anónimos, Familias Anónimas, Anexos para tratamiento de adicciones, Fumadores Anónimos, etc.

5. **Comunidades religiosas.** Uno de los principios que en las comunidades El KamYno compartimos con los grupos de AA y de 4º y 5º paso, es que no somos religiosos. Esto significa que no pertenecemos a ninguna denominación religiosa y que todas las personas son bienvenidas independientemente de la religión a la que pertenezcan. Desde que las personas llegan a

una comunidad El KamYno, la sugerencia siempre ha sido que continúen activos en su religión, tal como lo aprendimos del programa de 4º y 5º paso. Sin embargo, creo que este libro podrá ser utilizado también como parte del proceso de estudio dentro de las comunidades religiosas, especialmente en los grupos pequeños llamados "células", que son parte de algunas religiones.

En conclusión, si al momento que este libro llegue a tus manos no eres militante de alguna comunidad espiritual, te sugiero que, como parte del proceso de leer el libro, te des a la tarea de integrarte a la comunidad espiritual de tu elección.

Te deseo un extraordinario viaje a través de las páginas de este libro, pero, sobre todo, que sea el inicio de un proceso de mejoramiento de ti mismo por medio del cual llegues a una consciencia plena de tu esencia como hijo de Dios.

PRIMERA PARTE:

1

La verdad

"La verdad es el principio y el fin del
camino por esta vida"

Principio fundamental:

Llegamos a este mundo como una manifestación absoluta de
la verdad, vivimos y, ya sea durante la vida o al final de ella,
regresamos nuevamente a una consciencia plena de lo que la
verdad es.

I. Principios esenciales

1. Creados a imagen y semejanza

El principio que todo lo abarca y del cual emerge todo lo relativo al ser humano, a la vida y a nuestra interacción con el mundo es que "estamos creados a imagen y semejanza de Dios". El Génesis nos plantea una de las verdades más difíciles de creer si comparamos al ser humano común de cualquier época, con excepción de Jesucristo, con la imagen de Dios plantada por la Biblia. Sin embargo, si pensamos tan sólo en nuestra constitución en tres dimensiones, nos damos cuenta de nuestra innegable y extraordinaria semejanza con Dios. Nuestro cuerpo, Dios Hijo; nuestra mente, Dios Padre, y nuestro espíritu, Dios Espíritu Santo, son la prueba contundente en el proceso de encontrar nuestra imagen y semejanza con Dios.

En el principio creó Dios el cielo y la tierra...Y vio Dios que lo hecho era bueno. Y por fin dijo: Hagamos al hombre a imagen y semejanza nuestra... Creó, pues, Dios al hombre a imagen suya: a imagen de Dios lo creó; los creó varón y hembra... Formó, pues, el Señor Dios al hombre del lodo de la tierra, le inspiró en el rostro un soplo o espíritu de vida, y quedó hecho el hombre viviente con alma racional (Génesis 1 y 2).

"Del lodo de la tierra, cuerpo, le inspiró en el rostro un soplo o espíritu de vida y quedó hecho el hombre viviente con alma racional, mente". Uno de los misterios más grandes a los que el ser humano dedica sus pensamientos, justo dentro de nosotros. Aquí inicia la profundidad de nuestra imagen y semejanza con Dios, en el misterio de la Santísima Trinidad: Dios es uno y tres a la vez. El ser humano es uno y tres a la vez. En Su sabiduría infinita, Dios nos creó de tal forma que, comprendiéndonos a nosotros mismos, tuviéramos la oportunidad de conocerlo y comprenderlo a Él. Te comparto algunas consideraciones que te pueden ayudar a comprender la trascendencia de este principio:

1. Dios, como uno y tres, es el creador de todo en su estado original.

2. Al ser Dios tres personas, todo lo crea a su imagen y semejanza. Esta es la razón por la cual prácticamente todo en el universo está compuesto por tres elementos en su estado original. Así ocurrió con la obra maestra de la creación, el ser humano.

3. Prácticamente, por lo tanto, todo lo creado lleva un componente de cada una de las tres personas que conforman a Dios. Un elemento Hijo, dimensión física; un elemento Padre, dimensión mental, y un elemento Espíritu, dimensión espiritual. Por ejemplo, en este mundo todo fue creado originalmente dentro del reino mineral, vegetal y animal. Todo lo que existe tiene materia, energía y frecuencia. Y el átomo tiene electrones, protones y neutrones. De la misma forma, sólo existen tres colores primarios: rojo, verde y azul.

4. Así mismo, cada elemento de la Santísima Trinidad tiene la misma función que cada elemento del ser humano. El Hijo, el cuerpo, es el medio por el cual se experimenta la vida en la dimensión física; el Padre, la mente, es el medio por el cual se crea todo lo que existe y existirá, y el Espíritu Santo, soplo divino en el ser humano, es el medio por el cual todo lo que existe se hace uno.

5. Así, una vez fue creado todo en su estado original, el ser humano está siendo el instrumento de Dios para continuar el proceso creativo en este mundo. Como es arriba es abajo, entonces todo lo que el ser humano está creando lo crea a su imagen y semejanza, es decir, en tres dimensiones.

6. Por ejemplo, así crea el hombre la ciencia, la filosofía y la religión. También establece los tres poderes dentro de una democracia: Poder Ejecutivo, Poder Judicial y Poder Legislativo. Y así crea el futbol, con quienes defienden, los medios y los delanteros.

7. Es importante resaltar que el proceso hacia la tridimensionalidad de la creación es evolutivo, esto es, va ocurriendo con el tiempo, conforme se va expandiendo la consciencia humana hacia su origen divino. Así, por ejemplo, iniciamos el sistema social con monarquías, que se complementaron más adelante con el senado y finalmente apareció el Poder Judicial. Así, finalmente, todo corresponde: el Poder Ejecutivo, cuerpo, Jesucristo; el Poder Judicial, mente, Padre; y el Poder Legislativo, espíritu, Espíritu Santo.

8. Es importante considerar que una de las particularidades de la experimentación de la trinidad es que opera siempre sin posibilidad de separación real. Así, por ejemplo, cuando experimentamos un dolor físico, cuerpo, la mente lo detectará y esto podrá estimular un sentimiento proveniente del espíritu. Es la característica por medio de la cual podemos intentar comprender que Dios Padre estuvo en esa cruz crucificado junto con Su Hijo Jesucristo.

Las implicaciones de este principio están presentes en todo lo que existe. La creación tiene su origen en el misterio de la Santísima Trinidad. El ser humano fue creado a imagen y semejanza de Dios, por lo cual también es trino. De la misma forma, todo lo creado por el ser humano en este mundo, con el transcurso del tiempo, tenderá a ser creado en tres dimensiones, cada una resultante de las posibilidades y necesidades de cada una de las tres dimensiones que conforman al ser humano. Al ser un proceso evolutivo, podemos comprender que todo se irá creando en función del nivel de consciencia del ser humano a cada momento dado. Una forma sencilla de ver esto es si pensamos en el proceso de sanación que el ser humano ha utilizado casi desde siempre: Sanación biológica a través de medicamentos y atención médica del cuerpo; sanación a través de procesos de pensamiento como decretos, mantras, meditaciones o reprogramaciones mentales, y sanación producida por medio de la creencia en Jesús, proceso espiritual. Con este ejemplo nos damos cuenta de que las tres posibilidades están presentes siempre y se manifiestan en diferente grado cada una dependiendo del nivel de consciencia del sistema humano que experimenta cada situación. Un ejemplo más complejo de esto es el proceso creativo del que es parte este KamYno de Mejoramiento de Sí Mismo:

1. En primer lugar, en 1935 nace Alcohólicos Anónimos, como inspiración Divina para resolver el problema de la enfermedad del alcoholismo. Todo inicia como parte de la experiencia espiritual de Bill W. y el resultado es una metodología que utiliza elementos y recursos de las tres dimensiones del ser humano, pero cuyo enfoque se centra en salir de la enfermedad del alcoholismo, elemento cuerpo del proceso creativo del que surge El KamYno.

2. En segundo lugar, en 1992 nacen los grupos de autoayuda de 4º y 5º paso. Surgen de un grupo tradicional de AA, como una forma para sistematizar, guiar, acelerar y capitalizar los beneficios de los pasos 4º y 5º del programa de los 12 de AA. Con el tiempo, terminó convirtiéndose en el elemento mente del proceso creativo del que surge El KamYno. Lo considero el elemento mente por los efectos y resultados que emergen de este movimiento. Es un proceso metodológico del que se obtienen resultados muy consistentes en quienes toman el retiro espiritual; además, los grupos de 4º y 5º paso que se forman terminan siendo dirigidos por una sola persona. Asimismo, el alcance de lo que se puede resolver en un solo fin de semana fácilmente puede ser considerado una renovación de la mente. Y, principalmente, ofrece la posibilidad de que la mente humana se confronte a sí misma con cualquier idea preconcebida que tenga de Dios.

3. En tercer lugar, en marzo de 2017 nacen los grupos de autoayuda El KamYno. Surgen del grupo Una Nueva Luz de 4º y 5º paso, como una respuesta a la necesidad de seguir progresando en el dominio y eliminación de nuestros defectos de carácter. Con el tiempo terminó convirtiéndose

en el elemento espíritu del proceso creativo que inició en 1935 con la creación de AA. El movimiento es una opción para sanar de cualquier adicción a sustancias externas, ofrece rutas para sanar emocionalmente, proporciona métodos para el dominio y/o eliminación de los defectos de carácter y, en general, es un KamYno para el Mejoramiento de Sí Mismo. Es decir, es un KamYno integral para desarrollarnos desde el espíritu que contempla lo mejor del mundo de AA, lo mejor del movimiento de 4º y 5º paso y las revelaciones que Dios tuvo a bien regalarnos específicamente para este nuevo elemento del proceso creativo.

2. De principio a fin, tendemos a Dios

El segundo principio que todo lo abarca es el que establece que el ser humano "siempre busca a Dios, es decir, al Bien". En este caso estoy usando como sinónimos Dios y Bien, por lo que Jesucristo dijo refiriéndose a Dios Padre como el único que es Bueno. La gran diferencia entre nosotros es la forma en la que intentamos llegar a Dios o a lo Bueno. Es decir, el mal sólo es una forma equivocada de buscar el bien. En esto radica el nivel evolutivo en el que nos encontramos cada uno de nosotros. Usando este proceso de pensamiento como base, se pueden plantear los cinco niveles esenciales desde los cuales nos podemos manifestar los seres humanos en un momento dado:

1. Buscar el bien para sí mismo, sin piedad.
2. Buscar el bien para sí mismo, con consideración.
3. Buscar el bien para sí mismo y para los demás.
4. Buscar el bien para sí mismo, a pesar de sí mismo.
5. Buscar el bien para sí mismo, por amor

Partiendo de un comportamiento completamente egoísta, nivel uno, o cien por ciento altruista, nivel cinco, el fin es el mismo: **buscar el bienestar para nosotros mismos**. Como veremos más adelante, tendemos a expresarnos en la vida con este principio como esencia, realizando elecciones por miedo o por amor. Es decir, a través de cualquiera de los 2, ego o espíritu, elegimos la forma en que estamos siempre buscando nuestro bienestar. Sabemos por legado de Jesucristo que el único Bueno es el Padre. Al buscar el Bien, siempre buscamos al Padre, es decir, a Dios. Así, en los más profundo de nuestra esencia se encuentra la demostración más contundente de que somos hijos de Dios: buscamos siempre el Bien. Y lo único que estamos haciendo en esta vida es transitar de buscar el Bien sin piedad, a buscar el Bien por amor, tal como Jesucristo nos lo mostró.

Desde una perspectiva de cómo fuimos creados, esto no es otra cosa que la manifestación de los elementos que nos conforman: la mente, como generadora de nuestra manifestación 100% egoísta "para mí mismo, sin piedad"; el cuerpo, como "contenedor" del ego creado por la mente; y el espíritu, como generador de la "tendencia a buscar siempre el bien por amor." Una vez que se unen el cuerpo y el espíritu para formar un sistema humano, inicia el proceso evolutivo por medio del cual pasaremos desde el "para sí mismo, sin piedad" al que nos impulsa la mente y se registra en el cuerpo, hasta el "para sí mismo, por amor" al que nos conduce el espíritu. Esto establece el papel esencial de cada uno de los elementos que conforman al ser humano:

1. Cuerpo – Manifestación física y contenedor del ego.
2. Mente – Creadora del ego y de la capacidad de manifestar amor.
3. Espíritu – Amar.
4. Estado de consciencia – Propiciar ir del "sin piedad" al "por amor".

Buscar el bien para sí mismo, sin piedad

El nivel menos evolucionado del ser humano es cuando busca su bienestar sin importarle las consecuencias en los demás o lo demás. Desafortunadamente, todavía la mayoría de los seres humanos nos expresamos con mucha frecuencia desde este nivel de consciencia. Esto pasa cuando actuamos sin considerar los efectos y consecuencias de nuestros actos en los demás o en el entorno que nos rodea. Aun y cuando busco mi bienestar al arrojar una lata de refresco por la ventana del vehículo en movimiento, actúo de forma inconsciente sobre el efecto negativo que le genero al medioambiente. El bienestar buscado es mantener mi auto confortable al propiciar que permanezca limpio, sin consideración para el medioambiente. De la misma forma, cuando la presión interna se intensifica por cualquier razón y yo exploto en ira, buscando mi bienestar desfogando la emoción para que no afecte mi salud en el futuro, no estoy siendo consciente del efecto negativo que se generará en la persona en quien estoy descargando mi furia.

Buscar el bien para sí mismo, con consideración

En el segundo nivel de experimentación del principio que establece que siempre tendemos al bien, nuestra consciencia empieza a tener en cuenta las consecuencias y efectos que nuestros actos pueden tener en los demás, antes de realizarlos. De esta forma, antes de actuar tenemos que realizar un proceso de proyección de lo que pensamos hacer o decir, tratando de predecir cuáles pueden ser los efectos e implicaciones que tendrán en los demás. Definitivamente, esto demanda un nivel de consciencia y dominio sobre sí mismo mayor al que la mayoría de las personas posee. Así, una persona que experimenta una repentina reacción de ira y se aleja de la situación sin actuar ni hablar, está actuando con gran consideración, porque si no lo hace, lo más seguro es que va a dañar a quienes le rodean y a sí misma. Alguien puede buscar esa tan ansiada promoción en su trabajo basado en su esfuerzo y en sus resultados, sin la necesidad de criticar o exponer a las personas que compiten con él por el puesto. Llegado el momento, podemos exponer claramente nuestro punto de vista respetando el derecho de los demás a tener el suyo propio.

Buscar el bien para sí mismo y para los demás

En este nivel de consciencia dan inicio los procesos humanos de mayor eficacia y trascendencia. Cuando buscamos nuestro bien y hacemos cuanto esté en nuestras manos para que muchos más también consigan su bienestar, estamos entrando al terreno de la buena voluntad: la estrategia más importante para funcionar como una comunidad de autoayuda. Un ejemplo por demás emblemático de esta forma de ser es la acción de apoyar y servir a las personas con el deseo de abandonar el alcoholismo como medio para mantener la propia sobriedad; así, el alcohólico en recuperación, que sabe que para poder mantenerse sobrio necesita ayudar a otros a lograr su sobriedad, es el maestro que, en su propio esfuerzo por lograr el sentido de su vida, encamina al alumno a la búsqueda de sus más grandes sueños; es la madre que, en aras de su más grande satisfacción en la vida, impulsa a sus hijos a ser los mejores en todo lo que hacen.

Buscar el bien para sí mismo, a pesar de sí mismo

El grado más difícil, pero, por lo tanto, generador de gran plenitud, es cuando se actúa en la vida por el bien de uno mismo, desde el sacrificio o desde el sufrimiento. El ejemplo más contundente nos lo dejó Jesucristo. Experimentó el más grande de los calvarios al cual puede ser sometido un ser humano, a pesar de sí mismo, para realizar el acto más grande que un ser humano puede hacer por su propio bien: obedecer la voluntad de Dios para su vida. Para la consciencia de Jesucristo, había un bienestar mayor para Él mismo al cumplir la obra que Dios le había asignado, que si hubiera evitado el calvario que se le venía. También es el ejemplo de la madre que se queda con el estómago ardiéndole de hambre por entregar a su hijo el poco pan que tiene. La madre experimenta mayor bienestar al ver satisfecho a su hijo que el satisfacer ella su propia necesidad de comida.

Buscar el bien para sí mismo, por amor

Más allá de lo profundamente más difícil, está lo fundamentalmente sencillo. A final de cuentas, la forma más sencilla, infalible y sin límites de buscar el bien para sí mismo es a través de amar. De nuevo, el ejemplo más grande que tenemos es Jesucristo. Desde que inició su vida pública hasta antes que iniciara su calvario, Él se desenvolvió desde el amor. Vivió desde el amor al prójimo durante la mayor parte de su vida y para coronar su misión terminó con el más grande acto de amor realizado, a pesar de Él mismo.

3. Todos somos uno

Instinto social

Como parte del diseño original del cuerpo humano, nos fue instalado el principio por medio del cual iba a ser posible nuestra supervivencia: el instinto social. Como los evolucionistas nos han confirmado, nuestra historia evolutiva vista desde la dimensión física, cuerpo, se cimienta en nuestra tendencia a funcionar en sociedad; es decir, en experimentarnos con una predominancia a darle vida al instinto social. Con este principio circulando por nuestras venas, nos fuimos agrupando en familias, tribus, pueblos y naciones. Comprender y aceptar que tendemos a la vida en grupo, como algo que está instalado en lo más profundo de nuestro cuerpo, nos da la primera pauta para justificar el porqué de la importancia de hacer cuanto esté a nuestro alcance para llevar relaciones e interacciones eficaces con las personas que forman nuestros grupos humanos más cercanos.

Sin embargo, una vez que se fue desarrollando la mente humana, emergente de la unión del cuerpo físico con el espíritu, apareció la idea de separación. Con esto nació el conflicto esencial que tenemos como especie: experimentar nuestra necesidad de vivir en sociedad, cuerpo, con la idea de que somos seres separados, mente. Con el transcurso del tiempo, esto evolucionó al elemento humano más peligroso para nuestra sobrevivencia en este mundo: el ego; con este se inició nuestra tendencia a buscar el bienestar para nosotros mismos sin consideración por los demás: egoísmo (manifestado en el Génesis con lo que pasó entre Caín y Abel).

Trataremos más delante de una forma más puntual todo lo concerniente al ego, su proceso de formación, sus componentes y sus efectos en la vida del ser humano.

Todos somos uno

Al instinto social de la dimensión física, cuerpo, le corresponde el principio de **unidad**, de la dimensión espiritual del ser humano. El principio de unidad establece que, a nivel espiritual, todos somos uno; es decir, el espíritu de cada persona, al provenir de Dios, es uno con Dios y con todos. Las implicaciones de este principio son muchas y están presentes de múltiples formas en nuestra vida. Como los demás principios y procesos esenciales contemplados en esta primera parte del libro, este conforma esta obra como un cimiento, de tal modo que estará entrelazado de diferentes maneras con el contenido total. Por lo pronto, sólo planteo el aspecto más importante que une a estas tres características que conforman al ser humano.

Este principio se une a los 2 elementos tratados anteriormente: el instinto social y la idea de separación. Así, en lo más profundo de la conformación del ser humano, existen tres elementos esenciales que requieren coexistir para su evolución, supervivencia y salvación. De este modo, el cuerpo nos hace tender a la vida en sociedad, para evolucionar; la mente nos dice que estamos separados unos de otros para buscar nuestra sobrevivencia a cualquier costo y nuestro espíritu nos guía para abrir la consciencia a que todos somos uno, para poder experimentar la unidad que nos permita transitar hacia la salvación de todos los hijos de Dios.

En estos tres aspectos que rigen nuestra constitución se cimienta el proceso esencial que estamos experimentando como sistema humano:

1. Recibimos Estímulos
2. Ocurren procesos internos en el ser humano.
3. Se generean cambios en el ADN (Evoluión), se conforma el ego y se expande la consciencia.

Por otro lado, de la interacción entre el instinto social y el principio de unidad emerge uno de los aspectos más importantes para quienes desean transitar un camino de desarrollo espiritual: **el camino espiritual se hace en comunidad**. El sustento de este planteamiento está en el instinto social bajo el cual fue diseñado nuestro cuerpo y en el principio de unidad que acompaña a nuestro espíritu desde su creación. Para que el sentido de unidad se manifieste dentro de nosotros, es necesario que exista un estímulo en el que esté presente otro ser humano. La trascendencia de este planteamiento se requiere comprender desde este momento, ya que este KamYno espiritual solo generará todos sus beneficios cuando sea transitado con una comunidad como soporte.

4. El ahora y la consciencia son nuestro mayor recurso

En la extraordinaria película Matrix encontré un concepto muy interesante. A través de él pude plantear una metáfora para explicar lo que considero una de las formas de vida más comunes que experimenta el ser humano de la actualidad. En esta película se trata el supuesto de que para finales del siglo XXI los robots o inteligencia artificial construidos por el hombre controlarán el planeta Tierra. Los seres humanos han sido reducidos a simples baterías, utilizados por las máquinas para proveerse de energía eléctrica. Para hacer esto posible, las personas son cultivadas y colocadas en un cierto tipo de cápsulas en donde pasarán toda su vida.

Lo más interesante del concepto es lo concerniente al proceso seguido para poder mantener la vida de las personas dentro de dichas cápsulas. Además de proveerlos de alimento, se requiere proporcionarles una vida psicológica. Para esto, el cerebro de cada persona es conectado a una gran computadora llamada la Matrix. En esta computadora existen todos los programas necesarios para simular un proceso de vida normal: trabajo, familia, vacaciones, problemas, vida social, muerte, es decir, todo aquello a lo cual está acostumbrado el hombre de la actualidad. De tal manera que las personas realizan todas las actividades de la vida cotidiana, solo que todo ocurre únicamente en su cerebro.

El proceso normal de vida es sustituido por programas neuronales, electricidad pura fluyendo por todo el cuerpo. Aquí viene la metáfora: no necesitamos esperar a finales del siglo XXI, la vida programada, cerebral y rutinaria es una realidad hoy para la mayoría de nosotros, la mayor parte del día. Es decir, en mayor o menor medida estamos dentro de la Matrix y somos sus esclavos. Para poder soportar esta analogía me basaré en los siguientes tres aspectos:

1. A través de estudios formales del comportamiento humano se ha confirmado que, entre los 14 y 16 años de edad, ya

tenemos el 85% de nuestra personalidad formada; es decir, los comportamientos, programas, hábitos, creencias y rasgos de personalidad con los cuales responderemos a la vida hasta nuestro último día en este mundo. En otras palabras, nuestro estado de ser permanece sin cambio en un 85% desde los 16 años de edad. Por esta razón podemos definir este porcentaje de nuestra personalidad como programas cerebrales, los cuales tenderán a manifestarse de forma automática en nuestras interacciones con el mundo.

2. El segundo aspecto para fundamentar que estamos dentro de la Matrix es el condicionamiento. Entiéndase como condicionamiento algo que ya está programado en el cerebro como una opción única de comportamiento. Es decir, el cerebro escoge automáticamente en función de los programas aprendidos en el pasado cómo ha de responder a ciertos estímulos del entorno. El comportamiento opuesto a un condicionamiento son las decisiones conscientes de la mente, las cuales son consecuencia de un proceso mental creativo. Pedir una coca de naranja, "googlear" algo, tomar el teléfono celular al menor indicio de inactividad o estar estresado la mayor parte del día son ejemplos claros de condicionamientos del ser humano promedio. Los programas de la Matrix, desafortunadamente, no son tan simples como los mencionados. Existe una gran cantidad de problemas de salud que no son sino un condicionamiento más. Desde alergias simples hasta el mismo cáncer. La manera más común usada para etiquetar estos programas es con la palabra "hereditario". De esta manera vemos cómo generación tras generación de personas de una misma familia sufren y, con alta frecuencia, mueren a causa de la misma enfermedad, es decir, del mismo programa familiar.

3. La tercera consideración viene de la vida diaria. Es decir, de la observación consciente y detallada de los acontecimientos

que ocurren a nuestro alrededor. Observación principalmente enfocada a detectar las pautas, programas, paradigmas o condicionamientos existentes en grandes grupos de personas. No se requiere una gran concentración para darse cuenta de lo programado que vive el ser humano moderno, dependiente de estímulos externos que le proporcionen una razón para vivir, olvidado de quién es en su esencia y alejado de la consciencia de los procesos internos que le producen los resultados de vida que tanto odia. Uno de los ejemplos más claros de esto es culpar a los demás por lo que nos pasa, la persona que explota en ira y está completamente convencida de que quien está enfrente es el culpable de su explosión de ira. Para esta persona es completamente inconsciente que afuera sólo hay estímulos, que la respuesta de ira está provocada por un proceso ocurrido cien por ciento en su interior.

En resumen, el general de los seres humanos estamos viviendo bajo una cantidad muy alta de hábitos, paradigmas, costumbres o condicionamientos. Esto nos mantiene en un estado de ser comparable al de un robot; utilizando nuestra metáfora, somos seres esclavos de la Matrix. Es decir, entre más rutinaria sea nuestra vida, más atrapados por la Matrix estaremos. Una forma de hacer más tangible a la Matrix es compararla o definirla como nuestro sistema social, un lugar en donde todo son reglas, formas, premios, castigos, estandarizaciones, fronteras, limitaciones y muchas cosas más encaminadas a eliminar la necesidad de pensar, de elegir, de racionalizar; un mundo en donde la vida es comer, trabajar, tener sexo, drogarse, salir a divertirse, comprar todo lo posible y dormir. Si analizamos las actividades descritas todas son muy apreciadas por las mayorías.

A este momento, tu grado de programación o condicionamiento no es lo más importante. La parte crítica es que comprendas que hay libertad de elección y existe condicionamiento, que tomes consciencia de que hay 2 mentes, una real, única, pensante, creativa, que aprende y evoluciona; y otra, condicionada, que se autoreafirma todos los días y vive esclava de la Matrix. Como lo plantea Carlos Castaneda en su extraordinario libro *El lado activo del infinito*:

> Cada uno de nosotros, como seres humanos, tenemos dos mentes. Una es totalmente nuestra, y es como una voz débil que siempre nos trae orden, propósito, sencillez. La otra mente es la instalación foránea. Nos trae conflicto, dudas, desesperanza, auto-afirmación.

Aquí encontramos nuevamente la Matrix dentro del concepto *instalación foránea*. De la comprensión del concepto de la Matrix, podemos extraer los 2 aspectos más importantes que este principio nos ofrece:

1. **Lo único que existe es un eterno momento presente.** Es decir, el pasado y el futuro son tan sólo una idea de la mente. Todo ocurre en lo único que existe, el momento presente. Así, a lo que llamamos pasado cobra vida cuando nuestro momento presente lo ocupamos con recuerdos de lo ya vivido. Lo mismo pasa con lo que llamamos futuro: únicamente es ocupar nuestro momento presente con lo que deseamos o proyectamos como algo que imaginamos experimentaremos más adelante en el tiempo. Es decir, sea consciente o no, el ser humano sólo se puede experimentar en un eterno momento presente.

2. **La expansión de la consciencia es el propósito del proceso de vida del ser humano.** En este caso, la palabra *propósito* está siendo utilizada para representar la misión a la cual nos tenemos que dedicar para conseguir cumplir nuestro destino en esta vida. Trataré esto con profundidad en la tercera parte del libro. Por lo pronto, sólo te comparto a qué me refiero con expansión de consciencia: **Es el proceso por medio del cual hacemos consciente lo inconsciente,**

sea esto del reino del cuerpo, de la mente, del espíritu o de nuestro medio ambiente exterior. Cuando esto pasa, nos permite acceder a un grado cada vez más cercano de verdad.

Al impartir un seminario o taller, el que más aprende soy yo. Además de reforzar los temas impartidos, normalmente los participantes generan conceptos e ideas nuevas. En un curso que di en Ramos Arizpe, Coahuila, México, no fue la excepción. Después de 2 días de estar hablando de flexibilidad, proceso de cambio y mejoramiento como el camino para salir de los condicionamientos y rutinas de la vida, es decir, para salir de la Matrix, una señora dijo:

Salimos de la Matriz, para entrar en la Matrix. ¡En la Matrix!

5. Una creación con propósito

Cada día que pasa nos aproximamos más a la verdad en todos los aspectos de la vida. En uno de esos tópicos está el eterno debate sobre la existencia de Dios. Y conforme avanzamos cada día más en las profundidades de todo lo que existe, cada vez hay más evidencia de que el mundo no pudo ser producto de la casualidad o de un proceso evolutivo autogenerado. Ya sea desde la ciencia, desde la filosofía o desde la religión paulatinamente se aportan más evidencias que confirman la teoría de la creación sobre la teoría de la evolución. Existen todavía infinidad de misterios sobre la obra de Dios; sin embargo, hoy puedo decir, con conocimiento de causa, que uno de los secretos sobre la creación del ser humano ha sido revelado.

Hace aproximadamente 25 años, mientras estudiaba PNL, inicié un proceso de investigación sobre los perfiles de personalidad contemplados dentro del contenido del primer diplomado en PNL que cursé. Ahí aprendí que las personas podíamos tener un perfil de personalidad auditivo, visual o quinésico. Al empezar a observar en la vida diaria lo aprendido sobre este tema, se inició un intenso proceso de investigación, validación, generación y transmisión de conocimiento sobre perfiles de personalidad, que hoy continúa con lo expuesto en este libro. El resultado más importante para mí fue que Dios me permitió acceder a uno de sus secretos sobre cómo creó el cuerpo del ser humano.

Abordaré con más profundidad la teoría de perfiles que resultó de este descubrimiento en la segunda parte del libro; por lo pronto, te comparto la esencia del secreto descubierto como una de las pruebas más contundentes que yo tengo para asegurar que "Dios no está jugando a los dados con el mundo", es decir, existimos en una creación con propósito. Para comprender la importancia de este descubrimiento veamos primero cómo se conforma la personalidad del ser humano:

La personalidad de todo ser humano tiene su origen en 3 variables principalmente: la genética con la cual llegamos a este mundo, el espíritu y los estímulos del entorno en el cual crecemos. Es decir, la personalidad es producto del tipo de cuerpo con el que nacemos, de la capacidad que desarrollemos para acceder al contenido de nuestro espíritu y del entorno dentro del cual vivamos especialmente los primeros ocho años de vida. Una personalidad saludable es aquella en donde se activa lo mejor de nuestro temperamento genético, se imprime un carácter que potencialice a nuestro favor las experiencias obtenidas de nuestra interacción con el entorno y se despierte a una consciencia espiritual que nos permita manifestarnos desde la buena voluntad y utilizando nuestras virtudes. En la mayoría de nosotros, consecuencia de nuestro nivel evolutivo actual, es muy bajo el porcentaje de elementos de personalidad desarrollado para manifestar contenido espiritual. Por lo anterior, la base de la personalidad del ser humano promedio es una combinación de genética y entorno. Es decir, una personalidad determinada por el ADN que logra activarse y por el manejo que se les da a las experiencias que se tienen en la interacción con el entorno en el que se crece.

El secreto que Dios permite que se le revele a mi inquieta consciencia a través de quince años de intensa investigación es que los seres humanos llegamos a la vida con uno de tres tipos de cuerpo. Es decir, cada cuerpo humano llega con una de tres programaciones genéticas básicas. Como algún tipo de código genético, aún imperceptible para los genetistas y existente dentro de ese porcentaje de información aún no codificada llamado ADN basura, se encuentra escrito por la pluma de Dios que todos tendremos uno de tres temperamentos de personalidad. Los llamé **perfiles connaturales,** ya que la naturaleza nos codifica para tender a uno de estos tres tipos de temperamento. Esto es independiente de si se es hombre o mujer. El segundo descubrimiento en importancia es que dicha programación genética nos proveerá de los elementos de personalidad necesarios para enfrentar la vida desde una determinada estrategia general. Y aquí es en donde, en función de los descubrimientos que se van revelando, se hace evidente que "Dios no está jugando a los dados con el mundo". Te comparto los más relevantes:

1. Son 3 los perfiles connaturales: **la persona con perfil práctico, la persona con perfil racional y la persona con perfil intelectual.** Como podrás anticipar, los títulos que les asigné tienen que ver con el tipo de estrategia general por medio de la cual enfrenta la vida cada perfil. Lo trascendente a comprender en este momento, es que **todos y cada uno de los seres humanos operamos a partir de una de 3 programaciones genéticas básicas.** La inmensa complejidad de la personalidad de cada ser humano, se convertirá en algo mucho más fácil de ser comprendido al conocer los patrones de temperamento a los que tendemos como consecuencia de estas tres programaciones genéticas básicas.

2. La investigación puso en evidencia el segundo descubrimiento que rige esta teoría. Se tiende a un equilibrio en el mundo de personas prácticas, racionales e intelectuales. Del varón se vale la naturaleza para engendrar equilibrio; es decir, si un varón procrea 3 hijos, será uno de cada perfil, independientemente de que sea con diferentes mujeres. Si participa en la procreación de 6 hijos, tendrá dos de cada perfil. Después de más de 20 años de investigación no he encontrado la excepción a esta regla.

3. La persona con perfil práctico tiende a vivir más en función de su cuerpo; la racional, en función de su mente, y la intelectual, en función de su espíritu. Esta es la característica de la que surge la misión general de cada uno de los tres perfiles: las personas con perfil práctico tienen la predisposición genética a la macrofunción de mantener en movimiento al mundo; las racionales son las responsables del proceso creativo-material en el mundo y las intelectuales tienen la responsabilidad del mejoramiento y evolución de los procesos humanos. Aun y cuando todos tenemos la

oportunidad de participar en los 3 macroprocesos, cada perfil está diseñado para, naturalmente y con mayor eficacia, participar en uno de los tres.

4. Del perfil dependen 2 características esenciales para nuestra vida en este mundo: ¿qué aspectos de la vida disfrutamos más? y ¿cuáles serán más interesantes para nuestra mente? Así, por ejemplo, la persona con perfil práctico disfrutará profundamente la actividad física y experimentará un interés grande por las relaciones sociales; la racional disfrutará mucho pensar y su preferencia irá hacia las relaciones de negocios; y la intelectual disfrutará más las actividades de aprendizaje y su interés estará principalmente en relaciones que promuevan la exaltación del espíritu humano. De estos ejemplos se desprende que llegamos al mundo con la tendencia genética a "valorar" diferentes aspectos de la vida, lo cual nos ayuda a dividir el mundo en tres dimensiones, las cuales jerarquizaremos en función de nuestro perfil, lo cual facilitará los procesos de negociación necesarios para seguir poniéndonos de acuerdo.

5. No obstante que esta teoría de perfiles no es consciente en los seres humanos, regula de alguna forma el proceso de elección cuando definimos con quién formar una pareja duradera. El matrimonio se da, en un 99.9% de las veces, entre personas de diferente perfil. Persona de perfil práctico con racional, intelectual con práctico, etc. Las cuatro o cinco parejas que me he encontrado, en 20 años de investigación, formadas por personas del mismo perfil han sido racional con racional. Así, por programas genéticos existentes desde nuestro diseño original, tendemos a unirnos con una persona muy diferente a nosotros, de otro perfil, con lo cual queda claro que la función más importante de la vida en pareja es el mejorar como persona, no llevarnos como almas gemelas.

6. De esta teoría de perfiles se desprende el descubrimiento de que los seres humanos llegamos con un cuerpo, es decir con un perfil, con 2 tipos de capacidades humanas: capacidades

naturales y capacidades normales. Así, todos y cada uno de nosotros llegamos con un cuerpo física y genéticamente preparado con un 33% de las capacidades naturales para lo que la vida le demanda al ser humano. Una capacidad natural tiene la característica de que puede ser desarrollada para producir resultados 5 veces superiores a una capacidad normal. Es decir, para esta teoría de la personalidad todos los seres humanos contamos con talentos potenciales, es decir, con capacidades naturales que sólo hay que descubrir y desarrollar. Por ejemplo, el cuerpo de una persona práctica llega programado con una capacidad muscular constituida por 5 fibras de resistencia por cada una de velocidad o fuerza. La persona racional llega con músculos formados por 5 fibras de velocidad por cada una de resistencia o de fuerza. Y los músculos de la persona intelectual llegan formados por 5 fibras de fuerza por cada una de resistencia o velocidad. Así, con sólo saber el perfil de cada persona se pueden descubrir sus talentos potenciales. Desafortunadamente, al estar fuera de nuestra consciencia este secreto, 8 de cada 10 personas en el mundo se dedican a algo en la vida que les demanda el uso de sus capacidades normales, por lo cual sus capacidades naturales se quedan sin desarrollar. Esto significa que, por ejemplo, 8 de cada 10 personas prácticas mantienen sin desarrollo su capacidad natural de resistencia por enfocarse a tratar de desarrollar al máximo su capacidad de velocidad o fuerza. Con este descubrimiento en la consciencia de la mayoría de los seres humanos sobre la tierra, tendremos la oportunidad de dar un brinco en nuestro proceso de evolución como especie.

7. Ya sea como guerreros, mercaderes o sacerdotes, en la antigüedad; o como vendedores, diseñadores o ingenieros en la actualidad, los seres humanos hemos sido influenciados desde siempre por nuestro perfil connatural para definir a qué tarea, oficio o actividad profesional nos dedicamos. Como vimos, de si se nace con un cuerpo para

un perfil práctico, racional o intelectual van a depender las tres características críticas de las que surge un desempeño eficiente en cualquier trabajo: lo que más disfrutamos hacer, los entornos que nos resultan más interesantes y las capacidades naturales.

La importancia de este descubrimiento, por lo pronto, es comprender que Dios creó el cuerpo humano en tres perfiles, a Su imagen y semejanza, y estableció el sistema de control natural para que siempre existiera un equilibrio en el mundo. De esta forma, aseguraba que tuviéramos la oportunidad de desarrollarnos al mismo tiempo en las 3 direcciones en las que el mundo necesita ir. Además, nos proveía de un diseño físico complementario entre nosotros, que propiciara el trabajo en equipo y en comunidad. Y nos daba la oportunidad de contar con sólo el 33% de los recursos que la vida demanda, para valorar el 66% con el que los demás cuentan y generar valía y respeto hacia ellos. Es decir, nos creó basado en un conocimiento completo de lo que sería nuestro transitar por este mundo. Por la trascendencia de la teoría de perfiles connaturales de personalidad la abordaré con mayor profundidad en segunda parte de este libro.

6. El albedrío

Así llegamos a la joya de la corona, la piedra filosofal, el Santo Grial o la lámpara de Aladino: **el albedrío.** Única capacidad humana superior a Dios mismo, al menos en este mundo y en todo lo que tiene que ver con la dimensión física y mental del mismo. Por decisión divina le es otorgada al ser humano la posibilidad de elegir libremente su destino al transitar por esta vida. Analizado desde todos los ángulos que se desee, es por demás evidente que el albedrío forma parte de los principios bajo los cuales fue creada la vida humana en este mundo. Empecemos por su definición:

> **Albedrío.** Capacidad de juicio, discernimiento y opinión de cada uno, y la libertad de opinar o actuar según su juicio o gusto.

Desde una perspectiva de la definición, podemos encontrar el albedrío en las tres dimensiones del ser humano. Fuimos creados con la libertad de actuar, opinar y sentir de acuerdo con nuestra percepción, juicio y discernimiento. Desglosado el albedrío está manifestado o integrado de la siguiente forma:

Dimensión	Acción	Proceso	Resultado
Cuerpo	Percibir	Percepción	Comportamientos
Mente	Pensar	Juicio	Actitudes
Espíritu	Sentir	Discernimiento	Disposición

Es decir, al percibir a través de nuestros 5 sentidos se inicia en nosotros el proceso que nos permite hacer percepciones sobre el mundo que nos rodea, lo cual, con el tiempo, va moldeando nuestros comportamientos. De la misma forma, cuando pensamos se genera en nosotros el proceso que nos lleva a realizar juicios, los cuales moldearán nuestras actitudes hacia la vida. También, a través de los sentimientos podemos discernir lo que nos genera la disposición interna con la cual enfrentamos la vida. Todo esto forma parte del proceso por medio del que ejercemos el albedrío. En otras palabras, en el cuadro anterior se muestran los 9 elementos básicos en los cuales podemos resumir nuestras diferencias, que no son otra cosa que el uso del albedrío. Es decir:

1. Según percibo el mundo, desarrollo una percepción de que el mundo es un lugar peligroso; por lo tanto, normalmente estoy estresado por lo que pueda pasar. O cualquier otra de las diferentes opciones a las cuales nos lleve el albedrío a través de percibir: las percepciones y los comportamientos.

2. Observando el trato que mi mamá tiene hacia mí, empecé a pensar que ella quiere más a mi hermano que a mí: juicio, por lo cual empecé a generar una actitud de envidia hacia mi hermano y de resentimiento hacia mi mamá. O cualquiera de las diferentes opciones a las cuales nos lleve el uso del albedrío a través del pensamiento, el juicio y la actitud.

3. Cuando mi papá me ofreció vender su casa para prestarme el dinero para que saliera de mis apuros financieros, sentí un profundo amor por él, me di cuenta de lo mucho que significamos sus hijos para él y se generó en mí la disposición para siempre estar al pendiente de él. O cualquiera de las diferentes opciones a las que nos lleve el uso del albedrío a través del sentir, del discernimiento y de la disposición.

De los ejemplos anteriores se puede deducir el proceso que va conformando nuestra personalidad, nuestra forma de interactuar con los demás y los resultados que obtenemos en nuestra vida. A pesar de que el entorno es una variable fundamental de este proceso, el albedrío es el principio regulador de todo lo que existe. Hasta la experiencia más devastadora que la vida ofrezca se puede convertir, por el albedrío, en el suceso que nos catapulte hacia la consecución de los más grandes sueños. Definitivamente, después de algunos años de ejercer el albedrío de forma continua, tenderemos a responderle a la vida desde la Matrix. Sin embargo, no hay que perder de vista 2 cosas: **1). El albedrío dio inicio a los programas que hoy ocurren de forma automática y 2). El albedrío siempre podrá ejercerse para cambiar algo que se eligió de forma equivocada en el pasado.**

En resumen, por el uso del albedrío nos convertimos en lo que somos durante toda nuestra vida. Ya sea por uso inconsciente o consciente, pero es la variable más importante a nuestro alcance para construir la vida que deseamos. Ya sea que mantengamos a nuestra disposición nuestra capacidad de actuar, pensar y sentir, o que, en uso de nuestro albedrío, cedamos nuestra libertad a otras instancias o poderes externos a nosotros. Cabe recordar que lo único que se sale del alcance de nuestro albedrío, es el albedrío de los demás; a menos que ellos nos lo cedan por voluntad propia. En el Reino de Dios nada se desperdicia, por lo tanto, si una consciencia humana va por la vida sin un rumbo definido conscientemente por el albedrío, entonces podrá servir a los intereses de otro albedrío que sí esté siendo ejercido en plenitud.

A final de cuentas, la prueba más tangible de la veracidad del principio del albedrío está en la vida diaria: cuando tomas consciencia de que se puede ser un ser humano poseedor de casi 200 mil millones de dólares de patrimonio o ser alguien que no tiene para comer hoy; que se puede ser completamente saludable a los 125 años de edad o tener todas las enfermedades posibles y llevar años postrado en cama; que se puede ser alguien que interactúa en armonía con todas las personas que lo rodean o ser alguien que no se puede llevar bien ni con su perro. Todos son ejemplos de resultados a los que alguien ha llegado por medio del uso del albedrío.

La mejor metáfora que me he encontrado sobre la trascendencia del albedrío es una que me llegó vía WhatsApp, por lo cual no puedo especificar la fuente original. A este momento lo tomo como parte de la cultura popular que ya es una realidad y que circula por las redes sociales en todas direcciones y hacia todas las latitudes hasta donde pueda llegar el internet. Plantea una sencilla pero profunda metáfora sobre la obra de arte de Miguel Ángel en el techo de la Capilla Sixtina del palacio apostólico de la ciudad del Vaticano. En lo mencionado por esta forma de interpretar la parte más simbólica de la pintura, se resume la razón de ser de considerar al albedrío la corona de la creación del ser humano:

> En la obra, el dedo de Dios está extendido al máximo, pero el dedo de Adán está con las últimas falanges contraídas. El sentido del arte es explicar que Dios siempre está allí, pero la elección es del hombre. Si el hombre quiere tocar a Dios necesitará estirar el dedo, pero al no estirar el dedo, podrá pasar toda la vida sin tocarlo. La última falange contraída del dedo de Adán representa el libre albedrío.

7. Nunca dejamos de ser lo que realmente somos

El último principio esencial que cimienta lo expuesto en este libro es el que establece que nuestra esencia siempre está presente y manifestándose en nosotros, estemos conscientes de ello o no. Es decir, la esencia bajo la cual fue diseñado nuestro cuerpo y creado nuestro espíritu nos acompaña de principio a fin durante nuestro pasar por esta vida. Para validar este principio sólo me referiré a una de las formas más comunes de cómo se manifiesta este principio en todos nosotros: **el ser humano responde naturalmente a la verdad, a lo correcto o al bien, experimentando salud, confianza o fortaleza; por el contrario, cuando un ser humano es expuesto a la mentira, lo equivocado o al mal, responde con enfermedad, confusión o debilitándose.** Es una respuesta inmediata, estemos conscientes o no, de si a lo que fuimos expuestos es verdad o mentira.

La forma más cotidiana en la cual este principio se manifiesta es cuando somos expuestos al lenguaje hablado. Si a alguien se le dice que necesita tener fe, su proceso natural lo llevará a responder desde el significado original de la palabra, independientemente de si la persona conoce conscientemente dicho significado. Es decir, el ser humano no puede responder a la vida desde los significados comunes equivocados que se les da a las palabras, ya que interiormente conoce y responde naturalmente al significado real de cada palabra. Utilizo este ejemplo por ser la fe un término muy común en el proceso normal de vida, que ha sido sujeto de una gran cantidad de interpretaciones diferentes. Por esta razón partiré de la comprensión del origen de la palabra:

Fe. Viene del latín *fides* que significa 'lealtad'.

Lealtad. Del latín *lex, legis* ('ley'), *alis* ('relativo a'), más el sufijo -dad (cualidad). Así, es la cualidad de ser respetuoso de la ley.

Entonces, en términos semánticamente correctos, la fe es la cualidad de ser respetuoso de la ley. De esta forma, se puede ser leal, tener fe, a las leyes naturales, humanas o espirituales. Por alguna razón que está escondida en algún momento de nuestra historia, se empezó a utilizar como la cualidad de creer o tener certeza sobre algo. Así, el uso más común es sobre si tengo o no fe en Dios, o en si mi pariente se sanará, o en si un proyecto va a salir bien, o si le tengo fe a una persona, es decir, todos aspectos relativos a un sentimiento de certeza sobre algo material o inmaterial. Este uso común de la fe en realidad pertenece a la palabra *creencia*, la cual se define como 'poner confianza' o 'confiar en'. *Creer* y *creencia* son palabras cuyo origen son las raíces indoeuropeas *Kerd* ('corazón') y *dhe* ('poner', 'colocar', 'arreglar'). De esto, se deduce que *creer* es 'poner el corazón en algo' y, al estar relacionado el corazón con los sentimientos, **creer pasa a ser definido como 'poder poner un sentimiento sobre algo'.**

Por esta razón, existe una diferencia abismal en la vida diaria si alguien cree en Dios, o si alguien le cree a Dios o si alguien cree en el poder de Dios. Como experiencias humanas cada una tiene efectos y consecuencias muy diferentes. Quien cree en Dios, "siente" que Dios existe, podrá experimentar la esperanza, entre muchas otras cosas. Quien le cree a Dios, "siente" que lo que Dios dice es cierto y probablemente se porte bien para no experimentar el castigo de Dios. Esto, partiendo de que creerle a Dios pueda ser enlazado con lo que Él dice a través de la Biblia. Y quien cree en el poder de Dios, "siente" que lo que le pida a Dios le va a ser concedido, por lo cual verá todas sus plegarias atendidas y concedidas.

De esta forma, si a alguien le piden que tenga fe, su ser interior lo empujará a ser leal a aquello a lo que se le está pidiendo que tenga fe. Pero como en su consciencia tener fe es creer, entonces surgirá una confusión interna que, normalmente, provocará que la persona llegue a ninguna parte en su intento de tener fe.

Por la importancia del uso correcto de las palabras *fe* y *creencia*, aprovecho para compartirte su alcance e interacción con respecto a lo planteado por esta obra:

Fe. Todo lo aquí expuesto pertenece a la versión más cercana a la verdad, a la que he llegado hasta el día de hoy, sobre las leyes, principios y procesos naturales, mentales y espirituales que rigen al ser humano y su proceso de interacción con este mundo y las personas que lo rodean. Por lo tanto, se podrá decir que se tiene fe con respecto a estas leyes y principio para el desarrollo espiritual cuando se comprenda lo aquí expuesto y se desarrolle la capacidad de practicarlo. Es decir, de la lealtad, fe, con la que se actúe con respecto a lo sugerido por esta obra, surgirá la creencia en que lo aquí expuesto es verdad.

Creencia. Como se verá en detalle en la siguiente sección de esta primera parte, a través de ejercer el proceso de elección de forma consciente una y otra vez, se va generando la experiencia de involucrar al corazón, sentimientos, en el proceso de elegir lo que queremos o deseamos a un momento dado. Una vez que se elige lo que se desea, nuestra mente se da a la tarea de dirigir el proceso creativo por medio del cual podremos traer a nuestra realidad lo elegido. Cuando esto pase una y otra vez, se cimentará en nosotros la creencia firme en que podemos repetir el mismo proceso con los mismos resultados, una y otra vez, gracias a lo cual de forma natural surgirá en nosotros la fe, la lealtad, hacia El KamYno planteado en este libro.

II. Procesos fundamentales

1. Proceso de elección y proceso básico del ser humano

La culminación de la escritura de este libro se da en medio del paro mundial por contingencia sanitaria originado por la COVID-d19. Para la mayoría de los seres humanos vivos en este momento, es el evento mundial más impactante al cual nos hayamos enfrentado. Casi de la noche a la mañana, nos enteramos de que nos encontrábamos ante un enemigo tan pequeño como peligroso. Su forma de transmisión, aunada a su imperceptible proceso de infección, que durante los primeros días no manifiesta síntomas, lo convirtieron en una pandemia en muy pocos meses. El mundo estaba a punto de cambiar y, probablemente, no lo sabemos todavía, para nunca más regresar a la normalidad que conocemos.

Al parecer el virus sí es un enemigo peligroso, sin embargo, llega en un momento de nuestra historia en el cual contamos con otra variable más crítica en el proceso: las redes sociales y los sistemas virtuales de comunicación. Una vez que se conoció la aparición del virus y sus efectos mortales, el mundo entero se vio inundado de información sobre nuestro nuevo enemigo: causas, orígenes, síntomas, efectos, tratamientos, etc. Las fuentes de información, como en todos los casos de este tipo, son científicas, filosóficas, teológicas, espirituales, institucionales, organizacionales, gremiales, regionales, locales o personales, todas, con la capacidad instalada para llegar a cientos de millones de personas en muy pocos minutos.

La razón por la cual considero a esta variable más crítica que al virus mismo es porque activó al enemigo más peligroso con el cual el ser humano tiene una lucha a muerte desde que fue colocado en este mundo como la especie dominante: **el miedo.** Considerando la información que aparece en los diferentes medios científicos sobre la pandemia, se puede inferir que el miedo es la única variable consistente como causa de muerte por este virus. Menciono sólo que se puede inferir, es claro que en ningún medio de comunicación se le menciona como causa que origina la muerte por este virus. Mi inferencia viene de la ausencia de una conclusión consensada o documentada sobre la causa que origina la muerte en los portadores del virus. Se han mencionado muchos factores que producen la muerte, pero en todos ellos han aparecido las excepciones: que los adultos mayores, un tiempo después la señora de 100 años que vence al virus; que los diabéticos, y al poco tiempo diabéticos venciendo la enfermedad. Creo que no necesito mencionar todas las causas porque estoy seguro de que en todas hay excepciones.

Entonces, como en muchos otros tipos de muerte que le ocurren al ser humano, veo en el miedo al factor preponderante que causa la muerte en personas que son contagiadas por el virus de la COVID-19. Por supuesto que en quienes pasa esto es algo completamente inconsciente. Desafortunadamente, aún no nos damos cuenta de todos los efectos que el miedo genera en los seres humanos. Desde una perspectiva general, a final de cuentas, nuestra vida transita moldeada por 2 variables fundamentales: el amor y el miedo.

En este contexto, paso a explicar el proceso esencial que experimenta el ser humano, y del cual dependen todas las circunstancias y condiciones que producen el nivel de calidad de vida que logra conseguir. Esto es el **proceso de elección.** La sola comprensión y posterior aplicación consciente del proceso de elección puede resultar en un importante mejoramiento en los resultados que estás obteniendo en tu vida. Aunque el proceso de elección es el elemento básico del cual depende el tipo de vida que creamos, en el resto de la obra te comparto todos los conocimientos, leyes, principios y procesos de los cuales depende una correcta interpretación y manejo de este proceso.

El KamYno es Una Nueva Luz que te dará la oportunidad de transitar hacia un bienestar cada día más profundo y duradero. Y en este KamYno, el proceso de elección es el componente que determina, a final de cuentas, lo que haremos, tendremos y seremos en esta vida. Al parecer esta aseveración deja a Dios con menos poder que el del proceso de elección. Pues así es, pero sólo por la razón siguiente:

El proceso de elección es la piedra angular de nuestra vida, ya que es la manifestación del don supremo que nos fue otorgado desde que fuimos creados: el albedrío. Siendo el albedrío la capacidad de ejercer nuestra voluntad a través del discernimiento o del juicio, es la única característica del ser humano que está por encima de todo y que inclusive Dios respeta. Es decir, aun desde antes de nacer, contamos con el albedrío, el cual ejercemos a través del proceso de elección, lo que nos convierte en los creadores indiscutibles de nuestro propio destino, sea esto realizado consciente o inconscientemente.

Así, por ejemplo, al ejercer el albedrío cada uno de nosotros elegimos el papel, alcance y sentido que le damos a Dios en nuestra vida. Es semejante a la relación que establecemos los hijos con los padres. Los hijos definimos el tipo de interacciones que tendremos con ellos. Si les hacemos caso, en qué situaciones les pedimos ayuda, cómo los honramos y cómo nos relacionamos con ellos mientras vamos creciendo. Dios es quien es, nuestros padres son como son, pero por decisión divina somos nosotros quienes establecemos, a través del proceso de elección, el papel que le daremos a todo lo que existe a nuestro alrededor durante nuestro caminar por esta vida. Y, como se menciona anteriormente, el proceso de elección se ejerce desde 2 posibilidades básicas: desde el amor o desde el miedo, es decir, desde el espíritu o desde el ego.

Encontrarás a lo largo del libro consideraciones y fundamentos que te ayudarán a comprender las implicaciones y particularidades que tiene vivir desde el espíritu o vivir desde el ego. Por lo pronto, para cerrar lo planteado hasta este momento, mi conclusión es que el miedo a contagiarse del virus, aunado al miedo a morir una vez que se está contagiado, es el factor determinante que les impide a nuestros ángeles benditos del gremio médico salvar más vidas y detener esta pandemia. Este planteamiento no es una suposición, es un acercamiento significativo a la verdad que espero puedas comprender con la explicación que a continuación hago del proceso de elección y, más adelante en el libro, del ego y sus efectos en nuestra vida. En la figura 1 encontrarás el proceso de elección con todos sus componentes. En primera instancia, la figura representa la interacción de los 2 procesos más esenciales que experimenta el ser humano:

1. El proceso básico en el ser humano.
2. El proceso de elección.

En la parte de arriba de la figura se representa el proceso básico que experimenta todo ser humano durante su proceso de vida. En esencia, muestra los elementos bajo los cuales se producen todas y cada una de nuestras experiencias de vida:

Básicamente, hay solo 2 señales a las cuales responde el ser humano. Las señales originadas por sus procesos internos, biológicos, mentales o espirituales, y las señales percibidas a través de los cinco sentidos, provenientes del entorno que nos rodea. Una vez que se detecta una señal, interna o externa, los sistemas internos procesan dicha señal y en función de lo existente dentro de cada ser humano, personalidad, se genera una respuesta. Es todo.

Toda la complejidad de un ser humano opera en función de este proceso tan básico. **El principio más importante que tenemos que reconocer, una vez comprendemos este proceso, es que la respuesta que generamos a todos y cada uno de los estímulos depende fundamentalmente del proceso interno, no de los estímulos del entorno.** Es decir, no es el comportamiento del otro el que me hace enojar, frustrarme o deprimirme, es mi proceso interno lo que produce estos estados emocionales como consecuencia de mi interpretación a los estímulos percibidos desde el entorno. Sin embargo, en la vida diaria, las personas perdemos una enorme cantidad de energía, tiempo y dinero tratando de resolver nuestra vida emocional a través de intentar que los demás cambien sus comportamientos y actitudes. Al ser el proceso básico operante cada instante de nuestra vida, sus implicaciones y efectos se trasladan mucho más allá de lo ya expuesto. En lo concerniente al proceso de elección, comprender esto sobre el proceso básico que experimenta el ser humano es, por lo pronto, suficiente.

En la parte inferior de la figura 1 se plantea el proceso de elección, acto humano con el cual iniciamos todo aquello en lo que nos hemos convertido:

Algunos días o semanas después de que una nueva vida es concebida, da inicio este proceso. Una vez que podemos considerar que somos un ser humano, es decir, ya contamos con un cuerpo, una mente y un espíritu, da inicio la posibilidad de ejercer nuestro divino don del albedrío. Es ya confirmación clara en diferentes fuentes científicas que desde que estamos en el vientre de nuestra madre empezamos a tener experiencias cuyas consecuencias nos van a acompañar a lo largo de la vida. Es así como a través de nuestra madre, empezamos a tener las primeras experiencias de vida, oportunidad manifiesta para las primeras elecciones. Para que el proceso de elección se dé se requieren los 3 elementos indicados en la figura 1; en primer lugar, una experiencia. Para la comprensión del proceso de elección una experiencia la podemos comprender como el momento en donde, por algo que le ocurre al ser humano, se genera un conocimiento nuevo en su interior. Por lo regular, al aparecer un conocimiento nuevo, nuestro interior responderá con una emoción o un sentimiento, el cual se asociará al contenido del conocimiento nuevo a través de generar una necesidad, un deseo o una interpretación; es en este momento en el cual potencialmente ha ocurrido una elección. Al ser el proceso humano el que más efectos y consecuencias produce en nuestra vida, será necesario referirme a él a través de todo el libro. Finalmente, la comprensión completa del proceso de elección se producirá como consecuencia de leer y poner en práctica una buena parte de lo planteado en esta obra. Por lo pronto, reflexiona sobre el siguiente ejemplo, creado únicamente para fines de comprensión:

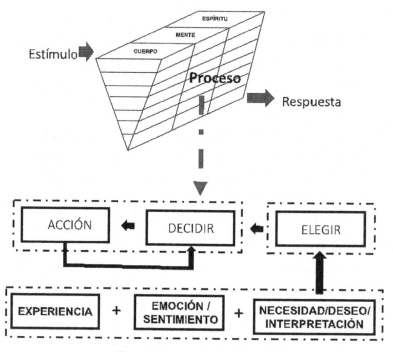

Figura 1. Proceso de elección

Un ser humano con tres meses de gestación experimenta los efectos de emociones de angustia de su madre, al saber que está embarazada, lo cual genera en ella pensamientos de rechazo hacia su estado, que incluyen pensamientos sobre abortar, una experiencia nueva para este ser en formación, de la que emergerá naturalmente un proceso de elección. Puede surgir la necesidad de hacer algo para que su mamá no se sienta así o el deseo de morir consecuencia de la culpa experimentada al creerse la causa del sufrimiento de la madre o la interpretación, finalmente convertida en creencia: "Mi mamá no me quiere". De acuerdo con cuál de estas tres opciones elija el nuevo ser, resultarán las consecuencias futuras en su vida. Según investigaciones realizadas en varios campos del desarrollo humano, al llegar a los 7 u 8 años de edad, la mayoría de nosotros hemos realizado el 85% de las elecciones que nos guiarán hasta el fin de nuestros días. Considerando que son elecciones realizadas por un niño, de forma inconsciente y, por lo regular, basadas en interpretaciones equivocadas, podemos suponer que la mayoría de nosotros tenemos mucho que hacer para corregir la dirección en la que va nuestra vida, consecuencia de este 85 % de elecciones. Una vez que se realiza una elección, es decir, se ejerce el albedrío, la mente humana la adopta como una orden a la que será fiel hasta la muerte, hasta su manifestación en la realidad o hasta que sea nulificada, cambiada o eliminada. Estas son las únicas salidas posibles que tiene el ser humano una vez que ejerce su derecho de elegir. Como se muestra en la figura 1, cuando la mente recibe una elección realizada, inicia el proceso creativo para traerla a nuestra realidad. Es decir, inicia la creación de opciones por medio de las cuales proyecta la factibilidad de avanzar hacia la consecución de la elección que le ha sido ordenada. Cuando una opción es considerada viable, se da la orden al sistema para generar acciones en la línea de la opción decidida. Como puedes apreciar en el diagrama de la figura 1, llega el momento en el cual se inicia el ciclo decisiones-acciones-decisiones-acciones..., que estará presente hasta la realización en nuestra realidad de lo elegido. Finalmente, si observas la figura 1, podrás apreciar que existe un enlace entre el proceso básico en el ser humano y el proceso de elección. Desde una perspectiva general, cada vez que experimentamos el proceso básico en el ser humano, se tiene una nueva oportunidad de alimentar los procesos creativos que traemos vigentes a un momento dado. Así, los estímulos que recibimos del entorno, interno o externo, los procesos que se generan en nosotros, consecuencia de dichos estímulos, y las respuestas que emergen de nosotros, se convierten en insumos para nuevas acciones, decisiones o elecciones. Eso, a lo que llamamos enfoque, es la actividad mental que enlaza el proceso básico en el ser humano, con las elecciones prioritarias definidas por las circunstancias de vida de cada momento. Por ejemplo, ante la señal interna de un dolor intenso, nuestro proceso mental se enfocará en crear las opciones más eficaces para disminuir o eliminar el dolor desatendiendo el proceso creativo de todas las demás elecciones que se tengan pendientes a ese momento. Esto explica por qué cuando experimentamos un intenso dolor o sufrimiento casi todo lo demás con lo que contamos pierde importancia.

Como se mencionó, es enorme la cantidad de implicaciones que surgen cuando se comprende completamente el proceso de elección. Las iré abordando conforme sea necesario para la comprensión del contenido que viene más adelante. Por lo pronto, te comparto un resumen de las consideraciones más relevantes enlazadas con el proceso de elección, lo que es prácticamente un resumen de lo planteado a lo largo de esta obra:

1.   El ser humano está conformado por 2 elementos, uno físico, que es el cuerpo, y otro inmaterial, que es el espíritu. Al

unirse en un solo ser, emerge un tercer elemento al cual llamamos *mente*.

2. La voluntad, lo que queremos o deseamos desde nuestro cuerpo o espíritu, proviene del conocimiento que las experiencias nos van dando sobre la vida.

3. Elegir es el proceso por medio del cual un aspecto de la voluntad es confirmado, elegido, por una emoción intensa o por un sentimiento profundo.

4. En tanto se realiza una elección es instalada en la mente. A partir de ahí, la mente tendrá la tarea de coordinar el proceso creativo y de toma de decisiones necesario para crear en la realidad la elección realizada.

5. Toda elección realizada permanece instalada en la mente, por lo tanto, activa como una orden hasta que es lograda, cambiada, eliminada o el sistema humano que la generó muere.

6. Todas las elecciones activas a un momento dado en nuestra mente estarán instaladas de acuerdo con una prioridad que está determinada por nuestra jerarquía de valores. Tener consciencia de nuestra jerarquía de valores, por lo tanto, es de vital importancia para mantener el orden y salud de la mente.

7. La indecisión, exceso de análisis o conflicto de opciones no es otra cosa que la mente intentando decidir qué hacer cuando 2 o más elecciones son opuestas o contradictorias.

8. De la cantidad, calidad y eficacia de las decisiones y acciones realizadas dependerá si la elección es lograda y cuánto tiempo se lleva conseguirla. Pueden ser minutos, como en una elección realizada por el cuerpo para luchar o huir, o años, como la elección de un proyecto de vida.

9. La expresión "la loca de la casa", para referirnos a la mente, es en realidad la expresión que define a una persona con una alta capacidad de elección, altamente emocional y sentimental, pero con muy poca capacidad de acción. Esto es, su mente está atrapada en un proceso de vida en el cual tiene que crear una gran cantidad de opciones para muchas elecciones, pero está

estancada por la baja capacidad de acción de la persona. Esto normalmente genera un estado de ser de alta inestabilidad emocional.

10. El resentimiento es el resultado obligado para elecciones inconscientes para las cuales no se ha realizado ninguna acción. Es decir, sólo se recuerda una y otra vez la interpretación de la situación y la emoción que la definió como elección, pero no hay acciones en consecuencia.

11. El estrés es la causa original de la emoción raíz de todas las emociones, el miedo. La unidad es la causa original del sentimiento raíz de todos los sentimientos, el amor. Luego entonces, toda elección es realizada desde el amor o desde el miedo, para caminar hacia la unidad o para alejarnos de lo que nos produce estrés.

12. Vivir es una elección realizada desde el amor. Morir es una elección realizada desde el miedo. Vivir con libertad y alegría es una elección desde el amor, vivir limitado y estresado es una elección desde el miedo.

13. Considerando la situación actual de la especie humana, tan sólo desde los tres resultados esenciales: salud, situación económica y nivel de armonía en la relación con los demás, podemos inferir que necesitamos movernos urgentemente de la elección inconsciente a la elección consciente; de la elección desde el miedo a la elección desde el amor.

14. Si el albedrío tiene el alcance que la mayoría de nosotros cree, y lo tiene, ni Dios mismo puede ir en contra de lo que elegimos. De hacerlo, estaría actuando en contra del principio de libertad bajo el cual nos creó. Por esto, la respuesta a la pregunta ¿en dónde está Dios?, cuando reflexionamos sobre el estado actual del mundo, es: guiándonos en el proceso de aprender a experimentar la unidad para poder elegir conscientemente y desde el amor.

15. Así, el paso más trascendente que necesitamos dar para cambiar cualquier cosa que no nos guste de nuestra vida es pasar de la elección inconsciente, basada en el miedo, a la elección

consciente y realizada desde el amor. Para esto, es fundamental pasar de vivir desde los principios generados por la idea de separación en la que el ego cree, a experimentarnos desde los principios de unidad a los que nos conduce nuestro espíritu.

16. La mayoría de los seres humanos tenemos un gran trabajo que realizar para nulificar, cambiar o eliminar las elecciones limitantes o equivocadas que hemos realizado a lo largo de nuestra vida.

17. Eso a lo que llamamos concepciones y creencias que tenemos sobre nosotros mismos, sobre los demás, sobre la vida y sobre Dios, son elecciones realizadas como consecuencia de las experiencias más significativas que hemos tenido en nuestra vida.

18. Como quedará evidente más adelante, perdonar es una elección que nulifica, cambia o elimina muchas de las elecciones inconscientes pasadas, causantes de la mayoría de las situaciones que hoy día nos producen sufrimientos, limitaciones y conflictos.

19. Así, cuando la mente está en un proceso de pensamiento descontrolado y negativo, es decir, experimentas preocupación, la causa más común es que está tratando de decirte que necesitas hacer algo de inmediato con respecto a una elección de alta jerarquía para ti.

20. La tentación no es una prueba de Dios para nosotros, Dios no necesita probar lo que ya sabe, en realidad es resultado del proceso creativo de nuestra mente para ofrecernos opciones para las elecciones vigentes. Entonces, las tentaciones para "pecar" tan sólo son opciones creadas o atraídas por nuestra mente para traer a la realidad elecciones conscientes o inconscientes realizadas en el pasado.

21. Los hábitos son acciones que ya demostraron que nos acercan a nuestras elecciones. Es por esta razón que resulta muy difícil cambiar hábitos sin corregir las elecciones que los originaron, o al eliminarlos se tiende a caer en otros hábitos igualmente nocivos.

Si al proceso de elección le sumamos el principio esencial que establece que "el ser humano siempre busca el bien", revisado anteriormente, entonces tenemos los 2 elementos más importantes por medio de los cuales podemos concluir que realmente somos hijos de Dios.

2. Procesos esenciales de interacción del ser humano

Hace algunos años, mi querido amigo César me platicaba una de las formas que tiene de llevar su relación con Dios. Podía ser por la mañana o por la tarde, principalmente por asuntos de trabajo. Preparaba café y servía 2 tazas, las cuales colocaba en la mesa una frente a la otra. Tomaba asiento y en ese momento le invitaba un café a Dios. Sabedor de que Dios está en todas partes, se sentaba con la seguridad de que en ese momento Dios también tomaba asiento. Ahí, con el aroma del café estimulando su sistema nervioso, empezaba a platicarle a Dios sus asuntos, sus temores, sus emociones, sus dudas, sus preguntas, es decir, todo cuanto su ronco pecho traía en el morral.

En cuanto le expresaba lo que tenía para ese día, miraba que la taza de café de Dios seguía sin consumirse. Entonces me dice mi amigo César: "Terminaba yo chingándome las 2 tazas de café". La verdad, siempre se me hizo interesante esta forma de relacionarse y platicar con Dios, sin dogmas, sin un lugar determinado para hacerlo o sin una postura física determinada, es decir, como si Él fuera simplemente un amigo. Nunca profundizamos sobre los resultados de esta forma de platicar con Dios, pero a mí siempre me pareció una extraordinaria y maravillosa manera de cultivar Su amistad, acompañado por 2 tazas de café.

Una vez que llegó la señal para iniciar la escritura de este libro, apareció en mi mente la costumbre de mi amigo César, para explicar la trascendencia de los procesos de interacción del ser humano. En esencia, el ser humano experimenta tres procesos de interacción:

- La interacción consigo mismo.
- La interacción con Dios.
- La interacción con otros seres humanos.

Desde que fuimos colocados como la especie dominante en este planeta, estos tres procesos de interacción han estado presentes, de diferentes formas, en el centro de nuestra vida. Empezamos con la primera gran necesidad de todo ser humano: llevar una relación con los demás que nos permita sobrevivir y satisfacer nuestro instinto social. Conforme avanzamos en la vida, nos vamos dando cuenta de que dicha relación, por más que hacemos nuestro mejor esfuerzo, es sumamente compleja y, al paso del tiempo, se va llenando de conflictos. Esto trae como resultado que nuestras relaciones con los demás se tornan cada vez más difíciles, complejas y tormentosas. En algún momento de nuestra vida, consecuencia de estos conflictos, empezamos a voltear hacia nosotros mismos: "¿Hay algo mal en mí?", "¿Seré yo el problema?", "¿Por qué nadie me entiende?", "¿Por mi culpa mis padres discuten todo el tiempo?".

Emerge entonces la necesidad de considerar y controlar la relación con nosotros mismos, para intentar resolver cualquier cosa que esté mal en nosotros y así poder llevar relaciones armoniosas con quienes nos rodean. Después de un determinado tiempo, nos damos cuenta de que, por más cosas que hacemos, no conseguimos evitar que surjan conflictos en nuestras interacciones con los demás. Además, se hace evidente que la mayoría de las personas a nuestro alrededor tampoco son capaces de lograr interacciones libres de conflictos. Es ahí cuando empezamos a buscar algo más allá de nosotros y de los demás, más grande y poderoso, con la intención de encontrar una respuesta a nuestros conflictos internos y externos. Como resultado de esta búsqueda, si somos persistentes, empezamos a encontrar indicios claros y evidentes de la existencia de Dios. Con esto, se nos presenta la posibilidad de una relación con alguien más, Dios, para intentar llevar nuestra vida de mejor manera. A partir de ahí, y hasta el final de nuestras vidas, estaremos inmersos en los tres procesos de interacción esenciales para todo ser humano.

Es mi parecer que los tres procesos de interacción van apareciendo en nuestra vida tal como lo planteo anteriormente. Sin embargo, no es cómo van apareciendo lo verdaderamente importante. Lo valioso y trascendente es el principio de codependencia que regula un eficaz desarrollo del ser humano a través de estos tres procesos de interacción. Dicho principio establece lo siguiente:

> Requerimos lograr un cierto grado de avance en el mejoramiento de la relación con nosotros mismos, en este KamYno le llamaremos más adelante dominio sobre mí mismo, para poder lograr algunos avances en el mejoramiento de nuestra interacción con Dios. Una vez que hemos avanzado, en cierto grado, en la eficacia de nuestras interacciones con Dios, entonces podremos conseguir una interacción de unidad y amor con otros seres humanos.

Del principio descrito anteriormente, se desprenden las reglas más importantes bajo las cuales se rigen los tres procesos de interacción esenciales que experimenta el ser humano mientras transita por esta vida: nadie podrá realmente lograr una interacción directa con Dios mientras no consiga un cierto dominio sobre sí mismo, es decir, en tanto no logre avances que le permitan interactuar adecuadamente consigo mismo. De la misma forma, nadie podrá realmente llegar a una conexión profunda con los demás mientras no logre un cierto grado de eficacia en su relación directa con Dios. De ser cierto este principio, que lo es, se desprende la razón principal por la cual nuestras relaciones formales con los demás, como padres, hijos, hermanos o esposos, normalmente son tan superficiales, egoístas y destructivas.

Dicho de otra forma, como consecuencia de no haber conseguido una relación real y directa con Dios, la mayoría de los seres humanos tenemos que conformarnos con llevar relaciones superficiales con las personas más importantes para nosotros. Por otro lado, consecuencia de no haber avanzado lo suficiente en llevar una correcta relación con nosotros mismos es que no nos ha sido posible lograr una relación real y directa con Dios. Por un momento, reflexiona sobre las implicaciones que esto tiene en nuestro proceso de vida. Para mí, por fin llegó una respuesta a la pregunta que me he hecho por muchos años: "¿Por qué es tan difícil, para el ser humano promedio, demostrar amor a las personas, aun a las más importantes en su vida?".

Una Nueva Luz para El KamYno, en esencia, es la propuesta para transitar, con la ayuda de Dios y de otros seres humanos, hacia el logro de una interacción sobria y responsable con nosotros mismos, hacia una real y directa relación con Dios y hacia una profunda conexión con las personas que nos rodean. Como se puede pensar, en resumen, este libro es una nueva oportunidad para:

- Conocer y hacer parte de nuestra vida diaria el qué, el cómo y el para qué de una interacción correcta y eficiente con nosotros mismos.
- Despertar al qué, el cómo y el para qué de una real y varadera relación con Dios.
- Aprender el qué, el cómo y el para qué del proceso requerido para lograr interacciones con los demás, que nos lleven a salvar la relación con ellos.

Para sacar el máximo beneficio de esta nueva oportunidad de vida, es necesario comprender desde el principio que este KamYno espiritual requiere de la ayuda de Dios y de otros seres humanos, es decir, de una comunidad, con el fin de obtener las promesas que ofrece. Para finalizar esta sección, te comparto mi interpretación de la experiencia de invitarle una taza de café a Dios cuando ya se cuenta con una real y verdadera relación con Él:

Mientras te sientas para tomarte una taza de café con Dios, corre una suave brisa que te confirma que Dios ya está ahí. Cuando le das el primer sorbo a tu café, piensas en el método de escucha activa que Dios usa. Sabes que, aunque Él ya sabe tu pasado y puede proyectar tu futuro, en el momento que se sienta frente a ti pone su mente en silencio para no hacerse ningún prejuicio y poder atenderte completamente en el momento presente. Él sabe todo, pero tiene que hacer esto para poder escuchar de primera mano cuáles son tus asuntos de hoy y tu sentir con respecto a ellos. Es tan respetuoso de tu albedrío, que no se dará la oportunidad de ayudarte con algo que tú no tengas en tus prioridades de hoy, mucho menos de hacer algo por ti en lo que tú no necesites Su ayuda. Además, podrá escuchar de ti aquellas elecciones que ya no necesitas en tu vida, con lo cual podrá ayudarte a corregirlas. La escucha activa le dará a Él la oportunidad de sorprenderse y poder actuar realmente como si no supiera el contenido de lo que Le vas a platicar. Conforme te sigue escuchando, se siente realmente feliz por haberte creado. En el momento en que detecta algo que falta en lo que Le platicas, te hace sentir que existe un hueco en tu historia, con lo cual tú empiezas a buscar la información que falta. Al encontrar lo que falta se lo platicas mientras te das cuenta de que eso se te había pasado considerarlo anteriormente, además de que te provee una nueva perspectiva sobre la situación. Conforme vas llegando al final de la plática, empiezas a concluir cuáles son las cosas específicas en donde necesitas Su ayuda. Para terminar, reflexionas sobre lo que esa platica con Dios te regaló; le agradeces y entras en la disposición necesaria para que Dios pueda despedirse de ti. Además de algunas cosas particulares en respuesta a tus inquietudes de este momento, sabes que Dios siempre se despide recordándote el amor que tiene por ti, asegurándote que todo va a estar bien en tu vida y que siempre que lo necesites estará ahí para ti. Ya para despedirse, te recuerda que Él te otorgó, desde antes de nacer, todo cuanto ibas a necesitar para experimentar la vida que eligieras. Te repite, una vez más, que sólo tienes que perseverar en el proceso de autodescubrimiento y podrás acceder a todos los recursos que Él puso en ti, Su hijo. Sientes en lo más profundo de tu ser Su bendición y te vas preparando para regresar a tu diario vivir. Es ahí donde, de nuevo, percibes la suave brisa que indica Su presencia. Ya de nuevo contigo mismo, sabes que es el momento de decidir el curso de acción para lo que sigue, mientras te "chingas la otra taza de café".

Tener la oportunidad de experimentar una real y varadera relación con Dios es el cimiento de todo en la vida. En primer lugar, significa que ya llevamos una relación adecuada con nosotros mismos. En segundo lugar, nos ofrece la posibilidad de regresar lo que con tanto amor se nos ha regalado, esto es, tener la oportunidad de tomarnos una taza de café con un hermano que necesita de nosotros. Con nuestros tres procesos de interacción en este nivel de desarrollo, El KamYno estará cada día más pleno de bienestar.

3. Proceso de mejoramiento de sí mismo

El proceso de mejoramiento de sí mismo probablemente sea aquello en lo que, como especie, hemos fracasado con más consistencia a lo largo de nuestra historia. Si pensamos en la evolución que se ha experimentado en la forma de vida sobre este mundo al pasar del tiempo, vemos un desarrollo por demás evidente. Para confirmar esto solo basta pensar en los alcances logrados en los métodos de producción de alimentos, en los logros obtenidos en nuestra forma de transportarnos, en el desarrollo de la tecnología, en la medicina o en las diferentes formas de ofrecerle comodidad de vida al ser humano. Casi en todos los aspectos relativos a nuestra vida hemos avanzado a niveles extraordinarios. Sin embargo, en lo relativo a lograr evolucionar con respecto a nosotros mismos y a nuestras interacciones con los demás parecería que vamos en retroceso.

No creo ser fatalista o estar exagerando cuando expongo una realidad que describe a un ser humano que, al parecer, ha desarrollado la capacidad de mejorarlo todo, menos a sí mismo. Si pensamos en nuestra eterna lucha contra los defectos de carácter, las adicciones, las enfermedades, la pobreza o los conflictos interpersonales entre nosotros, la verdad es que se percibe que estamos estancados o vamos perdiendo. Pareciera que los pasos que damos hacia enfrente con los avances en la medicina y la tecnología, los retrocedemos con un menor control de nosotros mismos. Sólo como ejemplo: hoy se le puede salvar la vida a un ser humano con una cirugía a corazón abierto, mientras otros diez seres humanos caminan rumbo al infarto inminente como consecuencia de su incapacidad de controlar el estrés y su forma de alimentación.

Los extraordinarios avances que vemos y disfrutamos todos los días no son suficientes para ayudarnos a ser mejores personas ni para conseguir un bienestar más profundo y duradero. Además, consecuencia de la evolución de los sistemas sociales y políticos, hoy tenemos la oportunidad de desenvolvernos en un entorno de muchas más libertades. El problema es que conforme avanzan nuestras libertades, se incrementa la necesidad de desarrollar el dominio propio, la autodirección y la capacidad de mejorarnos a nosotros mismos. Así, pensemos en cuando el Estado consideraba la venta de licor como un delito. En cierta forma, el Estado nos ayudaba a limitar nuestro consumo de bebidas alcohólicas al tenerlas reguladas y controladas. Al evolucionar el sistema regulatorio y liberar la comercialización y consumo de bebidas alcohólicas, nos pasaron a las personas la responsabilidad de controlar la frecuencia y cantidad del consumo. Y es aquí en donde el alcoholismo pasó a convertirse en un problema mundial de salud. Las personas no demostramos estar listas para hacernos cargo de esta responsabilidad.

Por algunas consideraciones como las planteadas arriba, es mi parecer que, a pesar de contar con una gran cantidad de movimientos, filosofías, técnicas y métodos de mejoramiento personal a lo largo y ancho del mundo, no hemos logrado encontrar un proceso que la mayoría podamos usar con éxito para mejorarnos a nosotros mismos. Hay muchas razones para que esto no se haya conseguido todavía. No invertiré más letras en hacer un largo tratado sobre lo que nos tiene hoy como estamos. Tampoco creo necesario ahondar en los alcances y fines de los diferentes procesos de cambio, evolución, desarrollo o iluminación que existen por ahí. Basta comprender que el alcance de lo planteado en este libro es todo lo que tenga que ver con **el proceso de mejoramiento de sí mismo,** definido como una serie sucesiva de pasos que un ser humano puede dar para mejorar en cualquier aspecto de su vida física, emocional, mental o espiritual. Paso ahora a la descripción del proceso que por años hemos estado utilizando en El KamYno, con extraordinarios resultados testimoniados por los militantes de nuestras comunidades. En resumen, estamos hablando de un proceso que es resultado de:

1. Reflexionar sobre la secuencia de situaciones por las que pasa una persona desde que llega a nuestra comunidad.

2. Una observación metodológica sobre lo que las personas van experimentando conforme avanzan a través de este KamYno de mejoramiento de sí mismos.

3. Confirmación de los resultados obtenidos a través de los testimonios de vida que las personas tienen a bien expresar conforme van transitando por las diferentes fases del proceso. Todo esto llega aquí después de haber sido testificado, una y otra vez, con resultados consistentes en el mejoramiento de personas de todo tipo, con problemáticas de vida de toda índole.

Es decir, transitando El KamYno me doy cuenta de los elementos presentes en todos los casos en donde se logra el éxito en el mejoramiento de nosotros mismos. De esta forma, aparecen los 9 pasos por los que necesita pasar un ser humano para experimentar el proceso de mejoramiento de sí mismo en cualquier aspecto de su vida. Este proceso de 9 pasos se puede aplicar para mejorar en cualquier aspecto específico que se quiera, como por ejemplo dejar de fumar, o ser utilizado como una estrategia global de mejoramiento de sí mismo, como es el caso de lo planteado en la tercera parte del libro como el método **El KamYno**.

Además, tengo que comentar que el proceso de mejoramiento aquí descrito funciona exactamente de la misma forma en los sistemas organizacionales. He tenido la oportunidad de practicarlo como consultor de empresas y ha confirmado su universalidad. Ya sea para facilitar el proceso de mejoramiento de un empleado en algo en particular o como estrategia general para introducir un cambio cultural que impacte a toda la organización. Esto es consecuencia de que es un proceso soportado en los principios esenciales bajo los cuales fuimos creados.

En resumen, el **proceso de mejoramiento de sí mismo** es una de las necesidades más apremiantes de la vida moderna con el potencial de llevar dominio de sí mismo a quien no puede dejar de consumir sustancias tóxicas para el organismo; con el poder de llevar equilibrio emocional a las personas con problemas de estrés, ira o depresión. Y con el potencial de poner al frente de su vida a todo ser humano que esté dispuesto a convertirse en el creador consciente de su propio destino. Una aclaración pertinente es que este es el proceso natural que sigue cualquier ser humano que tiene éxito en mejorar cualquier cosa de sí mismo. La consideración más importante es que, en casi todos los casos, las personas experimentan el proceso de forma inconsciente, por lo cual, normalmente, no se dan cuenta de qué es lo que los lleva al éxito del proceso de cambio.

Aquí describo de forma muy general el proceso, para quienes desean practicarlo para algo en particular; sin embargo, te recuerdo que los beneficios extraordinarios son posibles para las personas que transitan El KamYno en una comunidad, lo cual será tratado integralmente en la tercera parte de este libro.

El **proceso de mejoramiento de sí mismo** se transita en 3 fases, con 3 pasos cada fase:

Fase 1. Renovación

1.   Expansión de consciencia.
2.   Elegir.
3.   Crear la posibilidad.

Fase 2. Transformación

1.   Obtener el conocimiento necesario.
2.   Desarrollar la facultad.
3.   Corregir lo equivocado.

Fase 3. Desarrollo

1.   Medir el progreso.
2.   Reforzar el nuevo estado de ser.
3.   Celebrar el éxito

Fase de renovación

Paso 1. Expansión de la consciencia

El primer paso en el proceso de mejorarnos a nosotros mismos es la toma de consciencia, que nos "caiga el veinte", de que algo, cualquier cosa, está equivocado en nuestra forma de manifestarnos en la vida. Es una verdad poco aceptada o no conocida en el ser humano promedio, que la razón de origen por la que no cambiamos es por inconsciencia de lo que está equivocado en nosotros. Es decir, se da el primer paso del proceso de mejoramiento de nosotros mismos cuando nos "cae el veinte" de que un aspecto de nuestra personalidad nos está causando enfermedades, limitaciones o conflictos. Por ejemplo, una persona que le echa la culpa a los demás de todo lo malo que le pasa carece, en su nivel de consciencia, de otra opción, las circunstancias externas son las que originan que él o ella sufra o no logre sus deseos. Cuando, por cualquier circunstancia de vida, a esta persona le "cae el veinte" de que todos los resultados generados en su vida son producto de sus propias elecciones, decisiones y acciones, entonces da el primer paso para iniciar el proceso de mejoramiento de sí misma.

El proceso más natural del cuerpo humano para notificarnos que algo anda mal es el dolor; el dolor nos hace "tomar consciencia" de que algo en nuestro cuerpo está funcionando mal. Sin embargo, todos sabemos que, a pesar de haber tomado consciencia del dolor, no necesariamente eso nos hace realizar los cambios necesarios para corregir el problema de raíz. Es por esto que se demanda el segundo paso de este proceso.

Paso 2. Elegir

Ya tomada consciencia del problema, se requerirá que experimentemos el proceso de elección descrito anteriormente. La razón por la cual una persona permanece mucho tiempo desde que "le cae un veinte" hasta que logra el cambio es que tarda en realizar el proceso de elección o lo realiza desde el inconsciente, es decir, desde sus mismos patrones de actuación de siempre. Tenemos que entender que la consciencia sólo nos avisa de la situación, la hace evidente, la pone frente a nosotros. Pero es en el uso del albedrío a través del proceso de elección que elegimos tomar cartas en el asunto. Uno de los ejemplos más claros del poder y la necesidad del proceso de elección se da en lo que en AA se le llama la "derrota total". Este es un concepto que define el momento en que una persona llega a la conclusión de que no puede sólo y elige pedir ayuda. Ya dio el segundo paso, elegir pedir ayuda. Ya sea a Dios, a su familia, a un grupo de autoayuda o a quien sea.

El gran paso que se da en la derrota total es que nos pone en la situación precisa para realizar una elección, normalmente, pedir y aceptar la ayuda de los demás o de Dios. Como vimos, una vez que se realiza una elección, es depositada en la mente, la cual tiene la función de crear las opciones y acciones necesarias para que la elección se presente en nuestra realidad. Sin embargo, incluso si nuestra mente realiza su tarea de forma continua y precisa, ejecutar las acciones demandará disposición, fuerza o energía suficientes. Aquí es en donde creo que la mayoría de las personas tenemos la dificultad más difícil de superar en el proceso de mejorarnos a nosotros mismos: se nos dificulta dar el paso tres.

Paso 3. Crear la posibilidad

Consecuencia de toda una vida de elecciones inconscientes o equivocadas, la mayoría de las personas adultas traemos un costal de cargas emocionales, enfermedades y conflictos con los demás, que nos consumen una buena parte de nuestra energía para la vida. Por esta clara y específica razón, cuando cualquiera de nosotros requiere la disposición, enfoque y energía para conseguir mejorar en algo, las cargas acumuladas a través de los años nos agotan la mayor parte de nuestros recursos para la vida. Por lo cual, nuestras elecciones pueden durar años en nuestra mente, sin realizarse y convirtiéndose en una nueva fuente de frustración, es decir, una nueva carga en la espalda. Este es el círculo vicioso que inicia a muy temprana edad y pronto nos tiene con poca posibilidad de éxito al intentar mejorarnos a nosotros mismos. Es por esta razón, por ejemplo, que una persona que vence una enfermedad terminal, por lo regular, a partir de ahí toma el control de su propio destino. Al quedar libres todos los recursos que estaba utilizando para luchar contra la enfermedad, los tiene a su alcance para nuevas formas de mejorarse a sí misma.

Crear la posibilidad es un paso que normalmente escapa a la consciencia del ser humano promedio. En quienes logran éxito en sus procesos de cambio, normalmente la posibilidad viene acompañando a la situación que les produjo la elección misma. Por ejemplo, es el caso de un padre de familia que por años ha intentado dejar de fumar y no ha podido, hasta que un día su hija de 12 años le dice: "Si sigues fumando de esa forma no estarás vivo para entregarme en la iglesia el día que me case". El sentimiento generado produce la elección de dejar de fumar, y el estar diariamente conviviendo con su hija le genera la posibilidad de mantenerse firme en la elección realizada.

No obstante, para poder optimizar y capitalizar el haber logrado transitar por la primera fase del proceso, necesitamos considerar la segunda fase.

Fase de transformación

Paso 1. Obtener el conocimiento necesario

Habiendo tomado consciencia de que requerimos mejorar en algo, elegimos hacia dónde queremos dirigirnos y creamos la posibilidad para hacernos cargo; entonces, se demandará acceder al conocimiento necesario para mejorar ese aspecto particular de nuestra personalidad. Definitivamente, el conocimiento es poder, en este caso el que se requiere para transitar la fase de transformación cuando elegimos mejorar algo. De la infinita cantidad de conocimiento existente actualmente en el entorno, ¿cómo saber cuál es el adecuado para nosotros en cada caso en particular? Ante esta pregunta, Dios respondió: "Desde que fuimos creados". Como se mencionó, hecha una elección, es colocada en nuestra mente.

La función de la mente es, a partir de ahí y hasta que la elección esté vigente, mantener un enfoque permanente en el entorno para detectar cualquier cosa que pueda servir para la realización de la elección. Esto generará, de forma natural, un interés de nuestra mente por el conocimiento que tenga algo que ver con nuestra elección. De esta forma, nuestra tarea es tan fácil como hacerle caso a nuestra mente: ella nos estará guiando siempre en la dirección de nuestras elecciones vigentes. Sin embargo, todos hemos escuchado sobre el término "genios de biblioteca" para referirse a aquellas personas con demasiado conocimiento, pero poco uso del mismo. Es aquí en donde hay que dar el segundo paso de la fase 2.

Paso 2. Desarrollar la facultad

El corazón para lograr cualquier cosa en esta vida es la acción. Sin ella nada existiría, nada podría ser creado o ningún mejoramiento podría ser experimentado. Para no malinterpretar este principio es necesario mencionar que el ser humano tiene posibilidad de generar acciones desde las 3 dimensiones que lo conforman:

Cuerpo: Acciones físicas de todo tipo y emociones.
Mente: Pensamientos.
Espíritu: Sentimientos.

Estas son las cuatro formas esenciales por medio de las cuales los seres humanos nos manifestamos en la vida, es decir, le ponemos acción a la vida cuando realizamos algo desde cualquiera de nuestras tres dimensiones. Una diferencia importante entre nosotros es la tendencia o preferencia de algunos a actuar más desde el cuerpo; otros, desde la mente, y otros, desde el espíritu. Como sea, los resultados obtenidos en la vida son consecuencia de las acciones que generamos por medio de nuestras 3 dimensiones. Lo importante a comprender de esto es la posibilidad creativa que tienen los 4 tipos de acciones esenciales por medio de las cuales se manifiesta el ser humano.

La trascendencia de lo anterior es reconocer en la acción el elemento clave para desarrollar la facultad de realizar cualquier mejoramiento de nosotros mismos que hayamos elegido. **Facultad es la facilidad, el poder, la aptitud o la virtud de hacer algo,** entonces, es lo que elegimos desarrollar cuando definimos mejorar algo de nosotros mismos. Por ejemplo, si una mujer tomó consciencia de que su peso corporal le estaba causando limitaciones, eligió bajar de peso 20 kilogramos y obtuvo la posibilidad gracias al interés de estar esbelta para el día de su boda, buscando encontró una dieta de vanguardia muy reconocida, entra al paso 2 de la segunda fase hacia su transformación cuando desarrolla la facultad de alimentarse respetando completamente su nueva dieta alimenticia. Sin embargo, una vez pase la boda, la tendencia a regresar a la forma de alimentación anterior será muy fuerte. La posibilidad e interés que proporcionó la boda habrán terminado. Es aquí en donde se hace necesario dar el tercer paso de la segunda fase.

Paso 3. Corregir lo equivocado

De acuerdo con la observación realizada por casi 30 años, considero este paso el más difícil de dar, es decir, el responsable de nuestra baja capacidad de mejorarnos a nosotros mismos, porque implica eliminar, deshacer o desaparecer elementos que conforman nuestro ego. Como veremos con más detalle en la segunda parte del libro, al ego lo conforman una diversidad de elementos de diferente jerarquía o profundidad. Por otro lado, el ego es lo que nosotros somos, lo que nos define, el resultado del uso de nuestro albedrío; sacar algo de ahí será para él como un atentado contra su existencia, es decir, contra nuestra vida. Es por esta razón por la cual resulta tan complicado corregirnos. Al momento he sido testigo de cuatro formas principales de dar este paso:

1. Por obra de una fuerza de voluntad férrea generada por un intenso deseo en un ser humano.

2. Por obra de Dios en función de nuestra petición, disposición y acción.

3. Como miembros activos y persistentes de El KamYno, de AA, de un grupo de 4º y 5º paso o de grupos de autoayuda de otro tipo.

4. Por medio de un proceso de elección consciente realizado y eficazmente llevado a su consecución por la persona.

Fase de desarrollo

Paso 1. Medir el progreso

Reza el viejo dicho organizacional: "Lo que no se mide no se puede mejorar". Por esta razón el primer paso de la fase 3 del proceso de mejoramiento de sí mismo es medir el progreso. Sin embargo, en este proceso el acto de medir va más allá de lo que pueda significar en un proceso productivo. La tercera fase nos mete en el proceso de integrar a nuestro estado de ser el mejoramiento específico que se está trabajando, o lo que es lo mismo, **pasar de un estado de ser a otro.** Pensemos por ejemplo en alguien que ya dio los primeros 6 pasos para dejar de fumar. Dentro de su estado de fumador existían una serie de características asociadas a su estado de ser: ansiedad, preocupación constante por siempre traer cigarrillos, cuidado continuo de su aliento, desahogo de estrés después de fumar, necesidad de un cigarro después de comer, etc. En este caso, medir el progreso significa ir tomando conciencia o verificando que los elementos del estado de ser de fumador empiecen a desaparecer, a la vez que revisamos si las características del nuevo estado de ser no fumador empiezan a aparecer.

Como se relata de manera por demás clara y concisa en la literatura da AA con el tema de la "borrachera seca", la persona ya dejó de beber, pero los defectos de carácter se potencializan por la falta de la bebida. No se ha llegado al estado de ser de un no bebedor. Muchos elementos del estado de ser del bebedor siguen presentes, entonces se requiere medir el progreso para ir detectando aquellos elementos con los cuales todavía se tiene que trabajar para corregirlos. Como se hace evidente, al darnos cuenta de que hay cosas que continúan y otras que aún no aparecen, se hace necesario dar el siguiente paso.

Paso 2. Reforzar el nuevo estado de ser

Con la materia prima que nos da el paso anterior, estamos en posibilidad de ejercer el segundo paso de esta fase. Vamos a realizar acciones de reforzamiento para nuestro proceso de mejora, que ya no son para, por ejemplo, dejar de fumar, sino para fortalecer el nuevo estado de ser como no fumador. Así, las acciones de reforzamiento son principalmente de 3 tipos:

Para eliminar elementos aún presentes del estado de ser que estamos tratando de dejar.
Para integrar elementos característicos del nuevo estado de ser al que elegimos llegar.
Para manifestarnos desde el nuevo estado de ser mejorado en nuestras interacciones con los demás.

Paso 3. Celebrar el éxito

Este paso no es necesario como salida para los 8 pasos previos, sino para el paso 1 del siguiente proceso. Es decir, celebramos el éxito de un proceso de mejora de nosotros mismos para alimentar la creencia en el proceso y en nosotros mismos. Cada vez que celebramos un éxito, estamos confirmando la posibilidad y nuestra capacidad, amén de nuestra responsabilidad. El diploma, la medalla o el trofeo con el cual celebremos nuestra victoria sobre nosotros mismos nos recordarán, a través del tiempo, que todo es posible y depende de cada uno de nosotros, sin dejar de lado la ayuda de Dios y de la comunidad.

III. Resultados naturales

1. Capital personal

Vivir desde los **principios esenciales** y experimentar de forma efectiva los **procesos fundamentales** es la mejor forma que conozco para lograr los resultados que desea cualquier ser humano. Para finalizar esta primera parte del libro trataré algunas consideraciones sobre la salida más importante, es decir, los resultados que surgen del proceso de vida de todo ser humano. La primera consideración general es que la salida es universal, es decir, todos forjamos en el transcurso de nuestra vida un capital personal, un capital económico y un capital relacional. La diferencia entre cada ser humano son las cualidades y magnitudes de lo que se desarrolla en cada una de estas 3 dimensiones de resultados. Inicio con las consideraciones sobre el capital personal.

Le llamaremos capital personal a todos los recursos internos a los que una persona puede acceder para manifestarse en la vida. Pueden ser tan naturales como caminar o tan complejos como la autodisciplina. En primera instancia clarifico que considero capital personal tanto una virtud como un defecto: la tolerancia es un recurso para manifestarse en la vida para manejar una situación, pero la ira puede surgir ante dicha situación. Es claro que la calidad de vida con la cual se vive está directamente ligada al tipo de capital personal desde el cual nos manifestamos. En función de lo anterior podemos establecer que el capital personal estará determinado por aquello que vamos conociendo, desarrollando y dominando, lo cual nos da la posibilidad de manifestarnos a través de cada una de las tres dimensiones que nos conforman: cuerpo, mente y espíritu.

Una de las consideraciones más importantes sobre el capital en general es su posibilidad de desgastarse, conservarse o multiplicarse. Cada tipo de capital tiene sus propias reglas en este sentido. Consideraré las reglas básicas de cada uno más adelante. A este momento solo es necesario recordar una de las reglas generales para cualquier tipo de capital: para obtener beneficios de él, hay que usarlo, invertirlo o ponerlo al servicio de los demás; generado y guardado, tenderá a echarse a perder, a depreciarse o a ser trasladado de manos por el universo.

Cuerpo. Enlisto algunos de los elementos más importantes que pueden existir como capital físico personal, a un momento dado, en cualquier ser humano:

1. Salud física – Enfermedad física
2. Energía física disponible – Déficit de energía física
3. Instintos naturales – Instintos descoyuntados
4. Capacidad motriz completa – Capacidad motriz limitada
5. Percepción aguda por los 5 sentidos – Percepción disminuida o distorsionada
6. Capacidades físicas desarrolladas – Capacidades físicas sin desarrollar
7. Cuerpo emocional manejable – Cuerpo emocional fuera de control
8. Sistemas biológicos potencializados – Sistemas biológicos subutilizados
9. ADN correctamente activado – ADN activado por herencia y entorno
10. Ego como recurso – Ego como director de vida

Considero estos 10 pares de elementos los más significativos dentro del capital personal relativo al cuerpo. No es necesario que se entiendan al 100% los 10 tipos de capital mencionados, son tan sólo para darte una idea del enorme potencial físico que tenemos y lo poco que, la mayoría, convertimos en capital a nuestro favor para manifestarnos en la vida. Te comparto algunos ejemplos para ir adentrándonos a una vida comprendida desde este conocimiento:

1. La naturaleza nos provee del instinto sexual. Tan natural como necesario para la procreación que nos mantiene como especie en este planeta. Mientras se mantenga como un

capital natural, nos proporciona la posibilidad de una vida en pareja saludable y que funcione para lo cual nos fue dado. Sin embargo, con mucha frecuencia, este instinto se descoyunta como consecuencia de los abusos sexuales de que son objetos los niños a muy temprana edad. A partir de ahí, el capital natural se descoyunta y la persona tenderá a generar situaciones de vida, como la lujuria, las cuales producirán sufrimiento para otros y para sí misma. Esto mientras no se haga algo para regresar ese instinto a su verdadera naturaleza. Tan es capital personal el instinto natural como el descoyuntado, la gran diferencia radica en la calidad de vida que provoca a nuestro alrededor.

2. Mi papá tenía un carácter muy fuerte. Era común que regañara a mi mamá por muchas y variadas razones. Como tendía a gritar, mi mamá, con el tiempo, fue perdiendo el oído al grado que llegó el momento en que requirió aparatos auditivos. Ya en esta condición, quienes convivíamos con ella caímos en la cuenta de que mi mamá sí escuchaba lo que le interesaba. Con cierta frecuencia, platicando entre nosotros en voz baja para que no se enterara del tema, ella, sin sus aparatos auditivos, nos sorprendía preguntándonos cosas específicas sobre lo que platicábamos. Concluimos que, de forma inconsciente, ella eligió ir perdiendo el oído para dejar de oír los regaños de mi papá. Un sentido del cuerpo, el oído, disminuido para ser utilizado como capital personal en la búsqueda de evitar el malestar experimentado cada vez que la regañaban.

3. Sin lugar a dudas, el capital físico menos desarrollado en la actualidad es nuestro capital genético. El capital personal derivado de nuestra genética, para el ser humano promedio, se activa en función de nuestras cadenas hereditarias a través del entorno en el cual crecemos. Así, una persona con la predisposición genética al cáncer, le bastan algunos estímulos activadores en el entorno donde crezca para desarrollar la enfermedad. Si pensamos en las infinitas

posibilidades proporcionadas por la estructura genética bajo la cual fuimos creados, el capital genético que tenemos por desarrollar es enorme. Afortunadamente, le epigenética está avanzando a extraordinaria velocidad y pronto tendremos grandes posibilidades para expandir este elemento de nuestro capital personal.

Este tipo de capital se forja, como se diría comúnmente, con el sudor de la frente. Es decir, si quiero desarrollar la capacidad de correr 42 kilómetros en 3 horas, tendré que pagar el precio del entrenamiento necesario para conseguirlo. Serán muchas semanas y muchas horas de entrenamiento para llegar a la posibilidad de conseguir este capital físico. Por otro lado, si quiero mantenerlo vigente, tendré que seguir una rutina de entrenamiento apropiada para lograrlo: más sudor de la frente. Entre más se quiera incrementar el capital físico, el esfuerzo requerido será mayor. El origen de las inquietudes para aumentar este tipo de capital pueden ser los instintos naturales, el proceso creativo de la mente y los sentimientos. La relación de inversión es 1 a 1, es decir, si invierto una acción física obtengo sólo su equivalente en términos físicos.

Mente. Conforme nos adentramos a nuestras dimensiones más profundas o intangibles, la información que se puede plantear de ellas es menor. Debido a nuestro nivel evolutivo como especie, algunos de los principios y procesos de funcionamiento de la mente y el espíritu todavía nos son desconocidos o inconscientes. A continuación, comparto los elementos que considero como parte del capital personal que se desarrollan en la mente del ser humano:

1. Pensamiento creativo – Pensamiento repetitivo
2. Pensamiento positivo – Pensamiento negativo
3. Pensamiento analítico – Pensamiento reactivo
4. Pensamiento reflexivo – Pensamiento crítico
5. Pensamiento lógico – Pensamiento abstracto
6. Capacidad de crear – Capacidad de destruir

7. Capacidad de enfoque – Capacidad de dispersión
8. Capacidad de imaginación – Capacidad de ensoñación
9. Poder mental – Dependencia de otras mentes
10. Salud mental – Enfermedad mental

Creo que sin mucha dificultad podrás imaginar el proceso de vida de alguien con un capital mental definido por el lado izquierdo de estos diez pares de elementos. Una vez más, es importante resaltar que la forma en como nos manifestamos hoy en la vida es resultado del capital personal que hemos acumulado en el transcurso del tiempo. Y el capital personal con el cual contaremos en el futuro puede ser mucho mayor si aprendemos a guiar nuestra vida bajo los **principios esenciales** *y* los **procesos fundamentales** revisados anteriormente. La trascendencia de incrementar el capital mental es su capacidad de potencializar o disminuir el capital físico, es decir, el cuerpo obedece a 2 amos: al diseño natural bajo el cual fue creado y/o a las opciones creadas y creídas por la mente. La hipótesis más relevante de esto es que si no existiera la mente, el cuerpo sería inmortal. La inmortalidad de células animales mantenidas vivas en laboratorios alrededor del mundo es una de las primeras pruebas de la posibilidad que la hipótesis mencionada sea verdad. Algunos ejemplos de cómo es nuestra vida dependiendo de cuál es nuestro capital mental:

1. La preocupación, estado mental extremadamente común en el ser humano promedio, es consecuencia de la costumbre de la mente, pensamiento repetitivo, de posponer las cosas que la vida nos demanda en el día con día. La única manera de salir de esta costumbre es utilizar el pensamiento creativo, el cual nos guiará a la forma de resolver eso que nos tiene preocupados. Sin embargo, aquí se empiezan a complicar las cosas, ya que para hacer lo que la mente encuentre como necesario para terminar con la preocupación, demandará un nivel de energía adecuado en el cuerpo para que realice las acciones que requiere. Entonces, si en nuestro capital

personal relativo al cuerpo no existe el elemento 2 de la lista, energía disponible, por más que el pensamiento creativo funcione nos será imposible realizar las acciones necesarias para resolver eso que nos tiene preocupados. En lo anterior podemos ver el inicio del círculo vicioso que lleva al ser humano promedio a la incapacidad de mejorarse a sí mismo.

2. No es tan complejo analizar la gran diferencia de actuación de una persona con capacidad para construir contra una con gran capacidad de destruir. Las 2 capacidades surgen de forma inconsciente como resultado de lo que nos toca vivir y la interpretación con la cual nos quedamos de dicho proceso de vida. De ahí, se generan personas con la capacidad de construir sólidas familias, productivas empresas y vidas que vale la pena vivir, o todo lo contrario, como la vida misma nos muestra.

3. Creo que la mayoría de las personas hemos tenido la oportunidad de conocer a alguien con un evidente poder mental y, más comúnmente, con una mente débil. El ejemplo más frecuente es cuando, de forma inconsciente, volteas hacia una persona que te mira fijamente. La fuerza mental de quien está mirando produce efectos en el cerebro de la otra persona, lo cual la obliga a voltear. Desde este nivel básico, el poder mental se manifiesta en todos los aspectos de nuestra vida. Contar con un alto nivel de poder mental conlleva la posibilidad de ejercer nuestro poder creativo en mucho menos tiempo y con alcances ilimitados. Es importante despertar a este capital mental natural, ya que podemos estar utilizándolo en nuestra contra. Es el caso de las personas con un alto nivel de poder mental, gracias al cual son capaces de crear en ellas mismas todas las enfermedades de las que tienen noticia, en el mundo se les llama hipocondriacos. Imagina el costo de la inconsciencia o el desconocimiento cuando un alto capital mental para nuestra vida es utilizado para producirnos malestar.

Forjar este tipo de capital es menos demandante físicamente, pero más complejo intelectualmente. Para desarrollarlo se requerirá un fuerte apoyo de la consciencia. Por ejemplo, para pasar del pensamiento negativo al positivo, en primera instancia se tendrá que tomar consciencia de la predominancia del pensamiento negativo. Una vez alcanzado algún elemento de este tipo de capital, normalmente queda instalado hasta que uno más poderoso es adquirido. Es decir, su vigencia está limitada por la llegada de un elemento más poderoso para lograr resultados. Su utilidad en el día con día estará determinada por la cantidad de elecciones en las cuales pueda ser útil, lo cual determina la importancia de contar con elecciones conscientes acordes a nuestros deseos. Conforme se tienen más elementos de capital mental del lado izquierdo de la lista, a la hora de aplicarlos se integran entre ellos y el poder emergente es mucho mayor que la suma de sus partes. Su composición está determinada por las elecciones realizadas en el transcurso de la vida. A elecciones más trascendentes, capital mental más alto. Su relación de inversión es 1 a 10, es decir, da la posibilidad de obtener un resultado equivalente 10 veces a lo invertido.

Espíritu. Hablar del capital personal espiritual es entrar al terreno del conocimiento humano en donde menos hemos avanzado, aunque sea el más profundo, poderoso y trascendente para nuestro proceso de vida en este mundo. Basta hacer una rápida referencia entre las capacidades manifestadas por Jesucristo y las capacidades desarrolladas por el ser humano promedio. Si lo que establece la Biblia que dijo Jesús es verdad —que lo es—, nosotros fuimos creados con la posibilidad de realizar cosas aún mayores que las que se vio hacer a Él. Si consideramos que el espíritu es una chispa divina, encontramos la razón fundamental de su poder. En consecuencia, el capital mental y el corporal deberían operar subordinados al capital espiritual, con lo cual lo convertirían en el capital con más posibilidades para el mejoramiento de nosotros mismos. Sin embargo, para que esta subordinación tenga efecto, se requiere el desarrollo del capital espiritual. Hay que recordar que, en ausencia de un capital espiritual considerablemente desarrollado, el capital mental tomará el mando y, a desarrollo del capital mental limitado, funcionaremos básicamente con el capital relativo al cuerpo. Las variables fundamentales a través de las cuales podemos transitar para desarrollar y ejercer nuestro capital espiritual son la **consciencia** y el **albedrío**. En función de lo anterior, los elementos del capital personal espiritual a los cuales me puedo referir son:

1. Consciencia – Inconsciencia
2. Frecuencia vibratoria alta – Frecuencia vibratoria baja
3. Elección consciente – Elección inconsciente
4. Elección por sentimiento – Elección por emoción
5. Relación consciente con Dios – Alejamiento de Dios
6. Sensibilidad – Insensibilidad
7. Inspiración – Cerrazón a lo espiritual
8. Discernimiento – Insensatez
9. Sabiduría – Ignorancia
10. Fortaleza – Debilidad
11. Manifestación desde la verdad/lo correcto – Manifestación desde la mentira/lo equivocado
12. Compasión – Dureza de corazón
13. Temor de Dios – Falta de consciencia de Dios

Es pertinente clarificar que en los 3 listados de elementos de capital personal sólo aparecen los elementos más relevantes desde mi punto de vista; especialmente, en el capital espiritual, en donde la lista podría ser infinita. Además, algunos de los elementos listados están conformados por varios subelementos. Por ejemplo, al hablar de sensibilidad estoy considerando todos los sentimientos, incluido el amor, la esperanza, la bondad, etc. Te comparto 3 consideraciones prácticas sobre algunos de los elementos del capital espiritual:

1. Considero a la consciencia el elemento más importante del capital espiritual. Como se verá con detalle en la tercera parte del libro, la expansión de la consciencia es el inicio del proceso de mejoramiento de sí mismo, es decir, sin una expansión de consciencia no hay posibilidad de mejora personal. La

consciencia aquí será planteada como sinónimo del alma, es decir, el alma definida como quienes somos en un momento dado como consecuencia del alcance de nuestra consciencia para manifestarse desde un determinado capital personal físico, mental y espiritual.

2. Si la consciencia es el elemento más importante del capital espiritual, entonces la relación consciente con Dios es lo más importante a lo que debemos enfocarnos al buscar la expansión de nuestra consciencia. Un ejemplo hermoso y claro sobre el proceso de expansión de consciencia enlazado con nuestra relación con Dios, a saber, sobre un desarrollo gradual del capital espiritual, es el proceso de recuperación de 12 pasos de AA. Te comparto una parte del proceso según como yo lo concibo:

Paso 1, se debe tomar consciencia de que se es impotente ante el alcohol y que la vida propia es ingobernable.

Paso 2, se está dispuesto a llegar a creer que Dios puede devolver el sano juicio. Inicia la relación con Dios.

Paso 3, se toma consciencia de que hay que confiar la voluntad y la vida propios al cuidado de Dios. Se profundiza un nivel más la relación con Dios.

Paso 4, se hace un inventario de vida, examen de consciencia. Para expandir la consciencia al máximo nivel sobre cómo se ha vivido y en qué se ha convertido la vida propia.

Paso 5, se admite ante Dios, ante sí mismo y ante otro ser humano la naturaleza exacta de nuestros defectos. Se pasa a un siguiente nivel en nuestra relación con Dios y se reafirma la consciencia de cómo hemos vivido y los efectos y consecuencias que hemos creado.

Paso 6, se está dispuesto a que Dios nos libere de los defectos de carácter. Se profundiza la relación con Dios, haciéndolo la parte más importante del proceso de corregir lo que está mal en la personalidad de cada quien.

Paso 11, a través de la meditación y la oración se trata de mejorar el contacto consciente con Dios, y se pide la capacidad de reconocer la voluntad de Dios para la vida propia y la fortaleza para cumplirla. Se puede percibir que a estas alturas del programa la relación con Dios que se busca es completa, además de que se busca el elemento de expansión de consciencia más trascendente para un ser humano, conocer la voluntad de Dios para la vida propia.

Paso 12, habiendo logrado un despertar espiritual como resultado de estos pasos, se trata de llevar el mensaje a otras personas y de practicar estos principios en todos los asuntos del proceso de vida. En este caso, el despertar espiritual es uno de los grados más importantes de la expansión de consciencia, y practicar estos principios es otra forma de referirse a las recomendaciones que nos dejó Jesucristo sobre cómo vivir: compartir la Buena Nueva, servir con amor a los demás y poner a Dios en el centro de nuestra vida.

3. Paralelo al proceso de expansión de consciencia está nuestro camino a la verdad/lo correcto. En términos casi literales, podemos figurar el proceso de vida como un camino en el cual el fin es acceder a un capital personal cada día más cercano a la verdad/lo correcto. Por ejemplo, en algún momento de nuestra historia llegamos a la conclusión de que el cáncer era hereditario: simplemente, si se nacía de personas que habían padecido cáncer, se iba a generar la enfermedad. Ahora sabemos un nivel más cercano a la verdad: que se puede tener una predisposición genética al cáncer, consecuencia de nuestra ascendencia familiar, sin llegar a presentar la enfermedad. Esto, gracias a los descubrimientos recientes del papel tan importante que juegan los estímulos del entorno en donde se crece, para activar los genes generadores del cáncer. Es decir, en los genes está la posibilidad, en el tipo de estímulos del entorno se hace realidad. Así, un padre de familia con acceso a un nivel de información más cercano a la verdad será muy cuidadoso de los estímulos bajo los cuales crecen sus hijos cuando se viene de familiares con predisposición genética

al cáncer. **Dicho sea de paso, el capital personal espiritual más eficaz para utilizar como antídoto para la predisposición genética a cualquier enfermedad hereditaria es el amor.** En un entorno familiar en donde el amor es un estímulo al que es expuesto el niño todos los días, nunca generará enfermedad hereditaria alguna.

En lo relativo al capital personal espiritual, no puedo hablar de un proceso de desarrollo; en este caso, al estar ya presente todo el potencial en nuestro espíritu, el proceso es despertar a él y manifestarlo en el proceso de vida diario. Por ejemplo, es el caso de nuestra relación con Dios, Él está ahí, extendiendo su mano hacia nosotros como en la pintura de Miguel Ángel, sólo necesitamos despertar a esta verdad para iniciar una continua y consciente relación con Él. Nuestro espíritu, al estar completo, no requiere nada, porque es esencia divina, entonces la inversión del capital espiritual es siempre hacia los demás, es decir, se aplica a través del servicio. Su relación de inversión es 1 a 100, al 100 por 1, entendiendo que el 100% que regresa es en términos físicos, mentales o del alma, ya que el espíritu está completo.

2. Capital económico

El segundo tipo de capital personal que vamos generando en el transcurso de nuestra vida es el capital económico. La importancia de este tipo de capital es que está directamente relacionado con nuestra capacidad de proveernos de satisfactores materiales, de poder de manifestación material y de posibilidad de compartirlo con los que menos tienen. Entre más capital económico vamos generando, se expande nuestra vida en 3 direcciones:

1. **Posibilidad de experimentar más situaciones de vida.** A través de viajar, conocer más personas y exponernos a muy variados y exóticos mundos, obtenemos la posibilidad de más disfrute y placer en la vida. La aclaración más importante sobre esto la conocemos todos, aun sin ser todos conscientes de ella: se puede llegar a tener un gran capital económico y no salir al mundo a disfrutarlo. Desafortunadamente, es muy común que los seres humanos nos perdamos cuando transitamos por la vida en busca del capital económico. Cuando menos lo esperamos, estamos enfocados en este como un fin y no como lo que es, un medio. Por lo regular, esto ocurre en personas con un capital mental muy alto, pero con un capital espiritual muy bajo. Con esto podemos comprender la importancia de un mejoramiento, gradual y equilibrado, de nosotros mismos, que nos proporcione un capital personal integral con la posibilidad de manifestarnos de acuerdo con nuestro diseño original. En esta línea de vida, la inversión es equivalente al capital físico, es decir, gasto un peso, regresa el equivalente en diversión o placer a un peso. Esta es la razón por la cual grandes fortunas ganadas por unos, personas con alto capital personal mental, son desaparecidas por otros, personas con alta necesidad de diversión y placeres.

2. **Poder creativo en el mundo.** Esto se refiere a la capacidad de llevar a la realidad las ideas creativas de la mente, propias

o ajenas, a través del poder generado por la abundancia en capital económico. La manifestación más común es la creación de empresas propias y la inversión en empresas públicas. Cuando este poder económico se traslada a las naciones, el efecto se traduce en la creación y crecimiento de infraestructura de servicios para la población en general. Por último, la utilización más trascendente para el capital económico a través del poder creativo es cuando es utilizado para crear, a través de la ciencia, conocimiento y consciencia para vivir mejor, como por ejemplo vacunas, tecnología para la medicina, etc. Cuando se invierte el capital económico a través del poder creativo, el retorno puede llegar a ser al 10 por 1.

3. **Posibilidad de compartirlo con los demás.** Aplicar capital económico en esta línea está definido por la condición de no recibir ningún beneficio económico, político o social por hacerlo. La forma más redituable y evolucionada de invertir el capital económico es cuando lo compartimos con los que menos tienen, de forma creativa y para impactar a la mayor cantidad de ellos. Como está establecido en la Biblia, el principio más importante a mantener en mente para no entrar en conflictos con las leyes que gobiernan el capital económico es asignar únicamente el 10% de los ingresos totales brutos, generados en un periodo, a esta línea de inversión. La razón más importante de este porcentaje estriba en la necesidad de seguir invirtiendo, a través del poder creativo, la mayor cantidad posible de los ingresos obtenidos, lo cual se traduce en más empleos, más infraestructura social y más investigación científica para llevar bienestar a la humanidad. El retorno de este tipo de utilización del capital económico es de 100 por 1.

Creo que la mayoría de los seres humanos estamos muy relacionados con los elementos que conforman el capital económico. Te comparto un listado de los más comunes:

1. Dinero en efectivo
2. Acciones bursátiles que acreditan propiedad de una parte de una empresa
3. Empresas
4. Propiedades inmobiliarias
5. Oro y joyas
6. Obras de arte
7. Patentes
8. Inventarios de materias primas o alimentos
9. Vehículos de transporte
10. Muebles

3. Capital relacional

El tercer tipo general de capital que los seres humanos creamos durante nuestra vida es el capital relacional. Está conformado por el tipo de relaciones familiares, profesionales, políticas, sociales y comunitarias que logramos establecer con las personas, grupos sociales o políticos, organismos empresariales y comunidades. El refrán popular "Más vale un amigo en el apuro que dineros en el puño", establece la importancia de considerar esta parte de la vida del hombre como un capital. Es una realidad cómo nuestras relaciones con los demás son un valioso recurso en casi todos los aspectos de nuestra vida. Desde contar con la ayuda de un amigo para realizar cualquier tarea hasta llegar a tener a alguien haciéndose cargo de nosotros cuando ya no nos podemos valer por nosotros mismos. Te comparto algunas de las consideraciones más importantes sobre el capital relacional:

1. El capital relacional se va generando como consecuencia de cada una de nuestras interacciones diarias con los demás. Si en la interacción doy, proporciono o sirvo para algo a los demás, tengo un depósito a favor para mi capital relacional. Si en la interacción mi aportación es nula, entonces puedo agregar ese momento a mi vida tibia o mediocre. Si en la interacción daño, ofendo o me comporto indiferente ante las necesidades ajenas, entonces puedo considerar esto como un retiro de mi capital relacional.

2. La capacidad de dar y la capacidad de recibir son las capacidades esenciales para lograr interacciones cuyo resultado sea un depósito. Creo que la mayoría entendemos la importancia y tipos de conductas que nos llevan por el desarrollo de la capacidad de dar. Sin embargo, es muy común la inconsciencia de la importancia y necesidad de aprender a recibir. Escondida en un falso orgullo, muchos tenemos la costumbre de negarnos a recibir cuando alguien sinceramente nos quiere ayudar o dar algo. Cuando aprendemos a dar y

recibir desde el corazón, fluimos a la verdad de la unidad. Todos somos uno y lo mío es de todos y lo de todos es mío, un principio fundamental de las verdaderas comunidades cristianas.

3. En la comprensión de la verdad de la unidad, se encuentra la esencia de la trascendencia del capital relacional. Se tiene el mínimo capital relacional cuando el proceso de vida tiende al egoísmo puro: ni doy ni recibo nada de nadie. Se tiene el máximo nivel de capital relacional cuando se está dispuesto a compartir todo cuanto se pueda tener o ser y se ha logrado la posibilidad de que los demás nos compartan todo lo que ellos puedan tener o ser. Ambos casos son descripciones extremas de vida, por lo cual aclaro que la mayoría estamos en algún punto entre estos 2 extremos.

4. El capital relacional puede llegar a estar en números negativos, o sea, tener deudas. A esto, en términos humanos, algunos le llaman *karma*. La consideración más importante a este respecto es que el capital relacional es el único con la posibilidad de trascender esta vida. Es decir, la interacción conmigo mismo es algo estrictamente personal, por lo cual simplemente aprovecho o desperdicio mi vida. Una posibilidad inherente y directa al principio del albedrío bajo el cual fuimos creados. Por otro lado, en mi interacción con Dios puedo llegar a ser lo más insensible o desconsiderado y Él nunca se ofenderá; esto, por amor. Así es que, de nuestras **3 interacciones fundamentales,** la relación con los demás es en la única en la cual podemos generar deudas que habremos de pagar en esta vida, creo yo, o en las siguientes, en caso de que las hubiera.

5. Es importante tomar consciencia de que, hablando espiritualmente, la razón esencial de crecer el capital personal y el capital económico es para invertirlo en producir capital relacional. Entender esto, por ejemplo, pondría en una mejor balanza los esfuerzos de muchas personas por generar satisfactores materiales, capital económico, con los esfuerzos

para crear armonía y calidad de vida familiar, capital relacional. En la comprensión de la subordinación del capital personal y económico al capital relacional está uno de los retos más grandes a los cuales nos enfrentamos como especie.

El capital relacional, por mucho, es nuestra verdadera forma de lograr el sentido de nuestra vida, la misión personal o como se le quiera llamar a nuestra razón de haber llegado a este mundo. Ya sea en el nivel máximo hasta hoy realizado, Jesucristo: ofreciendo su vida para nuestra salivación, o en cualquiera de los ejemplos extraídos de la vida diaria: una madre quedándose con hambre para que su hijo tenga algo que comer, **crecer el capital relacional es el verdadero sentido de la vida humana.** A continuación, te comparto algunas de las denominaciones, equivalentes al diferente valor de los billetes, que toma el capital relacional cuando trabajamos en crecerlo durante nuestra vida diaria:

1. **Amantes.** Personas que nos aman como resultado del tipo de interacción que hemos tenido con ellas.
2. **Apóstoles.** Personas dispuestas a morir por realizar la misión que les hemos encomendado.
3. **Entregados.** Personas completamente al servicio de ideales y propósitos de nuestra comunidad espiritual.
4. **Leales.** Personas fieles a los principios y reglas en las cuales creemos.
5. **Comprometidos.** Personas dispuestas a entrar en acción en cuanto nosotros las convocamos.
6. **Solidarios.** Personas decididas a estar con nosotros en las causas comunes.
7. **Colaboradores.** Personas alineadas a realizar su parte en aquello que estamos buscando realizar o conseguir.
8. **Deudores.** Personas listas para regresarnos un favor cuando lo necesitemos.
9. **Servidores.** Personas disponibles para ayudarnos con tareas como respuesta a como las hemos tratado.

10. Condicionales. Personas dispuestas a apoyarnos a cambio de recibir algo.

Como podrás apreciar, el tipo de relación que nos une a otras personas no es en sí mismo capital relacional. Tener una relación familiar, social, laboral, de negocios, política o como hermano de comunidad con alguien es totalmente circunstancial. Lo verdaderamente positivo o negativo, el capital, es el resultado obtenido a través de nuestras interacciones diarias con las personas con las que estamos relacionadas circunstancialmente. En una relación familiar se pueden encontrar tanto las personas que más nos aman como las que más nos odian. Al ser las relaciones iniciales, más directas y de mayor duración, tienden a llegar a ser las más complicadas. Tener una relación laboral con alguien no establece el grado de compromiso y colaboración con los cuales nos desempeñaremos. Es más, en una comunidad de autoayuda, cuyos fines son por demás altruistas y voluntarios, es común la existencia de conflictos entre algunos de sus miembros. Por esta razón, **es fundamental comprender a cada interacción con otro ser humano, como un acto de inversión por medio del cual nuestro capital relacional aumentará o disminuirá.**

Otra consideración por medio de la cual nos damos cuenta de la trascendencia del capital relacional es cuando reflexionamos sobre el proceso de interacción y sus libres y naturales posibles efectos. Veamos un caso:

Una de las personas en la interacción elige dar sin esperar nada a cambio; sin embargo, aun y cuando esto ocurra, es la persona al otro lado de la interacción a quien le corresponde elegir recibir sin resistencia para que se genere un capital relacional positivo, o elegir no recibir o recibir con resistencia, gracias a lo cual el capital relacional será negativo. Es decir, la mayor complejidad para crecer el capital relacional es que depende de cómo estén usando ambas partes de la interacción su proceso consciente de elección.

Dar con amor sin esperar nada a cambio, el acto humano más altruista y con mayor potencial de incrementar el capital relacional, puede ser recibido e interpretado de forma tan equivocada que puede generar el capital relacional más negativo, el odio. El ejemplo más conocido por la mayoría es el acto de Jesucristo venir al mundo a traernos la Buena Nueva de nuestra condición como hijos de Dios, con lo que generó temporalmente el capital relacional más negativo, el odio de los maestros de la Ley. En este ejemplo tenemos las condiciones necesarias para comprender la importancia de los actos de amor, independientemente de los efectos temporales en las personas hacia quienes van dirigidos. A pesar de que los actos de Jesús provocaron el odio que lo llevó a la cruz, en el balance general contra el tiempo se alcanza a ver el monto del capital relacional que logró su acto de amor. ¿Sería factible contar la cantidad de amantes, entregados, comprometidos, seguidores, colaboradores, adoradores o servidores que Jesús ha tenido en los últimos 2,000 años? La respuesta a esta pregunta tiene la posibilidad de llevarnos al nivel de consciencia necesario para comprender la importancia del capital relacional.

SEGUNDA PARTE:

2

La vida

"La vida es el precio que se paga para transitar el camino que nos permite conocer la verdad y manifestarnos en el mundo desde ella"

Principio fundamental:

La vida no es otra cosa que el camino a la verdad, que se transita accediendo poco a poco a grados de conocimiento cada vez más cercanos a la verdad

Consideraciones a comprender

Antes de que inicies la lectura de la segunda parte de este libro, es necesario que comprendas algunas cosas sobre su contenido y ciertas reflexiones sobre sugerencias que te ofrezco para que logres el mayor beneficio de lo que este libro tiene el poder de ofrecerte:

1. Sin lugar a dudas, te adelanto, es la parte compleja de este libro. **Está conformada por la estructura, los modelos y los conocimientos bajo los cuales se cimienta la parte práctica que se describe en la tercera parte del libro.**

2. Por lo anterior, no será simple de comprender para la mayoría de las personas la primera vez que lo lean.

3. Consecuencia de lo anterior, es posible que experimentes una disminución en la velocidad de lectura, se reduzcan las ocasiones en que tomas el libro para leerlo, te surja la idea de pasarte directo a la tercera parte del libro o, sin que te des cuenta, abandones su lectura.

4. Recuerda que el 90% de los seres humanos tiene la tendencia de abandonar lo que busca lograr cuando las cosas se ponen complicadas. Es por esta razón que te invito a que venzas esta tendencia y sigas adelante.

5. Seguir es necesario porque estarás empezando a tomar el control consciente de tu vida, al impedir que tu ego vuelva a llevarte por lo cómodo y fácil de la vida. Además, aunque el contenido no es, a primera lectura, simple, hay aspectos concretos e importantes que debes conocer para obtener un mayor beneficio al practicar las sugerencias de acción planteadas en la tercera parte del libro.

6. Te sugiero que, conforme avances en la lectura, vayas registrando en un cuaderno las ideas, principios o conceptos que sean relevantes a tu consciencia. De esta forma, si bien es posible que no comprendas el contenido en su conjunto,

contarás con un resumen de ideas al cual puedes regresar en cualquier momento sin tener que releer esta parte del libro.

7. Definitivamente, evita detenerte demasiado tiempo tratando de comprender algo que te resulte muy complejo. Mi sugerencia es que registres en tu cuaderno las dudas y preguntas que te surjan sobre el tema y sigas adelante.

8. Desde luego, comprender completamente el contenido del libro es algo bueno para cualquier persona, es por esto que sigue en pie la recomendación de unirse a una comunidad para el desarrollo espiritual, en la cual se pueda analizar y debatir el contenido de este libro.

9. Además, en esta sección comparto algunas de las revelaciones más importantes que Dios me ha regalado y que me ha permitido validar en la vida diaria. Revelaciones en sí mismas valiosas y prácticas, independientemente de si decides transitar este KamYno de mejoramiento.

10. Por último, es importante comentarte que este no es un libro para una lectura de una sola vez, este es un manual para la vida diaria. Por lo tanto, es un libro que hay tener al alcance de la mano para consultarlo siempre que se requiera. Por esta razón, siempre tendrás la oportunidad de ir aumentando tu comprensión sobre lo aquí expuesto, conforme avances en tu KamYno.

Lo que estás por leer contiene las aproximaciones a la verdad más valiosas con las que me he topado en mis muchos años de transitar por el camino del conocimiento sobre el ser humano y su proceso de vida en este mundo. En verdad, te digo que intentar comprenderlo recompensará con creces todo el esfuerzo y dedicación que realices para seguir adelante. A final de cuentas, si las cosas que valen la pena se hicieran fácilmente, cualquiera las haría.

I. Catalizadores que facilitan comprender la vida

1. Un proceso mental peculiar

En esta segunda parte del libro planteo el conocimiento más relevante que es necesario tener para generar la confianza requerida para transitar El KamYno de una manera más ágil, abierta y eficaz. Aquí encontrarás la integración más objetiva y práctica que mi mente pudo hacer del conocimiento adquirido durante los primeros 18 años de mi proceso de búsqueda. Al integrar este conocimiento a las revelaciones y principios experimentados una vez que inicié el camino espiritual, estas dieron vida a El KamYno como estructura para buscar el mejoramiento de mí mismo.

La primera consideración especial, por obvias razones, es lo que pasó con mi proceso mental cuando me introduje en el abstracto mundo del lado derecho del cerebro, esto es, el ser humano y sus procesos psicológicos, emocionales y espirituales. Me formé como ingeniero e inicié mi labor profesional dentro de dicho campo. Por esta razón, mi proceso mental se conformó científico, concreto y muy estructurado. Esto impactó de una manera muy particular sobre mi incursión en el campo del desarrollo humano. Yo lo resumo a que entré a un campo que, normalmente, es abordado por personas que funcionan, sobre todo, con el hemisferio derecho del cerebro. Al ser ingeniero, mi educación y actividad profesional me habían demandado, antes que nada, el uso y desarrollo del hemisferio izquierdo del cerebro.

Lo anterior generó que el conocimiento al que empecé a ser expuesto se fuera conformando cimentado principalmente en tres pilares:

1. **Tuercas y tornillos.** Desde el inicio de mi formación en el desarrollo humano, algo particular me empezó a pasar. Cada vez que un maestro o expositor se refería a algo abstracto, algo

muy normal en este campo, yo requería que se me explicara con "tuercas y tornillos". Es decir, solicitaba que el instructor se bajara de lo abstracto a lo concreto, del para qué al cómo, del concepto a la aplicación práctica. Recuerdo que uno de los primeros ejemplos en donde me pasó esto fue cuando se me compartía que lo único que tenía que hacer para lograr un cambio en mi vida era tener fuerza de voluntad. Y ahí empezó, hace casi 30 años, El KamYno de las "tuercas y los tornillos". El instructor jamás pudo bajar a este nivel, solicitado por mí, el concepto de fuerza de voluntad. Completamente frustrado salí al mundo a tratar de encontrar una respuesta. Casi 30 años después, sigo encontrando aspectos que me acercan más a la verdad sobre estas 2 palabras. Aspectos que me han revelado qué es la fuerza de voluntad, cómo se consigue y cuáles son sus alcances. En el desarrollo de esta obra, encontrarás los descubrimientos realizados con respecto a la fuerza de voluntad y a muchos otros conceptos que, como este, nunca pudieron ser bajados al mundo de "las tuercas y los tornillos" por los instructores que se cruzaron por mi camino.

2. **Fórmulas, procesos y modelos.** Lo siguiente que me empezó a ocurrir fue que, conforme iba accediendo a más y más conocimiento, mi mente empezó a convertirlo todo en fórmulas, procesos metodológicos y modelos. Para poder comprender y trasladar a la práctica lo abstracto del desarrollo humano que estaba aprendiendo, mi proceso mental me empujaba a convertirlo en algo que el lado izquierdo de mi cerebro pudiera comprender y hacerse la idea de cómo practicarlo. Así nació, por ejemplo, la fórmula para el poder personal. Cuando mi mente requirió simplificar de qué dependía el poder personal con el cual se desempeñaba un ser humano en la vida, entonces mi proceso mental desarrolló la fórmula:

Poder personal = Energía disponible + Poder creativo + Conocimiento

El efecto de esta fórmula en mí fue que me fortaleció la necesidad de acceder a la mayor cantidad de conocimiento que pudiera, a introducirme en cómo funciona el poder creativo de mi pensamiento y a investigar y practicar diferentes formas para contar siempre con energía disponible. Con esto nació la fórmula para la energía disponible que comparto en mi libro *El poder del conocimiento en acción*. El título y contenido de este mi primer libro, en esencia, es un planteamiento completo de la fórmula para el poder personal. Es decir, plantea el conocimiento más relevante al que había accedido y generado a ese momento y, así mismo, las formas más prácticas para acceder a grandes niveles de energía disponible. (En el Anexo 2 al final de este libro encontrarás desarrollado el concepto de poder personal a detalle). Por otro lado, ya fue planteado, en la primera parte de este libro, el primer proceso creado por mi mente: el proceso básico en el ser humano, el cual postula en esencia lo que pasa cada instante en un ser humano vivo:

Proceso básico en el ser humano

Estímulos externos o internos
Proceso interno
Respuesta: acción – reacción

Comprender que el ser humano opera en función de este proceso básico tiene implicaciones que cimientan mucho de lo tratado en este libro. La conclusión más trascendente para mí, gracias a la concepción de este proceso, fue confirmar que somos los creadores de nuestro propio destino. Para concluir esto, en esencia, sólo se requiere aceptar que las respuestas que le damos a la vida no dependen directamente de los estímulos del entorno, sino del proceso interno que ocurre en cada uno de nosotros. Es decir, la causa no está en los estímulos que recibimos de los demás, está en el contenido de nuestro interior, que es el verdadero y único lugar donde se procesa y elige cómo responder. Uno de los resultados más trascendentes de mi proceso mental en mis primeros 18 años de búsqueda fue la creación del modelo de identidad integral que se abordará más adelante. Es una representación gráfica que emula el equivalente a lo que sería una radiografía del ser humano. Imagina por un momento que existe la máquina que, si le pones a un ser humano enfrente, te puede hacer una radiografía de todos los elementos, conscientes o inconscientes, que lo integran. No a nivel celular, como sería en un microscopio, sino a nivel estructura, como sería en una radiografía. Así, por ejemplo, el modelo de identidad integral muestra que todo ser humano está constituido por un nivel que se llama ideología, dentro del cual se encuentran las creencias. Todos contamos con este elemento. La diferencia entre cada ser humano, que no se puede ver en la "radiografía", es cuáles son las creencias específicas que cada quien tiene. Sin embargo, gracias al modelo de identidad integral podemos conocer la función, poder e impacto de las creencias en nuestro proceso de vida y su relación directa con los otros elementos que nos conforman. Más adelante desarrollo con detalle este modelo por su importancia como fundamento para lo planteado por este libro.

3. **Ciclo completo del proceso de aprendizaje.** Pocos años después de haber iniciado mi intensa búsqueda, mi forma de pensar me llevó a concluir lo que me estaba pasando. Al fin ingeniero, determiné lo que para mí es el ciclo completo conforme al cual se debe transitar el camino del conocimiento. El proceso se muestra en la figura 2. Como se puede apreciar en la figura, todo empieza cuando un ser humano tiene acceso a estímulos nuevos. En esto estriba la importancia de la educación formal, leer, viajar, conocer gente nueva o interactuar con personas que piensan diferente a nosotros. Sin embargo, la tarea realmente importante está en el desarrollo de las capacidades necesarias para hacer algo productivo con los nuevos estímulos: **capacidad de comprender, capacidad de validar y capacidad de aplicar y transmitir conocimiento.**

De la integración de estas 3 capacidades se conforma lo que yo le llamo la competencia para aprender a aprender, la cual comparto más adelante en esta segunda parte del libro. Como puedes apreciar en la figura 2, el proceso inicia cuando la vida nos enfrenta a estímulos nuevos, ya sea por casualidad o porque andemos en alguna búsqueda intelectual. El destino de la mayoría de los estímulos que recibimos diariamente es el inconsciente, es decir, ni siquiera nos damos cuenta de forma consciente que fuimos expuestos a dichos estímulos; sin embargo, naturalmente vamos a responder desde la consciencia cuando aparecen ante nosotros estímulos nuevos, especialmente si son parte de nuestras búsquedas intelectuales. El proceso humano inicia si los estímulos nos interesan y podemos contextualizarlos para darles un significado. Ya dimos el primer paso del proceso: percibimos conscientemente. De ahí, pasamos a memorizar los datos (en caso de que no estén ya grabados en nuestro cerebro). A partir de este nivel podremos platicar, comentar o hasta discutir sobre dichos datos. Hemos dado nuestro segundo paso en el proceso de aprendizaje. Un aspecto relevante que mantener en mente, si deseamos evitar un sinfín de conflictos, es que, para entonces, sólo tenemos datos memorizados, los cuales, además, fueron conformados por el proceso de percepción sensorial e interpretación cerebral, lo cual pudo generar una serie importante de diferencias de los datos reales contra lo memorizado por nuestro cerebro. El tercer paso se da cuando experimentamos el proceso interno necesario para comprender los datos. Al realizar el proceso requerido para comprender, convertimos los datos en información, es decir **in-formación,** los datos pasaron a ser parte de nuestra conformación básica por medio de la cual estamos respondiendo a la vida. Sin embargo, hay que recordar que los datos pueden ser ciertos o falsos. Mientras no demos el cuarto paso, estaremos respondiendo a la vida en función de datos comprendidos, mas todavía no validados.

Por lo anterior, requerimos otro proceso humano que es la validación de la información, nuestro cuarto paso. El proceso de validar información completamente convierte a esta en conocimiento. Es decir, tanto es conocimiento la información que en el proceso de validación resultó cierta, como la que resultó equivocada. Aquí podemos comprender los dos componentes de la ignorancia de los que tanto se habla: **tanto es ignorancia lo que no se conoce; como lo que se conoce que es equivocado y se piensa que es verdadero.** Al determinar si unos datos son ciertos o falsos, podemos decir que conocemos la naturaleza correcta de esos datos. Una vez que contamos con conocimiento, estaremos en posibilidades de utilizarlo para desempeñarnos mejor en cualquiera de las situaciones a las que nos enfrenta la vida. Al experimentar el proceso de transferencia del conocimiento a nuestro actuar diario, damos nuestro quinto paso del proceso de aprendizaje. Así mismo, al estarnos beneficiando de cierto conocimiento podemos sentir la intención de compartirlo con los demás, para lo cual requerimos dar nuestro sexto paso. Al hacer esto, tendremos la oportunidad de llegar al fondo mismo del conocimiento adquirido, ya que el proceso de transmitir nos generará la necesidad de ir al fondo del conocimiento en cuestión. En el proceso de llevar a la práctica el conocimiento validado, van a surgir dudas y variables que naturalmente hacen brotar nuevos elementos del conocimiento que se está aplicando. No obstante, es hasta el momento de transmitir el conocimiento cuando se da la más grande posibilidad de que surja conocimiento nuevo. En las preguntas, réplicas y debates que se suscitan con las personas con las cuales se comparte el conocimiento, si se tiene una mente abierta, se encuentra la génesis del conocimiento nuevo. Esta es la razón por la cual los que nos dedicamos al proceso formativo de personas tenemos mayor posibilidad de generar conocimiento nuevo, pues nuestra función, transmitir, literalmente, es el sexto paso del proceso de aprendizaje. Siempre que te das a la tarea de experimentar el proceso completo del aprendizaje, es decir, llegar a la transferencia del conocimiento, te encontrarás en la frontera en donde se pueden revelar ante ti nuevos datos sobre los temas que sabes, y el ciclo inicia de nuevo. El último paso del proceso de aprendizaje se da cuando se revelan ante ti datos nuevos sobre una realidad conocida. El ciclo inicia de nuevo.

Como podrás darte cuenta, mi proceso mental se fue encargando de facilitarme el acceso al abstracto mundo del ser humano y sus procesos de interacción. El resultado fue uno de los más grandes dones que Dios me ha regalado: **el don de comprender, integrar, generar y transmitir conocimiento.** Por otro lado, en comprender este proceso se encuentra la más grande posibilidad que tú vas a tener para discernir qué hacer con este conocimiento en tu vida diaria.

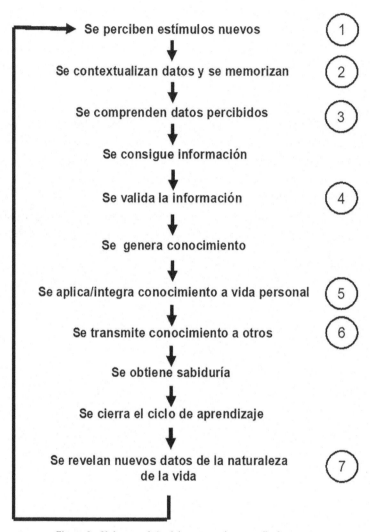

Figura 2. Ciclo completo del proceso de aprendizaje

2. El problema de la semántica

Como ingeniero experto en procesos, cada elemento que conocía sobre cómo funcionamos los seres humanos se iba integrando a un mapa mental cada vez más grande, integral y complejo. Una vez inmerso en el fascinante y abstracto mundo del ser humano, apareció un elemento altamente significativo al que llamé *el problema de la semántica*. Para comprender este problema es necesario revisar algunos principios y características de cómo funcionamos:

1. Un principio bajo el cual funcionamos los seres humanos es que respondemos, de forma natural y automática (física, emocional y mentalmente), al significado original de las palabras, conozcamos o no conscientemente su acepción correcta. Es decir, si un ser humano escucha *gracias* en cualquier idioma, inconscientemente responderá positivamente a la palabra. Esto ha quedado demostrado en tiempos recientes por algunas investigaciones científicas, como la descrita por el Dr. Masaru Emoto en su libro *Mensajes del agua*. En pocas palabras, el Dr. Emoto demostró con sus investigaciones que si agua depositada en un vaso es sujeta a la verbalización de la frase *Te amo*, por algún periodo y en cualquier idioma, al ser analizada microscópicamente se podrá comprobar que el agua fue afectada positivamente y respondió a los mensajes aumentando la calidad de su pureza. Si consideramos al cuerpo humano conformado por agua en un 60%, en promedio, entonces esto es suficiente para pensar en la veracidad de este principio.

2. Así, cualquier ser humano, como el agua, tenderá a buscar su mejoramiento cada vez que se le diga "te amo" y también tenderá a responder operativamente de acuerdo con el significado original de cualquier palabra. Por ejemplo, si se le dice a una persona que lo único que necesita para lograr el éxito en la vida es voluntad, entonces, si lo llega a creer

responderá naturalmente, incluso sin conocer el significado de la palabra. Pero como *voluntad* sólo significa 'querer o desear', y la mayoría no lo sabe, la persona sólo se centrará en querer y desear cosas sin hacer lo necesario para conseguirlas. La persona responde interiormente a querer y desear porque eso significa voluntad, aun y cuando se le expliquen 10 aspectos incorrectos de lo que la voluntad es.

3. Otro principio es que nuestro cerebro fue diseñado para ser el operador central de nuestras acciones, es decir, para iniciar el proceso necesario cada vez que se decide, inconsciente o conscientemente, hacer algo. Y, como parte de este diseño, está incluida la incapacidad de procesar y por lo tanto obedecer el no hacer. El cerebro jamás se podrá representar una orden como "no te levantes de tu silla", dada por una maestra o mamá a un niño. No existe tal cosa para el cerebro, por lo cual, su primer impulso será hacer lo que sí sabe, "levantarse". En este ejemplo, decir "permanece sentado" será rápidamente comprendido por el cerebro y su impulso natural será ejecutar la orden recibida. Cuando se le dice a un niño "no corras", su cerebro sólo registra *correr* y su primer impulso va a ser salir corriendo. Nuevamente, la orden correcta es "detente" o "camina". Pareciera simple el problema, pero es más grave de lo que nos imaginamos. Basta analizar la falta de consideración de este principio, presente en prácticamente todo el mundo al diseñar los anuncios referentes a seguridad. Por ejemplo, el uso de las prohibiciones en los mensajes utilizados para prevenir accidentes de trabajo: no corras, no entres, no meter las manos en el área de prensado, etc. Estoy seguro de que, cuando leyeron la última frase, la mayoría de las personas se imaginó unas manos metiéndose en el área de prensado. Así funciona nuestro cerebro, estemos o no conscientes de esto y sus implicaciones.

4. Otro aspecto relativo al funcionamiento de nuestro cerebro, con respecto al lenguaje, es su predisposición natural a responder a los verbos en presente o infinitivo, como si

fuera una orden. Como cuando damos una orden a alguien más: "corre", "limpia", "busca", "escribe", etc. O cuando nos proponemos algo: correr, estudiar, atender, negociar, etc. Así, en lugar de decirle a mi hijo "Mira lo sucio que está tu cuarto", es mejor decirle "Limpia y ordena tu cuarto en este momento". Es más ejecutable para mí mismo si me propongo correr hoy a la seis de la tarde, que si pienso en lo necesario y saludable que es el ejercicio, por lo cual debería empezar a hacer algo para revertir mi vida sedentaria. Es decir, nuestra eficiencia para ejecutar lo que necesitamos se pierde en la interminable cadena de pensamientos de cómo, cuándo, donde, con quién, por qué, etc.

5. Por otro lado, está el conflicto cultural de convertir en verbos las palabras que no lo son, lo cual complicará el proceso del cerebro para ejecutarlas. Por ejemplo, cuando a un principio o regla de vida, como el ejercicio, lo convertimos en verbo e intentamos que nuestro cerebro lo ejecute como una orden. Podemos ordenarle a nuestro cerebro correr, caminar, trotar, jugar futbol, etc., y nos entenderá, pero jamás hará algo si sólo le decimos que haga ejercicio. Es casi seguro que las intenciones de millones de personas de hacer ejercicio se quedan en eso porque tal cosa no existe como acción. Cuando alguien se propone ahorrar, un principio o regla de vida, utilizando la palabra como si fuera una orden para el cerebro, tampoco existirá salida posible hasta cuando se le ordene al cerebro las acciones específicas por medio de las cuales se gastará menos de lo actual, como por ejemplo apartar 100 pesos de mi salario semanal y meterlo a una alcancía de la cual no puedo sacarlos hasta determinada fecha.

6. Adicional a lo mencionado arriba, y como la joya de la corona del problema de la semántica, está el conflicto que se genera cuando utilizamos de forma equivocada las palabras con alcance específico hacia una dimensión del ser humano. Es decir, hay palabras cuya acción o proceso que representan es aplicable sólo a una de las 3 dimensiones del ser humano:

cuerpo, mente o espíritu. Por ejemplo, un día comprendí que los 3 elementos esenciales que conforman al ser humano tenían una forma particular de manifestarse y operar. El cuerpo percibe a través de los 5 sentidos, la mente piensa y el espíritu se expresa a través de los sentimientos. De esta forma, **escogemos** cosas en la vida a través de la percepción; **decidimos** opciones creativas a través del pensamiento, y **elegimos** lo que deseamos o queremos en la vida a través de emociones y sentimientos. De forma natural, por lo tanto, existe un alcance determinado para cada una de estas acciones. Lo que tiene que ver con nuestro cuerpo y sus procesos físicos se deberá escoger, no decidir ni elegir. Por ejemplo, cuál fruta está lista para comer lo definimos a través de los sentidos físicos. Los aspectos relativos a nuestra vida mental se deberán decidir, no escoger ni elegir. Luego entonces, si mi mente desea ser eficaz para llevar la fruta de mi huerto al mercado de abastos donde la vendo, ya no me servirán los sentidos sensoriales para tomar esta decisión, tendré que conocer los tiempos de proceso de maduración de la fruta y, a través de un proceso de pensamiento racional, decidir el momento exacto para cortar la fruta y que llegue en su punto de maduración al mercado de abastos. Así, los aspectos relativos a nuestra vida espiritual se deberán elegir, no escoger ni decidir. Por ejemplo, a mí ya me es claro que definir con quién se contrae matrimonio debe ser una elección, no algo que se escoge o se decide. Por esta razón se realiza con el sentimiento, forma de manifestarse del espíritu humano, y le llamamos *enamorarnos*. Ni es algo a definir en función de los sentidos físicos, el más atractivo o la más atractiva; ni es algo a decidir con un proceso de pensamiento por lo bien que nos llevamos, por nuestra buena compatibilidad o por ser un buen prospecto para una vida de abundancia económica.

Como podrás apreciar existe un fundamento bastante importante para sustentar el problema de la semántica. Para facilitar el proceso de comprensión de su impacto en el diario vivir del ser humano promedio, te comparto los 3 problemas básicos que genera y algunos ejemplos de los más comunes.

Problema de la semántica en la ejecución de acciones

1. **Costumbre de hablar a través del no hacer.** El cerebro no hará algo con respecto a lo que se intenta no hacer, al contrario, al oír o pensar sobre lo que se ordena no hacer se recuerda y reafirma la acción que sigue al no. Ejemplos comunes: "ya no fumes", "ya no comas", "no gastes dinero de más", "no te pelees con tus hermanos", "no me grites", "no te tardes", "no te duermas", "no entrar a esta zona", "no comer en este lugar", "no tire basura", etc.

2. **Falta de costumbre de utilizar los verbos en forma de orden, en presente e infinitivo.** El conflicto más importante en este caso es la enorme cantidad de quejas, justificaciones, excusas, pretextos o procesos mentales que esconden en una nube de humo lo que se demanda hacer en alguna situación. Cuando se quiere que alguien realice alguna acción, sólo se le pide o se le ordena con el verbo en presente: "cómete todo", "avisa cuando llegues", "contesta tus correos", "levántate de ese sillón", "mándame el reporte", "resuelve este conflicto", etc. Cuando tengas el propósito de realizar alguna acción sólo piénsala con el verbo en infinitivo: "correr hoy a las 6 p. m.", "ir al gimnasio mañana a las 7 a. m.", "depositar 300 pesos a la cuenta de ahorro", "comunicar mi opinión a mi jefe", "leer media hora hoy", "lavar el auto esta tarde", "comer sólo ensalada en la cena", "escuchar hasta comprender el problema", etc. En otras palabras, "hay que detener la costumbre de echar rollos mentales o verbales".

3. **Uso de palabras que no son verbos para expresar algo que se quiere hacer.** El caso más recurrente de este problema es

cuando se sustituye una palabra del orden de los valores o principios por un verbo. Un ejemplo de los más usados, de forma equivocada, es el ya mencionado de hacer ejercicio. Si le ordeno a mi cerebro que haga ejercicio, literalmente no sabrá qué hacer, por lo que no hará nada. Si quieres comprobar esto sólo tienes que realizar el siguiente par de ejercicios:

Ejercicio 1. Pon en tu mente la siguiente frase por 3 a 5 minutos: "hoy hago **ejercicio** por 30 minutos". Intenta sólo tener este pensamiento en tu mente mientras notas cómo responde tu fisiología a este pensamiento. ¿Qué sensación, emoción o pensamiento surge al tenerlo en tu mente? Después resetea tu mente de alguna forma y ahora vas a poner en tu mente sólo el pensamiento de "hoy camino en el parque por 30 minutos". Igualmente notas qué sensaciones, emociones o pensamientos te genera. Finalmente, contrasta las diferencias que notaste en ti al tener ambos pensamientos y concluye en cuál de los 2 casos fue una experiencia más propicia para activarte físicamente.

Ejercicio 2. Cualquier cosa que te propongas ejecutar como una acción determinada, aplícale la prueba de verificación cerebral siguiente: **visualiza mentalmente qué específicamente estás ejecutando con lo que te estás planteando.** Con sólo realizar la visualización se te clarificarán muchas cosas. Al ordenarle a otra persona la ejecución de cualquier tarea, pídele que te repita con sus palabras lo que le estás solicitando que realice. Te sorprenderá lo común del problema de semántica.

De forma inconsciente y producto de la distorsión paulatina que hemos ido generando a lo largo de la historia, este problema nos limita en gran medida el proceso de realizar eficientemente lo que nos proponemos. Algunos de los principios y valores más usados equivocadamente como verbos son: respetar, ser puntual, ahorrar, aceptar, honrar, ser humilde, ser leal, fidelizar, ajusticiar, responsabilizarse, solidarizarse, etc.

4. **Uso literal de no acciones con la complacencia de la inconsciencia.** Este fue uno de los procesos más raros cuando apareció el problema de la semántica. Se presentó

en el mundo organizacional como producto de la necesidad de realizar acciones correctivas a los problemas emergentes en los procesos productivos. Por un lado, aparece cuando se insiste en encontrar acciones correctivas ante situaciones en donde la causa raíz está en un simple descuido de una persona. Pero como hay que realizar acciones correctivas, entonces aparecen acciones del tipo: acción a realizar: el colaborador tendrá más cuidado al ejecutar su trabajo. Aquí está una acción que demanda la hechura de nada. El otro problema de semántica surge cuando en lugar de acciones ponemos deseos. La siguiente es una acción correctiva real en una empresa ante un problema de seguridad en donde un colaborador arrolló con el montacargas cierta parte de las instalaciones productivas: el montacargas ya no entrará al área de producción. ¿Cuál es la acción? ¿Cómo se asegura que este deseo se cumpla? La inconsciencia autoriza la acción correctiva y a los 6 meses ocurre el problema de nuevo.

Problema de la semántica por error dimensional

1. **Uso equivocado de elementos de una dimensión en otra.** Existe lo que yo le llamo *elementos complementarios* entre las 3 dimensiones del ser humano, los cuales, por el problema de la semántica, llegamos a utilizar de forma equivocada. Para comprender a lo que me refiero con elementos complementarios sólo basta pensar en las tres conductas básicas del ser humano: percibir, pensar y sentir. Son complementarias en el sentido de que, si nosotros las actuamos al mismo tiempo de forma consciente, nos generan el estado de atención integral. Por el problema de la semántica, cuando menos acordamos una persona **dice "Percibo que estás enojada, porque este lugar se siente frío y por eso pienso que elegimos un mal lugar para platicar".** Naturalmente se puede percibir que está

frío pensar que alguien esté enojado y sentir que la elección no fue la correcta. Revisa bien ambas opciones para que puedas detectar la diferencia entre estas 2 declaraciones, aparentemente iguales. Imagina esto pasando todos los días de diferente forma e impactando la eficacia de nuestros resultados de vida. Deberíamos escoger cómo alimentarnos, sin embargo, lo decidimos; deberíamos decidir cómo usar nuestro dinero, sin embargo, lo escogemos; y elegir con quién pasar el resto de nuestra vida, sin embargo, lo escogemos o decidimos. Y así, con una infinidad de situaciones de vida.

2. **Uso equivocado de procesos de una dimensión en otra.** Así como existen elementos naturalmente relacionados con cada dimensión, también hay procesos físicos, mentales y espirituales los cuales tendemos a utilizar, una vez que los aprendemos, de forma equivocada en una dimensión a la que no pertenecen ocasionando los respectivos problemas de eficacia. El más importante de estos problemas es el que ocurre cuando la mente usurpa la función del espíritu de elegir, entonces pasa de su función de crear cuanto sea necesario para realizar la voluntad del espíritu a decidir lo que se quiere o desea. Este solo problema de semántica nos tiene en un momento indiscriminadamente materialista como especie.

Problema de la semántica en los significados

1. **Uso de sinónimos en lugar de la palabra requerida en función de lo que se desea expresar o conseguir.** Este conflicto aparece siempre que usamos la posibilidad que nos da el lenguaje de usar sinónimos al momento de comunicarnos con nosotros mismos y con los demás. La otra forma en la cual aparece este problema de semántica es cuando una palabra va sustituyendo a otra, por su uso común equivocado, con el correr de los años. Un ejemplo muy claro de esto es el uso de la palabra *fe*. A este momento ya estamos demasiado acostumbrados a utilizarla en lugar de la

palabra *creer*. Lo que no sabe la mayoría de las personas es que, si quieren tener fe en Dios, por ejemplo, y ponen a su mente a mentalizarse fuertemente en tener fe, lo que resultará, si son exitosos con lo que intentan, es llegar a ser leales a Dios. Porque *fe* significa 'fidelidad', 'ser leal a algo'. Aun y cuando la persona en esencia está buscando incrementar su nivel de confianza o creencia en Dios, si su mente se enfoca en incrementar su fe, al único lugar al que puede llegar es a ser leal. En este caso, las personas no son conscientes de por qué pasa el tiempo, se esfuerzan y se esfuerzan en lograr fe en Dios para que los ayude con su vida, pero sólo logran ser cada día más leales a Dios. Es cierto que, en el camino de la lealtad a Dios, camino de la fe, en algún momento se puede empezar a creerle a Dios. No obstante, siempre el camino más eficiente hacia cualquier parte es el más recto, es decir, sin problema de semántica.

Plantear en este momento el problema de la semántica tiene el propósito de hacerte consciente de la situación, no esperar que la comprendas ni que la empieces a manejar como experto. Lo trato de forma general por su importancia en el proceso general de expansión de consciencia planteado en la tercera parte del libro. Por otro lado, no se demanda tu comprensión especializada, ya que El KamYno está definido con alta consciencia y capacidad de manejo correcto de la semántica. Es decir, en lo que respecta al contenido de este libro, muchas de las confusiones comunes de semántica de los aspectos relevantes al ser humano ya no están presentes. Esta es una de las razones de la efectividad de El KamYno para facilitar el proceso de mejoramiento de sí mismo de las personas.

3. Estructura de los procesos humanos: el qué, el cómo y el para qué

Relacionado con el problema de la semántica, pero con una mención especial, me encuentro un día con la estructura básica de los procesos humanos. Así como el tiempo tiene una estructura de pasado, presente y futuro, los procesos organizacionales demandan administración, dirección y liderazgo; el poder puede ser ejercido a través de la fuerza, el dinero y el conocimiento; y las democracias funcionan a través del Poder Ejecutivo, del Poder Judicial, y del Poder Legislativo; los seres humanos nos movemos en una estructura completamente natural y dependiente directamente de nuestra conformación en tres dimensiones:

1. **El qué.** Su componente esencial es la acción, es decir, el elemento por medio del cual se opera la vida. Como se verá más adelante, como todo en el universo, tiene diferentes grados de complejidad. Así, tanto es un qué una acción realizada, como un propósito a conseguir por una persona o una misión de una empresa.
2. **El cómo.** Representa el camino, la estrategia o la forma por medio de la cual se transita en la vida. Comprender este elemento puede ser tan sencillo como intentar respondernos a nosotros mismos la pregunta ¿cómo estoy intentando conseguir algo? Tanto es un cómo por la fuerza, así como por convencimiento; por las buenas o por las malas; a través de otros o por mí mismo; alcoholizado o sobrio; disfrutándolo o sufriéndolo; etc.
3. **El para qué.** Es el destino, meta o elección de lo que se quiere o desea en cualquier aspecto de nuestra vida. En el para qué se encuentra la esencia del proceso de evolución, progreso y desarrollo del ser humano.

Es de esperarse que entre más importante es un proceso para la vida del ser humano, mayor será la posibilidad de manifestar el problema de la semántica. El primer aspecto a tomar consciencia es la diferencia entre el para qué y el por qué. Cuando el problema de semántica se presenta en elementos críticos de un proceso humano, es de esperarse que sus implicaciones sean más profundas. Este es el caso cuando se usan indistintamente, como sinónimos, el para qué y el por qué:

Para qué

1. Se centra en el sentido
2. Define una meta elegida
3. Hace referencia a un destino
4. Es de futuro
5. Es el inicio del proceso creativo del ser humano
6. Crea intención, motivación o sentido de vida

Por qué:

1. Solicita justificación, demanda convencer a alguien más
2. Busca una conclusión
3. Hace referencia a una causa
4. Está en el pasado
5. Es el inicio del proceso de análisis del ser humano
6. Produce culpa, depresión o aprendizaje

Como se puede apreciar, son relevantes las implicaciones de usar estos 2 elementos de forma inconsciente. Como se dijo respondemos de forma natural al significado original de las palabras, seamos conscientes de esto o no, entonces imaginemos por un momento la gran diferencia de procesos internos si le preguntamos a alguien:

1. ¿**Para qué** quieres ir a la universidad?

- Solicita motivos, intenciones, proyectos de la persona
- Produce un proceso interno hacia el futuro
- Motiva, estimula

- Genera un proceso mental de posibilidad
- Puede generar en ese mismo momento la elección de ir a la universidad

2. ¿**Por qué** quieres ir a la universidad?

- Solicita argumentos que convenzan a alguien más
- Produce un proceso interno hacia el pasado (causas y razones)
- Puede deprimir en función del historial de vida
- El análisis del pasado puede mostrar complicaciones
- Las emociones negativas relativas al pasado pueden generar elección de desistir ir a la universidad

Para cerrar tu comprensión sobre esto, reflexiona sobre con cuál de las 2 preguntas anteriores te sentirías más seguro y confiado. Ya clarificado este problema de semántica, podemos revisar los principios y consideraciones sobre la estructura básica de los procesos humanos:

1. El éxito integral en la vida se obtiene al considerar los tres elementos de la estructura básica: qué, cómo y para qué.
2. Es muy común que las personas intenten moverse en la vida sólo con uno o 2 de los elementos, con los respectivos resultados limitados. Ejemplos:

- Personas que hacen, hacen y hacen, sin tener definido a dónde quieren llegar. Generalmente la vida los va a cansar.
- Personas buenísimas para definir los cómo: dan muy buenas ideas o consejos, pero no logran la capacidad de ellos ponerlos en acción (qué).
- Personas muy eficaces para ponerse metas y proyectos, los para qué, a quienes no les interesan los cómo, con lo cual van consiguiendo cosas en la vida a costo de dañar a otras personas, lo que finalmente, de alguna manera, se les revierte.

3. La secuencia natural bajo la cual fue diseñado el ser humano establece el siguiente orden:

- **Primero se debe elegir el para qué.** Como se vio anteriormente, a través del proceso de elección el ser humano va estableciendo lo que necesita, quiere o desea por medio de la emoción o el sentimiento.
- **En segundo lugar, se van definiendo el o los cómo.** Una vez que una elección es realizada, se depositará en la mente quién tendrá la función, hasta la consecución de la elección, de la creación de cómo ir avanzando para tener éxito con la elección.
- **En tercer lugar, se van ejecutando las acciones, los qué, resultantes de la necesidad de poner en acción los cómo que la mente va definiendo.** Esto sería el famoso "manos a la obra". La ejecución persistente de todas las acciones por medio de las cuales se irá creando en nuestra realidad la elección realizada.

4. Por correspondencia, al momento de crear un proyecto, empresa, movimiento social o cualquier idea a gran escala, el proceso se deberá realizar en este orden y considerando los 3 elementos. Por esta razón, el proceso de mejoramiento de sí mismo contemplado en la tercera parte de este libro, llamado El KamYno, está definido de la siguiente forma:

- **Para qué:** lograr un bienestar cada día más profundo y duradero.
- **Cómo:** a través de la buena voluntad.
- **Qué:** experimentar la expansión de la consciencia.

La importancia de esta estructura trasciende a todos los aspectos de nuestra vida en este mundo. Para muestra, el proceso de vida más significativo que se ha realizado sobre este planeta:

Para qué: para obedecer al Padre y participar en la salvación de todos los seres humanos.

Cómo: pasando el mensaje de que somos hijos de Dios y siendo ejemplo de que se puede vivir como tal.

Qué: predicar el Evangelio y morir en la cruz.

II. La vida como un proceso perfecto

1. Teoría de sistemas

Conforme seguía avanzando en el mundo del lado derecho del cerebro, mi proceso mental impactaba cada vez más todo lo que iba aprendiendo. Así llegué al campo del conocimiento que establece que el ser humano es un sistema, por lo cual, está regido 100% por la teoría de sistemas, tan ampliamente desarrollada para la naturaleza, para la ciencia y para el mundo organizacional. A estas alturas de mi incursión en el maravilloso campo del desarrollo humano, nació mi concepción esencial del ser humano como un sistema, sin lugar a dudas, uno de los sistemas de grado de complejidad más alto existente sobre este mundo. A pesar de esto, en realidad no es tan complejo comprenderlo en su estructura esencial:

El ser humano está constituido por 2 elementos esenciales, un cuerpo, perteneciente al reino animal de este planeta, y un espíritu, perteneciente al reino espiritual (o a otra dimensión no física, como se prefiera contemplar). De la unión de estos 2 elementos, así como el agua surge de la unión de moléculas de hidrogeno y oxígeno, surge el elemento mente, un elemento completamente diferente de aquellos 2 de los que surge. Ni cumple las reglas y principios del cuerpo, ni se puede comprender o manejar si se le aplican los principios y capacidades aplicables al espíritu. De esta peculiar y simple composición del ser humano como sistema, surge toda la complejidad de nuestra vida física, mental y espiritual por medio de la cual nos manifestaremos en este mundo.

Para comprender mejor esta concepción del ser humano como sistema, creo importante revisar 2 definiciones básicas dentro de la teoría de sistemas:

Sistema. Conjunto de elementos interconectados o en relación.

Emergencia. Es el resultado o efecto de la unión de 2 elementos o más interactuando en un sistema. Es decir, es lo que emerge o surge al estar en operación el sistema.

Es importante familiarizarse con este significado de emergencia. Al ser de uso tan común en la vida diaria, pero con otro significado, la palabra *emergencia* requiere en este momento de una atención especial para poder mantener consciente su significado dentro de la teoría de sistemas. Postulo enseguida los elementos principales de la teoría de sistemas que pueden ser útiles para comprender mejor los modelos planteados más adelante:

1. Todo sistema es todo y parte a la vez. Es decir, todo es un sistema y, al mismo tiempo, es parte o elemento de un sistema más grande. Un átomo es un sistema en sí mismo formado por protones, electrones y núcleo. A la vez, es parte de un sistema más grande, como una molécula. Un ser humano es un sistema, pero es solamente una parte en un sistema familiar.

2. En un sistema lo más importante es la **relación entre los elementos,** no los elementos por separado. En el sistema familiar, la armonía y estabilidad no dependen de la calidad de cada uno de sus miembros. Lo más importante es la calidad de las relaciones entre los elementos de la familia. Una buena educación no depende tan sólo de un buen maestro, también hacen falta un buen alumno y un buen conocimiento para transmitir. Es indispensable que se establezca una buena relación entre los elementos del sistema educativo, para el logro de una buena transmisión del conocimiento.

3. Lo más importante en la relación existente en los elementos de un sistema es la comunicación y el grado de conexión entre ellos. En estas 2 características de los sistemas, se encuentra el fondo de lo que considero uno de los retos fundamentales para la sociedad humana: **lograr una correcta comunicación**

que permita llegar a un grado cada vez más profundo de conexión. Es decir, una conexión fuerte y profunda entre los elementos de un sistema resulta en un excelente desempeño de este; para ello, se requiere una correcta y oportuna comunicación. Por esta razón, dentro de la teoría de sistemas se establece que una mala comunicación es el origen del 99% de los problemas dentro de cualquier sistema. Ya sea una máquina fallando, un cuerpo humano enfermo, una familia desecha, 2 países en guerra; la causa casi siempre será la misma: problemas de comunicación.

4. Los sistemas son clasificados por niveles a partir de su grado de complejidad. Desde el nivel uno, llamado *de marcos*, como la geografía; hasta el nivel nueve, llamado *trascendentes*, como la cultura. El sistema ser humano está considerado en 3 diferentes niveles; en el nivel 6, la parte biológica, nuestro cuerpo; en el nivel 7, la parte psicológica, nuestra mente, y en el nivel 8, el aspecto social, nuestra relación con otras personas. Si consideramos que la clasificación está basada en la complejidad de los sistemas y que formamos parte de 3 de los niveles más complejos, podemos darnos una idea de la razón de la dificultad de interactuar con nosotros mismos y con los demás.

5. Los sistemas también son clasificados como abiertos y cerrados. Los cerrados no son influenciados por el entorno. En cambio, los abiertos están en continua relación con e influenciados por el entorno intercambiando energía e información. El hombre entra en la clasificación de los sistemas abiertos. En la efectividad de este intercambio de energía e información con el entorno, radica en gran medida el nivel de paz y equilibrio que cada ser humano obtendrá en su vida familiar, profesional, social y espiritual.

6. Principales características de sistemas abiertos: **1) No sumabilidad.** El todo es más, o menos, que la suma de las partes. Sumando el conocimiento de las partes no se llega al conocimiento del sistema. Su emergencia es más que *el todo*

sumado por separado. **2) Autorregulación.** Se estabilizan a sí mismos a través de la retroalimentación positiva y negativa. **3) Equifinalidad.** De causas diferentes se puede generar el mismo resultado. De mismas causas se pueden tener resultados diferentes. No se pueden predecir fácilmente. Analizando estas características de los sistemas abiertos, podemos concluir algunas de las razones de la diversidad de vida de cada ser humano.

7. Las personas actuamos diferente si nos vemos como sistema individual que si nos percibimos como parte de un sistema. Las conductas extremosas, ya sean extraordinarias o muy problemáticas, se dan cuando somos parte de un sistema mayor. Esto es porque perdemos nuestros principios como sistema, para adoptar los principios del sistema más grande, sea familia, empresa o sociedad. Al acoplarnos al sistema más grande, abandonamos nuestra identidad y, con esto, nuestra capacidad de autocontrol disminuye. Es decir, nuestra constitución como sistema individual único es sustituida por la constitución nacionalista, regionalista, partidista, machista, feminista, etc. Por esta razón, por ejemplo, El KamYno, en su primer carril, tiene como fin guiarnos al logro del dominio de nosotros mismos.

8. Lo que hace subir el nivel de complejidad a los sistemas es la **emergencia.** La unión del sistema hidrógeno más el sistema oxígeno hace emerger el sistema agua. El sistema agua es más complejo que sus elementos. La unión del sistema hombre más el sistema mujer hace emerger al sistema pareja. El sistema formado por una pareja es más complejo que un hombre o una mujer por separado. Si es difícil tratar consigo mismo, imaginemos interactuar eficazmente con otro sistema de igual magnitud de complejidad que nosotros: la dificultad se incrementa exponencialmente.

9. De cualquier relación entre 2 personas se generará una nueva **emergencia.** Por eso, cuando nos relacionamos con muchas personas, más **emergencias** de nosotros mismos

tendremos, y así, la posibilidad de conocernos mejor aumenta. Si nos relacionamos únicamente con las personas que nos caen bien, nunca vamos a saber qué **emerge** de nosotros al relacionarnos con gente que no es de nuestro agrado. En este caso tendremos menos conocimiento sobre nosotros mismos.

10. Algunas **emergencias** de la relación entre los elementos de un sistema ocurren mucho tiempo después de las interacciones. Esto es un problema al no percibir a tiempo *emergencias* nocivas generadas por algunas de nuestras interacciones. Esto se llama *emergencias demoradas*. En este tipo de casos, se encuentran los problemas ecológicos que le causamos al medio ambiente. Hasta los últimos años nos estamos dando cuenta del daño generado al ecosistema por nuestras acciones del pasado. **Las emergencias demoradas** de nuestra mala interacción con el entorno están poniendo en riesgo la supervivencia del hombre sobre este planeta. Por otro lado, en las interacciones que tenemos con los demás encontramos otra gran posibilidad de **emergencias demoradas**. Para simplificar el ejemplo, sólo requerimos pensar en eso a lo que llamamos karma.

11. Al trabajar con sistemas, un factor determinante es conocer sus variables nodales. Al afectar una variable nodal se afecta al sistema completo. Si se logra un pequeño cambio en una de estas variables, el sistema cambia significativamente. Una variable nodal no es evidente, por lo tanto, sólo se podrá llegar a ella a través del conocimiento profundo del sistema. Si se está buscando, por ejemplo, que un sistema humano deje de fumar, la clave está en conocer las variables nodales de dicho sistema. Con pequeños cambios en una variable nodal, el sistema dejará de fumar.

12. Para su autorregulación, los sistemas requieren de estímulos originados tanto dentro del sistema como fuera de él. A este elemento de los sistemas se le llama *retroalimentación*. **Lo más importante de esta característica de los sistemas es**

que el proceso de retroalimentación es la base para lograr estabilizar, transformar, cambiar o enviar al caos al sistema. En esta característica de los sistemas está la importancia de mantenerse como parte de una comunidad espiritual cuando se transita por el camino de mejorarse a sí mismo. Dentro de la comunidad existirán diferentes opciones que habrán de proveer de retroalimentación al sistema humano para apoyarlo a mantenerse en el camino del mejoramiento.

Estas 12 características de los sistemas son las más críticas a comprender para los fines de este libro. Con ellas en mente, ahora presento, de una forma más completa, cómo está constituido el sistema ser humano. Por su trascendencia, te recomiendo leer cuantas veces sea necesario el siguiente párrafo. Comprenderlo es importante para entender algunos de los conceptos tratados más adelante:

El sistema ser humano está formado, en origen, por 2 elementos: uno el cuerpo biológico, el otro el espíritu. El cuerpo, perteneciente al reino animal de este planeta, y el espíritu, proveniente de Dios. El cuerpo, como elemento separado, cumple las leyes biológicas de la clase a la cual pertenece, el reino animal. El espíritu, en estado separado, cumple las leyes espirituales de su origen, Dios. De la unión de estos 2 elementos, sistemas cada uno por separado, emerge el elemento mente. Una vez que emerge la mente, es el tercer elemento de un sistema más grande. De la operación conjunta de estos 3 elementos: cuerpo, mente y espíritu, emerge un elemento de mayor grado de complejidad: la consciencia de cada ser humano. De esta forma, sobre este planeta, ni somos cuerpo, ni somos mente, ni somos espíritu; desde la más profunda verdad a la cual puedo acceder, somos la consciencia a la cual podamos acceder en cada momento presente. Por lo tanto, en el proceso de expandir nuestra consciencia, quienes somos en este mundo, se centra el inicio del proceso de mejoramiento de nosotros mismos planteado en la tercera parte de este libro. En otras palabras, el poder más grande para hacernos cargo de la dirección de nuestra vida viene de la expansión de la consciencia. Es claro que el objeto de expansión de la consciencia se centra en los 3 elementos esenciales que nos conforman: cuerpo, mente y espíritu. Podemos considerar a la ciencia, a la filosofía y a la religión como los 3 caminos por medio de los cuales hemos intentado avanzar en la expansión de la consciencia sobre cada uno de los 3 elementos que nos conforman. Sin embargo, cada camino se centra en un solo elemento del sistema y, con ese elemento, se intenta definir a la emergencia de la consciencia humana. Jamás se podrá concebir realmente cómo funcionamos los seres humanos mientras no abordemos integralmente nuestra manifestación considerando los 4 elementos que nos conforman: cuerpo, espíritu, mente y consciencia.

Comprender al ser humano como un sistema más complejo que el cuerpo, la mente y el espíritu por separado nos abre una enorme cantidad de alternativas, especialmente para mejorar las interacciones que estamos teniendo todos los días. Por ejemplo, la ciencia médica dejaría de atender tan sólo al cuerpo humano y consideraría aspectos mentales, espirituales y de la consciencia en el proceso de tratamiento de enfermedades. El sistema religioso reenfocaría su atención a tratar más con el cuerpo, la mente y la consciencia como medios para llegar al espíritu. La filosofía retomaría su fuerza en el afán por conocer y comprender más al ser humano como un ser integral.

2. Procesos sistémicos

Después de casi 15 años de haber iniciado el camino por el maravilloso mundo de la adquisición, generación y transmisión de conocimiento, llegó una de mis más bellas creaciones. Le puse por nombre *modelo para los procesos sistémicos*. A través de este modelo he podido estructurar algunos de los procesos humanos más complejos, entre ellos las habilidades, las capacidades y las competencias, y de esta forma facilitar su proceso de comprensión y manejo consciente. La definición más cercana a la cual llegué es la siguiente:

Proceso sistémico. Forma estructurada y sistemática de operar de un conjunto de elementos que guardan una relación entre sí, interdimensional, jerárquica y complementaria, y que producen un resultado predecible.

Aun y cuando se pueden utilizar para explicar el funcionamiento de muy diversos procesos, aquí lo revisaremos en su aplicación para comprender mejor el funcionamiento sistémico del ser humano. La mejor manera para comprender lo que es un proceso sistémico, cómo surge, sus elementos, la interdependencia entre ellos y la relación directa que mantienen, es siguiendo la estructura de formación de uno de ellos. Enseguida comparto el que considero el proceso sistémico esencial para la vida del ser humano: **competencia para aprender a aprender.**

Todo inicia desde la concepción del ser humano como un sistema de 4 dimensiones (cuerpo, mente, espíritu y consciencia) funcionando en varios grados de complejidad, las cuales tienen una forma básica de comportamiento que se relaciona y se complementa entre ellas. Entonces, todo empieza con el siguiente conjunto de elementos y sus comportamientos básicos:

Cuerpo	Percibe
Mente	Piensa
Espíritu	Siente

Si a estas tres conductas humanas las subimos de grado, a través de la consciencia, y establecemos la posibilidad de que sean ejecutadas al mismo tiempo por un ser humano, entonces tenemos que hemos llegado a cómo se forma una habilidad, a la cual yo bauticé como *atención integral.*

Atención integral

Cuerpo	Percibe	Percepción consciente
Mente	Piensa	Pensamiento consciente
Espíritu	Siente	Consciencia del sentir

Así, atención integral es la habilidad que puede desarrollar un ser humano a través de realizar 3 comportamientos conscientes complementarios al mismo tiempo. En otras palabras, es el nombre y la forma técnica para describir la habilidad para experimentarse en el momento presente. Esto demanda la pericia de la persona para estar atenta a la información que entra por sus 5 sentidos, además de permanecer consciente de los pensamientos que se están generando en su mente y estar al tanto de cualquier sentimiento que surja. Como se puede apreciar por lo descrito, considero la atención integral la habilidad más importante para un ser humano en su paso por esta vida.

Por otro lado, se puede percibir cómo el ser humano va subiendo el grado de complejidad desde donde se desenvuelve como sistema:

Nivel 1. Percibe, piensa o siente inconscientemente.
Nivel 2. Percibe, piensa o siente conscientemente (cada conducta por separado).
Nivel 3. Percibe, piensa y siente conscientemente al mismo tiempo (a. integral).

Sin embargo, existen otras 3 conductas complementarias y en relación con las conductas de la atención integral:

Cuestionar

Realizar preguntas
Propiciar el debate
Exponer una réplica

La habilidad de cuestionar la tiene desarrollada una persona que puede mantener una consciencia activa en donde puede preguntar, debatir o replicar en cualquier momento sobre el tema en el cual está participando.

Así mismo, existen otras 3 conductas complementarias y en relación con las conductas de atención integral y cuestionar:

Clarificar semántica

Precisar forma de ejecución
Aplicar dimensión correcta
Conocer significado correcto

La habilidad para clarificar semántica la tiene desarrollada una persona que se le facilita precisar la forma en la cual algo necesita ser ejecutado, así como aplicar correctamente los elementos pertenecientes a cada dimensión del ser humano, además de comunicarse y operar en el mundo desde el significado correcto de las palabras. Para comprender esta habilidad es necesario recordar un poco lo planteado cuando se trató el tema del problema de la semántica.

Aquí estamos listos para que nuestro proceso sistémico haga su aparición. Primero necesitamos unir nuestras 3 salidas anteriores y establecer la emergencia que surge de la operación conjunta de ellas:

Comprender datos

Atención integral
Cuestionar
Clarificar semántica

De la operación conjunta de 3 habilidades complementarias y en relación, surge un elemento humano de mayor grado de complejidad, una **capacidad**. En este caso, la capacidad de comprender datos de una persona surge o emerge de qué tan desarrolladas tenga las habilidades de atención integral, cuestionar y calificar semántica. Ahora estamos listos para subir nuevamente de nivel de complejidad si agregamos 2 capacidades complementarias y en relación con la capacidad de comprender datos y establecemos la emergencia que surge de la operación conjunta de ellas:

Aprender a aprender

Comprender datos
Validar información
Aplicar y transferir conocimiento

De la operación conjunta de 3 capacidades complementarias y en relación surge un elemento humano de mayor grado de complejidad, una **competencia**. En este caso, la competencia para aprender a aprender de una persona surge o emerge de qué tan desarrolladas tenga las capacidades de comprender datos, validar información y aplicar y transferir conocimiento. En la figura 3 se puede ver el diagrama esquemático de un proceso sistémico; en este caso, el proceso por medio del cual se desarrolla la competencia para aprender a aprender. A través de este ejemplo comparto los principios, consideraciones y forma de operación de todo proceso sistémico, independientemente de para qué sea aplicado:

Competencia para Aprender a Aprender

**Aplicar y transferir
conocimiento**

Transmitir

Atención Integral

Expandir
comportamientos

Cuestionar

Personalizar
conocimiento

Clarificar
semántica

Validar información

**Comprender
datos**

Comprobar

Experimentar

Investigar

Figura 3. Proceso sistémico de segundo grado

1. Los procesos sistémicos los he concebido en 3 grados: 3 competencias complementarias forman un proceso sistémico de tercer grado, del cual surge una meta competencia. Este sería el caso de alguna meta competencia formada por la competencia de aprender a aprender y otras 2 competencias complementarias y en relación; 3 capacidades complementarias, como es el caso de nuestro ejemplo de la figura 3, forman un proceso sistémico de segundo grado del cual surge una competencia. Y 3 habilidades complementarias, como es el caso de la figura 4, forman un proceso sistémico de primer grado del cual surge una capacidad.

2. Si leemos la figura 3 podemos ver que la salida general es la competencia, los vértices del triángulo central son las capacidades y los vértices de los otros 3 triángulos interiores son las habilidades.

3. Si consideramos cada elemento de la figura como el equivalente a la marcación de una hora en un reloj, del 1 al 12, el nivel de complejidad para desarrollar cada elemento se va incrementando en la misma dirección a las manecillas del reloj. Así, desarrollar la habilidad de atención integral es menos complejo que desarrollar la habilidad de cuestionar, y así sucesivamente. Comprender datos es menos complejo que validar información o aplicar conocimiento.

4. De un proceso sistémico de tercer grado, meta competencia, surgen 3 procesos sistémicos de segundo grado, competencias. Y de un proceso sistémico de segundo grado, competencia, figura 3, surgen 3 procesos sistémicos de primer grado, capacidades, figura 4.

5. El proceso sistémico de primer grado, como se vio anteriormente, está formado por la salida general, capacidad, los vértices del triángulo central, habilidades, y los 3 elementos por medio de los cuales se va a desarrollar cada habilidad. A estos elementos los llamo líneas de acción, las cuales representan el único elemento ejecutable como una acción determinada para el desarrollo de habilidades. Es por esta razón que los procesos sistémicos de segundo y tercer grado sólo son modelos conceptuales que

nos muestran lo que interiormente se está desarrollando en nosotros. Con esto en mente, las siguientes características de los procesos sistémicos las explico para un proceso sistémico de primer grado, figura 4.

6. Una línea de acción se conforma de todas las acciones posibles relativas a la frase que la define. Por ejemplo, para transitar la línea de acción de percepción consciente, se pueden ejecutar todas las acciones posibles para mejorar la consciencia de los estímulos que nos llegan por los 5 sentidos. Así, son actividades para desarrollar mi atención integral a través de la línea de acción de percepción consciente las siguientes: detectar el sabor de los ingredientes en lo que como, notar el color de la ropa de los demás, percibir la textura de un limón, notar el aroma del medio ambiente, escuchar los ruidos de la noche antes de dormirme, etc. De la misma forma, siempre que yo realice una pregunta en cualquier interacción con otro ser humano, estoy ejercitando mi habilidad de cuestionar.

7. Para iniciar la acción de forma ordenada para desarrollar una capacidad, utilizando un proceso sistémico, imaginamos que le damos un giro en el sentido de las manecillas del reloj al triángulo central. Entonces vemos resaltados los elementos del primer triángulo interior, es decir, el formado por las líneas de acción: percepción consciente, realizar preguntas y precisar forma de ejecución. Para desarrollar la capacidad de comprender datos, el proceso sugerido es primero realizar todas las acciones posibles en estas 3 líneas de acción, para después de un tiempo volver a girar en sentido de las manecillas del reloj y ahora dedicarnos a realizar acciones de las líneas de acción del siguiente triángulo: pensamiento consciente, propiciar el debate y aplicar dimensión correcta. Y así, después de un tiempo, volvemos a girar en sentido de las manecillas del reloj y realizamos acciones de las líneas de acción del siguiente triángulo: consciencia de sentimientos, exponer una réplica y conocer el significado correcto. Esta es la forma de operar el desarrollo de habilidades, capacidades y competencias

apoyados en los procesos sistémicos, producto de nuestra conformación como un sistema de alto grado de complejidad.

8. Algo importante a considerar es nuestro funcionamiento como sistema, gracias a lo cual, si yo realizo una acción para practicar la percepción consciente, entonces esto tendrá efectos internos, rebotes positivos, en las otras 2 líneas de acción del primer triángulo, realizar preguntas y precisar forma de ejecución. Esto ocurrirá en todos y cada uno de los triángulos internos de toda capacidad.

Para facilitar tu comprensión de los procesos sistémicos y por la importancia de la competencia de aprender a aprender, comparto su descripción completa. Realizar acciones para desarrollar esta competencia funciona como un aditivo que dará mucho mayor efectividad cuando se inicie la práctica de la estructura de El KamYno para mejorarse a sí mismo, planteado en la tercera parte de este libro.

Capacidad de comprender datos

Clarificar semántica

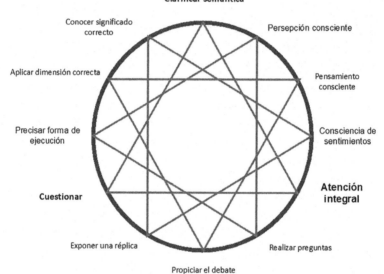

Conocer significado correcto

Persepción consciente

Aplicar dimensión correcta

Pensamiento consciente

Precisar forma de ejecución

Consciencia de sentimientos

Cuestionar

Atención integral

Exponer una réplica

Realizar preguntas

Propiciar el debate

Figura 4. Proceso sistémico primer grado

2.1 Competencia para aprender a aprender

Definición. Pericia para alcanzar el grado más alto de conocimiento y desarrollo en los asuntos, temas y situaciones de interés personal.

Finalidad de la competencia. Desarrollar las habilidades y conformar las capacidades necesarias para hacer del aprendizaje continuo una forma de vida y, con esto, facilitar el proceso de expansión de consciencia y el proceso de mejorar nuestro estado de ser.

Ideas generales

- Aprender a aprender es un recurso en el cual podemos cimentar nuestra posibilidad de Bienestar, creación de realidad, expansión de la consciencia y mejoramiento continuo de nuestro estado de ser.
- Son 7 los niveles por los cuales podemos transitar en el proceso de aprendizaje: recepción de datos, memorización de datos, comprensión de datos, validación de información, interiorización y aplicación del conocimiento, transmisión del conocimiento y revelación de nuevos datos (ver figura 2).
- Los procesos de memorización, comprensión, validación, aplicación y transferencia que experimenta cada persona son los que van cambiando de nivel los estímulos del entorno hasta convertirlos en sabiduría.
- Del ciclo completo del aprendizaje (figura 2) se desprenden las 3 capacidades que generan la competencia para aprender a aprender: capacidad de comprender datos, capacidad para validar información y capacidad en aplicar y transferir conocimiento (figura 3).
- Por lo anterior, podemos considerar que se puede acceder al aprendizaje profundo cuando ciertos datos pasan por

4 procesos humanos esenciales: comprensión, validación, aplicación y transferencia.

- Revisa en este momento con atención el modelo de la figura 3. Analiza e intenta comprender la estructura y relación entre competencia, capacidades y habilidades. Intenta reconocer la estrecha relación y complementariedad entre los elementos enlazados por cada triángulo. Por ejemplo, trata de comprender cómo la atención integral –cuando se tiene esta habilidad– facilita nuestra vida si experimentamos algo por primera vez. De la misma forma, te puedes dar cuenta de cómo es importante comprobar algo y tener correctamente la semántica antes de transmitirlo. Comprender la estructura del modelo te facilitará el entendimiento del proceso necesario para desarrollar las habilidades, conformar las capacidades y lograr las competencias.

Preguntas para analizar:

Si consideramos que la competencia para aprender a aprender se genera como se muestra en la figura 3:

¿Qué tan común es que las personas cuenten con ella?

¿Qué tanto el sistema educativo actual está diseñado para generar esta competencia?

¿Cuántas personas son conscientes del proceso real y completo de aprendizaje y de sus alcances?

¿Cuántos de los problemas cotidianos tienen su razón de ser en que experimentamos sólo parcialmente el proceso de aprendizaje?

2.2 Capacidad de comprender datos

Definición. Posibilidad de abordar por todas sus partes un estímulo, situación o evento, reconocer en él la relación entre los elementos que lo componen y tomar consciencia de sus implicaciones en el entorno donde aparece (ver figura 4).

Conformación y poder de manifestación que da. Se conforma de las habilidades necesarias para entender de forma completa y exacta a las personas, situaciones y eventos a los cuales nos enfrentamos en todo momento. Cuando se conforma nos da el poder para acceder a la información que requerimos para responder de forma congruente a lo que la vida demanda de nosotros.

Ideas sobre el valor de la capacidad

- Es la capacidad que la estructura moderna de la sociedad le demandará completamente conformada, como cimiento, a todo ser humano. Esto ya que, para este momento, estamos inmersos en una cantidad abismal de estímulos y variables, los cuales tendremos que comprender en su esencia para proceder de forma efectiva para nuestro bien sustentable.
- Todo lo que existe tiene la posibilidad de ser comprendido. Una vez que se conforma la capacidad de comprender, se puede aplicar para comprender un dolor de cabeza, una frase escuchada, un caos vial, una fórmula matemática, a un hijo, a un indigente, a las manchas solares, a la física cuántica, a un milagro, a Dios, etc.
- Todo aspecto de la vida que comprendemos pasa a formar parte de la información que poseemos para responder a nuestras tareas, responsabilidades y funciones.
- El proceso de comprender se experimenta en el momento presente. Es importante no darlo por sentado cuando ya tenemos programadas reacciones ante ciertos estímulos

del entorno. Aunque hayamos experimentado la misma situación 10 veces, la siguiente ocasión puede traer datos nuevos que requerirán ser comprendidos, por lo cual la reacción automática no debe inhibir el proceso de comprensión.

- Comprender es la llave maestra que abre la puerta al sendero del conocimiento profundo y verdadero. Si no tenemos esta llave, nuestro proceso de vida se convierte en un proceso de reacción o de prueba y error.

Preguntas para analizar:

¿Cuántos conflictos se generan diariamente entre las personas por enfrentar las situaciones sin aplicar esta capacidad?

¿Con qué frecuencia se discuten asuntos en los cuales los datos **no** han sido comprendidos por los involucrados?

¿Cuáles son las dificultades más importantes que conlleva el desarrollo de la capacidad de comprender?

¿Cuánto tiempo se pierde en la resolución de dificultades, conflictos o problemas por no haber iniciado por comprenderlos?

¿Qué impacto están teniendo los celulares y las redes sociales como distractores que interrumpen el uso de nuestra capacidad de comprender?

2.2.1 Habilidad de atención integral

Definición. Disposición para atender con la consciencia los datos provenientes del cuerpo, la mente y el espíritu al realizar cualquier actividad.

Posibilidades que genera el desarrollo de la habilidad. Posibilita la consciencia de todos los datos relevantes existentes tanto en el entorno como en el interior de nosotros mismos en cada situación. El nivel de desarrollo de la habilidad determina la cantidad de estímulos sensoriales o internos que podemos detectar a cada momento dado. Es decir, el desarrollo de la habilidad de atención integral genera la **posibilidad de estar en el aquí y el ahora, o lo que es lo mismo, experimentar integralmente el momento presente.**

Ideas sobre principios asociados con la habilidad

- El estado de ser opuesto de la atención integral es la inconsciencia, estar ausente o estar en la Matrix, como se vio en la primera parte del libro. Se experimenta cuando el cuerpo está en un lugar y la mente en otro. Es decir, cuerpos presentes, mentes ausentes.

- El ser humano promedio se encuentra sumido en la Matrix el 90% del día, es decir, aplica esta habilidad el 10% de su vida.

- Como consecuencia de lo anterior perdemos datos, oportunidades y posibilidades que nos ofrece la vida, que, por andar conectados a la Matrix, nos pasan de largo.

- Siempre que le respondamos a la vida desde la Matrix, los resultados van a ser los mismos que hemos obtenido siempre. Esto, por estar basados en los aprendizajes que tenemos programados en nuestro cerebro. Por ejemplo, si veo a los lejos a Juan venir hacia mí, cuando Juan llega conmigo ya no lo atiendo integralmente porque ya aparecieron en mi consciencia todas las ideas y prejuicios grabados en mi memoria acerca de Juan. Entonces, al no atenderlo integralmente, le respondo desde la actitud generada en mí por lo que previamente pienso de Juan.

- En la atención integral somos seres humanos, en la Matrix somos robots actuando de forma programada y predecible.

- La atención integral es el estado de ser en el cual surgen las condiciones naturales para la espontaneidad, la creatividad, la sensibilidad y la utilización eficaz de los recursos que nos presenta la vida para avanzar hacia el logro de nuestros deseos.

Preguntas para analizar:

¿Cuál es tu nivel de desarrollo de esta habilidad?

¿Cuántas veces te has conectado a la Matrix en los últimos 30 minutos?

¿Cuáles son los prejuicios y actitudes predecibles que aparecen en tu mente más frecuentemente? ¿Con qué personas aparecen más frecuentemente?

¿Estás consciente de tu lenguaje corporal cuando interactúas con los demás?

Líneas de acción para desarrollar la habilidad de atención integral

- **Percepción consciente**

Definición específica para facilitar la ejecución. Esta línea de acción contempla todas las actividades que puedas realizar para aumentar el nivel de consciencia que tienes sobre los estímulos sensoriales a los que te ves expuesto durante el día. Es decir, para caminar por esta línea de acción requieres ir ejecutando actividades que te enfoquen en la percepción consciente de los estímulos sensoriales existentes a tu alrededor. Por ejemplo, una acción puede ser notar los sabores existentes en tu desayuno de cada día. Así, cada vez que estás desayunando y percibes conscientemente los diferentes sabores de los alimentos, estarás estimulando la habilidad de atención integral a través de caminar por la línea de acción de la percepción consciente.

- **Pensamiento consciente**

Definición específica para facilitar la ejecución. Esta línea de acción contempla todas las actividades que puedas realizar para aumentar el nivel de consciencia que tienes sobre los pensamientos que aparecen en tu mente durante todo el día. Aunque parezca algo inverosímil, la mayoría nosotros no es consciente de los pensamientos que aparecen en su mente durante la mayor parte del día, es decir, el pensamiento es estimulado básicamente por el cerebro en función de la memoria, las preocupaciones o los diálogos internos sobre lo mismo de lo mismo de lo mismo. Para caminar por esta línea de acción requieres ir ejecutando actividades que te ayuden a ser consciente de los pensamientos que aparecen en tu mente durante el día. Por ejemplo, una acción puede ser permanecer consciente de todos los pensamientos que aparecen en tu mente durante el tiempo que transcurra mientras te bañas cada día. Así, cada vez que te bañes, estarás estimulando la habilidad de atención integral a través de caminar por la línea de acción de pensamiento consciente.

- **Consciencia de sentimientos**

Definición específica para facilitar la ejecución. A cada momento dado nuestro cuerpo, mente y espíritu están generando estímulos por medio de los cuales nos comunican sus necesidades, su estado de ser y sus intenciones. Para comprender integralmente esta comunicación revisa la figura 5. Como se muestra en la gráfica, en todo momento se están generando algunos de estos 9 tipos de comunicación en nuestro interior. Cuando estamos en la Matrix, lo más común es que no tomemos consciencia de muchos de los estímulos de esta comunicación interna. Enfocar conscientemente la atención a cada uno de estos elementos, en diferentes momentos

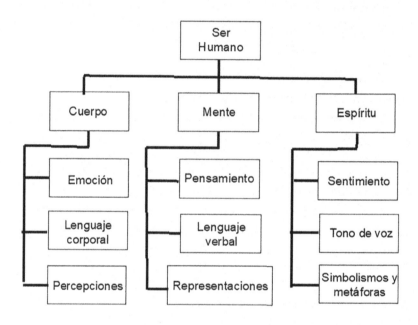

Figura 5. Formas de respuesta interna del ser humano

del día, nos da dará la posibilidad de estar practicando y desarrollando la habilidad de atención integral. Por ejemplo, en la mañana, al levantarte, puedes dedicar 5 minutos a tomar consciencia de cuáles son las señales que te está enviando tu cuerpo. Así, podrás ir notando el bienestar, cansancio, molestias o cualquier otra señal que tu cuerpo necesita comunicar cada día en la mañana. Además de darte cuenta del estado de tu cuerpo, podrás reflexionar la relación de dicho estado con lo que hiciste el día anterior, amén de cultivar tu atención integral. La comunicación interna menos consciente en el ser humano promedio es la que proviene del espíritu. Por esta razón, la importancia de practicar esta línea de acción. Una de las acciones más eficaces para llegar a la consciencia de nuestros sentimientos es el silencio interno, es decir, parar el parloteo de la mente. La oración, la meditación y la contemplación son el camino más seguro a una consciencia más plena de nuestros sentimientos.

Recomendaciones generales para el desarrollo de la atención integral

- Ver película *Matrix* (la parte uno) con atención integral.
- Ver película *La vida es bella*. Detectar el nivel de desarrollo de la habilidad de atención integral del protagonista y la forma en que la usa para lograr avanzar en sus deseos.
- Experimentar de forma consciente los estímulos sensoriales presentes siempre que te estés transportando de un lugar a otro.
- Escribir lo que estás pensando al menos 5 minutos diarios, en diferente hora cada día.
- Detectar los diferentes estímulos fisiológicos del cuerpo (comer, ir al baño, tomar agua, descansar, correr, atender un dolor, etc.) y ejecutar lo que demandan sin retrasarlos por ninguna causa.

2.2.2 Habilidad para cuestionar

Definición. Disposición para controvertir, instar o argüir cualquier punto dudoso, en aras de resolver una duda, expresar lo que se piensa, llegar a la complementación de ideas o terminar de aprender algo nuevo.

Posibilidades que genera el desarrollo de la habilidad. Posibilita la obtención de todos los datos posibles, la complementación de ideas y la integración de las ideas propias a los datos a los que se es expuesto. El nivel de desarrollo de la habilidad determina la eficiencia con la cual exploramos el entorno hasta conseguir los datos necesarios para entender las situaciones.

Ideas sobre principios asociados con la habilidad

- Según estudios estadísticos sólo 3 de cada 10 personas preguntan cuando tiene una duda al estar participando en sesiones de educación formal. Si alguien se queda con alguna duda, se le complicará llegar a la comprensión y estará interrumpiendo el camino del conocimiento.
- La razón por la cual la mayoría de las personas no pregunta cuando tiene una duda es por el temor a realizar una pregunta tonta. Desde la perspectiva de la comprensión, **la única pregunta tonta que existe es aquella que no se hace y deja con una duda.**
- El debate no es la discusión generada para lograr que mis puntos de vista salgan triunfantes. Desde una perspectiva para la comprensión, el debate es **la integración** de puntos de vista diferentes para llegar al máximo nivel de extensión, profundidad y verdad de los datos que se están debatiendo.
- Al ser expuestos a determinados datos y puntos de vista, ofrecer lo que sabemos del asunto les da la oportunidad a los demás de darse una idea si estamos entendiendo los datos o los estamos malinterpretando. Con esto, los demás tienen la oportunidad

de ofrecer más datos para facilitar nuestro entendimiento e inclusive emerge la posibilidad de expandir su conocimiento.

Preguntas para analizar:

¿Qué tan frecuente es que preguntes cuando tienes una duda?
¿Compartes datos o discutes puntos de vista para ver quién tiene la razón?
¿Con qué frecuencia te quedas con la inquietud de que debiste decir lo que pensabas?
¿Cuál es el valor que le das a cuestionar como forma de facilitar tu comprensión?

Líneas de acción para desarrollar la habilidad para cuestionar

- **Realizar preguntas**

Definición específica para facilitar la ejecución. Esta línea de acción contempla que realicemos todas las preguntas que necesitemos para resolver cualquier duda que se nos presente, ya sea en una sesión de entrenamiento, en una plática con la pareja, antes de firmar cualquier contrato o tan sólo para que nos repitan algo que no logramos escuchar con claridad. Recordemos: Es mejor realizar preguntas obvias, repetitivas, porque estábamos conectados a la Matrix, que quedarnos con la duda y entonces generar una pregunta tonta. Por ejemplo, podemos empezar con hacernos el propósito de preguntar cualquier duda que nos surja en las juntas de trabajo de esta semana, en las clases de la escuela o cuando nos estén dando asignaciones que nunca habíamos tenido. Así, cada vez que realicemos una pregunta estaremos desarrollando la habilidad de cuestionar.

- **Propiciar el debate**

Definición específica para facilitar la ejecución. Esta línea de acción contempla que nos propongamos empezar a ver el debate como una forma de llegar a la mayor profundidad posible sobre los datos y situaciones, no como una forma de imponer nuestros puntos de vista a los demás. Esto requerirá que mantengamos en mente que, en cualquier debate, las 2 partes pueden tener una fracción de la verdad. Además, siempre 4 ojos verán mejor que 2. Para caminar por esta línea de acción necesitamos iniciar pláticas con diferentes personas con el fin en mente de complementar los datos que tenemos sobre una persona, una situación o un problema. Por ejemplo, esta semana podemos platicar con la persona con la que más diferencias tenemos en la forma de pensar. Podemos escoger 2 o 3 temas y debatirlos con él o con ella con el enfoque de comprenderlos mejor, no con el de demostrar que nosotros somos quienes tenemos la razón o los datos correctos.

- **Exponer una réplica**

Definición específica para facilitar la ejecución. Replicar como línea de acción para desarrollar la habilidad de cuestionar se refiere a expresar los datos, información o conocimiento que poseemos sobre los asuntos, temas y problemas en los cuales estamos involucrados y que no coinciden con lo que los demás están expresando. La réplica es de una sola vez, su alcance es informar a los demás lo que sabemos del asunto, no convencerlos de que nosotros tenemos la verdad. Al expresar lo que sabemos, damos la oportunidad de que la otra persona se cuestione lo que está expresando y se pueda generar una idea más completa o un debate que facilite integrar los diferentes puntos de vista. Es claro que no siempre existe el tiempo o la necesidad de debatir, sin embargo, al replicar dejamos asentado que no estamos de acuerdo 100% con lo que se está comentando y abrimos la puerta para que, de ser necesario, se aclare la diferencia. Por ejemplo, tu jefe dice que debes realizar una tarea que sabes que no te corresponde normalmente. La réplica es: "Yo sé que eso debe hacerlo Pedro, ¿hay alguna razón por la cual esta vez lo necesite hacer yo?". Hasta este momento tan sólo es una réplica, no es insubordinación, desacato ni debate; simplemente estás expresando que tienes cierta información que te dice que eso no es lo convencional.

Cuando replicas, siempre tendrás la posibilidad de obtener más datos y, con ellos, comprender mejor cualquier situación.

Recomendaciones generales

- Preguntar siempre que exista una duda al participar en juntas de trabajo, cursos de capacitación o salón de clases.
- Debatir una idea, situación o problema por día.
- Replicar cada vez que detectes que la persona con la que más convives está comentando algo que es diferente a lo que tú sabes.

2.2.3 Habilidad en clarificar semántica

Definición. Disposición para conocer el **significado** correcto de las palabras y para utilizar su **aplicación** adecuada en nuestro proceso de vida.

Posibilidades que genera el desarrollo de la habilidad. Posibilita la comprensión de las tareas que se nos dice que se pueden ejecutar, nos conduce a la utilización efectiva del lenguaje y nos pone en el camino de la comprensión de las palabras y procesos aplicables al cuerpo, a la mente y al espíritu. El desarrollo de esta habilidad nos da la oportunidad de profundizar en el conocimiento de la verdad a través de buscar y utilizar la etimología de las palabras y enlazarla con los principios y procesos operantes de las dimensiones física, mental y espiritual.

Ideas relevantes sobre la habilidad

- La habilidad de clarificar semántica es la menos desarrollada en el ser humano promedio. Después de casi 30 años de estar compartiendo esta habilidad en múltiples foros, el resultado siempre ha sido el mismo: pocos saben del problema de semántica y sus efectos en nuestro proceso de vida.

- La hipótesis es que entre más antiguo un idioma, el significado de las palabras que lo conforman describe de forma más cercana la esencia de la naturaleza del ser humano o del universo, por lo cual, el problema de la semántica es menos significativo. Sin embargo, con encontrar el origen y significado en latín o en griego para las palabras, nos acercamos lo suficiente a su significado correcto.

- El principio más importante para considerar es que normalmente provocamos un problema de semántica cada vez que utilizamos los sinónimos de forma indistinta. Cada palabra en español, por lo regular, tiene un origen diferente en lenguas antiguas. Así, las palabras *escoger, decidir* y *elegir*; por más que la Real Academia de la Lengua las considere sinónimos, su significado esencial es diferente y se produce un problema de semántica cada vez que las usamos en una dimensión equivocada.

- Por otro lado, entramos en un problema de semántica cuando utilizamos palabras que definen algo que podemos o debemos ejecutar, pero que, por no conocer su significado correcto, cuando nos proponemos hacerlas el cerebro no las entiende o las malinterpreta y no las ejecuta.

- El cerebro del ser humano está diseñado para ejecutar actividades. Cuando le decimos a un niño que **no corra,** su cerebro requiere interpretar la orden, ya que contiene un problema de semántica. **No correr** es inejecutable para el cerebro. "Detente", "siéntate" o "camina" es una orden clara y ejecutable.

- Los problemas de semántica nos están generando un nivel altísimo de inefectividad en el proceso de vida. La necesidad primaria de todo proceso humano es que debe ser comprendido, lo cual es muy complicado si desconocemos o malinterpretamos el significado de las palabras.

- Todo ser humano reconoce de forma natural y responde en consecuencia, la mayoría de forma inconsciente, al significado esencial de las palabras. Escondido en alguna parte de la programación del ADN o presente en la carga energética de nuestra consciencia, pero todos y cada uno de nosotros lleva en su interior el *software* que le permite reconocer el significado correcto de todas las palabras, en cualquiera de los idiomas.

- Para referencias más detalladas sobre estas ideas puedes volver a leer el tema del problema de la semántica planteado en la primera sección de esta segunda parte del libro.

Preguntas para analizar:

Hasta este momento, ¿te queda claro el problema la semántica? ¿Recuerdas conflictos generados con otras personas por darles diferente significado a ciertas palabras?

¿Has tenido problemas para ejecutar algo que no entendiste cuando te fue asignado?

¿Es frecuente que los demás ejecuten tareas de forma diferente a como las solicitaste?

Líneas de acción para la habilidad en clarificar semántica

- **Precisar forma de ejecución**

Definición específica para facilitar la ejecución. Esta línea de acción contempla todas las actividades que puedas realizar para clarificar cómo se deben ejecutar las tareas a las cuales te enfrenta la vida. Es decir, cuando te propones ejecutar algo, cuando te es asignado por otra persona o cuando en un programa de entrenamiento se te dan instrucciones para realizar algo; requieres asegurarte de entender cómo llevar a la práctica dicha tarea. Las 3 recomendaciones más importantes para transitar esta línea de acción son: referirse a la acción desde un verbo en presente o en infinitivo, asegurar que lo que se dice es ejecutable claramente para el cerebro y mencionarlo sin el problema del no hacer. Ejemplos: *comer verduras*, en lugar de *alimentación saludable*; *pensar en la bondad de Dios*, en lugar de *no preocuparme*; y *salir a correr hoy a las 7 a. m.*, en lugar de *hacer ejercicio*.

- **Aplicar dimensión correcta**

Definición específica para facilitar la ejecución. Esta línea de acción contempla todas las actividades que puedas realizar para reconocer la correcta aplicación de las palabras, leyes y procesos humanos conforme a la dimensión humana a la cual pertenecen; es decir, si una palabra, ley o proceso corresponde a la dimensión cuerpo, mente o espíritu. El término técnico, de acuerdo con Ken Wilberg, cuando se entra en problema de semántica con esto es **error categorial**, el cual ocurre al aplicar una palabra, ley o proceso perteneciente a una determinada dimensión, por ejemplo, al cuerpo, a otra, por ejemplo, la mente.

Aplicación de palabras a su dimensión correcta. Las palabras *escoger*, *decidir* y *elegir* son reconocidas por la mayoría como sinónimos, por lo cual, se cree que se pueden usar indistintamente. Sin embargo, esto genera uno de los errores categoriales más comunes en la vida diaria. *Escoger* (de *coger*) pertenece a la dimensión física, se realiza con la ayuda de los sentidos (que nos sirven para detectar lo físico) y se debe escoger lo necesario para la sobrevivencia de nuestro cuerpo físico. *Decidir* ('formar juicio') pertenece a la dimensión mental, se realiza con ayuda del pensamiento y se debe decidir las mejores opciones presentes para poder crear lo necesario para conseguir lo que se elige. *Elegir* ('preferir', 'predestinar') pertenece a la dimensión espiritual, se realiza con la ayuda de los sentimientos y las emociones y se elige lo que se necesita, quiere o desea (voluntad).

Aplicación de leyes a su dimensión correcta. El universo de la causa y efecto se compone de 3 leyes fundamentales y complementarias, presentes en la vida de todos y cada uno de nosotros: **la ley del esfuerzo, la ley de la atracción y la ley de la intención.** Se piensa que cada ley tiene aplicación en las 3 dimensiones, sin embargo, cuando así las aplicamos caemos en un error categorial. **La ley del esfuerzo** pertenece a la dimensión física, opera de acuerdo con lo que hacemos con nuestro cuerpo y nos produce lo correspondiente al esfuerzo físico que realizamos. **La ley de la atracción** pertenece a la dimensión mental, funciona a través de lo que pensamos y genera o crea de acuerdo con la frecuencia e intensidad con la cual pensamos algo. **La ley de la intención** pertenece a la dimensión espiritual, se manifiesta como consecuencia de nuestros sentimientos y expande nuestra posibilidad de mostrarnos desde el espíritu, en donde existe la capacidad de manifestar "milagros" tal como Jesucristo nos mostró.

Aplicación de los procesos a su dimensión correcta. La alimentación es un proceso necesario para la sobrevivencia del cuerpo. No obstante, en la actualidad la mayoría de las cosas las comemos por el placer que nos dan. Muchas de las enfermedades actuales son consecuencia del error categorial de estarnos alimentando para nuestra mente, placer, en lugar de para nuestro cuerpo, salud y sobrevivencia. El juicio es un proceso mental para determinar, a través de la razón, las decisiones más eficaces para crear lo que elegimos. Hacer juicios sobre los demás, cuando no tienen nada que ver con nuestras decisiones, es una tremenda pérdida de tiempo y generación de conflictos para muchos de nosotros. Para definir la persona con la cual formar una pareja, el proceso que debemos experimentar es el enamoramiento, es decir, sentir algo por la pareja. Pero algunas personas deciden racional o sensorialmente con quién casarse. Este error categorial termina casi siempre en el divorcio. Por otro lado, hay personas que experimentaron correctamente el proceso de enamoramiento y se casaron, para años después **decidir racionalmente** el divorcio sin haber conseguido experimentar la razón esencial del matrimonio: aprender a amar.

- **Conocer el significado correcto**

Definición específica para facilitar la ejecución. Esta línea de acción contempla todas las actividades que puedas realizar para reconocer conscientemente el significado correcto de las palabras. Para no abrumarte con esta monumental tarea, la recomendación es que empieces con palabras que sean significativas o importantes para ti. Un buen diccionario, que contemple la raíz etimológica de las palabras, será tu mejor recurso para caminar por esta línea de acción. El primer paso es generar en tu mente la costumbre de estar al pendiente de palabras clave que escuches o leas, para registrarlas, sean importantes para cumplir tu responsabilidad de trabajo, para construir relaciones humanas sin conflictos o para logar un alto desempeño personal.

Recomendaciones generales

- Clarificar todas las asignaciones que te dé tu jefe, maestro o mamá, hasta comprenderlas completamente
- En el contenido clave de este libro, ya se encuentran correctamente estructuradas las palabras, leyes y procesos de acuerdo con la dimensión que pertenecen. Recomiendo

mantener en mente el concepto de **error categorial,** para estar reflexionando sobre el mismo cada vez que se mencione un trinomio complementario de palabras, leyes o procesos. Aun y cuando me queda claro que es difícil comprender a fondo el problema de la semántica, mantener en mente el concepto mientras vas leyendo te va a facilitar profundizar en el tema.

- Analizar un conjunto de 3 sinónimos por día, asignándolos a la dimensión física mental o espiritual.
- Contar siempre a la mano con un diccionario que contemple raíces de las palabras del latín o del griego. Si tienes la bendición de tener una computadora, ya se encuentran una gran cantidad de diccionarios gratis a través de internet. En la bibliografía aparece el que yo utilizo normalmente.
- Proponerse detectar y clarificar palabras importantes para cumplir tu responsabilidad de trabajo, educativa o familiar.

2.3 Capacidad para validar información

Revisa el proceso sistémico de la figura 6 y enlázalo con la competencia de aprender a aprender (figura 3), de donde surge. Una vez que te cerciores y comprendas de dónde viene, trata de percibir la relación y complementariedad de las líneas de acción que conforman las 3 habilidades de esta capacidad.

Definición. Posibilidad de dar permanencia, firmeza y valor a la información a la cual vamos accediendo en el transcurso de nuestra vida.

Conformación y poder de manifestación que da. Se conforma de las habilidades necesarias para experimentar, investigar y comprobar la información relevante para nuestro proceso de vida. Cuando se conforma nos da el poder para acceder al conocimiento de la realidad en todos sus ámbitos posibles y, de esta forma, aumentar nuestras opciones de cambio, desarrollo y transformación.

Ideas sobre el valor de la capacidad

- Aplicar información a nuestra vida diaria en sus diferentes entornos, sin haberla validado, puede llegar a generarnos pérdida de tiempo, gasto ineficaz de recursos y grandes problemas en nuestra calidad de vida.
- Una vez comprendido algo, nuestro segundo paso debe ser siempre validarlo. Por cualquier medio, pero hay que validarlo.
- De acuerdo con el tipo y profundidad de la información va a ser más fácil o complejo validarla. En algunos casos se requerirá experimentar, investigar y comprobar a fondo. En otros casos bastará con analizar, discernir y concluir sobre la información planteada. **Y, para la consciencia en continuo proceso de expansión, algunas veces la validación llega de**

inmediato gracias al cúmulo de conocimiento y amplitud de consciencia que se posee.

- Validar siempre conduce al conocimiento. Ya sea que algo salga verdadero o falso, servirá para enfrentar la vida con más asertividad. Tanto si la información es validada como si no, el resultado es conocimiento.

- La mayoría de la información planteada por este libro se puede validar a través de la observación consciente de la vida diaria; es decir, se puede experimentar, investigar y comprobar mientras se realizan las actividades de la vida cotidiana en la familia, el trabajo o la diversión.

Preguntas para analizar:

¿Cuáles reglas sociales, políticas o religiosas no podrían ser confirmadas como verdad a través de un proceso completo de validación?

¿Qué ideas claramente no válidas permanece vigentes?

¿Qué hace que permanezcan vigentes?

¿En qué medida el sistema educativo actual facilita la conformación de la capacidad de validar información?

Capacidad para validar información

Comprobar

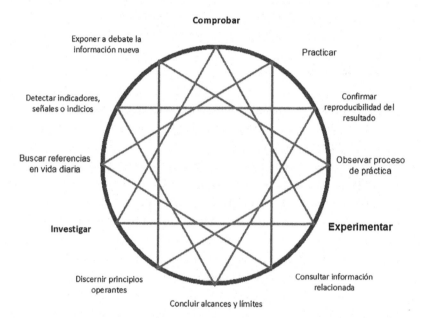

Exponer a debate la
información nueva

Practicar

Detectar indicadores,
señales o indicios

Confirmar
reproducibilidad del
resultado

Buscar referencias
en vida diaria

Observar proceso
de práctica

Investigar

Experimentar

Discernir principios
operantes

Consultar información
relacionada

Concluir alcances y límites

Figura 6. Proceso sistémico de primer grado

2.3.1 Habilidad de experimentar

Definición. Disposición para buscar y examinar prácticamente la veracidad de la información.

Posibilidades que genera el desarrollo de la habilidad. Nos genera la posibilidad de estar inmersos dentro de los fenómenos que deseamos validar, para obtener experiencias personales y percibir directamente los resultados. El nivel de desarrollo de la habilidad determina la profundidad con la que experimentamos el proceso y la claridad con la cual llegamos a la consciencia de lo que realmente acontece mientras practicamos.

Ideas sobre principios asociados con la habilidad

- El sedentarismo de la vida moderna está provocando que cada vez validemos menos información a través de la experimentación.
- Es claro que no todo requiere de ser experimentado. De los valores de cada persona deben surgir aquellos aspectos de la vida que no importa si son verdaderos o falsos, no demandan ser experimentados.
- Al momento de experimentar, uno de los aspectos más importantes es tomar consciencia de lo que realmente surge de nuestro experimento. Es decir, alejar a nuestra mente lo más posible del efecto de la profecía autocumplida. (Tengo la información del resultado probable en mi mente y termino por causarlo o creer que lo causé).
- Estar demasiado enfocados en el entorno y en los demás genera que perdamos consciencia de lo que pasa dentro de nosotros mismos. Por lo tanto, siempre hay que mantener una consciencia plena de cuanto pasa en el interior de nosotros mismos. La comunicación que nos ofrecen nuestro cuerpo, mente y espíritu siempre será de los más valiosos que

obtengamos. Revisa la figura 5 para recordar los elementos que conforman este tipo de comunicación.

Preguntas para analizar:

¿Cuántos de los productos que se venden actualmente pasarían la prueba de una experimentación consciente?
¿Por qué nadie experimenta en cabeza ajena?
¿Es una idea válida que nadie experimenta en cabeza ajena?
¿Qué papel juega el efecto placebo en esta habilidad?
Líneas de acción para desarrollar la habilidad de experimentar

- **Practicar, observar proceso y confirmar reproducibilidad del resultado**

Definición específica para facilitar la ejecución. Las 3 líneas de acción le dan forma al proceso integral sugerido para desarrollar la habilidad de experimentar. Es decir, el proceso de experimentar contempla 3 pasos para todo aquello que deseamos validar a través de la experimentación:

- Definir el ejercicio, técnica, herramienta, procedimiento, sistema o producto que se va a validar a través de la práctica e iniciar experimento.
- Mantener observación consciente de nosotros mismos y/o del entorno mientras dure el proceso de experimentación.
- Asegurar que tomemos consciencia de los efectos, datos y resultados reales de lo que va surgiendo durante la experimentación, y que dichos efectos y resultados surgen de forma consistente cada vez que se practica el experimento o prueba.

Por ejemplo, cuando alguien se toma las pastillas para adelgazar, sin alterar ninguna de las demás variables de su vida, observa el proceso y, después de cierto tiempo, verifica en la báscula los efectos producidos. Así, cada vez que alguien se toma una pastilla, comprueba los efectos en su fisiología o verifica su peso en la báscula, estará caminando por el proceso de experimentación. De los resultados observados desde el inicio de la experimentación se desprende cuándo se interrumpe por no dar resultados o cuándo se valida para llevar el tratamiento completo.

Recomendaciones generales

- Seguir los tres pasos del proceso de experimentación para todas aquellas acciones, técnicas o herramientas contempladas en este libro, que sean de tu interés.

2.3.2 Habilidad para investigar

Definición. Disposición para descubrir la naturaleza, lógica o verdad de las cosas.

Posibilidades que genera el desarrollo de la habilidad. Posibilita y facilita el proceso de convertir la información en conocimiento, sin el proceso de experimentación o comprobación personal. El nivel de desarrollo de la habilidad determina la rapidez y asertividad con la cual exploramos el entorno hasta conseguir los suficientes datos para discernir y deducir la validez de la información.

Ideas sobre principios asociados con la habilidad

- Al consultar diferentes fuentes de una determinada información, aumentamos la posibilidad de llegar a conclusiones asertivas. Esto no significa necesariamente que si consultamos todas las fuentes disponibles llegaremos a la verdad.
- En el proceso de investigación, por lo tanto, los 2 elementos esenciales son las fuentes de información y la mente del investigador.
- A través de los procesos de discernir y concluir se puede llegar a validar información desde el mismo momento en que se está expuesto a ella. Esto es posible para consciencias suficientemente expandidas en el entorno relativo a la información sobre la cual se trabaja.
- Entre más conocimiento posee una persona, más fácil, rápida y asertivamente puede validar información relativa a su campo de conocimiento.
- A través de la investigación se puede lograr el beneficio de aprender de lo que le sucede a los demás, es decir, aprender en cabeza ajena.
- El proceso de investigación se desarrolla con **información**, es decir, es prerrequisito **comprender** todos los datos asociados a lo que se está investigando.

Preguntas para analizar:

¿Cuáles puedes considerar como fuentes válidas de información?
¿Cuál será la clave para aprender en cabeza ajena?
¿Qué elementos lleva implícitos el proceso de discernir?
¿Cuál es la diferencia entre discernir y concluir?

Líneas de acción para desarrollar la habilidad para investigar

- **Consultar información relacionada**

Definición específica para facilitar la ejecución. Esta línea de acción contempla que se revisen las fuentes de información que estén al alcance sobre la información que se busca validar. En orden de accesibilidad las fuentes son:

- Tú mismo
- El instructor o fuente de información
- El grupo a tu alrededor relacionado con la información
- Internet
- Diccionario
- Libros
- Fuentes especializadas

Caminas por esta línea de acción siempre que realizas una actividad que te conduce a obtener más datos sobre un asunto o idea, y experimentas el proceso necesario para comprenderlos e integrarlos a tu idea general sobre el tema.

- **Concluir alcances y límites**

Definición específica para facilitar la ejecución. Esta línea de acción contempla experimentar el proceso de pensamiento necesario para sacar consecuencias y conclusiones de los principios, proposiciones y supuestos generados por la información con la que contamos. Para caminar por esta línea de acción es prerrequisito haber consultado las fuentes de información disponibles y haber comprendido los datos adquiridos. Hay que recordar que cada uno de nosotros se debe considerar a sí mismo su fuente primaria de información. Por lo cual, se puede llegar a validar información con sólo investigar el acervo de conocimiento y sabiduría que cada persona lleva en su interior. Así, se empieza el proceso para desarrollar la habilidad de investigar desde el momento en que se atiende conscientemente cualquier estímulo nuevo al que nos enfrentamos.

Discernir principios operantes

Definición específica para facilitar la ejecución. Discernir es el proceso por medio del cual distinguimos las diferencias esenciales entre las cosas, las situaciones y/o los seres vivos. La observación consciente de la realidad exterior e interior es lo que nos provee de la información necesaria para determinar la esencia de las cosas y sus diferencias. A través de los sentimientos y la intuición tenemos la oportunidad de discernir la validez de la información no perceptible a nuestros 5 sentidos, ni validable a través del proceso de racionalización. Por ejemplo, cuando una persona en la calle nos solicita apoyo económico para comprar medicinas para un hijo enfermo. En este caso, el camino más asertivo y rápido para validar es a través del discernimiento, es decir, tomar consciencia de los sentimientos que se producen en nuestro interior con respecto a lo que se nos solicita.

Recomendaciones generales

- Leer un libro por mes sobre el tema más importante en tu vida. Así, después de cierto tiempo te puedes convertir en la fuente de información más valiosa sobre el tema, para ti mismo y para los demás.
- Escribir las ideas principales que se vayan validando sobre el tema más importante de tu vida.
- Detectar qué sentimientos surgen cada vez que una persona se acerca a solicitarte ayuda económica.

2.3.3 Habilidad en comprobar

Definición. Disposición para verificar y confirmar que la información que se desea validar se manifiesta en la vida diaria.

Posibilidades que genera el desarrollo de la habilidad. Posibilita reconocer los alcances, utilidad práctica y exactitud de la información que deseamos validar. El desarrollo de esta habilidad nos da la oportunidad de llegar al fondo mismo de la información y facilita el proceso de convertirla en conocimiento.

Ideas sobre principios asociados con la habilidad

- Comprobar tiene la ventaja de que, con un solo evento, podemos llegar a confirmar la veracidad de algo. Por otro lado, el proceso de comprobación de algunas cosas nos puede llevar toda la vida.

- Comprobar nos mete de lleno a la experimentación consciente de la vida diaria. Es decir, en lugar de practicar tema por tema, podemos dedicarnos a comprobar, en la vida diaria y a cada momento, aquello que nos interesa.

- Comprobar es un proceso que demanda abordar la vida desde sus 3 dimensiones más evidentes: física, mental y espiritual, y pasarlas al siguiente grado de complejidad a través de hacer consciente todo lo que sucede en ellas. Por lo tanto, se requiere ir más allá del método científico que establece válido sólo aquello perceptible por los 5 sentidos. Por ende, hay que incluir el proceso de comprobación racional y el proceso de intuición.

Preguntas para analizar:

¿Podremos llegar a comprobar la existencia de Dios?
¿Cómo se puede comprobar que alguien te ama?

¿Se está comprobando la culpabilidad o inocencia de alguien en los juicios actuales?

¿Cuándo se puede decir que algo está 100% comprobado?

Líneas de acción para la habilidad en comprobar

- **Buscar referencias en vida diaria**

Definición específica para facilitar la ejecución. Esta línea de acción contempla todas las actividades que puedas realizar para encontrar evidencia, en la vida diaria, de algo que quieres comprobar. Por ejemplo, si quieres comprobar que el problema de la semántica genera inefectividad en los seres humanos, centra tu atención en las palabras *escoger, decidir* y *elegir* y observa su uso, alcance y la eficacia con la que la usan diferentes personas. Así, cada vez que enfocas tu atención a encontrar referencias en la vida diaria para comprobar información, estarás caminando por esta línea de acción.

- **Detectar indicadores, señales o indicios**

Definición específica para facilitar la ejecución. Como se puede pensar, existen diferentes alcances y dimensiones en lo que podemos comprobar. No es lo mismo comprobar que el polvo provoca estornudos, a comprobar la teoría de la relatividad. Cuando nos damos a la tarea de comprobar información o sistemas complejos, el proceso se desarrolla a través de esta línea de acción. En el transcurso del tiempo iremos detectando y registrando indicadores, señales e indicios que, una vez con una cantidad importante de ellos, se pueden estructurar para comprobar la información. Por ejemplo, para comprobar que el ser humano promedio se encuentra conectado a la Matrix el 90% del día, se requiere observar personas en la vida diaria y notar con cuánta frecuencia hay indicios, señales o indicadores de que se hallan con el cuerpo presente, pero la mente ausente.

- **Exponer a debate la información nueva**

Definición específica para facilitar la ejecución. Una de las líneas de acción más práctica y sencilla para iniciar el proceso de comprobación de información es comentar sobre esta con familiares, amigos o expertos. Al hacerlo con los demás, podremos obtener su experiencia, puntos de vista y sentir acerca de lo que les compartimos. En muchos de los casos habremos iniciado un interesante debate. Así, además de disminuir el tiempo de comprobación, podemos evitar la necesidad de experimentar o investigar. Por otro lado, cuando compartimos información nueva, los demás nos harán preguntas que, en ocasiones, no podremos contestar, lo cual nos llevará a investigar más o a cuestionarnos la validez de la información. Para transitar por esta línea de acción sólo requieres realizar la actividad de comentar la información que deseas comprobar hasta llegar al debate en aquellos casos en donde te encuentres con una mente tan inquieta como la tuya.

Recomendaciones generales

- Encontrar la similitud o diferencia en cómo utilizan 3 personas distintas las palabras *escoger, decidir, elegir*.
- Detectar siempre que una persona cercana se conecte a la Matrix.
- Comentar con 3 personas, cada día, sobre algún tema de este libro.

2.4 Capacidad en transferencia de conocimiento

Revisa el proceso sistémico de la figura 7 y enlázalo con la competencia de aprender a aprender (figura 3), de donde surge. Una vez que te cerciores y comprendas de dónde viene, trata de percibir la relación y complementariedad de las líneas de acción que conforman las 3 habilidades de esta capacidad.

Definición. Posibilidad de transferir el conocimiento a nuestra forma de ser y de transmitir nuestra forma de ser y nuestro conocimiento a los demás.

Conformación y poder de manifestación que da. Se conforma de las habilidades necesarias para personalizar el conocimiento, expandir comportamientos y transmitir lo que se sabe. Cuando se conforma nos da el poder para pasar el conocimiento a nuestra forma de ser de manera efectiva, además de convertirnos en transmisores naturales de aquello en lo que nos vamos convirtiendo.

Ideas sobre el valor de la capacidad

- Se pueden transferir datos, información y/o conocimiento. Es conveniente que la mayoría de lo que se transfiera sea conocimiento. Transferir datos o información puede llegar a ser ineficiente y limitar nuestro proceso de vida.
- Las habilidades de personalizar conocimiento y expandir comportamientos aplican para la transferencia de conocimiento a sabiduría. Es decir, su desarrollo nos permite transferir el conocimiento a nuestra forma de ser.
- La habilidad en transmitir lo que se sabe nos permite transmitir nuestra sabiduría a otras personas.
- La comprensión de esta capacidad nos permite realizar una distinción entre personas y procesos en donde se

transfieren datos o información en contraste con personas y procesos en los cuales se transfiere conocimiento o sabiduría. Hacer esta distinción consciente nos da la oportunidad de definir a qué le dedicamos más recursos y en dónde nos conviene pasar por alto lo que se nos ofrece.

- Por definición, la transferencia de conocimiento en sabiduría sólo puede ser realizada por cada persona dentro de sí misma. Así, se manifiesta el albedrío que cada quien tiene para desarrollar su estado de ser.
- Por otro lado, se resalta el valor y la importancia de transmitir sabiduría, es decir, conocimiento ya transferido a nuestro estado de ser.

Preguntas para analizar:

¿De qué formas se manifiesta el conocimiento en nuestra forma de ser?

¿Se puede reconocer cuando alguien trasmite sabiduría o conocimiento?

¿Puede un maestro desarrollar sabiduría en sus alumnos?

¿Qué porcentaje de lo que un maestro actual transmite son datos, información, conocimiento o sabiduría?

Capacidad en aplicar y transferir conocimiento

Transmitir

Expresar naturalmente lo
que se conoce

Adaptar a entorno
tiempo y situación

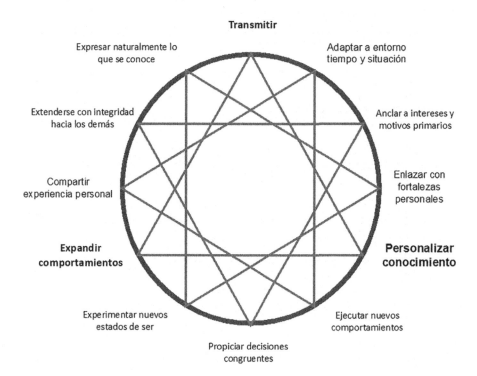

Extenderse con integridad
hacia los demás

Anclar a intereses y
motivos primarios

Compartir
experiencia personal

Enlazar con
fortalezas
personales

**Expandir
comportamientos**

**Personalizar
conocimiento**

Experimentar nuevos
estados de ser

Ejecutar nuevos
comportamientos

Propiciar decisiones
congruentes

Figura 7. Proceso sistémico de primer grado

2.4.1 Habilidad de personalizar conocimiento

Definición. Disposición para acoplar y acomodar el conocimiento de tal forma que se facilite su transferencia a nuestra forma de ser, cuando lo aplicamos a nosotros mismos, o a la forma de ser de los demás cuando lo transmitimos.

Posibilidades que genera el desarrollo de la habilidad. Posibilita el ajuste del conocimiento a nuestras circunstancias, motivos y forma de ser, para facilitar que se integre a la personalidad. El nivel de desarrollo de la habilidad determina la eficiencia con la cual estaremos transfiriendo a nosotros el conocimiento que deseamos para mejorar nuestro desempeño. Así mismo, facilita que los demás comprendan lo que les estemos tratando de transmitir.

Ideas sobre principios asociados con la habilidad

- Cada persona está conformada de diferente manera, se encuentra en circunstancias diferentes y tiene intereses muy particulares. Por lo tanto, se requiere que cada quien ajuste el proceso de transferir conocimiento a su situación presente. Así mismo, conocer la conformación de alguien a quien se le transmite conocimiento nos da la posibilidad de hablarle en "su idioma", lo cual facilitará la comprensión del conocimiento transmitido.
- La mayoría de las personas de la actualidad tienen muy poco conocimiento de sí mismas, por lo tanto, se les dificulta personalizar el conocimiento y, en consecuencia, transferirlo a su forma de ser.
- Por lo anterior, iniciar un proceso continuo de autoconocimiento es la estrategia más importante que puede seguir una persona en la búsqueda de mejorar su calidad de vida. Conocerse a sí misma es el cimiento de

todo lo que una persona fue, es y será. Por esta razón, más adelante comparto el modelo de identidad integral, el cual plantea, de una forma detallada, los elementos presentes en la conformación de todo ser humano.

Preguntas para analizar:

¿Qué nivel de conocimiento tienes de ti mismo?
¿Puedes encontrar las causas que impidieron el éxito en el último cambio que intentaste?
¿Cuáles consideras tus 5 fortalezas más importantes?
¿Cuáles son los 5 deseos de mayor importancia para ti?

Líneas de acción para la habilidad de personalizar conocimiento

- **Adaptar a entorno, tiempo y situación**

Definición específica para facilitar la ejecución. Esta línea de acción contempla que adaptes cualquier conocimiento que deseas transferir a tu forma de ser y a tus circunstancias presentes. Por ejemplo, si ya validaste que una alimentación saludable es fundamental para mantenerte en el peso que deseas, requerirás considerar tu situación laboral, circunstancias familiares y todo aquello que pudiera interferir para lograr continuidad en tu alimentación saludable. Al hacer la lista de las dificultades que tendrías en un día normal para alimentarte de forma saludable, podrás realizar los ajustes y acciones necesarias para eliminar esto como un obstáculo para lograr lo que quieres. De la misma forma, si estás intentando ejercitarte y viajas demasiado, es conveniente ajustar tu plan a esta circunstancia para mejorar tu posibilidad de ejecutarla. Sin embargo, por lo regular, el tiempo es lo más complicado de resolver, así que la combinación de actividades, llevar una agenda y eliminar algunas actividades no prioritarias pueden ser ideas necesarias dentro de esta línea de acción.

- **Anclar a motivos e intereses primarios**

Definición específica para facilitar la ejecución. Esta línea de acción contempla que todo aquello que desees transferir a tu forma de vida sea parte importante de los motivos e intereses que te mueven. Para caminar por esta línea de acción necesitas definir **para qué** deseas integrar a tu personalidad cualquier conocimiento. Por ejemplo, si tienes el problema que llegas a tu casa después del trabajo sin energía para jugar con tu hijo, después de que validaste que el estrés es una de las causas más importantes de la falta de energía del ser humano moderno, enseguida te encuentras con una técnica para control del estrés que deseas integrar a tu personalidad. Determinar el control del estrés como una forma de tener más energía para jugar con tu hijo puede fortalecer tu voluntad para lograr la transferencia de la técnica como parte integral de tu personalidad.

- **Enlazar con fortalezas personales**

Definición específica para facilitar la ejecución. Esta línea de acción contempla que utilices tus fortalezas personales para facilitar la integración de conocimiento a tu personalidad. Por ejemplo, si estás tratando de salir a correr regularmente, si tienes como fortaleza desvelarte sin problemas y como debilidad dificultad para levantarte temprano, la opción es obvia: programa tus sesiones de salir a correr por las tardes o noches. En la vida diaria, es increíble la cantidad personas que está teniendo problemas para desarrollar su forma de ser, por desconocer o no considerar sus fortalezas y debilidades en el proceso de transferencia.

Recomendaciones generales

- Aplicar las 3 líneas de acción para un cambio en la personalidad que se desea lograr desde hace tiempo.

2.4.2 Habilidad para expandir comportamientos

Definición. Disposición para agregar, eliminar o cambiar las conductas bajo las cuales nos manifestamos en el mundo.

Posibilidades que genera el desarrollo de la habilidad. Posibilita la integración a nuestra personalidad de los comportamientos generados por el conocimiento nuevo que adquirimos. El nivel de desarrollo de la habilidad determina la rapidez y consistencia con la cual integramos a nuestro estado de ser las conductas generadas por el nuevo conocimiento.

Ideas sobre principios asociados con la habilidad

- El ser humano promedio genera, de forma consciente, 3 nuevos comportamientos por año. Es decir, su habilidad de expandir comportamientos está subdesarrollada.
- La mayoría de los cambios de comportamiento de la persona común ocurren de forma inconsciente, y son para adaptarse al entorno que la rodea.
- Esto genera que el 85% de la personalidad con la cual cuenta el 90% de las personas a la hora de su muerte ya la tenía a los 16 años de edad.
- Sumando planteamientos, podemos decir que la mayoría de las personas de la actualidad enfrenta la vida, después de los 8 años de edad, con datos, información o conocimiento que nunca transfiere a sabiduría, es decir, sin instalar cambios en la personalidad, consecuencia del conocimiento adquirido
- Al expandir tan poco nuestro comportamiento terminamos por ser extremadamente predecibles y, en consecuencia, manipulables y rutinarios.

Preguntas para analizar:

¿Cuánto de lo que conoces cada mes termina en un nuevo comportamiento?

¿Puedes encontrar algunos asuntos de adulto que estás enfrentando con conductas de niño?

¿Te das cuenta de la forma tan evidente con la cual los niños manipulan a sus padres?

¿Cuál consideras la razón de nuestra baja habilidad para expandir comportamientos?

Líneas de acción para la habilidad para expandir comportamientos

- **Ejecutar nuevos comportamientos**

Definición específica para facilitar la ejecución. Esta línea de acción contempla la ejecución específica de comportamientos nuevos relacionados con el conocimiento que adquirimos. Por ejemplo, decir "escoger" cada vez que seleccionas algo a través de los cinco sentidos. Si a un momento dado tú validas la semántica correcta de la palabra *escoger*, la única manera de caminar por esta línea de acción es integrar a tu lenguaje su uso correcto. Así, cada vez que utilices correctamente la palabra *escoger* estarás haciendo algo para desarrollar la habilidad de expandir comportamientos.

- **Propiciar decisiones congruentes**

Definición específica para facilitar la ejecución. Esta línea de acción contempla la generación consciente de pensamientos y decisiones generados por el conocimiento que adquirimos. Así, estarás caminando por esta línea de acción cada vez que una decisión sea consecuencia del nuevo conocimiento que adquiriste. Por ejemplo, si cada vez que tu jefe se acerca a ti piensas "¿Y ahora qué quiere?", pero como consecuencia de tu proceso de desarrollo te das cuenta de que tu principal y primer cliente en el trabajo es tu jefe, entonces, cada vez que veas acercarse a tu jefe y logres pensar "¿Y ahora en qué más puedo servir a mi jefe?", estarás caminando por esta línea de acción. De la misma forma, si estás intentando integrar a tu vida una nueva forma de meditación antiestrés, sería incongruente decidir ver una película de terror que te va a dejar altamente estresado.

- **Experimentar nuevos estados de ser**

Definición específica para facilitar la ejecución. Esta línea de acción contempla la generación consciente de nuevos estados de ser cuando somos expuestos a las mismas personas, circunstancias o eventos. Por ejemplo, si cada vez que tu jefe se acerca a ti experimentas enojo o frustración, pero como consecuencia de tu proceso de desarrollo, cada vez que veas acercarse a tu jefe logras experimentar gusto y deseo de superación, estarás caminando por esta línea de acción. Acciones para elevar nuestro nivel de energía, para dominar nuestro pensamiento y para mantenernos en sobriedad emocional son esenciales para transitar por esta línea de acción.

Recomendaciones generales

- Realizar una actividad completamente nueva cada día.
- Generar pensamientos diferentes de la persona que menos se soporta.
- Experimentar con un nuevo estado emocional la actividad más desagradable que se tiene que realizar con más frecuencia.

2.4.3 Habilidad en transmitir lo que se sabe

Definición. Disposición para trasladar la experiencia, la expansión de nuestra consciencia y lo que sabemos a los demás.

Posibilidades que genera el desarrollo de la habilidad. Posibilita el proceso de compartir con los demás lo que hacemos, obtenemos y somos. El desarrollo de esta habilidad nos permite transmitir de forma efectiva lo que vamos experimentando, la expansión que vamos logrando y la sabiduría que se va adquiriendo.

Ideas sobre principios asociados con la habilidad

- Por definición, esta habilidad contempla la transmisión de todo aquello que ya es parte de nuestra personalidad. Un compartimiento de vida, un testimonio, un conocimiento validado, un conocimiento que resultó equivocado, etc.
- Por lo anterior, se puede llegar a un nivel muy alto en el desarrollo de esta habilidad sin ejercer alguna profesión relacionada con el sistema educativo o de formación profesional.
- Los verdaderos líderes espirituales que encontramos en nuestra historia son el más claro ejemplo de un alto nivel de desarrollo de esta habilidad.
- Estar en la búsqueda de experimentar una misión personal, espíritu de servicio y sentido común, por lo regular, acompaña a quienes desarrollan al máximo esta habilidad.

Preguntas para analizar:

¿Conoces a alguien que no puedes dejar de escuchar cuando comparte su experiencia?
¿Reconoces el nivel de expansión de consciencia de las personas con las cuales interactúas?

¿Sabes cómo se desarrolla el sentido común?
¿Por qué el sentido común es el menos común de los sentidos?

Líneas de acción habilidad en transmitir lo que se sabe

- **Compartir experiencia personal**

Definición específica para facilitar la ejecución. Transitas por esta línea de acción siempre que comentas con una o varias personas sobre tus experiencias de vida. Así, cada vez que te das la oportunidad de compartir lo que te ha tocado experimentar en los diferentes roles de tu vida, estás desarrollando tu habilidad de transmitir. El factor clave es compartir experiencias personales, de las cuales emergerá la necesidad de hablar del conocimiento alrededor de ellas.

- **Extenderse con integridad hacia los demás**

Definición específica para facilitar la ejecución. Se camina por esta línea de acción cada vez que se utiliza el poder de manifestación que se posee para hacer, obtener o crear algo. Por ejemplo, cuando, por cierto tiempo, experimentaste el proceso de aprendizaje de un nuevo idioma. Cada ocasión que te expresas en dicho idioma, estarás manifestando la expansión lograda. La clave para transitar por esta línea de acción es la humildad de manifestarnos en la vida tal cual somos, sin guardarnos dones ni talentos, ni poniéndonos caretas de lo que no somos.

- **Expresar naturalmente lo que se conoce**

Definición específica para facilitar la ejecución. Siempre que compartes los ejercicios, técnicas o procesos por medio los cuales se ha facilitado la transferencia de conocimiento a tu forma de ser, estarás caminando por esta línea de acción. Por ejemplo, cuando un empresario comparte el proceso por medio del cual logró la consolidación de su idea de negocio, estará caminando por esta línea de acción. Si lo piensas, a final de cuentas, la habilidad de transmitir lo que se conoce se resume a platicar lo que nos ha tocado experimentar, a manifestar en la vida diaria cuanto vamos expandiéndonos y a compartir la forma en la que hemos ido logrando lo que hacemos, tenemos y somos.

Recomendaciones generales

- Compartir una historia personal diferente cada día con la persona más importante para ti.
- Expandir el poder en alguna área de tu vida y manifestarlo continuamente.
- Compartir la forma en que llegaste a tu logro más importante a este momento de tu vida, con quien esté dispuesto a escucharte.

Como te puedes dar cuenta, el desarrollo de la competencia de aprender a aprender es fundamental para cualquier ser humano. Sobre ella se debería cimentar nuestro proceso de vida. Si realizas un proceso de reflexión sobre la diferencia manifiesta del nivel de desarrollo de esta competencia entre un niño de menos de 6 años y un adulto, creo que encontrarás ideas interesantes. Sólo para empezar la reflexión: ¿quién despliega naturalmente mayor atención integral, necesidad de comprender, curiosidad para investigar, sentido común y extensión integral de su forma de ser, un niño o un adulto? Una comprobación más de esa recomendación que nos dejó Jesús a través de la Biblia: "Sean como niños".

Aun y cuando los elementos de esta competencia están integrados en la estructura de El KamYno, plantearla aquí te da la oportunidad de comprender los procesos sistémicos, además de la posibilidad de comprender estos datos, para ya como información validarlos y tener la posibilidad de transferirlos a tu ser con los beneficios mencionados. Definitivamente, sería un extraordinario aditivo para cuando inicies la práctica de El KamYno.

3. Estado de consciencia

Como se estableció anteriormente, el ser humano es un sistema de los de mayor complejidad en este mundo. Sólo los sistemas formados por 2 o más personas (una pareja, una familia o una sociedad) superan lo complejo de un sistema ser humano. Para comprender integralmente cómo funcionamos, empezamos revisando nuestra constitución en 3 dimensiones: cuerpo, mente y espíritu. Al entrar en juego la consciencia, el sistema sube de grado de complejidad de diferentes formas. La palabra *consciencia* tiene una amplia variedad de formas de aplicarse, por lo cual, es conveniente empezar por conocer los 3 usos básicos para lo planteado en este libro:

> **Consciencia.** Propiedad del espíritu humano de reconocerse en sus atributos esenciales y en todas las modificaciones que en sí mismo experimenta.

> **Estado de consciencia.** Se define como la suma total de aspectos del cuerpo, la mente, el espíritu y del entorno, a los cuales puede tener acceso la consciencia de una persona en un momento dado.

> **Expansión de consciencia.** Es el proceso por medio del cual un ser humano experimenta o reconoce una nueva información o un nuevo conocimiento sobre sí mismo o el mundo que lo rodea.

A las 3 definiciones anteriores hay que agregarle una definición más para poder plantear las variables macrohumanas bajo las cuales opera el proceso de mejoramiento de sí mismo, dentro de las cuales el estado de consciencia juega el papel más importante:

> **Estado de ser.** Se define como la suma total de características físicas, mentales y espirituales a las cuales puede acceder un

ser humano en un momento dado, y le dan la posibilidad de actuación dentro del entorno donde se desenvuelve.

Así, el proceso de mejoramiento de un ser humano se puede explicar con la experimentación de estas 4 variables, las cuales se manifiestan en 4 fases:

1. **Fase 1.** El **estado de consciencia** es equivalente al **estado de ser.** La persona no tendrá posibilidad alguna de mejorar, ya que el **estado de consciencia** se encuentra alineado completamente con el **estado de ser,** lo cual le informa al sistema humano que todo está bien como está.

2. **Fase 2.** Ocurre una **expansión de consciencia.** Consecuencia de un estímulo interno o externo la consciencia da un brinco, "cae un veinte" o despierta a una nueva forma de ver la realidad.

3. **Fase 3.** Aquello sobre lo que se **expandió la consciencia** se extiende y abarca todos los aspectos del **estado de consciencia** actual de la persona, con los cuales tiene alguna relación, lo que genera un nuevo **estado de consciencia.** Pero como sólo se ha movido la **consciencia,** y el **estado de ser** sigue igual, entonces existe un diferencial entre lo que la **consciencia** contempla y lo que se es a ese momento. Esto genera una tensión creativa en el sistema humano para llevar al **estado de ser** a alinearse con el nuevo **estado de consciencia.** Por ejemplo, pensemos en un fumador aparentemente consciente del daño producido por su adicción y que acepta sin problema lo que sabe que le pasará si sigue fumando. Sin embargo, un día es testigo directo del dolor y sufrimiento de un pariente cercano que está muriendo de cáncer pulmonar. Ese día su **consciencia se expande** a la realidad del estado físico al que conduce la adicción de fumar. Como consecuencia, trasladará a todos los aspectos de su vida esta nueva realidad consciente: el dolor que tendrá que experimentar, el sufrimiento de su familia, las implicaciones económicas de su enfermedad, etc. Esto genera un nuevo **estado de consciencia** con respecto a la

situación de ser un fumador. Entonces, si se produce un estado emocional intenso, surgirá la elección de dejar de fumar. Su **estado de consciencia** contempla ahora la elección de dejar de fumar, pero su **estado de ser** sigue como fumador. Se genera una tensión creativa entre *el* **estado de consciencia** y el **estado de ser** actual, lo cual da inicio a la lucha entre la **consciencia** por no fumar y el **estado de ser** actual por seguir fumando. Esta lucha será permanente a partir de ese momento hasta que la persona muera de cáncer pulmonar, por no haber tenido éxito en su proceso de cambio, o cuando experimente el proceso de mejoramiento de sí mismo que lo lleva a lograr éxito en la alineación de su **estado de ser** con su **estado de consciencia**. En este ejemplo, para mí, se explica la lucha diaria de todo ser humano por lograr su equilibrio emocional.

4.   **Fase 4. El estado de ser** es equivalente nuevamente al **estado de consciencia**. Es decir, el mejoramiento ha ocurrido en el **estado de ser**. Se corrigió lo equivocado y la persona tuvo éxito en su proceso de eliminar el desequilibrio entre su **estado de ser** y su **estado de consciencia**.

Como puedes apreciar, es fundamental el papel de la expansión de consciencia y los estados de consciencia que genera para el mejoramiento de nosotros mismos. Te comparto algunas de las experiencias humanas con mayor posibilidad de provocar una expansión de consciencia:

- Un dolor o sufrimiento intenso
- Tocar fondo en algún aspecto de la vida
- Tener una experiencia espiritual
- Escucha empática de testimonios de vida de los demás
- Perder a un ser amado
- Leer literatura espiritual
- Experimentar procesos guiados para conocerse a sí mismo
- Meditación y oración guiadas por alguien más
- Reflexionar profundamente sobre situaciones ajenas

- Participar en grupos de autoayuda
- Tener un consejero o guía espiritual
- Servir a los demás desinteresadamente

Otro aspecto sobre la consciencia, que creo conveniente mencionar por lo cotidiano de su aparición en nuestra vida diaria, es el relativo a lo **espontáneo**. Es un concepto muy ligado al de *emergencia*, término explicado anteriormente en el tema del ser humano como sistema. Como ya mencioné, siempre tendremos la tendencia a convertirnos en lo que es nuestro **estado de consciencia**, es decir, los aspectos de nuestro cuerpo, mente y espíritu a los cuales tengamos acceso en un momento dado. Sin embargo, dependiendo de nuestro **estado de ser** y del tipo de estímulos del entorno, dependerá cuánto de lo existente en nuestro **estado de consciencia** será manifestado ante cualquier situación de vida. Mientras respondamos de forma consciente podremos decir que estamos siendo espontáneos; mientras respondamos desde nuestro **estado de ser** e inconscientemente, estaremos reaccionado a la vida.

Si lo que emerge son reacciones automáticas basadas en condicionamientos y programas cerebrales, somos muy predecibles y, por lo tanto, no espontáneos. Cuando nuestra conducta emergente es el resultado de una creación consciente, entonces somos espontáneos. La importancia de esto, dentro del tema, es expandir nuestra consciencia lo más posible a la gran diferencia de resultados obtenidos en nuestra vida si respondemos desde la consciencia a si respondemos desde la Matrix. Por ejemplo, es muy frecuente que pidamos garantía sobre lo espontáneo, sin embargo, esto es un gran absurdo y te explico por qué con algunos ejemplos. El caso más común es cuando pedimos amor o cualquiera de sus manifestaciones; el amor es algo espontáneo que surge de nuestro interior y jamás podrá ser garantizado. Si alguien dice "Ten compasión de mí", es absurdo, la compasión es un sentimiento espontáneo, no se puede crear a voluntad. O al decirle a un niño "no tengas miedo"... Pobre criatura, si el miedo es algo que está emergiendo de lo más profundo de él, no algo generado por su voluntad. Otra es cuando te dicen "anímate, motívate, sé positivo", todas son emergencias espontáneas que únicamente nuestro interior sabe cómo se generan y, normalmente, ajenas a la voluntad.

Como un último concepto sobre la consciencia te comparto mi idea de lo que el alma es y su diferencia del espíritu. El concepto de alma lo planteo como un sinónimo del estado de consciencia, es decir, el alma de una persona está conformada por todo aquello a lo cual la consciencia puede acceder a un momento dado de su constitución física, mental y espiritual, así como del entorno que la rodea. Espíritu, por otro lado, es la esencia divina impecable, imperturbable e invulnerable que nos conforma eternamente.

III. La vida forja en quién nos convertimos

1. Modelo de conformación integral (MCI)

Una de las salidas más importantes de todo el conocimiento generado en estos años de búsqueda, fue el modelo de conformación integral (MCI) del ser humano. En la figura 8 se representa gráficamente. Como podrás imaginar, llegar al MCI fue un proceso de muchos años de validación, investigación y transferencia de conocimiento. Hoy, tengo la oportunidad de compartirlo como un medio para facilitar el camino hacia el autoconocimiento, elemento indispensable en el proceso de mejoramiento de nosotros mismos.

El MCI del ser humano tiene su origen en el modelo de niveles neurológicos creado por Robert Dilts, el cual, a su vez, se basa en los trabajos de Gregory Bateson sobre niveles de aprendizaje, el cual tiene su cimiento en la teoría de los tipos lógicos de B. Russell. De esta manera, la epistemología del MCI se remontaría a las teorías de B. Russell. No considero necesario hablar de las teorías de Bateson, Russell y Dilts para explicar el MCI, las comento sólo con la intención de dejar en claro el origen del MCI. Dicho sea de paso, el MCI es consecuencia del proceso por medio del cual se genera casi todo conocimiento nuevo: **una aproximación más cercana o más completa a la verdad, basada en aproximaciones alcanzadas con anterioridad por otros seres humanos.** Para los muy interesados en el origen de lo que aprenden les sugiero el libro *Pasos hacia una ecología de la mente*, de Gregory Bateson, donde pueden encontrar una amplia explicación de la teoría de los tipos lógicos y de los niveles de aprendizaje, muy técnico, pero bueno para las mentes inquietas.

Como vimos, el presupuesto central establece al ser humano regido por las leyes y principios de la teoría de sistemas, es decir, establece al ser humano como un sistema. Como mencioné anteriormente, un principio de este mundo, y tal vez del universo, es que los sistemas están conformados siempre como trinomios. Inician de forma simple y a través de irse combinando con otros trinomios se incrementa su grado de complejidad. Esto puede tener su origen en el misterio de la Santísima Trinidad y, como se vio, en la conformación de la competencia para aprender a aprender. Al parecer funciona de este modo para todo lo que existe. El sistema ser humano no es la excepción. Para poder comprender qué nos constituye, cómo procesamos y respondemos a los estímulos del entorno y los diferentes estados en los cuales se desenvuelve nuestra vida, revisaremos el trinomio esencial que define de forma integral al sistema ser humano.

El trinomio en cuestión está formado por: **dimensión, nivel neurológico y estado de consciencia.** Así, la constitución del ser humano está definida por tres dimensiones: cuerpo, mente y espíritu. Cada dimensión tiene la posibilidad de conformar o manifestar una personalidad, procesar los estímulos del entorno y generar respuestas desde 7 niveles neurológicos de profundidad: acciones, principios, valores, ideas, capacidades, identidad y esencia. Y nuestra vida se desarrolla a través de ir pasando por una serie sucesiva de estados de consciencia, donde cada uno es más expandido que el anterior. De la interacción de este trinomio surge el MCI del ser humano.

Así, el MCI del ser humano de la figura 8 representa el equivalente a una radiografía que muestra los elementos que constituyen a todo ser humano, conformado por 3 dimensiones y 7 niveles de profundidad cada dimensión. El estado de consciencia estaría definido por la posibilidad de acceso consciente que una persona tiene, en un momento dado, de lo existente en cada uno de los 7 niveles neurológicos de las 3 dimensiones. Comprendernos en función del trinomio **dimensión, nivel neurológico y estado de consciencia** inicia el camino hacia un proceso de autoconsciencia que tiene la posibilidad de ponernos a cargo de nuestra vida. Empecemos el maravilloso viaje hacia el corazón de la esencia del ser humano como sistema, que nos dará la posibilidad de empezar a vernos a nosotros mismos como la obra maestra de Dios.

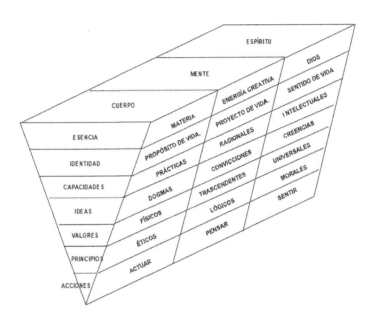

Figura 8. Modelo de conformación integral del ser humano (MCI).

Dimensiones del sistema ser humano

Como vimos anteriormente, el ser humano está formado por 2 dimensiones: cuerpo y espíritu. De la operación conjunta de estos 2 elementos, emerge la mente, tercera dimensión. Es decir, del soplo de vida proveniente de otra dimensión, espíritu, que se integra a un cuerpo animal de esta tierra, dimensión física, emerge un tercer elemento más complejo llamado mente. Así, el trinomio formado por el cuerpo, la mente y el espíritu es la razón de ser fundamental del proceso llamado vida. Para él, todo fue creado; por él, todo es creado, y él es todo lo que tendrá sentido. Con las siguientes descripciones se comprenderán de forma más específica las 3 dimensiones que integran al sistema ser humano:

El espíritu. Al ser soplo divino, podemos decir que es esencialmente amor. Por lo tanto, toda manifestación espiritual será percibida con sentimientos como gratitud, compasión, gozo, cariño, ternura, intuiciones, aprecio por la belleza y presentimientos entre otros. Por definición, como comprenderás al leer más adelante, sentimiento y emoción tienen su origen en diferentes dimensiones del sistema ser humano, por lo tanto, estamos en un error en el día con día cuando usamos estas 2 palabras como sinónimos.

El cuerpo. Es nuestra dimensión física, se manifiesta como acción, percepción y emoción. Acción, a través de las conductas animales como caminar, correr, alimentarse, respirar, dormir, etc. Percepción por la información que entra a través de los cinco sentidos. Las emociones (tristeza, ira, frustración, miedo, celos, culpa, disfrute, satisfacción, contento, etc.) como los medios instintivos y aprendidos para manifestar el estado de seguridad, salud y energía que tiene nuestro cuerpo. Como se puede apreciar, los sentimientos son manifestaciones espontáneas del espíritu, y las emociones, reacciones automáticas de nuestro cuerpo. Entre más se avance en la lectura se irá comprendiendo mejor esta diferencia.

La mente. Dimensión emergente de la operación cuerpo-espíritu, es básicamente pensamientos. Si nuestro cuerpo percibe a una persona que nos vigila, nuestra mente generará pensamientos de alerta. Si tenemos el presentimiento de que algo anda mal, nuestra mente empezará a generar pensamientos de análisis para tratar de encontrar lo que está mal. La mente, al ser emergencia de cada momento, no existe en el pasado ni en el futuro, es los pensamientos **presentes** en este preciso instante. Podremos tener pensamientos presentes de nuestro pasado, o pensamientos presentes sobre nuestro futuro, sin embargo, todos son pensamientos presentes, ya que la "emergencia mente" sólo puede ocurrir en el momento presente. La mente tiene 2 formas de extenderse: a través de las conductas corporales de cada instante y en forma de emanaciones de energía al medioambiente. Al ser los pensamientos energía, salen de nosotros y viajan al entorno provocando efectos en los sistemas vivos con los cuales se cruzan. La rapidez de la manifestación de los efectos del pensamiento en nuestra vida y en el entorno dependerá del poder con el cual son generados, es decir, de cuánto haya desarrollado una persona el potencial de su mente y de la frecuencia con la cual es repetido por la mente cada pensamiento. El tipo de efecto, a favor o en contra, dependerá de si son pensamientos constructivos o destructivos, positivos o negativos. Como se plantea en el terreno de la metafísica, toda creación en este mundo fue primero un pensamiento de alguien. El conocimiento planteado a través de esta obra aporta elementos para confirmar este principio metafísico, además de proveer de tecnología para ayudar a darle poder, la polaridad adecuada y la frecuencia necesaria a los pensamientos para crear la calidad de vida con la cual se desee vivir.

De lo anterior se desprende lo que yo llamo el *ciclo básico de creación* bajo el cual opera todo sistema humano:

Pensar-----Actuar-----Crear el mañana

Al pensar cualquier cosa se inicia el ciclo de creación, sea un pensamiento consciente o inconsciente. El actuar inmediato es la fisiología del cuerpo y el estado emocional generado por el contenido del pensamiento. Enseguida, vendrán más pensamientos sobre qué hacer, como consecuencia de estos estados fisiológicos y emocionales. Si a lo anterior le agregamos el efecto en los demás de los pensamientos generados, se comprenderá por qué el actuar se inicia en cuanto pensamos. Es decir, aun y cuando ninguna acción corporal es ejecutada como consecuencia de los pensamientos, estamos creando nuestro mañana con el solo hecho de pensar. Al generar acciones físicas le damos más velocidad, eficacia y posibilidad al proceso creativo.

Como se puede comprender con mayor precisión a este momento, **lo que haces, tienes y eres hoy ha sido consecuencia del poder, polaridad y frecuencia de tus pensamientos y de las acciones ejecutadas como consecuencia de dichos pensamientos.** Además, no se debe subestimar el efecto de los pensamientos y acciones de los demás en lo que hoy eres. Así, lo que tú **haces y eres** hoy es consecuencia, principalmente, de tus pensamientos pasados. Lo que pienses hoy determinará lo que **serás y harás** mañana.

Sin embargo, lo que **tienes** es consecuencia de un proceso diferente. Cuánto **tienes** depende del contenido de tu mente en el momento presente, es decir, la riqueza o la pobreza material está definida por el contenido de tu pensamiento a cada momento dado. Por esta razón, una persona puede pasar de la riqueza a la pobreza en un abrir y cerrar de ojos. Esto lo puedes comprender si piensas en el **tener** como una experiencia interna de la mente humana, no como la experiencia de contar con un entorno determinado a tu alrededor. La existencia de ricos-pobres y pobres-ricos, por lo tanto, es una realidad. A lo anterior necesitamos agregarle otro problema generado por la falta de conocimiento y consciencia de cómo funciona el sistema ser humano. La experiencia de **tener** aplica para nuestra dimensión mente y su alcance correcto son las cosas materiales. Cuando aplicamos la experiencia mental de **tener** a elementos equivocados, el problema se complica. Por ejemplo, cada vez que expresas "Tengo una esposa", o esposo, estás aplicando la experiencia de **tener** a un elemento equivocado. Si tu mente piensa que **tiene** a tu esposa(o), corres el riesgo de pensar sobre ella o él como piensas sobre tu auto, es decir, que es de tu propiedad. Pasará exactamente lo mismo si piensas que tienes hijos, empleados, subordinados, hermanos, novia, etc.

La consecuencia más común que se vive cuando no se respeta este alcance del **tener** es el sufrimiento. La mente tenderá a **apegarse** a todo lo que **tiene**. El resultado del apego es el sufrimiento. Ya sea por temor a perder lo que se _tiene_ o simplemente al perderlo. Aquí puedes entender el nivel de sufrimiento al que llegan muchas personas al perder a otro ser humano, que piensan que les pertenece, es decir, que lo **tienen**. Si comprendes lo anterior y dejas de pensar que las personas te pertenecen, es decir, las **tienes**, te liberarás del tipo de apegos generadores del mayor sufrimiento que experimentamos los seres humanos. Con este paso puedes dar inicio a una vida sin apegos.

Niveles neurológicos

A la constitución en 3 dimensiones del ser humano necesitamos agregarle una estructura conformada por 7 niveles neurológicos. Cada nivel cuenta con elementos esenciales y aprendidos, desde los cuales podemos procesar los estímulos del entorno y crear nuestras respuestas a los mismos. Como podrás imaginar, esto nos lleva al siguiente nivel de complejidad, al mismo tiempo que nos aportará nuevos elementos de nuestra imagen y semejanza con Dios. Finalmente, si el ser humano fuera un sistema sencillo, cualquiera lo entendería y haría de él una continua historia de éxito. Como no es así, enfoca tu atención a comprender cómo se integran estos 2 elementos, **dimensión y conformación por niveles neurológicos,** ya que te facilitarán El KamYno planteado en la tercera parte del libro.

Una revisión consciente y minuciosa de la figura 8 será suficiente a este momento.

Estados de consciencia

Utilizando el MCI del ser humano, podemos avanzar a un nivel más claro y comprensible de lo que es un estado de consciencia. Para esto, utilizaré el MCI del ser humano con la analogía de una cajonera de 7 cajones con 3 divisores cada cajón. El primer cajón es el de las acciones y tiene 3 divisores: en el primer divisor van nuestras formas de actuar; en el segundo divisor, nuestros pensamientos, y en el tercer divisor van nuestros sentimientos. En el segundo cajón hacia arriba van los principios con sus 3 divisores, y así sucesivamente. El contenido de cada cajón, en cierto momento, es de acuerdo con lo siguiente:

1. **Aspectos que vienen con nosotros desde antes de nacer.** En el caso del cuerpo unos determinados y otros predispuestos por el ADN. El color de los ojos vendrá determinado y el cáncer vendrá como una predisposición, no como una determinación. En el caso de la mente, aspectos ocasionados por las experiencias significativas que experimenta el nuevo ser mientras está en el vientre de la madre. En el caso del espíritu, aspectos potenciales relativos a la razón de ser y estar en el mundo de cada espíritu, además de todos los aspectos relativos a como fue creado el espíritu humano.

2. **Aspectos aprendidos y desarrollados a partir del día de nacimiento.** Una vez que nacemos, el ADN, la mente y el espíritu se empiezan a desenvolver en el mundo y a generar experiencias de vida que van determinando, posibilitando y ocasionando qué es lo que se alojará en cada cajón, ya sea porque se aprendió o porque se tomó consciencia de algo que ya estaba ahí y se generó la posibilidad de manifestarlo.

Con lo anterior en mente, ahora ya podemos definir desde una perspectiva más clara y precisa qué es un estado de consciencia:

Estado de consciencia. Se define como la suma total de aspectos de los 7 cajones y sus 3 divisores, y del entorno, a los cuales puede tener acceso la consciencia de una persona.

Es decir, mi estado de consciencia de hoy lo define un listado de todo lo que conscientemente sé que aparecería si abriera cada uno de los cajones de mi cajonera. Esto es sinónimo del nivel de autoconocimiento que tengo de mí mismo, elemento esencial en el proceso de mejorarme a mí mismo.

Principios y consideraciones sobre el MCI del ser humano

Ya con una idea más clara de los 3 trinomios esenciales presentes en el MCI del ser humano, paso a compartir los principios y consideraciones más importantes en relación con él, para posteriormente tocar la descripción de cada uno de los 7 niveles:

1. Al MCI lo podemos considerar, metafóricamente hablando, un diagrama que representa el diseño original bajo el cual fuimos creados, un plano en donde se representan las categorías de elementos que integran a todo ser humano.
2. Es un mapa integral, profundo y estructurado de cómo está conformado cada ser humano. Representa dos aspectos fundamentales para comprender cómo funcionamos: a) Los 7 niveles de elementos de personalidad en los cuales se desdobla cada dimensión y b) Los 7 diferentes niveles de profundidad desde los cuales el sistema ser humano tiene posibilidad de procesar y responder a los estímulos del entorno.
3. Lo integran y respaldan una enorme cantidad de conceptos, teorías y principios de diferentes campos del saber humano.
4. Es resultado de un profundo proceso de investigación, intuición y creatividad, sustentado por una intensa experimentación y aplicación en la vida diaria.

5. Como veremos más adelante, la individualidad se da en función de los aspectos específicos, elementos de la personalidad, contenidos en cada uno de los 3 divisores de cada uno de los 7 cajones de la cajonera.

6. Percibir a cada persona, independientemente de su edad, conformada en función de la profundidad del MCI, ha reforzado en mí 3 verdades en las cuales creo: a) nuestro origen divino, b) el respeto que merece toda persona y c) el enorme potencial existente dentro de todo ser humano.

7. Entre más alto es el nivel y más profundo el divisor, más jerarquía e importancia tiene cada elemento en el proceso de vida de las personas. Esto le da a la manifestación personal desde los niveles superiores una posibilidad de mayor eficacia, felicidad y armonía.

8. En la medida que se sube en los niveles neurológicos también es más difícil para una persona adulta tomar consciencia de lo existente en ellos; por lo tanto, son más inaccesibles para poder utilizar los recursos que contienen o corregir lo equivocado que algún día hayamos colocado ahí.

9. A los 3 meses de gestación, sólo existe contenido en los niveles capacidades hacia arriba. Es decir, las capacidades, identidad y esencia naturales del cuerpo, la mente y el espíritu. Del nivel ideas hacia abajo, los cajones están vacíos. A partir de ahí, se empezarán a llenar en función de las experiencias vividas y las interpretaciones realizadas.

10. Por lo anterior, el proceso de cambio aplica del nivel 4 hacia abajo; el de desarrollo es para el nivel cinco, capacidades; el de autodescubrimiento es para el nivel 6, identidad, y el 7 lo dejamos para los iluminados.

11. Actualmente, el 80% de los seres humanos vive desde el cuarto nivel, ideas. Esto significa que no han descubierto lo natural existente del nivel 5 hacia arriba. En el tránsito de El KamYno tenemos la oportunidad de acceder a la información natural existente en los niveles 5 y 6.

12. Cuando ocurre algún cambio en un nivel, todos los niveles inferiores tenderán a modificarse de forma natural. Así, si se cambia una creencia ocurrirán cambios inconscientes en los niveles valores, principios y acciones. Cuando se desarrolla una nueva capacidad, ocurrirán algunos cambios desde el nivel ideas hacia abajo.

13. Operar cambios en un nivel a través de elementos del mismo nivel se complica mucho. Para facilitar el proceso de cambio es mejor realizar cambios en un nivel superior al que se desea cambiar. Por ejemplo, para cambiar un valor se facilita si se cambia la creencia que lo sustenta.

14. Otra característica importante a reconocer de lo existente en cualquier divisor o cajón es que es relativo. Es decir, si lo aprendimos y colocamos en nuestro cajón es porque en ese momento y a ese nivel de consciencia nos era útil. La necesidad de regresar a la consciencia de lo que existe en nuestra cajonera es completamente evolutiva, es decir, para asegurar que lo existente en nuestros cajones esté en acuerdo con nuestro nivel de consciencia actual.

En pocas palabras, tú estás constituido por 3 dimensiones en 7 niveles neurológicos. En cada nivel están instalados los diferentes elementos de personalidad con los cuales naces, además de aquellos que vas adquiriendo y desarrollando conforme pasas por esta vida. Una vez conformada tu personalidad en cada nivel, esta será la encargada de procesar y generar las respuestas a los estímulos del entorno. El nivel de profundidad desde el cual procesas y respondes dependerá del impacto, importancia y significado que el estímulo tenga para ti. Toda experiencia empieza con un estímulo, viaja al plano de profundidad necesario para ser procesada, de acuerdo con la importancia de la experiencia, y se genera una respuesta que será manifestada por uno o varios niveles del MCI.

Descripción de los niveles neurológicos del MCI

Nivel acciones

Nuestras acciones son el nivel neurológico por medio del cual interactuamos con el entorno que nos rodea. Son el único nivel perceptible de nosotros de una manera tangible. Además, también es el nivel donde se procesan la mayoría de los estímulos a los que somos expuestos en un día normal, ya de adultos. Desafortunadamente, la mayoría de nuestras acciones son programas, hábitos y rutinas cerebrales, que son acciones del cuerpo y de la mente, las cuales son respuestas automáticas inconscientes. Esto es, estamos procesando y respondiendo a los estímulos del entorno, el 90% del tiempo, desde el nivel más básico de nuestra personalidad.

Como vimos, los actos son las acciones del cuerpo; los pensamientos, las acciones de la mente, y los sentimientos, la forma de manifestar acción del espíritu. Lo que se va imprimiendo en este nivel conforme vamos creciendo se genera por 3 razones principales:

1. Lo necesario para sobrevivir y desenvolvernos fácilmente en el medioambiente que nos rodea.
2. Todo aquello que el entorno nos obliga a imprimir a través de la presión, el castigo o los premios.
3. Los principios, segundo nivel neurológico del MCI del ser humano, que se van generando como consecuencia de los valores que se van imprimiendo en nuestra personalidad.

Las acciones pueden ser realizadas de forma consciente, como leer un libro, o de forma inconsciente, como digerir la comida. A continuación, algunos ejemplos de los tipos de acciones por dimensión:

Actos del cuerpo: caminar, digerir la comida, percibir, respirar, golpear una pelota, hablar, percibir un sonido, ver una puesta de sol, abrazar a alguien, manejar al trabajo en la mañana.

Acciones de la mente: analizar, reflexionar, decidir, imaginar, recordar, crear, proyectar el futuro, el diálogo interno.

Acciones espirituales: intuir, presentir, compadecer, gozar, amar, perdonar, sentir misericordia, unificar, servir desinteresadamente, tono de voz.

Desde un punto de vista práctico podemos hablar de dos tipos de respuestas a los estímulos del entorno, desde este nivel neurológico:

1. **Acciones:** respuesta creada de forma consciente a un determinado estímulo interno o externo.
2. **Reacciones:** respuesta automática y, por lo tanto, inconsciente, que surge de los hábitos, programas cerebrales o condicionamientos existentes en el cerebro.

En resumen, todo aquello ejecutado por el cuerpo, la mente y el espíritu, ya sea por cada dimensión por separado o en interacción, formará el primer nivel de tu personalidad y la primera estructura de proceso por medio de la cual respondes e interactúas con el entorno que te rodea.

Nivel principios

Para fines explícitos del MCI del ser humano, los principios son normas que definen los caminos principales de acción por los cuales va a transitar un ser humano en el transcurso de su vida. Son generados, principalmente, por los valores que adquirimos. Sin embargo, también pueden ser impresos de forma aislada por alguna experiencia importante de vida. Como se definió anteriormente, los niveles neurológicos operan de forma sistémica y con jerarquía. Por esto, los niveles superiores generan muchos de los elementos de personalidad del nivel inmediato inferior. Por ejemplo, una persona que valora la salud tenderá a generar el principio de la buena alimentación, en función de lo cual podría generar las acciones de comer fruta, beber suficiente agua y comer pan integral.

Para facilitar más la comprensión de este nivel veamos la definición de la palabra desde una perspectiva del MCI del ser humano:

Principio: norma o idea fundamental que rige el pensamiento o la conducta.

Una particularidad importante de la personalidad es que dentro del MCI no existe polaridad para los elementos que contiene; es decir, no hay principios, valores o creencias buenas o malas, tan sólo son elementos de la personalidad, independientemente de si el entorno los considera positivos o negativos. Fueron instalados como una respuesta del sistema para adaptarse, sobrevivir y lograr lo que se desea en la vida. Así, la corrupción es un principio instalado en una gran cantidad de personas, ya que rige su conducta y genera una serie de acciones que lo sustentan. Sea considerada delito, nociva o negativa, la corrupción es un principio de vida para quien decidió aprenderla y guardarla en su cajonera para cuando la ocupara. Entonces, por definición, el principio de vida de la corrupción se manifiesta a través de una serie de conductas que emanan de él, tales como: sobornar al agente policiaco para que no nos consigne por algún delito cometido, cobrar el 10% de comisión para poder comprarle algo a una empresa, utilizar el cajón de estacionamiento para discapacitados sin serlo, etc.

La costumbre social es sólo referirnos a los principios y valores positivos (éticos, morales o universales) sin tener en cuenta que la definición y la realidad nos muestran que tanto es un principio la honestidad como la corrupción. Lo fundamental para ser un principio lo genera el hecho de ser una norma general de vida y que esté contenido en el MCI de la persona. A continuación, algunos ejemplos de principios para cada dimensión:

Principios éticos. Son aquellos relativos al cuerpo y a las relaciones profesionales: aseo personal, ejercicio, alimentación saludable, disciplina, respeto, decir la verdad, impuntualidad, desorden y desconsideración son ejemplos de este tipo de principios.

Principios lógicos. Son aquellos generados por la mente como consecuencia de su interpretación racional del mundo: confiar en los demás, prevenir para el futuro, vivir el presente, prepararse de forma continua, desconfianza, abuso de poder, corrupción y el ahorro son ejemplos de este tipo de principios.

Principios morales. Por definición, al ser elementos emergentes de la vida espiritual no se considera la existencia de la polaridad negativa en este tipo de principios: servir con amor, compasión, humildad, consideración, dejarse guiar, honestidad, apertura, disposición, respeto y tolerancia son ejemplos de este tipo de principios.

Nivel valores

En este nivel neurológico aparecen los criterios y la jerarquía de las cosas que más estimamos. Para fines del MCI, los valores son instalados en función de lo que cada quien considera valioso (cosas o personas). El factor clave que define nuestros valores es que sean realidades que aprendimos a estimar, independientemente de si son consideradas positivas, negativas o importantes socialmente. Son generados, principalmente, por lo existente en el nivel neurológico de las ideas y, de ellos, surgen la mayoría de los principios que van a regir nuestro proceso de vida. Si una persona tiene la **idea de que es mejor tener un amigo que 1,000 pesos en la bolsa, valorará la amistad,** por lo cual un **principio podrá ser cultivar a sus amigos,** del cual surgen acciones como felicitarlos en su cumpleaños, visitarlos, ayudarlos cuando lo solicitan, invitarlos a sus fiestas, etc.

Desde la perspectiva del MCI es un valor tanto el dinero como la justicia. Lo determinante es que sea una realidad estimable para la persona. El problema de la semántica en este asunto es grande y profundo. Cuando se habla de que hay personas sin valores, es un problema de semántica. La persona claro que tiene valores, pero diferentes a los de quien está juzgando. Cuando se dice que "ya no hay valores", por supuesto que los hay, sólo que pueden ser diferentes a los del pasado. En resumen, es valor todo aquello que una persona aprendió y decidió guardar como tal en su cajonera. La definición de la palabra desde una perspectiva del MCI del ser humano es:

Valor: cualidad que poseen algunas realidades llamadas bienes, por lo cual son estimables.

A continuación, algunos ejemplos de los valores para cada dimensión:

Valores físicos. En general, este tipo de cosas valiosas está determinado por aquello a lo cual da prioridad el cuerpo, por ser lo que más le produce disfrute o le evita dolor: salud, medio ambiente, bienes materiales, espacio, contratos beneficiosos, tipo de clima.

Valores trascendentes. Este tipo de valor se conforma por todas aquellas cosas por medio de las cuales las personas podemos trascender en la vida: dinero, poder, relaciones políticas y de negocios, lealtad al trabajo, verdad, fidelidad.

Valores universales. Están determinados por la consciencia espiritual a la cual tiene acceso la persona: amor, sabiduría, igualdad, servicio, albedrío, justicia, unidad

Nivel ideas

Como se dijo, desde este nivel se está construyendo la vida de 8 de cada 10 personas sobre este mundo. La razón de esto es el poder de una idea. Una manera de analizar la verdad del poder de manifestación del ser humano desde este nivel neurológico es ver la película *El origen*. En esta película se plasma, con un excelente nivel de profundidad, el poder, impacto y trascendencia de las ideas en el proceso de vida del ser humano. Una vez que una idea es incubada en un sistema humano, a partir de ahí empezará a dirigir cuanto esté bajo el alcance de esa idea. Desde la perspectiva del

MCI del ser humano, esto significa la instalación en la personalidad de los valores que soporten o sean congruentes con dicha idea. Por ejemplo, si alguien tiene la idea de que "el tiempo perdido lo lloran los santos", entonces seguramente valorará el tiempo, la eficiencia o la calidad a la primera vez.

Desde la perspectiva del MCI del ser humano, la definición aplicable para idea es:

Idea: forma o apariencia de la verdad, la cual se instala como completamente cierta en un sistema humano.

Al no tener, la mayoría de nosotros, acceso consciente a los niveles de capacidades, identidad y esencia; del nivel de las ideas se dirige y controla nuestro pasar por este mundo; es decir, se experimenta la vida desde el cuarto nivel del MCI del ser humano. Esto significa que, en lugar de manifestarnos desde lo naturalmente existente en los niveles 5 al 7, generamos ideas sobre lo que creemos que hay en dichos niveles y desde ahí nos desempeñamos en la vida. Enseguida, comparto algunas formas de cómo las ideas sustituyen a los niveles más profundos de la personalidad del ser humano:

1. **Nivel cinco capacidades.** Como veremos más adelante cuando revisemos el quinto nivel neurológico del MCI, cada persona llega con sólo 1 de 3 paquetes de capacidades naturales, las cuales podrá desarrollar hasta convertirlas en talentos. Esto implica que traemos la posibilidad genética de convertir en talento el 33% de capacidades humanas. El otro 66% de capacidades podremos desarrollarlas sólo a un nivel "normal". Según estudios formales dentro del mundo organizacional, se ha podido medir que una persona con talento genera resultados cinco veces más altos que alguien que se desempeña desde una capacidad "normal". El nivel ideas, sustituyendo al nivel capacidades, ocurre cuando una persona intenta convertir en talento una capacidad "normal".

Es decir, por desconocer cuáles son sus capacidades naturales, cimienta su vida en el desarrollo de capacidades "normales" por las ideas que fue adquiriendo durante su vida.

2. **Nivel identidad.** Una vez más, consecuencia de los estímulos del entorno, la mayoría de las personas elige a qué dedicarse en la vida como consecuencia de las ideas que adquiere del entorno en donde se desenvuelve los primeros años de vida. En lugar de descubrir la identidad existente en su interior, hace ideas de a qué sería bueno dedicarse, en dónde se gana más dinero, o sigue la línea familiar de profesiones acostumbradas. Al menos 8 de cada 10 personas que lean este punto, si lo reflexionan, podrán fácilmente recordar a qué realmente les hubiera gustado dedicarse.

3. **Nivel esencia.** Por la profundidad de este nivel, sólo me referiré a un ejemplo de cómo el nivel ideas sustituye también al nivel esencia. En mi experiencia actual de Dios estoy convencido de que su naturaleza es amor. Sin embargo, en mi proceso de crecimiento siempre se me inculcó que si me portaba mal Dios me iba a castigar. Entonces se generó en mi la idea del Dios castigador, del cual yo me tenía que cuidar para que no me castigara. Por muchos años, mi idea de Dios, aprendida gracias a los estímulos del entorno, suplantó la esencia de Dios, con sus respectivas consecuencias.

Apenas en las últimas décadas se ha empezado a tomar consciencia del trascendente papel que juegan las ideas en nuestro proceso de vida. A nivel uso diario por el ser humano promedio, es increíble lo poco que hemos avanzado en la comprensión del poder de las ideas, ciertas o equivocadas, que nos conforman. En programación neurolingüística se está dando un gran paso para comprenderlas, generar procesos para cambiar las ideas limitantes y utilizar de manera consciente el poder de una idea. Las ideas tienen la forma de frases muy hechas. Tan es así que la mayoría de los refranes populares no son otra cosa que ideas regionales o culturales establecidas por la fuerza de la costumbre y del sentido común.

Por otro lado, en este nivel ocurre algo diferente en relación con la manera en que se genera lo existente en él. Al estar el nivel capacidades subdesarrollado, en la mayoría de nosotros, las ideas que deberían surgir al desarrollar capacidades son sustituidas por las generadas en nosotros por los estímulos del entorno sobre lo que podemos y no podemos hacer, tener y ser. Así, el papá o la mamá, al decirle continuamente al niño "A ti de plano las matemáticas no se te dan", le estarán estimulando la generación de una idea sobre su capacidad para las matemáticas. Una vez instalada la idea, dejará todo intento de desarrollar la capacidad, por la idea de lo malo que es para esa área.

Cada vez que escuches a una persona comentar con extremada certeza algo sobre cómo opera la vida, es muy probable que te esté manifestando una idea. En función del contenido de la frase, se puede establecer si la idea es limitante ("es que las matemáticas nunca se me dieron") o generativa ("para mí, querer es poder").

Desde este nivel ocurre el proceso más común por medio del cual se genera la mayor parte de la personalidad del ser humano promedio. Revisa el siguiente proceso como un ejemplo de lo que normalmente pasa cuando se instala una idea:

1. Se genera un estímulo con mucha frecuencia o se da un solo evento de alto impacto, gracias a lo cual se incuba una idea sobre nosotros mismos, sobre los demás, sobre la vida o sobre Dios. Por ejemplo, felicitaciones, premios o castigos por calificaciones escolares: se imprime la idea "sacar buenas calificaciones es prioritario en la vida".

2. Se da jerarquía de alta estima a valores como la educación, las calificaciones altas, los reconocimientos y los títulos.

3. Surgen principios de vida como el estudio, la puntualidad, la responsabilidad, la dedicación o la vida solitaria.

4. Se manifiestan acciones que dan vida a los principios, tales como desvelarse frecuentemente estudiando, poner atención en clase, hacer las tareas, quedarse en casa a estudiar en lugar de ir al cine y reclamar resultados de exámenes a los maestros, entre otras muchas.

A continuación, revisemos los tipos de ideas para cada una de las 3 dimensiones del ser humano:

Ideas dogmáticas. Son aquellas que se instalan para sobrevivir en este mundo, como consecuencia de los estímulos más frecuentes que recibimos. La mayoría están instaladas desde antes de los 8 años de edad. Fue la respuesta directa al entorno en el cual crecimos. Una vez instaladas se convierten en elementos capitales, ciertos e innegables para nosotros, sean limitantes o generativas. Los famosos "Ver para creer", "El pan se gana con el sudor de la frente", "De tal palo tal astilla", "soy malo para las matemáticas", "en esta familia el cáncer es hereditario" o "los hombres no lloran" son algunos ejemplos. Este tipo de creencias fundamentan a las religiones por estar basadas en escritos muy antiguos, los cuales pueden tener diferentes interpretaciones. En un momento dado podemos creer que matar es un pecado capital, y al otro día, que hay que matar por un mandato divino.

Ideas por convicción. Son aquellas conclusiones racionales a las que llegamos a través del pensamiento y el razonamiento lógico. Establecen las convicciones sobre cómo opera esta vida y la forma en que debemos conducirnos para lograr nuestras metas y obtener poder: "ley de causa y efecto", "la educación construye el futuro", "con salud todo lo puedes", "prevenir para no lamentar", "Con dinero baila el perro" y "No me des, ponme donde hay" son algunos ejemplos de este tipo de ideas.

Ideas por creencia. Son aquellas ideas a las que llegamos a través de la intuición, el sentimiento, la consciencia o la sabiduría. Para instalarlas no requerimos percibir o racionalizar, de hecho, muchas de ellas contradicen la percepción y van en contra de lo razonable. A pesar de lo anterior, son el tipo de ideas con el poder de vencer enfermedades terminales, transformar de la noche a la mañana a una persona, pasar por alto leyes físicas y muchas cosas más. Son inspiraciones generadas por la dimensión espiritual, llamadas normalmente *revelaciones*, detectadas por nuestra mente de forma consciente e instaladas en nuestro ser como las directrices de mayor jerarquía para la vida misma. En este nivel-dimensión (creencias) no están incluidas aquellas ideas religiosas instaladas como parte del proceso cultural tradicional, es decir, las ideas por herencia social no experimentadas a nivel sentimiento y consciencia. Como podrás concluir, por lo tanto, este tipo de ideas religiosas pueden ser dogmáticas o convicciones, pero no son creencias. Lo anterior nos da como consecuencia la gran diversidad de contenido entre las religiones del mundo. En clarificar la diferencia anterior se encuentra una gran posibilidad para reconciliar a las personas, a las naciones y a las religiones del mundo. Creer en la inmortalidad del espíritu, en nuestra imagen y semejanza con Dios, en los dones espirituales o en que Dios es amor son ejemplos de creencias.

Nivel capacidades

Nivel fundamental que desarrollar para lograr el mejoramiento personal y nuestra calidad de vida; desgraciadamente, en la mayoría de nosotros, poco modificado después de los 8 años de edad. Reflexiona sobre todas las capacidades que desarrollaste de niño y compáralas con las logradas en los últimos 10 años. ¿Hay diferencia en cantidad? Para muestra basta recordar lo complejo que es aprender un idioma, y lo aprendimos antes de los 3 años de edad. Encontramos una gran diferencia si pensamos en una persona adulta intentando aprender un idioma diferente al materno. La vergüenza, la rigidez mental y las ideas limitantes se encargan de reducir de manera significativa el desarrollo de nuevas capacidades.

En el desarrollo consciente y masivo sobre este nivel neurológico, se encuentra el siguiente gran paso que requerimos dar en nuestro proceso de evolución como especie. Estoy convencido de que estamos entrando a la era en donde evolucionaremos a través de descubrir, desarrollar y responder al mundo desde nuestras capacidades, es decir, estamos entrando de lleno a la etapa de nuestra historia evolutiva, en donde responderemos a la vida desde el quinto nivel. Imaginemos un mundo en donde la mayoría de los seres humanos estemos funcionando desde nuestros talentos, en lugar de sólo el 20% como ahora. Con únicamente el 60% de la población funcionando desde el quinto nivel, la capacidad de ejecución, creación y mejoramiento del mundo se incrementaría en, al menos, el 200%.

Tal como se ha comentado, para quien tiene consciencia de su nivel identidad el desarrollo de capacidades surge de manera natural y como parte del proceso de preparación para experimentar dicha identidad. Como la mayoría todavía no se encuentra viviendo desde el sexto nivel, entraremos directamente al nivel capacidades para explorarlo y establecer la metodología para la vida desde ahí. Una de las particularidades más importantes se establece en el hecho de que, para el desarrollo de capacidades, el trabajo fundamental se realizará a través del nivel acciones. Es decir, las capacidades se desarrollan como un proceso metodológico de ejecución de acciones, como se ampliará más adelante.

La definición aplicable para el término capacidades, de acuerdo con el MCI del ser humano, es la siguiente:

Capacidad: posibilidad de contener cantidad de alguna cosa

Por definición, entonces, una capacidad es la posibilidad de contener un cierto nivel de poder de manifestación. Como se mencionó anteriormente, nacemos con capacidades con la posibilidad de contener dos diferentes magnitudes de poder: las capacidades naturales y las capacidades normales. Las capacidades naturales vienen con una posibilidad de contener un nivel de poder de manifestación 5 veces más grande que las capacidades normales. Hablo de "posibilidad", ya que para que el poder de manifestación ocurra se requiere desarrollar la capacidad; es decir, las capacidades vienen como un potencial. El ejemplo más claro es la capacidad de caminar, la cual, por acompañamiento e instinto, la mayoría desarrollamos. Sin embargo, si el bebé no hiciera todo el esfuerzo e intentos por medio de los cuales se desarrolla la capacidad, entonces sólo sería una posibilidad y nunca podría caminar.

Una primera forma de categorizar las capacidades es en función directa con la dimensión a la que pertenecen:

Capacidades del cuerpo: caminar, digerir los alimentos, resistencia física, percibir por los 5 sentidos, memorizar, reaccionar emocionalmente, etc.

Capacidades de la mente: crear, razonar, visualizar, procesar pensamientos, realizar juicios, integrar conocimientos, proyectar a futuro, etc.

Capacidades del espíritu: intuir, amar, unificar, discernir, servir desinteresadamente, sanar enfermos, canalizar energía, anticipar el fututo, intención, etc.

Sin embargo, como podrás ver en el MCI de la figura 8, ahí se muestran en 3 categorías diferentes: prácticas, racionales e intelectuales. La razón de esto la abordaré con detalle más adelante, cuando revisemos el modelo de formación de la personalidad.

Nivel identidad

Hablar de identidad es referirnos al proceso de experimentar lo idéntico para lo cual nacimos. Es decir, ser lo mismo que definimos, en otra dimensión, antes de nacer, íbamos a buscar ser al estar en este mundo. Racionaliza por un momento el concepto anterior y trata de comprenderlo en su fondo. Nuevamente, por su profundidad, la mayoría de los seres humanos muere sin tomar consciencia, comprometerse o experimentar la vida desde este nivel. Este nivel neurológico está relacionado con términos como *misión de vida, visión personal, destino, voluntad de Dios para mi vida, propósito*, etc. La definición aplicable para el término identidad, de acuerdo con el MCI del ser humano, es la siguiente:

Identidad: calidad de idéntico. Hecho de ser algo o alguien el mismo que se supone o se busca

Uno de los aspectos más importantes de este nivel es que está íntimamente relacionado con el nivel capacidades. En función de aquello que venimos a realizar al mundo, son el tipo de capacidades naturales que traemos. Esto nos da los dos caminos por medio de los cuales podemos conocer lo existente en este nivel:

1. **Descubrir nuestra identidad original.** Cuando esto pasa e iniciamos el proceso para ejercer dicha identidad, como consecuencia desarrollaremos las capacidades naturales con las cuales llegamos.

2. **Reconocer las capacidades naturales con las cuales llegamos.** Como veremos en detalle cuando revisemos el modelo de formación de la personalidad, existe una metodología para reconocer nuestras capacidades naturales, aun y cuando no las tengamos desarrolladas. Con este conocimiento consciente, obtenemos una vía muy confiable para validar cuál de las posibilidades de identidad que tengamos, en un momento dado, es la más alineada con nuestro perfil de capacidades naturales.

Comparto algunas consideraciones sobre lo existente en cada dimensión en este nivel neurológico:

Propósito de vida. Es aquello por medio de lo cual elegimos ganarnos el pan nuestro de cada día, es decir, la misión principal con la cual buscaremos enfrentar la responsabilidad de nuestra vida. Las profesiones y oficios representados en el mundo, sean remunerados formalmente o no, entran como propósito de vida. Por ejemplo, sacerdotes, amas de casa, pastores de iglesia, bomberos, atletas, campesinos, taxistas, empresarios, escritores, soldados, etc. La investigación de los últimos años me ha mostrado que la profesión u oficio a desempeñar naturalmente, está relacionada directamente con el cuerpo. Las dos variables críticas para definir asertivamente a qué dedicamos en la vida son: las capacidades físicas y mentales naturales (que una vez desarrolladas se convierten en talentos) y lo que más disfrutamos hacer y, ambas cosas son determinadas genéticamente desde el nacimiento por el cuerpo, como veremos cuando revisemos más adelante el modelo de formación de la personalidad.

Proyecto de vida. Es aquello por medio de lo cual decidimos trascender en esta vida, es decir, el legado que decidimos dejarle al mundo. También puede tomar la forma del "**cómo** lograremos el **para qué** de nuestra vida", que es el sentido de vida. Tomará forma de aquello con lo cual más se identifica nuestra dimensión mental. Establece los aspectos materiales hacia los cuales nos va a encaminar nuestro proceso de pensamiento. Así, 2 de los factores más estimulantes para la mente son tener y crear elementos tangibles en este mundo. El alcance del proyecto de vida, representado por la grandeza de lo que se desea lograr, dependerá del nivel de consciencia de cada persona. Así, mientras para una persona puede ser darles sustento diario a sus hijos, para otra puede establecer dejar una obra social alrededor del mundo. Tener un patrimonio determinado, darles educación profesional a los hijos, crear una empresa, lograr la libertad financiera, crear un centro de atención social para drogadictos o crear un nuevo medicamento son ejemplos de proyecto de vida.

Sentido de vida. Es el para qué de nuestra llegada a este mundo, ya sea para la redención de nuestra alma o para una misión de nuestro espíritu. Dicha razón, genéricamente hablando, es evolutiva, es decir, el alma requiere vivir en el plano humano ciertas experiencias de aprendizaje para continuar su camino evolutivo. En el caso del sentido de vida encontramos una especie de paradoja: es el mismo para todos y diferente para cada quien; es decir, es evolutivo para todos y refiere experiencias particulares para cada quien. Por lo anterior, más que ejemplos, por lo pronto comparto algunos de los diferentes caminos evolutivos que seguimos en la vida, dentro de los cuales se puede encontrar el sentido de vida específico para cada uno de nosotros: el camino del servicio con amor, el camino del desarrollo de la consciencia, el camino de la trascendencia, el camino del sufrimiento y el camino de pagar deudas pasadas. Como se podrá apreciar, la diferencia significativa entre los diferentes caminos es hacia dónde se canalizan los pensamientos, energía y acciones. Esto determinará el tipo de experiencias que enmarcarán nuestro proceso de vida.

Por la trascendencia de este nivel neurológico es importante que lo comprendas desde este momento. Creo que con el siguiente ejemplo te será más sencillo enlazar lo aquí escrito con la vida diaria:

En la historia de la Madre Teresa encontramos estos 3 niveles de identidad. Se cuenta que a la edad de 12 años ya mencionaba su inquietud por ser **monja**. Pasó el tiempo, tomó los hábitos y empezó a cumplir su **propósito de vida**. Ya como religiosa, en cierta ocasión del subconsciente o de alguna otra parte (ella lo menciona como el llamado de Dios), recibe la misión de **dedicarse a los más pobres de los pobres**. Este llamado representa su **sentido de vida**, en el camino del servicio con amor. Ejerciendo su propósito de vida y con su sentido de vida siendo experimentado, emerge su **proyecto de vida: crear la congregación de Las Misioneras de la Caridad**. Una obra 100% tangible, como prefiere nuestra mente, para que la trascendiera en el tiempo y su sentido de vida continuara aun y cuando ella ya no estuviera físicamente aquí.

Como podrás notar, tomar consciencia de lo que existe y puede emerger en el nivel identidad le da propósito, trascendencia y sentido a nuestra vida. Es la puerta de acceso al encuentro profundo con nosotros mismos, es la llave con la cual se abren las puertas a las capacidades más asombrosas y es una fuente de energía de enormes proporciones. Vivir desde el sexto nivel es la diferencia entre ser o no ser, es haber encontrado el Reino de Dios por medio de lo cual todo lo demás nos es dado por añadidura. Nada más, nada menos.

Nivel esencia

Finalmente, en el nivel esencial no somos otra cosa que energía. La única diferencia es la frecuencia de vibración de la energía. El cuerpo es energía de baja vibración, materia, la mente es energía de alta vibración, pensamientos, y el espíritu, al provenir de Dios, es de la más alta energía de vibración existente en el universo. De la integración del cuerpo, energía de baja vibración, con el espíritu, energía de muy alta vibración, surge una energía de vibración intermedia, los pensamientos, la cual es la energía por medio de la cual se genera el proceso creativo en este mundo.

Por los alcances de este libro, lo anterior es todo lo que se necesita escribir, hasta ahora, sobre el nivel esencial del ser humano. Conceptos como presencia, vivir en el ahora, potencialidad creativa o iluminación son del tipo de palabras relativas al nivel esencia del ser humano.

2. Modelo de conformación de la personalidad

Como todo sistema, el ser humano opera bajo una estructura y determinados principios de funcionamiento. Como vimos, estamos formados por 3 dimensiones: cuerpo, mente y espíritu, y cada dimensión se desdobla en 7 niveles neurológicos: acciones, principios, valores, ideas, capacidades, identidad y esencia. Así, nuestra personalidad se conforma por elementos existentes en 7 niveles de jerarquía y en 3 dimensiones de profundidad (figura 8); es decir, por todo lo existente a un momento dado en cada cajón de nuestra cajonera de personalidad. Para continuar con nuestra comprensión específica de cómo se forma la personalidad, primero requerimos recordar lo siguiente:

1. Nuestras respuestas a la vida diaria se generan por el proceso interno que se dispara cada vez que somos expuestos a estímulos internos o externos (**proceso básico del ser humano** revisado en la primera parte del libro).
2. La efectividad y calidad de la respuesta depende del nivel de profundidad desde el cual se procesa el estímulo y de los elementos instalados en cada nivel-dimensión, esto es, depende de nuestra personalidad. Entre más profundo (hacia arriba del modelo) sea desde donde se procese y responda, más calidad y efectividad existirá en la respuesta. Por ejemplo, si respondemos desde el nivel capacidades siempre será más efectivo que si respondemos desde el nivel ideas. Por otro lado, la respuesta es diferente si tengo instalado el valor amistad a si el instalado es el valor dinero.
3. La mayoría de los seres humanos de la actualidad, consecuencia de nuestro nivel evolutivo como especie, vivimos una vida basada en el cuarto nivel; así, lo que hacemos, tenemos y somos es consecuencia, principalmente, de las ideas que tenemos sobre nosotros mismos, sobre los

demás, sobre la vida y sobre Dios (cuarto nivel neurológico). El nivel capacidades permanece en un grado muy elemental de desarrollo, y lo existente en el nivel identidad permanece inconsciente e inexplorado para el ser humano promedio. De igual forma, son pocos los que experimentan una vida desde el nivel esencia.

4. Basado en indicadores existentes en diferentes campos del saber humano, puedo establecer que ya iniciamos el proceso evolutivo por medio del cual pasaremos de una vida cimentada en el cuarto nivel, ideas, a una vida experimentada desde el quinto nivel, capacidades. Esto nos dará la oportunidad de incrementar significativamente nuestro desempeño individual, grupal y social.

De acuerdo con estudios realizados por la empresa Gallup en organizaciones alrededor del mundo, sólo el 20% de los empleados tienen la oportunidad de desarrollar y utilizar sus talentos en el desempeño del trabajo diario. Esto es, sus capacidades naturales siguen sin desarrollarse, por lo cual están obteniendo un quinto de las posibilidades que la vida tiene para ellos. En términos evolutivos, lo anterior significa que la personalidad del ser humano promedio está cimentada en el nivel ideas por lo poco explorado de los niveles 5 hacia arriba.

Como consecuencia de transitar intensamente mi proceso de búsqueda, tuve la oportunidad de descubrir el elemento que nos va a catapultar a la vida desde el quito nivel. Después de casi 25 años de descubrimientos, investigación, validación y transmisión, hoy puedo compartir el conocimiento por medio del cual es posible descubrir el **perfil de capacidades naturales** (PCN) de casi cualquier ser humano. La investigación ha sido tan provechosa que gracias al PCN he podido establecer el modelo de conformación de la personalidad, que estoy por compartir a través de este libro. Esto significa que, en lugar de abordar la personalidad actual del ser humano promedio basada en el cuarto nivel neurológico, ideas, el modelo aborda la personalidad en función del PCN.

Es decir, este tratado plantea el tipo de personalidad generada en el ser humano como consecuencia del PCN con el cual se llega a este mundo. Esto representa un salto cuántico de consciencia ya que, en lugar de desarrollarnos y manifestarnos desde una personalidad basada en los estímulos del entorno, podremos conocer el tipo de personalidad afín a nuestro PCN, elemento cargado genéticamente desde que llegamos a este mundo y alineado 100% con el sexto nivel neurológico, **identidad**. Como se ampliará más adelante, esto significa que quien conoce su PCN tendrá el dato más asertivo que existe para descubrir su propósito, proyecto y sentido de vida, además de tener acceso a las características de personalidad naturales de los niveles 1 al 5, hacia las cuales su genética tendrá una marcada preferencia.

A través de comprender el modelo de conformación de la personalidad que describo más adelante, podrás adentrarte y comprender los 2 elementos esenciales para vivir desde el quinto nivel: 1) la existencia de capacidades naturales, determinadas por tu genética y 2) el proceso para convertirlas en talentos.

Aspectos generales del modelo

Como ya mencioné, el planteamiento de conformación de la personalidad que voy a compartir esta 100% basado en la personalidad natural generada desde el nivel capacidades. Esto es, como consecuencia de un PCN con el cual llegamos a este mundo, tenderemos a generar una personalidad determinada. La importancia de conocer nuestro PCN estriba en la comprensión de la personalidad en la cual nos moveremos como pez en el agua, contra una personalidad actual generada por las ideas que los estímulos del entorno provocaron en nosotros. El primer aspecto sobre la conformación de la personalidad es su diferencia dimensional. Llamaremos temperamento a todos los elementos existentes en los 7 niveles neurológicos de la dimensión cuerpo; carácter, a los de la dimensión mente, y disposición espiritual, a los de la dimensión espiritual. La fórmula que define la personalidad queda de la siguiente manera:

Personalidad = Temperamento + Carácter + Disposición
espiritual

Para los fines prácticos de este libro, el principio básico a comprender es que los elementos existentes en el temperamento y la disposición espiritual vienen con nosotros desde el nacimiento. El carácter se va imprimiendo en la personalidad para ayudarnos a adaptarnos a las exigencias del entorno. Así, la personalidad se va generando conforme vamos activando, desarrollando y manifestando los elementos del temperamento y de la disposición espiritual; y se complementa con las impresiones de carácter que vamos aprendiendo al interactuar con el entorno que nos rodea. De lo anterior se desprenden las 3 fuentes principales de las cuales depende la personalidad de todo ser humano:

1. **Biología** (genética). Como ya ha quedado demostrado por la ciencia, una gran parte de nuestra personalidad viene programada o predispuesta en la codificación de nuestro ADN.
2. **Disposición espiritual.** Como consecuencia del sentido de vida con el cual llegue el alma y el espíritu a este mundo, tenderemos a desarrollar ciertas características de personalidad.
3. **Entorno.** Principal generador de elementos de personalidad del ser humano moderno. El poder del entorno, con mucha frecuencia, pasará por encima de la genética y de la carga espiritual. Como consecuencia, como veremos más adelante, los elementos de personalidad manifestados por la mayoría de nosotros, del nivel capacidades hacia arriba, se encuentran subdesarrollados o sin ser utilizados o manifestados.

Para un adulto promedio, una personalidad para el éxito será aquella que se conforme al experimentar los siguientes procesos:

1. Descubrir, desarrollar y manifestarse desde los elementos de personalidad determinados genéticamente, principalmente los existentes en el nivel capacidades.

2. Reconocer, dominar y eliminar los elementos de personalidad limitantes o equivocados, aprendidos del entorno durante el proceso de crecimiento.

3. Desarrollar las competencias de gestión efectiva de energía y aprender a aprender, ya que son las de más impacto para la eficacia del proceso creativo.

4. Despertar y manifestarse desde los elementos existentes en los niveles 5 al 7 de la dimensión espiritual, para lograr una vida en comunidad basada en el servicio, la unidad y el amor.

Una vida basada en una personalidad muy alejada de nuestra naturaleza física y espiritual es altamente limitante e inefectiva. Por lo anterior, una necesidad imperiosa para el ser humano promedio es iniciar un camino que lo lleve al descubrimiento, desarrollo y manifestación de una personalidad basada en su predisposición genética y la disposición espiritual.

El talento

Para terminar de establecer las bases para comprender la importancia del talento, requerimos adentrarnos a la estructura del nivel capacidades y revisar las 4 principales palabras que lo conforman: **habilidades, capacidades, talentos y competencias.** Para establecer la estructurada en la cual operan estas 4 palabras, empecemos por revisar la definición de cada una de ellas para el modelo de conformación integral del ser humano (fig. 8):

Habilidad: posibilidad y disposición para ejecutar con gracia y destreza una tarea.

Capacidad: posibilidad de contener las habilidades necesarias para cumplir con una responsabilidad.

Talento: capacidad natural desarrollada.

Competencia: pericia y aptitud de contar con las capacidades necesarias para desempeñar una función.

Así, podemos pensar en la capacidad como un contenedor en donde se puede colocar cierta cantidad de otras cosas, habilidades. Podemos decir que llegamos a este mundo con cierto número de contenedores, en donde se va almacenando nuestro poder de manifestarnos física, mental y espiritualmente. Cada contenedor, capacidad, está diseñado para albergar 3 habilidades que se complementan y relacionan para desempeñar cierta responsabilidad. Por ejemplo, para desempeñarse efectivamente en la responsabilidad de administrar nuestros recursos personales, requerimos desarrollar las habilidades complementarias de:

1. Utilizar de forma eficiente el tiempo.
2. Invertir productivamente nuestro dinero.
3. Gestionar efectivamente la energía que obtenemos.

Conforme se avance en el libro se comprenderá mejor esta estructura de operación del nivel capacidades. Uno de los aspectos relevantes a comprender en este momento es que todos los contenedores con los cuales nacemos llegan vacíos. Es parte del proceso de vida irlos llenando, desarrollar habilidades, para lograr las destrezas para cumplir efectivamente las responsabilidades a las cuales nos vamos enfrentando conforme crecemos. Por otro lado, un grave problema es que el proceso de llenado de nuestros contenedores se ve reducido a su mínima expresión, en el ser humano promedio, después de los ocho años de edad. Por lo anterior, el nivel capacidades queda subdesarrollado, lo cual origina serios problemas en nuestro desempeño como adultos.

Otra consideración importante es que todos y cada uno de nosotros llegamos al mundo con 2 tamaños de contenedores, unos grandes y otros pequeños. **Los grandes, capacidades naturales, con la posibilidad de contener 5 veces más poder que los pequeños, capacidades**

normales. Este dato tiene sustento estadístico en las investigaciones de la organización Gallup alrededor del mundo. Ellos encuentran que una persona con talento, por lo regular, realiza la misma cantidad de trabajo que 5 sin talento.

Aquí ya podemos establecer nuestra definición de talento: **es una capacidad natural completamente desarrollada (contenedor grande lleno) para el desempeño o ejercicio de una responsabilidad.** Si cada responsabilidad demanda 3 habilidades complementarias para ser ejercida con éxito, entonces, a final de cuentas, en el desarrollo de habilidades se encuentra la esencia de la gestión del talento. Ahora podemos traducir en términos prácticos lo descubierto por la organización Gallup: el 80% de los empleados en las organizaciones alrededor del mundo sólo ponen al servicio de su actividad diaria sus capacidades normales desarrolladas (contenedores pequeños llenos).

En resumen, el talento surge cuando se desarrollan plenamente las 3 habilidades integrantes de una capacidad natural (contenedor grande), gracias a lo cual se podrá desempeñar con maestría una determinada responsabilidad.

Modelo de conformación de la personalidad

Como resultado de mi incursión al terreno de la programación neurolingüística (PNL), inicié un proceso intenso de investigación relacionado con el ser humano y los patrones de personalidad que lo acompañan. Consecuencia de algunos temas aprendidos, llamó mi atención especialmente lo relacionado con algunos patrones de personalidad que, según la PNL, desarrollamos los seres humanos como resultado de ciertas capacidades comunes con las cuales contamos desde niños. Hoy, lo que inició como un proceso de validación de información, se ha convertido en un modelo por medio del cual podemos comprender el proceso completo de formación de la personalidad, los principios que rigen este proceso y los patrones de comportamiento que genera.

A lo largo de todos estos años de investigación y validación, el modelo para estructurar la personalidad ha estado cambiando y complementándose. Sin embargo, los principios fundamentales descubiertos desde los inicios del proceso permanecen sin cambio. Hace 20 años, como hoy, las personas que son expuestas a este conocimiento responden con el mismo nivel de asombro, incredulidad y entusiasmo ante el potencial de mejoramiento, en todos sentidos, que les ofrece este modelo de conformación de la personalidad (MCP).

Aquí terminan los antecedentes y fundamentaciones de este conocimiento para estructurar la personalidad. ¿Por qué tan poco? Prefiero invertir la mayor parte del enfoque de transferencia en el contenido del MCP. Después de la validación práctica realizada por miles de personas en todo este tiempo, el interés principal es compartir el conocimiento, no establecer un tratado teórico para demostrarlo. Este MCP nace de casi 25 años de observación e investigación consciente de la vida diaria, con un profundo enfoque en el entorno personal, familiar y empresarial. Por lo anterior, se puede comprender que sus años de validación y experimentación en los laboratorios científicos, académicos y sociales del mundo apenas empieza. Por lo pronto, sólo comento lo mismo que a los participantes a los programas presenciales que imparto:

> Hoy, tu objetivo es comprender lo aquí expuesto; no estar de acuerdo. No me creas nada. Tan sólo comprende. Mañana, tu tarea será validar, en la vida diaria, que el conocimiento aquí planteado es cierto para ti. Si así ocurre, bienvenido al grupo de miles de personas que ya lo está usando para mejorar su calidad de vida. Si no, te invito a seguir buscando.

1. Perfiles connaturales

Como vimos, la personalidad de todo ser humano tiene su origen en 3 variables: la genética, con la cual llegamos a este mundo; la carga espiritual y los estímulos del entorno en el cual crecimos. **Una personalidad saludable es aquella en donde se desarrolla lo mejor de nuestro temperamento genético, se imprime el carácter necesario para desenvolvernos efectivamente en el mundo y se desarrollan los elementos de la voluntad para manifestar nuestra carga espiritual.** En la mayoría de nosotros, debido a nuestro nivel evolutivo actual, es muy bajo el porcentaje de elementos de personalidad desarrollado para manifestar contenido espiritual. Por lo anterior, la base de la personalidad del ser humano promedio es una combinación de genética y entorno. Es decir, la personalidad del ser humano promedio es determinada por el ADN y por el entorno en el cual crece.

Como se ampliará más adelante, cuál de los dos domine sobre el otro en cada persona determinará el nivel de desempeño y éxito en la vida. Si el entorno domina sobre nuestra programación genética, entonces nuestro desempeño tendrá muchas limitantes. Sin embargo, independientemente de cuál domine, existe una lucha interna entre ambos por la dirección de nuestra vida. El descubrimiento más importante para terminar con esta lucha es que los seres humanos llegamos a este mundo con 1 de 3 perfiles genéticos esenciales. Es decir, cada cuerpo humano llega con una de 3 programaciones genéticas básicas, las llamé *perfiles connaturales* y **es de los cuales emerge el PCN de cada persona.**

Ampliaremos más adelante las características específicas de cada uno de los 3 perfiles connaturales. Lo trascendente a comprender en este momento es que todos y cada uno de los seres humanos operamos a partir de una de 3 programaciones genéticas básicas. La inmensa complejidad de la personalidad de cada ser humano se convertirá en algo mucho más fácil de ser comprendido al conocer los patrones de temperamento a los que tendemos como consecuencia de estas 3 programaciones genéticas básicas. De los 2 orígenes más importantes de la personalidad actual, genética y entorno, el que más interrogantes tiene es la genética (para interpretar los efectos del entorno en la personalidad contamos ya con un sinfín de estudios).

En los últimos años, la ciencia está avanzando a pasos agigantados en los descubrimientos de los principios fundamentales que rigen nuestro ADN. Sin embargo, aún queda la mayoría de sus secretos por descubrir. En las siguientes páginas, podrás acceder a las conclusiones de 25 años de investigación sobre los 3 patrones de personalidad naturalmente programados en nuestro ADN. Los principios aquí expuestos no provienen de los laboratorios con microscopio, son las conclusiones realizadas en el laboratorio de la vida diaria, con los lentes de la observación consciente con percepción aguda. Con lo planteado enseguida, conocerás uno de los secretos más escondidos sobre cómo fue concebido el cuerpo humano por Su diseñador original, Dios, y las enormes implicaciones de dicho secreto en el proceso de vida en este mundo.

A continuación, te comparto los principios y consideraciones más importantes sobre los **perfiles connaturales** de personalidad. La comprensión de los siguientes puntos es esencial para poder aplicar este conocimiento a tu vida diaria:

1. **Perfiles connaturales.** Dios, a través de la naturaleza, nos codifica para tender a 1 de estos 3 tipos de temperamento: **práctico, racional, intelectual.** Como podrás anticipar, los títulos que les asigné tienen que ver con el tipo de estrategia general por medio de la cual enfrenta la vida cada perfil. Así, escondido en un determinado porcentaje del llamado ADN basura, se encuentra la secuencia genética que nos determina como una persona con cuerpo **práctico, racional o intelectual.**

2. **El perfil connatural es indistinto al género.** Es decir, se es **práctico, racional o intelectual** independientemente si se es hombre o mujer. Como quedará claro al final de revisar este modelo de conformación de la personalidad,

la diferencia de características entre las personas es más por diferencia de perfil connatural que por el hecho de ser hombre o mujer.

3. **Estrategia general para enfrentar la vida.** La diferencia esencial entre los perfiles es su estrategia general para enfrentar la vida. La persona con perfil práctico tenderá a vivir desde el esfuerzo físico, del hacer y del entorno social. Las personas con perfil racional dependerán más de su fortaleza mental, del pensamiento y del entorno político. La persona con perfil intelectual buscará más la fuerza espiritual, del sentimiento y del entorno religioso. **La aclaración más importante a partir de este momento en todo lo concerniente a los perfiles connaturales es que las características a las que tiende cada perfil son tan sólo "naturales" en cada uno de ellos.** Y "natural" significa más potencial de generar beneficios o daños, dependiendo de si se trata de una fortaleza o de una debilidad del perfil.

4. **Perfil de capacidades naturales (PCN).** El factor más trascendente que emana del perfil connatural es que determina el PCN de la persona. Esto es, las capacidades con potencial de convertirse en talentos si las trabajamos y desarrollamos. Las otras 2 terceras partes serán contenedores pequeños, capacidades normales. Es decir, la naturaleza provee a cada persona de lo necesario para resolver con talento el 33% de las situaciones de vida. Para el otro 66% de situaciones sólo podrá desarrollar una capacidad normal, que llega a significar un 20% del potencial logrado por un talento.

5. **Debilidades o áreas a trascender.** Así mismo, nuestro perfil biológico estará asociado de forma natural a ciertas áreas de oportunidad, debilidades, las cuales tendremos que reconocer para trascender. Por ejemplo, la persona con perfil intelectual tendrá una piel significativamente más sensible que los perfiles práctico y racional. Su capacidad para experimentar el mundo de las texturas y del contacto

físico será posible convertirla en talento. Sin embargo, al tener tan sensible la piel su umbral al dolor será muy bajo. Esto se puede convertir en una debilidad si no se trasciende esta área de oportunidad del perfil intelectual.

6. **Perfil psicogenético de personalidad (PPP).** Igual que con las capacidades, el perfil connatural genera un PPP, al cual se tenderá de forma natural. Esto es un PPP de ideas, valores, principios y acciones. Más adelante profundizo en estas características de personalidad para cada perfil connatural.

7. **Identidad al alcance del perfil connatural.** Consecuencia de contar con un PCN y un PPP, el sexto nivel neurológico del MCI del ser humano, **identidad**, se convierte en algo accesible más fácilmente. Toda profesión demanda una serie de capacidades y características de personalidad determinadas. Si enlazamos esto con el PCN y el PPP de los perfiles connaturales, tenemos la mejor herramienta que conozco para descubrir el nivel neurológico de *identidad* de una persona.

8. *Equilibrio natural.* Uno de los más grandes descubrimientos fue que llegamos al mundo en un equilibrio controlado naturalmente. Está comprobado que tendemos al equilibrio de nacimientos de cada tipo de perfil connatural. En cada familia con 3 hijos, existe 1 de cada perfil connatural, es decir un práctico, un racional y un intelectual. Si una familia tiene 6 hijos habrá 2 de cada perfil connatural. Esto, independientemente de si son hombres o mujeres y con las consideraciones que se plantean más adelante.

9. **En el varón está el control natural.** La investigación demostró que la naturaleza controla el equilibrio a través del varón. Es decir, el hombre es el que va engendrando de forma equilibrada, independientemente de si es con una o con varias mujeres. Por ejemplo, llegamos a encontrarnos con una madre soltera con 3 hijos del mismo perfil connatural; al profundizar en la investigación, se confirmó que eran de diferente papá.

10. **El matrimonio es complementario.** Con muy contadas excepciones, menos de 10 casos en 20 años de investigación, los matrimonios se dan entre personas de diferente perfil connatural: práctica con intelectual; racional con práctico; intelectual con racional. La hipótesis de esto es que tendemos a casarnos con una persona diferente a nosotros por razones de supervivencia, por complementariedad o por razones evolutivas. Una vez más, Dios no está jugando a los dados con el mundo.

11. **Disfrutar es connatural.** Otro aspecto que marca mucho la tendencia de la personalidad es que la capacidad sensorial natural también viene marcada por el perfil connatural, como todas las capacidades. La persona con perfil práctico tenderá a tener un oído y un olfato altamente sensibles; la persona con perfil racional tenderá a contar con una vista y un gusto altamente sensibles, y la persona con perfil intelectual tenderá a contar con una piel y un sexto sentido, intuición, altamente sensibles. Esto genera que el disfrutar de la vida sea diferente para cada uno de los perfiles connaturales.

2. Etapas de desarrollo natural de la personalidad

Todos y cada uno de nosotros vivimos un proceso natural inconsciente por medio del cual, después de los 8 años de edad, contaremos con una estructura básica para nuestra personalidad. Estará formada, por un lado, por características hacia las cuales tendimos gracias a la carga genética de nuestro perfil connatural. Por otro lado, estarán impresos una gran cantidad de elementos provocados por el modelaje que realizamos de alguien de nuestro entorno, con quien interactuamos durante los primeros años de nuestra vida. En general, el perfil de personalidad a desarrollarse en un ser humano, como consecuencia de su perfil connatural, se da en 4 fases:

Fase 1. De los 0 a los 2 años. En este periodo el niño desarrolla los principales elementos de personalidad relativos a la programación genética de su perfil connatural. Al estar experimentando una vida fundamentalmente biológica, su cuerpo prioriza lo que ha de desarrollarse para iniciar su sobrevivencia en el entorno donde le tocó crecer. Al final de los 2 años, el niño ya expresará los suficientes elementos de personalidad característicos de su perfil connatural.

Fase 2. De los 2 a los 5 años. Una vez que se desarrolló e imprimió una base importante de elementos naturales de personalidad, se inicia el proceso de complementarla. Para esto, el niño empezará a copiar e imprimir características de la persona con la que más convive, que tenga un perfil connatural diferente al suyo. Esto es, si el niño nace práctico, centrará su modelaje en la persona con la que más conviva que sea intelectual o racional. Así, por ejemplo, un niño con perfil connatural práctico cuya madre cuenta con un perfil connatural intelectual, y es la persona con la que más convive, desarrollará un perfil de personalidad básico práctico-intelectual. Este proceso lo vivimos todos y cada uno de nosotros, por lo cual de él se desprenden los 6 perfiles de personalidad básicos a los cuales tiene acceso un ser humano antes de los 6 años de edad:

Práctico-racional
Práctico-intelectual
Racional-práctico
Racional-intelectual
Intelectual-práctico
Intelectual-racional

Por lo regular, el hijo primogénito se modelará a la mamá o al papá: aquel con el que más conviva y tenga un perfil connatural diferente al de él. Normalmente, el segundo hijo se modela al primogénito, el tercero hijo al segundo, y así sucesivamente. Esto se cumple casi invariablemente por un principio natural que se planteó anteriormente y que ha dejado asombrados a muchos: **la naturaleza está controlando el equilibrio en el mundo entre prácticos, racionales e intelectuales**. El primer indicador de este principio se encontró al notar que, en la mayoría de las familias con 3 hijos, existía 1 de cada perfil. Al profundizar en las investigaciones se confirmó la regla una y otra vez. Esto es, en cada familia se van procreando los hijos de forma equilibrada. Lo anterior no implica un orden dentro del trinomio, aun y cuando la estadística sí nos marcó una predominancia de primogénitos con perfil connatural racional.

Una aclaración muy importante: sólo modelamos las características de un perfil en "paquete" de quien lo tiene connatural; es decir, no aprendemos de alguien que tiene un "paquete" de características modelado. Por ejemplo, si un primogénito nace racional y su mamá es con quien más conviva y su perfil básico es racional-intelectual, el niño ya tiene natural lo racional y no se modelará lo intelectual de su mamá, porque ella, a su vez, lo modeló de alguien más. Entonces, el niño se enfocará en otra persona para complementar su personalidad. En la mayoría de los casos será el papá la siguiente persona con la que más conviva. Como se mencionó, tendemos a casarnos con alguien de diferente perfil connatural al nuestro. Así, si la señora es racional estará casada con una persona de perfil connatural práctico o intelectual, a quien se modelará el primogénito.

En resumen, alrededor de los 5 años de edad todos y cada uno de nosotros contaremos con los elementos de un perfil básico de personalidad. Cuál de los seis tipos sea, dependerá del perfil connatural con el cual nacimos y del modelaje que realizamos a la persona con la que más convivimos de los 2 a los 5 años y cuyo perfil connatural es diferente al nuestro. A este momento, el trabajo del niño fue desarrollar lo genético y se modelará a alguien del entorno, sin discriminar, es decir, sin priorizar entre lo natural y lo modelado. Este proceso es completamente inconsciente y es experimentado por todo ser humano.

Fase 3. De los 5 a los 10 años. En este periodo de vida es cuando se define el patrón de personalidad con la cual habrá de enfrentar la vida el ser humano promedio. Como se definió anteriormente, existen dos patrones bajo los cuales se estructura la personalidad de todos y cada uno de nosotros:

1. Se experimenta un proceso que consolida y dirige al niño desde sus elementos naturales de personalidad, es decir, desde su perfil connatural. (genético) En este caso, el proceso de vida tendrá más posibilidades de conducir a la persona por el camino del éxito y de la realización personal. En el caso de nuestro ejemplo, el niño práctico se desenvuelve como tal, desarrolla capacidades naturales y, normalmente, se desempeña en ocupaciones acordes al perfil práctico. Los elementos de personalidad modelados de su madre intelectual se utilizan como soporte y respaldo para desenvolverse en la vida; sin embargo, a menudo, estarán subordinados a los elementos connaturales y no afectarán sus decisiones más importantes. En este caso podemos hablar de una persona experimentando su perfil de personalidad práctico-intelectual. Es decir, su personalidad se desarrolló de forma adecuada con su naturaleza, y lo modelado tiene un peso secundario.

2. Se experimenta un proceso de vida que dirige al niño a vivir en función del perfil modelado, de la persona con la cual más convivió de los 2 a los 5 años de edad. Aquí es

en donde el entorno determina el proceso de vida en lugar de la naturaleza, con lo cual se inicia una serie de decisiones equivocadas basadas en el perfil modelado, que complicarán la efectividad y el éxito en la vida. En el caso de nuestro ejemplo, el niño estaría siendo dirigido por los elementos intelectuales de su personalidad, en los cuales no es naturalmente bueno, ocasionando inefectividad, estrés, desempeños de pobres a regulares y un proceso de vida con un alto grado de insatisfacción por las continuas luchas internas. Los problemas que se generan van de lo simple a lo complejo, desde realizar actividades para las cuales no se es apto, hasta la elección de carrera profesional y ocupación laboral para la cual no se cuenta con capacidades naturales (contenedores grandes). En este caso, se experimenta la vida desde un perfil de personalidad intelectual-práctico, pero en realidad se cuenta con un perfil natural práctico-intelectual.

Desafortunadamente, a raíz de la influencia y poder que los adultos ejercemos sobre los niños, de nuestra falta de conocimiento de cómo se forma la personalidad y de una evidente falta de sentido común, el segundo proceso es el más frecuente en la vida diaria. Como se mencionó, con base en los estudios de la organización Gallup alrededor del mundo, el problema es para el 80% de las personas si consideramos su vida laboral como un indicador. En la posibilidad de experimentar una vida basada en el perfil connatural, se encuentra uno de los grandes beneficios de adentrarse en este modelo de conformación de la personalidad.

Al estar conscientes del proceso de cómo se va conformando la personalidad, los adultos tomaremos los lentes adecuados en el laboratorio de la vida diaria. Gracias a esto, podremos empezar a guiar de forma más efectiva nuestra vida, especialmente en lo referente a nuestra actividad productiva y al proceso de interacción con otros seres humanos. Es necesario resaltar que todo el proceso de desarrollo de la personalidad aquí expuesto se lleva a efecto de forma totalmente inconsciente, tanto para el niño como para los adultos con los cuales convive. Con este conocimiento, los padres de familia tendrán la oportunidad de aceptar y aportar de forma más significativa al desarrollo del perfil connatural de sus hijos.

Fase 4. Para terminar el proceso elemental para el desarrollo de la personalidad, al menos para la mayoría de nosotros, sólo falta experimentar otra vez la fase de aprendizaje por modelaje mencionada anteriormente. Una vez con el perfil de personalidad básico (práctico-intelectual para nuestro ejemplo), requerimos experimentar otro proceso de muy alta convivencia con una persona que tenga el perfil connatural que nos falta aprender. En nuestro ejemplo, cuando la persona practica-intelectual convive de forma continua y prolongada (para adultos esto puede significar 8 o más años) con un perfil connatural racional, el perfil de personalidad expandido que generará será práctico-intelectual-racional.

Como podrás concluir, a final de cuentas, la estructura más expandida de la personalidad a la cual puede acceder el ser humano promedio no es otra cosa que la combinación de características de personalidad de los 3 perfiles connaturales a los cuales lo empuja su genética. Este tercer proceso ocurre por diferentes circunstancias y a diversas edades. A continuación, comparto algunos principios que fueron apareciendo y confirmándose durante la investigación:

1. El medio más común en el cual ocurre el proceso para generar un perfil de personalidad expandido es en la relación de pareja. Si nos casamos con una persona con el perfil connatural que nos falta por modelar, al ser relaciones estrechas y de muchos años, se da el medio propicio para modelar el "paquete" de personalidad que nos falta para complementarnos.

2. Se pasa al perfil de personalidad expandido siempre y cuando exista cierta flexibilidad en la persona. Ya con una estructura de personalidad formateada después de los 8 años de edad, nos hacemos más rígidos. Por lo anterior, el aprendizaje por modelaje inconsciente utilizado de niños no ocurre en

automático ya de adultos. En las investigaciones nos llegamos a encontrar, por ejemplo, a un hombre racional-práctico casado por 25 años con una mujer intelectual-racional, y el hombre no había modelado el "paquete" intelectual que la vida le había puesto enfrente como compañera. En este, como en la mayoría de los casos en donde esto ocurre, los problemas entre la pareja son de magnitudes extremas.

3. En los casos de nacimientos múltiples, todos los niños generarán perfiles de personalidad expandidos desde los 5 años de edad. Los principios por los cuales lo anterior sucede son los ya explicados. Veamos el caso de un primogénito y el nacimiento de gemelos después de él. El primogénito nace racional, por lo tanto, un gemelo será intelectual y el otro práctico. Los 2 gemelos se modelarán al racional. Así, el perfil de personalidad básico de los gemelos será intelectual-racional uno y práctico-racional el otro. Sin embargo, los gemelos están conviviendo entre ellos y son de perfil connatural diferente. Por lo tanto, también se modelarán entre ellos. A los 5 años de edad el perfil de personalidad expandido de los gemelos será intelectual-racional-práctico para uno y práctico-racional-intelectual para el otro.

En función de lo anterior los perfiles de personalidad expandidos que se pueden conformar son 6:

Práctico-racional-intelectual
Práctico-intelectual-racional
Racional-práctico-intelectual
Racional-intelectual-práctico
Intelectual-práctico-racional
Intelectual-racional-práctico

En cuanto se tiene un perfil de personalidad expandido, el manejo de nuestro proceso de vida se complica si no se ha desarrollado el sentido común o se tiene el conocimiento consciente para manejarlo de forma adecuada. La razón: para alguien con perfil de personalidad expandido, las manifestaciones de sus respuestas a la vida pueden surgir desde 3 prioridades distintas. Si no hay claridad y orden en este proceso la lucha interna que se genera por tan diferentes señales al mismo tiempo, nos puede confundir e impedir una actuación congruente. Así, son 12 los perfiles de personalidad en los cuales se fundamenta la posibilidad del desempeño excepcional de cada uno de nosotros. Se forman a partir de la programación genética de nuestro ADN, en combinación con los modelajes que vamos realizando al interactuar con el entorno.

En resumen, podemos decir que sólo el 20% de las personas alrededor del mundo está experimentando la vida desde su perfil connatural. El 80% restante se experimenta desde un perfil modelado de alguien más, es decir, no sustentado en la carga genética con la cual nació. La diferencia en desempeño entre unos y otros, como se mencionó anteriormente, es de 5 a 1 a favor de quienes se experimentan desde su perfil connatural. Lo que obtendrás del manejo consciente de este conocimiento te dará la posibilidad de comprender la fuente de tus comportamientos, inquietudes y pensamientos más profundos. Al saber si algo surge de tu naturaleza genética o de lo modelado del entorno, tendrás la oportunidad de darle el peso que debe tener para tu vida presente o futura. En lo que estás por leer encontrarás el enorme potencial que existe para mejorar el desempeño personal cuando se experimenta un proceso de vida cimentado en el perfil connatural.

3. Características de personalidad por perfil connatural

Los 12 perfiles de personalidad que esta teoría contempla tienen su origen en los 3 perfiles connaturales determinados por nuestra genética. Por lo tanto, lo único que tenemos que hacer es comprender los 3 perfiles connaturales. Luego entonces, nos centraremos en ir definiendo las características de personalidad para cada perfil connatural por nivel-dimensión (figura 8). Conforme avancemos en esta revisión requerirás ir contrastando lo que vamos definiendo contra tu personalidad actual. Al final de esta sección, tendrás una idea muy cercana de cuál es el perfil de personalidad que estás manifestando en este momento de tu vida. Para determinar si es un perfil connatural o modelado, requerirás empezar a observarte en la vida diaria. En función de lo planteado en el capítulo anterior, es muy alta la probabilidad de que te descubras viviendo desde un perfil "modelado".

Esto lo puedes convertir en una de las noticias más importantes recibidas en tu vida. La razón: estás descubriendo uno de los problemas más profundos en la vida del ser humano moderno: vivir desde una personalidad basada en modelajes del entorno, en lugar de cimentada en la naturaleza genética; es decir, estar tratando por todos los medios de "Ser olmo, cuando se es peral".

Antes de conocer en detalle los 3 perfiles connaturales revisemos las siguientes consideraciones importantes:

1. Un hábito muy arraigado en muchos de nosotros es etiquetar rápidamente a las personas con las cuales interactuamos. Cuando tengamos el conocimiento de los diferentes elementos de personalidad característicos por perfil, este hábito se puede incrementar. Una recomendación que tener en mente siempre es evitar etiquetar a las personas como práctica, racional o intelectual. La única posibilidad de llegar a un 100% de certeza sobre el perfil de alguien, es del nuestro. Aun y cuando soy quien descubrió e investigó

de principio a fin este aspecto de nuestra personalidad, cuando ayudo a las personas a identificar su perfil connatural siempre les digo que es con un 95% de certeza. Es tarea de cada quien validar y confirmar su perfil a través de la autoobservación diaria.

2. Estos años me han mostrado la complejidad y profundidad de todo ser humano. Este modelo no intenta establecer un dibujo que totalice o encajone nuestra naturaleza y personalidad, su intención es la utilidad práctica para mejorar la calidad de vida de las personas que acceden a este conocimiento. Lo anterior ocurre cuando el modelo se utiliza para: a) comprender mejor las posibles razones de nuestro comportamiento, b) analizar las respuestas que obtenemos de los demás y sus posibles razones y c) mejorar nuestro proceso de toma de decisiones y de interacción con los demás.

3. Como se podrá apreciar más adelante, la mayoría de las características de personalidad que vamos a revisar se encuentran estructuradas en trinomios complementarios. Es decir, de forma por demás natural o sincrónica el mundo está siendo experimentado desde 3 grandes grupos de elementos de personalidad que se complementan entre ellos. Además, la genética nos hace tender y preferir 1 de los 3 elementos sobre los otros dos. Por ejemplo, existen 3 medios de diversión ampliamente extendidos en el mundo: la televisión, la radio y el cine. Los tres pueden ser experimentados y disfrutados por cualquiera de nosotros, sin embargo, nuestra genética tiene gusto preferencial por uno de los 3. Así, la persona práctica disfrutará más el radio; la racional, el cine, y la intelectual, la televisión.

4. Los trinomios que revisaremos en cada nivel-dimensión de la personalidad serán los más comunes y naturales encontrados en los perfiles. En un intento de establecer el patrón más claro posible de cada perfil, no compartiré elementos de personalidad en donde no sea categórica

la predominancia de cada perfil, por cada elemento del trinomio. Incluso así, la descripción de cada perfil quedará completamente desarrollada para poder comprenderla y validarla en la vida diaria.

5. Del nivel neurológico ideas hacia abajo (fig. 8), por lo regular, la fidelidad al perfil connatural es un poco mayor que del nivel capacidades hacia arriba. Como vimos, nuestro proceso de vida está actualmente cimentado en las ideas que tenemos sobre la vida. Por lo tanto, este es un nivel neurológico desde el cual tenemos menos problema para comportarnos naturalmente. La gran oportunidad es de capacidades hacia arriba. Descubrir la carga genética de nuestro nivel capacidades es encontrar un camino al talento.

6. Cada uno de nosotros cuenta con una personalidad integrada por elementos de su perfil connatural y con elementos modelados de otro cuando se tiene un perfil de personalidad básico, o de los otros dos, cuando ya se cuenta con un perfil de personalidad expandido. Para nuestra mente, no es necesariamente sencillo encontrar cuáles elementos provienen del perfil connatural y cuáles de los perfiles modelados. Conforme vayas avanzando en el conocimiento de los elementos de cada perfil es normal que aparezca en tu mente la confusión entre si es natural o modelado. El camino para resolver esta confusión va a requerir que te observes y valides lo aquí expuesto en el laboratorio de la vida diaria. Una vez que iniciemos la descripción de los perfiles, mantén siempre en mente que para facilitar la comprensión estaré continuamente generalizando. Si menciono que la persona práctica es muy violenta, no digo que ni todas las personas prácticas ni solamente las prácticas. Es sólo un elemento característico de un determinado perfil. Para facilitar que mantengas esto en tu mente mencionaré que **un perfil tiende o por lo regular cuenta con** X o Y característica.

7. Los elementos de personalidad determinados por la genética son igual para el hombre o la mujer. La diferencia de personalidad entre ambos, normalmente no muy significativa, estará solamente en función del contexto cultural de cada región

Con lo anterior en mente, iniciemos el camino por los diferentes niveles y dimensiones de la personalidad, originados por nuestro ADN.

3.1 Las 3 dimensiones y los perfiles

Como recordarás, estamos integrados por 3 dimensiones: cuerpo, mente y espíritu. Este es el trinomio más trascendente para el ser humano y del que se genera todo el proceso llamado vida. Fue una primera gran sorpresa descubrir que tenemos la tendencia genética a desarrollarnos y a priorizar la vida en función de una de nuestras 3 dimensiones.

Persona práctica

La persona con este perfil tenderá a vivir más en función de su cuerpo. Esto le da su primera meta característica: es una persona de acción. Finalmente, todas las características a las cuales se inclina la persona con este perfil, en todos los niveles neurológicos de la personalidad, se orientan a tener una relación directa con el desarrollo y la supervivencia del cuerpo. Otra característica que presenta la mayoría de las personas con este perfil es su atractivo físico, considerando los estándares convencionales de la estética de la belleza (lo anterior no significa que la belleza física exista solamente en este perfil, sin embargo, el porcentaje de personas en los otros dos perfiles con esta característica es significativamente menor). Además, normalmente contarán con una superior fortaleza física para sobrevivir al medio ambiente natural que la que presentan los otros dos perfiles.

Estos y otros elementos natos en este perfil le darán una función claramente definida en la sociedad: ocuparse de la vida práctica, encontrar soluciones y corregir lo que está operando mal, es decir, hacer que el mundo ruede. La naturaleza provee a cada quien con un cuerpo adecuado para desempeñar una determinada función en el mundo. Además, controla el equilibrio en la cantidad de personas de cada perfil connatural que está naciendo. Nuevamente, las implicaciones de esta meta característica sobrepasan con mucho la idea de un diseño biológico producto de la casualidad.

Persona racional

La persona con este perfil tenderá a vivir más en función de su mente. Esto le da su primera meta característica: es una persona de pensamiento. Finalmente, todas las características a las cuales tiende la persona con este perfil, en todos los niveles neurológicos de la personalidad, se refieren a tener una relación directa con el desarrollo y trascendencia de su mente. Otra característica que presenta la mayoría de las personas con este perfil es una mente brillante: sus procesos lógicos y racionales son rápidos, asertivos y muy creativos. Además, normalmente contarán con una fortaleza mental para desenvolverse en la política y los negocios superior a la que presentan los otros 2 perfiles. Estos y otros elementos natos presentes en este perfil le darán una función claramente definida en la sociedad: encontrar la lógica de las cosas, crear lo nuevo y más productivo, a saber, dirigir el entorno humano hacia su expansión.

Persona intelectual

La persona con este perfil tenderá a vivir más en función de su espíritu. Esto le da su primera meta característica: es una persona de sentimiento. Finalmente, todas las características a las cuales tiende la persona con este perfil, en todos los niveles neurológicos de la personalidad, se dirigen a tener una relación directa con el desarrollo y evolución del espíritu. Otra característica que presenta el común de las personas con este perfil es una gran sensibilidad para percibir las necesidades ajenas. Esto los impulsa por la senda de actividades profesionales que tienen que ver con proveer de bienestar a los demás. Además, normalmente contarán con una enorme capacidad para desenvolverse en el mundo del conocimiento y la sabiduría.

Estos y otros elementos natos presentes en este perfil le darán una función claramente definida en la sociedad: ocuparse del proceso de desarrollo y mejoramiento de las personas y sistemas existentes en la sociedad. Te recuerdo mantener en mente que normalmente estoy generalizando para facilitarte la elaboración de un mapa completo del patrón de personalidad de cada perfil connatural.

En resumen, cada uno de los perfiles tiende a vivir para y en función de una de sus 3 dimensiones. La manifestación de los elementos de personalidad de las 2 dimensiones restantes dependerá de la intensidad del proceso de cambio, desarrollo y evolución que la persona esté viviendo. Además, como se mencionó anteriormente, de si está viviendo en función de un perfil connatural o modelado. Creo importante recordar en este momento que este modelo de conformación de la personalidad está basado en nuestra carga genética, perfil connatural, lo cual plantea un hecho a mantener en mente: **cualquier persona cuyo proceso de vida le permita acceder y manifestar elementos de la voluntad, espirituales, podrá desenvolverse por encima de sus posibilidades físicas, es decir, podrá pasar por encima de las limitaciones a las cuales nos tiene sujetos el perfil connatural.**

3.2 Interacción con el entorno por perfil

Consecuencia de la estructura de personalidad de cada perfil connatural, su interacción con el entorno tendrá un patrón definido.

Persona práctica

Al estar centrados en una vida más bien relacionada con el cuerpo, las personas con este perfil tenderán a preferir la vida al aire libre, a mantenerse en continuo movimiento y a convivir con la naturaleza. Por lo regular disfrutan las plantas y tienen una buena mano para cultivarlas. Disfrutan la vida de campo, los animales de rancho y las largas caminatas al aire libre o de montaña. Tienen un gusto particular por las bicicletas, motocicletas y todo vehículo que haga mucho ruido y represente un alto riesgo. Los entornos sociales y del medio artístico son de gran interés para ellos.

Persona racional

Al estar centrados en una vida más bien relacionada con la mente, las personas con este perfil tienden a preferir la vida en lugares en donde se mueva el poder y el dinero, en donde su proceso mental sea retado y en lugares de interés cultural. Por lo regular disfrutan las mascotas y les dedicarán mucho tiempo y atención, en ocasiones más que a su familia. Disfrutan profundamente el buen vivir, el buen comer y los privilegios que ofrece el dinero. Tienen un gusto particular por el mundo de los autos y los aviones, las carreras de velocidad de todo tipo y los casinos de apuestas.

Persona intelectual

Al estar centrados en una vida más bien relacionada con el espíritu, las personas con este perfil tienden a preferir la vida en lugares en donde se aprenda y comparta conocimiento, donde su inteligencia pueda ser desarrollada y en lugares en donde la comodidad y el confort puedan ser disfrutados. Por lo regular disfrutan interactuar con niños y ancianos, con quienes conviven cada vez que pueden. Prefieren la vida sedentaria, los lugares históricos y los privilegios que ofrece el conocimiento. Tendrán un gusto particular por el mundo de los deportes, las organizaciones de ayuda a los demás y la tranquilidad de su hogar.

3.3 El nivel neurológico acciones por perfil

A partir de aquí entraremos de lleno a la definición específica de los patrones de personalidad emanados de nuestra carga genética. Lo iremos realizando del nivel neurológico más elemental al más complejo. En primer lugar, revisaremos el nivel acciones (fig. 8). El nivel acciones está integrado por los comportamientos de cada una de las dimensiones que nos conforman y son el medio para manifestarnos en el mundo. Al ser de una gran diversidad nos centraremos en los hábitos, rutinas, reacciones, costumbres y pasatiempos más comunes en cada perfil.

Persona práctica

Por lo regular, le gusta estar en actividad constante, platicando con los demás y tiene la tendencia a actuar al momento, sin considerar la experiencia ni las consecuencias futuras. Tiende a ser muy voluntarioso y a manifestar rudeza en su interacción con el entorno. Tiene una cierta predilección por peleares en voz alta con los personajes de telenovelas, series o películas que esté viendo por televisión. Le gusta conocer el tema del momento y, cuando sale de casa, por lo regular, lo hace lo más presentable que puede. Le gusta fomentar el diálogo con los miembros de su familia, caminar y correr. Compra por oportunidad, aunque no lo necesite. Esto lo hace el más gastador de los 3 perfiles connaturales. Prefiere la comida sana, ayudar a los demás en actividades y las revistas que hablan de gente del medio artístico. Tiende a exagerar los acontecimientos cuando los cuenta, a cometer el mismo error más de una vez y suele ser de muchas novias o novios.

Sus pasatiempos favoritos son escuchar música, estar con amigos y actividades fuera de casa. Sus deportes favoritos son el ciclismo, el béisbol y el atletismo. Tiende a exaltarse con facilidad, razón por la cual es violento, dominante y estresado. Se apega mucho a las cosas y personas de su entorno. Enfrenta la vida como surge y esto, con frecuencia, lo sorprende sin estar preparado adecuadamente.

Persona racional

Uno de los grandes placeres de su vida es dormir. Le gusta observar con detalle los entornos donde se encuentra y calcular los beneficios que obtendrá antes de involucrarse en las situaciones. Tiende a ser muy decidido, a mantenerse distante en su interacción con los demás y le gusta estar informado de asuntos políticos y económicos. Le gusta vestirse de acuerdo con la situación, por lo tanto, va sin problema de lo fachoso a lo formal. Prefiere la distancia sana en su relación familiar. Por lo regular, colecciona algún tipo de artículo y gasta sólo en lo más indispensable. Si tiene la costumbre del ejercicio, su preferencia será asistir a un gimnasio. Acostumbra la comida chatarra, la carne y tiene una afición muy arraigada por los postres. Prefiere las revistas de autos, juegos de video y cine. Tiende a anticipar los resultados de lo que emprende, a no considerar las consecuencias de sus actos cuando busca un fin y le gusta retar a los demás.

Normalmente, manifiesta un desinterés por las relaciones formales antes de los 25 años de edad. Sus pasatiempos favoritos son las series de televisión como *Los Simpson*, viajar y dibujar o pintar. Su afición por el cine va más allá de ser un pasatiempo, ya que notará fotografía, efectos, actuaciones, musicalización, trama, es decir, todo. Sus deportes favoritos son los individuales como la natación, el golf, tenis y boliche. De los deportes de conjunto los que prefiere son el basquetbol y el futbol americano. Por lo regular, se comportará insensible ante las dificultades propias o ajenas, por lo cual será catalogado de frío o egoísta. Es muy concreto al solicitar o dar información, desconfiado al manejar sus recursos económicos y tenderá a la frustración cuando las cosas se salen del alcance de su poder.

Persona intelectual

Por su gusto por el confort y la comodidad, tenderá a ser catalogado como flojo. Es reservado y tarda en mostrar confianza ante las personas nuevas que conoce. Prefiere seguir reglas para evitar castigos. Le gusta mantener las cosas en un lugar determinado para encontrarlas fácilmente. Prefiere lo conocido y familiar, por lo que, normalmente, no toma riesgos más allá de los que puede enfrentar con seguridad. Por lo regular, tiende a ponerse nervioso cuando se sale de su zona de confort, de modo que se le complica participar o preguntar en actividades de grupos (desde el salón de clases hasta las juntas de trabajo). Disfruta la soledad y la tranquilidad del hogar, así que es común que desarrolle el gusto por la lectura. Su presentación personal no es un aspecto vital, entonces suele vestirse en función de la comodidad y con 2 o 3 colores (café, azul, beige) y tipos de ropa.

En la relación con los miembros de su familia, prefiere el abrazo, apapacho y beso. Tiende a guardar todo lo que compra o se encuentra por si algún día lo necesita. Desde temprana edad manifiesta un desinterés por el dinero como tal, lo buscará en el momento que desee comprar algo. Cuando desarrolla el gusto por el ejercicio, lo hace por los deportes de conjunto, especialmente el futbol. Acostumbra la comida suave para masticar como las pastas, panes y comida chatarra. Manifiesta una alta sensibilidad, por lo cual se interesa mucho por el bienestar de los demás y tiende a ser bueno para dar consejos. Es común que se le salgan las lágrimas en circunstancias emotivas a las que se enfrente en la vida real, en películas, en novelas o en libros.

A menudo, oculta información en un intento de no mostrar su estado emocional o de evitar quedar en evidencia. Prefiere las revistas de deportes y es difícil que cometa el mismo error 2 veces. Establece relaciones afectivas muy profundas, duraderas y, en consecuencia, que le producen un alto grado de sufrimiento cuando terminan. Sus pasatiempos favoritos son la televisión, todo lo que sea un juego, convivir con su muy pequeño grupo fijo de amigos y aprender. Sus deportes favoritos son todos los que tienen que ver con una pelota, especialmente el futbol, aun y cuando los preferirá por televisión más que practicarlos. Tiende a ser el más miedoso e inseguro de los 3 perfiles, lo que le ocasiona problemas hasta para decidir qué comer. Es fácil que se ponga de malhumor, por lo cual se mantendrá con mucha frecuencia aislado de los demás. Se adapta con facilidad a los demás y tiende a ser vergonzoso.

Como se podrá apreciar, sólo estoy abordando algunos de los muchos comportamientos diferentes con los cuales nos manifestamos en la vida diaria. En ningún momento representan un resumen conductual del ser humano, ni en este nivel neurológico ni en los que revisaremos más adelante. Sin embargo, desde este momento ya puedes ir acercándote al perfil que más estás experimentando, conductualmente hablando, en este momento de tu vida. Es importante que mantengas en mente que las conductas utilizadas para describir cada perfil son sólo algunas de las conductas más comunes encontradas en cada uno de ellos. La intención de los elementos descritos para cada perfil, en cada uno de los niveles neurológicos de la personalidad que revisaremos, es tan sólo facilitar el camino para que te familiarices con los perfiles connaturales y empieces a darte cuenta de su tremendo impacto en nuestro proceso de vida. Con la certeza de conocer lo práctico, racional o intelectual tuyo o de alguien más, podrás utilizar el conocimiento planteado por este modelo para mejorar tu desempeño en la vida y establecer relaciones más productivas con las personas que te rodean.

Por lo pronto, notarás que tu personalidad actual tiende a ser, en mayor medida, la descrita para alguno de los 3 perfiles. Para saber si es natural o modelado, necesitas avanzar en la comprensión de este modelo y empezar a autoobservarte en la vida diaria. En primera instancia, esta información te dará elementos para terminar de tomar consciencia y certeza sobre los 3 perfiles connaturales y contrastarlos con el patrón de personalidad que estés manifestando en este momento de tu vida.

3.4 El nivel neurológico principios por perfil

Para seguir profundizando en la personalidad y sus secretos revisaremos ahora el nivel neurológico de los principios. Para comenzar, recordamos la definición de principio revisada anteriormente cuando hablamos del MCI del ser humano (fig. 8):

Principio: norma o idea fundamental que rige el pensamiento o la conducta.
Norma: regla que se debe seguir o a que se deben ajustar las conductas, tareas, actividades, etc.

De lo anterior, tenemos que los principios son las reglas a las que se deben ajustar nuestros comportamientos (actuar, pensar, sentir). ¿Por qué nuestras acciones se tienen que ajustar a algo? Para comprender mejor esta definición se requiere tomar consciencia de las 3 fuentes principales de comportamientos, nivel neurológico acciones, que existen en todo ser humano:

1. **Las ideas.** Como se mencionó, la mayoría de nosotros tiene basada su vida en el cuarto nivel neurológico, el de las ideas. Una vez que imprimimos en nuestra personalidad una idea, surgen como consecuencia una serie de valores relativos a dicha idea. Ante la idea de que "en el mundo el dinero lo puede todo", el dinero será un valor que cobrará alta jerarquía. En cuanto se imprime un valor, aparecerán una serie de principios que permitirán darle jerarquía a dicho valor. Para alguien con un valor alto por el dinero, el principio del ahorro será un elemento necesario en su personalidad. Instalado el principio del ahorro, la persona tenderá a realizar toda una serie de comportamientos que se ajustan a él. Por ejemplo, guardar el 10% de su salario semanal, apagar la luz cuando sale de su cuarto o traer casi siempre su cartera o monedero sin dinero para evitar gastar. Como podrás apreciar, en lo anterior se describe la estructura

principal para la vida desde el cuarto nivel neurológico. A final de cuentas, los principios son las reglas que se imprimieron en nuestra personalidad para darle jerarquía a nuestros valores, mismos que surgieron para ser congruentes con nuestras ideas. Por lo anterior, un comportamiento proviene de nuestra estructura profunda de personalidad, nivel ideas, si es parte de una serie de conductas que se ajustan a un principio o regla, el cual le provee de jerarquía a un determinado valor.

2. **Las capacidades.** Como se mencionó, cada capacidad se conforma por 3 habilidades, y cada habilidad será manifestada a través de una serie de acciones ejecutadas al mismo tiempo al desempeñar una tarea. Así, toda conducta emanada de una habilidad desarrollada tendrá su fuente en el nivel capacidades. Por ejemplo, leer, caminar, analizar, pintar, escribir un poema, nadar, jugar futbol, etc. Vivimos desde el quinto nivel, capacidades, siempre que estamos actuando desde una habilidad. En este caso, la conducta no se ajusta a algo, es la manifestación de una habilidad para realizar una tarea, la cual, a su vez, puede ser parte de otras tareas por medio de las cuales se cumple una responsabilidad.

3. **El entorno.** Una cantidad importante de las acciones que ejecutamos cada día no provienen de nuestra estructura profunda de personalidad (cuarto nivel neurológico hacia arriba de la fig. 8). Su origen es directamente el entorno. Las imprimimos como consecuencia de las demandas a las que nos someten los diferentes roles que desempeñamos. Por ejemplo, podemos guardar dinero porque tenemos que pagar la renta de la casa a fin de mes, no como una conducta ajustada al principio del ahorro. Llegamos temprano al trabajo, no por vivir el principio de la puntualidad, sino para evitar perder el empleo (en este caso, a los demás compromisos nos permitimos llegar tarde, ya que no hay un principio que ajuste el comportamiento de forma general). Platicamos con nuestro hijo sobre su desempeño escolar, por las bajas calificaciones de la última boleta, no porque tengamos la capacidad de educar a nuestros hijos

En resumen, podemos pensar que tenemos instalado un principio cuando manifestamos una serie de comportamientos, positivos o nocivos, que se ajustan a una regla o norma. En función de lo anterior, es necesario clarificar un aspecto importante para los elementos existentes en el nivel principios y valores. No tienen polaridad. Como todos y cada uno de los elementos de personalidad que nos conforman, son relativos. Lo único que cuenta es si están o no están instalados como parte de nuestra forma de ser. Así, tanto puede ser principio la puntualidad como la corrupción, los dos cumplen la definición de principio cuando son reglas o normas a las que se ajustan las acciones de una persona.

Persona práctica

Por lo regular las personas con este perfil son muy activas, amables en su trato con los demás y atentas al escuchar. Tienden a ser muy responsables en la ejecución de sus tareas, optimistas ante las circunstancias de la vida y muy estrictas al supervisar las tareas bajo su responsabilidad. Normalmente, son muy disciplinadas para cumplir sus tareas familiares, profesionales y sociales. Su gran actitud de servicio provoca que, al muy poco tiempo de ofrecerle ayuda a alguien, ya se encuentren con las herramientas en la mano desempeñando ellos la tarea. El sentido común que tienen para la vida práctica los hace muy eficientes en el uso del tiempo y en el orden que consiguen en los espacios en donde viven y trabajan. Por lo regular, son empíricos de mucho de lo que saben ejecutar. Al interactuar con otras personas, son muy abiertos y francos. Esto los convierte en el perfil más extrovertido de los 3. Por el nivel de hiperactividad con el cual viven, con frecuencia serán superficiales al abordar las situaciones. Lo conversadores que son y el estar normalmente rodeados de personas les provoca ser indiscretos. Tienden a ser el más vengativo de los 3 perfiles.

Persona racional

Por lo regular, las personas con este perfil son más pensantes que activas. Son directos al decir lo que piensan y, por lo general, muy tolerantes. Son firmes y confiados hacia lo que emprenden, objetivos al decidir el camino a seguir y muy asertivos al definir las acciones para conseguirlo. Son muy enfocados al perseguir sus metas y tienden a ser fríos en sus relaciones personales. El sentido común que tienen para los procesos mentales y la vida racional los hace muy productivos en el uso del dinero y en lograr alto rendimiento de los recursos que administran. Sus respuestas a los estímulos del entorno se generan de un proceso muy lógico. Son solidarios con las personas que aportan a sus objetivos. Es el perfil más interesado y calculador de los 3. Al mantener su atención en los beneficios que obtendrán de lo que hacen, se comportarán irresponsables con aquello que piensan que no les aportará algo. Al tener tanta claridad en su mente sobre su futuro, tienden a ser catalogados de embusteros cuando lo comparten y desconsiderados por los medios que utilizan para lograr sus fines.

Persona intelectual

Las personas con este perfil son las consideradas sentimentales o sensibles. Lo anterior los hace el más cariñoso de los 3 perfiles y, por lo regular, pacientes. Son muy respetuosos de los demás, nobles y prudentes. Se subordinan a la autoridad y a las reglas con facilidad. Antes de actuar consideran las consecuencias de sus actos y las repercusiones que tendrán en otras personas. El sentido común que tienen para los procesos del sentimiento y la intuición los hace muy efectivos para mejorar y mantener seguros los diferentes procesos de la vida para ellos y para los que los rodean. Suelen ser muy teóricos a la hora de enfrentar las demandas del entorno. Son honestos en el manejo de recursos y responsabilidades de trabajo. Pueden ser el más introvertido de los 3 perfiles. Al ser tan importante para ellos el confort y la comodidad, suelen ser desidiosos. Son pesimistas sobre el futuro, independientemente si es el de ellos o el de los demás. Toman muy a pecho las conductas ajenas, por lo cual, regularmente, son muy rencorosos.

3.5 El nivel neurológico valores por perfil

Conforme avanzamos hacia las profundidades de nuestra personalidad, cada nivel es más trascendente, más complejo y con una estructura más sólida y estable. Aun y cuando la vida de la mayoría de nosotros se basa en el cuarto nivel, ideas, una vez que surgen los valores, son estos los que originan la mayor parte de lo que decidimos y hacemos. Como en los otros niveles los resultados de la investigación fueron muy contundentes, establecen de forma muy clara la estructura de valores a la cual tiende cada perfil connatural. Primero recordemos la definición de la palabra *valor* con respecto al MCI del ser humano (fig. 8):

Valor: cualidad que poseen algunas realidades, consideradas bienes, por lo cual son estimables.

Así, un valor desde la perspectiva de la personalidad es la generación de una alta estima por cualquier realidad existente en el mundo, impresa en nuestro interior para sustentar una idea. Cuando un niño recibe estímulos para arriesgarse hasta las últimas consecuencias para conseguir sus objetivos, es posible que genere la siguiente idea: "El que no arriesga no gana". De esta idea, es factible que surjan dos realidades estimables para él: el riesgo y ganar. Ya con una alta estima, valor, por ganar, el niño irá generando los principios de vida necesarios para manifestar las acciones de alguien que su enfoque primordial es ganar.

Es importante en este momento recordar la relatividad de los valores, al igual que los principios no tienen polaridad. Ni existen los antivalores ni las personas sin valores ni los valores negativos, sólo existen realidades que estimamos en una determinada jerarquía. Lo único real en el interior de cada uno de nosotros son elementos o características de personalidad. Ni son buenas ni son malas, son relativas a lo que obtenemos y provocamos cuando las manifestamos.

Como concluirás más adelante, desde el nivel valores se empieza a notar con mayor claridad la operación en trinomios complementarios de los elementos existentes en la personalidad del ser humano. El proceso de formación de esta estructura en trinomios se puede comprender de forma muy sencilla con el siguiente ejemplo. Si el perfil práctico es una persona de acción, entonces manifestará una alta estima por la actividad. Una realidad en el mundo, la actividad, se convierte en un valor para, al menos, el 33% de los seres humanos. Exactamente pasará lo mismo con el pensamiento y el sentimiento en los perfiles racional e intelectual, respectivamente. Así se va conformando nuestra personalidad. Así se van acentuando nuestras diferencias.

En lo anterior, se encuentra una de las principales razones de la gran dificultad que tenemos los seres humanos para ponernos de acuerdo en temas de valores. ¿Cómo convencer a una persona práctica de que las "buenas intenciones" son valiosas aun y cuando tarden tiempo en convertirse en acciones concretas? Intentar esto es como tratar que un pez valore la tierra más que el agua. Si a esto le agregamos que, finalmente, el proceso de vida requiere la actividad, el pensamiento y el sentimiento casi por igual, el problema se complica. Es decir, jamás podremos llegar a una conclusión de cuál de los 3 elementos de un trinomio profundo de la personalidad es más importante. La razón: el valor que cada elemento tiene es relativo a un momento dado, las circunstancias y al perfil connatural de cada quien. Además, los 3 son necesarios para el desempeño integral del ser humano.

Después de comprender los diferentes trinomios de valores que revisaremos enseguida, te darás cuenta del potencial que tiene su aplicación para el mejoramiento de tu calidad de vida personal, familiar, profesional y social. Una de las aplicaciones más importantes que he encontrado del conocimiento de los valores propios o ajenos es en el proceso de cambio. Una persona puede estar intentando por años realizar un determinado cambio en su personalidad sin lograrlo, hasta que entran los valores al rescate. Por ejemplo, una persona que siempre ha intentado bajar de peso sin lograrlo, el día que le da un ataque al corazón que pone en peligro su vida la situación puede ser diferente. Si tiene en alta estima su vida, valora su vida, se producirá la motivación suficiente para perder los kilos que sean necesarios. Sin embargo, si tiene una baja estima por su vida, saliendo del hospital puede estar pidiendo que lo lleven a los tacos de trompo. Normalmente, en cualquiera de los dos casos la persona no sabrá por qué está actuando de esa manera, ya que desconoce sus valores, cómo ocurren los procesos humanos internos y qué hacer para utilizar esta información a su favor.

Esta es nuestra naturaleza. Esta, nuestra diversidad. Esta, nuestra complejidad como seres humanos. Para cualquier duda que te surja sobre si alguno de los elementos mostrados a continuación es valor o no, sólo recuerda su definición: Si es una realidad en el mundo y es apreciada por las personas, entonces es un valor. Esta aclaración la realizo porque muchos de los elementos que verás descritos como valores no estás acostumbrado a referirte a ellos de esta forma. Además, algunos elementos de otros niveles neurológicos de la personalidad los encontrarás descritos como valores. Por ejemplo, si un empleado tuyo tiene una excelente capacidad para hablar en público y esa realidad es muy importante para ti; entonces, la capacidad de la otra persona es un valor para ti. Un efecto de este valor puede ser que a esa persona le tengas definido un salario mayor que a otros empleados.

Para facilitar la comprensión y posterior utilidad práctica de los valores por perfil, describiré algunos trinomios en los cuales se integran los valores más comunes en el ser humano moderno: algunos, relativos principalmente a la vida personal y otros, con más relación a la vida profesional. Para evitar estar mencionando en la redacción a cuál valor tiende cada perfil, en todos los casos utilizo el mismo orden al escribir el trinomio. Primero, se escribe el valor característico del perfil práctico; en segundo lugar, el de la persona con perfil racional, y en tercer lugar, el del perfil intelectual. Por ejemplo, para nuestro primer trinomio el orden es: cuerpo, práctico; mente, racional y espíritu, intelectual.

Cuerpo, mente y espíritu

Este es el trinomio de los 3 metavalores del sistema humano. Como se ha mencionado, la persona práctica tenderá a vivir más en función de su cuerpo, por lo tanto, lo valorará más. El Racional a su mente y el Intelectual a su espíritu. Con este trinomio clarifico lo mencionado anteriormente. El cuerpo, la mente y el espíritu son realidades existentes en la vida diaria, por lo tanto, susceptibles de ser estimadas en diferente grado. Luego entonces, son valores instalados con diferente jerarquía en el interior de cada uno de nosotros.

Para alguien práctico, lo anterior se puede manifestar cuando le dedica una hora diaria al ejercicio para mantener saludable y en buena forma su cuerpo. Para alguien intelectual, la asistencia a la iglesia y a las comunidades de ayuda a los demás puede significar la manifestación del valor que tiene por su vida espiritual. Cuando una persona racional lleva 2 horas y sigue tratando de descifrar un determinado acertijo, es factible que esté manifestando su valor por la vida mental. Finalmente, todos y cada uno de los trinomios de valores que vamos a revisar tienen un impacto directo en los metavalores cuerpo, mente y espíritu.

Cuando hayas comprendido por completo este modelo de formación de la personalidad, podrás darte cuenta de que todos los elementos característicos en cada perfil connatural, en los 7 niveles, tendrán una relación directa al cuerpo, a la mente o al espíritu. Podríamos decir, metafóricamente hablando, que cada perfil le está aportando a la cultura una tercera parte de todos los elementos de personalidad que estamos manifestando como especie. En el proceso de vida los aprendemos unos de otros, pero tuvieron su origen en cada perfil connatural.

Para este momento, es pertinente reforzar un principio fundamental en esta y cualquier teoría de la personalidad. Establecer que la persona práctica tiende a vivir más en función de su cuerpo que de su mente y espíritu es meramente explicativo (de un patrón de personalidad generado por nuestra biología) y no limitativo. Si recordamos, el espíritu es otra fuente fundamental para determinar elementos de la personalidad. Sin embargo, la mayoría no tenemos el nivel evolutivo para manifestar de forma importante nuestra carga espiritual a través de elementos presentes en la personalidad. Por lo anterior, el patrón de personalidad que la mayoría estamos manifestando en la vida diaria está determinado principalmente por la constitución genética de nuestro cuerpo. Desde este, y sólo desde este marco de referencia, se establecen los perfiles connaturales de personalidad. Una persona práctica, cuya personalidad esté manifestando en alto grado las virtudes del espíritu, seguramente presentará diferencias importantes contra los patrones aquí expuestos. Sin embargo, estos casos son la excepción y no la regla, como lo podrás ver cuando inicies tu proceso de validación de los perfiles connaturales de personalidad.

Vida, Naturaleza, Dios

Este trinomio nos da la pauta para establecer otro aspecto importante aplicable al nivel de los valores. No es lo mismo pensar que se tiene el valor por la vida, la naturaleza o por Dios, a realmente tenerlo impreso en el nivel valores. Esto lo podemos observar en nuestras conductas de todos los días y en los efectos de nuestra historia como especie. ¿Estaríamos en las circunstancias actuales de vida si realmente tuviéramos a Dios y a la Naturaleza como dos de nuestros más importantes valores? La respuesta evidente, lógica y honesta es un rotundo no. Es tan determinante, a este momento, el nivel de los valores en nuestra vida, que el tomar consciencia de lo realmente instalado en él nos puede evitar muchos de los conflictos que estamos generando cada día.

Tan sólo planteo un ejemplo para dejar más en claro la importancia de este aspecto: ¿Te arriesgarías a perder la vida por 1,000 pesos? No necesito estar contigo para saber cuál es la respuesta inmediata: un rotundo no. Sin embargo, ¿puedes imaginar cuántas personas han perdido la vida por 1,000 pesos o menos?: muchas. La razón es muy simple. No supieron de forma consciente que el valor dinero estaba instalado en ellos en más alta estima que el valor vida propia. Por lo tanto, el día en que necesitaron manifestar una reacción ante un estímulo que puso en juego cuál de estas 2 realidades proteger más, quien respondió fue su personalidad inconsciente para defender el valor impreso con más jerarquía. Ante una situación emergente y crítica, no se tiene tiempo de pensar, **se reacciona con lo que se es.** Es por esto que, ante la situación en la cual se tiene que responder ante un asaltante que exige el dinero que se trae, la reacción automática puede ser defenderse, a pesar de que con eso se ponga en peligro la vida.

Al conocer la estructura de valores por perfil podremos darnos una idea del porqué de las diferentes reacciones humanas ante una misma situación. ¿Por qué una madre se lanza sin pensar a intentar salvar la vida de su hijo, arriesgando la propia, y otra se queda completamente paralizada ante la misma situación? Probablemente, al indagar en su estructura de valores, se encuentre que están instalados en diferente jerarquía. Para una, la realidad "vida de mi hijo" está impresa en más alta estima que la realidad "vida propia". Por lo tanto, su interior la lanzará a intentar salvar la realidad de más jerarquía. Para la otra mamá, su interior la paralizará, exactamente con el mismo fin, salvaguardar el valor de más jerarquía: la realidad "vida propia" está impresa más alta que la realidad "vida de mi hijo". Difícil y hasta cruel de aceptar, sin embargo, es una realidad de todos los días.

Clarificar nuestra jerarquía de valores es uno de los primeros pasos en el proceso de desarrollo humano. Hacer esto no es tan complejo. Sólo tienes que observar tus conductas más frecuentes e interpretar qué valor pueden tener como fuente. Lo que piensas que te puede engañar, no lo que estás manifestando todos los días como conductas. Puedes pensar que una de las realidades que más estimas es tu familia, pero no te puedes engañar si te das cuenta de la cantidad de tiempo que les dedicas cada día, la calidad de trato que les ofreces y la frecuencia con la que les manifiestas amor. A pesar de la importancia capital del trinomio de realidades Vida- Naturaleza-Dios, la mayoría no les hemos tomado una real alta estima. Reflexiona cuál de ellas está más presente en tus conductas diarias.

Experimentar, poseer, ser, Recibir,
crear, bienestar, Dar, poder, saber
Alegría, expansión, liberación

En estos 4 trinomios de realidades considero que se encuentra la base de la filosofía de vida de todo ser humano. Creo que son las 12 realidades esenciales en las cuales se desdoblan nuestro cuerpo, mente y espíritu. Si lo reflexionas fríamente, te percatarás de que estamos manifestando muy poco de la mayoría de estos 12 valores en nuestro actuar diario. Te planteo los siguientes enunciados como un estímulo para disparar tu reflexión sobre el asunto:

Cada día vamos más rápido hacia una sociedad sedentaria y rutinaria; en donde la mayoría no posee lo que necesita y al menos el 80% de la población adulta actual no ha llegado a ser lo que desea.

La resistencia que recibir, del ser humano promedio, es enorme; el proceso creativo se lo dejamos a unos cuantos y muy pocos provocan la intensidad de vida necesaria para mantenerse en bienestar.

El ego, por lo regular, nos vence cuando es un momento para dar; muchos no desarrollamos el poder ni para controlarnos a nosotros mismos; y del conocimiento, ni hablar, con medio libro leído por persona por año en este país.

Con el pronóstico de la depresión como la enfermedad más extendida del siglo XXI, puedes reflexionar sobre el nivel de alegría actual en el mundo. Explorando la capacidad de generación de riqueza de la mayoría de nosotros, puedes evaluar nuestro grado de expansión, y con un análisis de la cantidad de cosas a las cuales se apega el ser humano moderno, puedes concluir el nivel de libertad con el cual se está experimentando la vida.

Como podrás apreciar, en valorar y posteriormente manifestar conductas basadas en estas 12 realidades, se encuentra la posibilidad de vivir desde nuestra más profunda esencia. Creo que una vida basada en estas 12 realidades, produce la satisfacción, el éxito y la evolución que cualquiera de nosotros pueda desear. Para definir a cuál valor de cada trinomio tiende tu personalidad, piensa sólo en función de lo que consideras conceptualmente más importante para ti, aun y cuando no lo estés manifestando de forma continua en la vida diaria. Por lo esencial de estas 12 realidades y lo elemental de nuestro nivel evolutivo actual, la mayoría no los estamos manifestando significativamente en la vida diaria.

Tiempo, dinero, energía

Este trinomio agrupa 3 de las realidades más estimables en la vida moderna. Contiene los 3 recursos en los cuales la mayoría tenemos cimentado nuestro poder para manifestarnos en el mundo. Como podrás concluir, el cuerpo es el más tangible y temporal de nuestras 3 dimensiones. Por lo tanto, la persona práctica imprime el valor tiempo en las partes altas de su escala de valores. La mente es la dueña del proceso creativo en el mundo. Y como a este momento casi todo requiere dinero para ser creado, la persona racional tenderá a tenerlo como una de sus principales prioridades. La energía para lograr las cosas trascendentes en la vida está asociada a la voluntad y a las virtudes. Por esto, el perfil intelectual tiende a valorar la energía más que al dinero y al tiempo.

Para el logro de las metas que cada uno de nosotros tenga en la vida, se requerirá de las realidades tiempo, dinero y energía. Sin embargo, la naturaleza nos dotó de las facultades para generar una alta estima por sólo una de estas 3 realidades. Además, nuestra posibilidad de acceso, manifestación y desarrollo en los 2 elementos no naturales, será de una quinta parte con respecto a lo natural. Todo lo anterior es estrictamente relativo al perfil connatural con el cual nacemos. Así, la experimentación y el desarrollo de todos los elementos no naturales nos demandará mayor actitud, enfoque y voluntad. Aun así, no podemos dejar de considerarlos, desarrollarlos ni valorarlos si queremos lograr un alto desempeño en la vida. La naturaleza nos regaló un tercio de lo necesario, nosotros tenemos que ir contra la naturaleza, con el espíritu, para desarrollar los 2 elementos no naturales de TODO.

Con lo visto hasta este momento podemos establecer, de forma tangible, la relación directa que existe entre todos los elementos de cada perfil connatural, con las dimensiones cuerpo, mente y espíritu:

El perfil práctico valora y vive cimentado en su cuerpo, por lo cual es el más eficiente en la utilización de su tiempo, lo que le permite cumplir la mayoría de las acciones que se propone.

El perfil racional valora y vive cimentado en su mente, por lo cual es el más productivo en la generación e inversión de su dinero, lo que le permite lograr la mayoría de las metas que se fija.

El perfil intelectual valora y vive cimentado en su espíritu, por lo cual es el más efectivo en la utilización de su energía, lo que le permite alcanzar la mayoría de las intenciones que manifiesta.

Los 3 párrafos anteriores alcanzan a mostrarnos un poco de la perfección del diseño natural de la estructura de la personalidad planteada desde los perfiles connaturales. En descodificar esta estructura, detectar sus principios de operación y transmitir la forma de llevarla a la vida diaria se encuentra el enfoque principal de este modelo de formación de la personalidad.

Presente, futuro, pasado

La alta estima a cada una de estas 3 realidades se manifiesta de una forma continua durante el día. A continuación, planteo algunos ejemplos, para que te faciliten determinar cuál es la de más valor en tu proceso de vida.

Para quienes tienen en muy alta estima su presente se les complica prever para el futuro y experimentar del pasado. Por lo anterior, la vida los encuentra con frecuencia desprevenidos y tienden a cometer más de una vez el mismo error. Lo importante es el momento, sin importar tanto las consecuencias. "Vive hoy, mañana Dios dirá". Estar sentado, descansar o dormir son un desperdicio de tiempo. "Más vale pedir perdón que permiso". Al atender con alta prioridad el presente disfrutan y experimentan a fondo cada momento.

Para quien vive principalmente en función del futuro, la razón de casi todo lo que hace hoy está en el mañana. No importan limitaciones, problemas ni calamidades hoy si en la mente existe un futuro prometedor. El ahorro y la planeación son indispensables para su vida. Su plática y enfoque se encuentran continuamente en el futuro, por lo cual tiende a desatenderse de su presente. Se le facilita pronosticar el futuro, por lo cual es muy creativo.

Un indicador de un alto enfoque al pasado es una plática que siempre está impregnada de los sufrimientos, ofensas y tragedias experimentadas. Se acumula experiencia conforme se avanza en la vida, por lo cual es difícil que se cometa el mismo error 2 veces. Su referente de vida es el pasado, de manera que, continuamente, están trayendo al presente su vida emocional pasada. Acumulan conocimiento y esto les facilita integrarlo metodológicamente.

Familia, éxito, paz

Tal vez este es el trinomio de valores que mayores conflictos genera en las relaciones humanas. El problema empieza cuando se tienen que distribuir nuestros 3 recursos más importantes (tiempo, dinero y energía) en estas 3 realidades.

¿Cómo convencer a la familia de que trabajar tantas horas diarias es para su bienestar?

¿Cómo convencer a un padre de familia de que la felicidad de sus hijos es más factible si él está más tiempo con ellos?

¿Cómo arriesgar el éxito profesional por asistir al partido de futbol o la presentación artística de los hijos?

¿Cómo saber si tanto tiempo y dinero invertidos en cursar una maestría son por mi familia, mi éxito o nuestra felicidad?

¿Cómo vivir en armonía con estas 3 realidades si la naturaleza me cargó 5 veces más para tender a una de ellas?

En este trinomio nuevamente aparece como aspecto crítico el factor pensar contra tener impreso. Es decir, se requiere un alto grado de consciencia y madurez para saber con certeza cuál de las 3 realidades es más importante en nuestra vida. No cuál pensamos, si no cuál se manifiesta en nuestro comportamiento diario. Por otro lado, se encuentra la pregunta de cómo vivir en armonía si nuestra carga genética nos determina hacia un lado del trinomio. Se requiere comprender que el primer paso para el logro de una actuación integral es descubrir nuestro talento potencial, desarrollarlo y reconocer que siempre se tiene que complementar con elementos de los otros 2 perfiles.

Una persona práctica puede cimentar, en una excelente relación, armonía y comunicación familiar, su éxito profesional y paz personal. Para alguien racional, lograr el éxito profesional puede ser trasladado a elementos que provean de armonía familiar y paz personal. Para alguien intelectual, el logro de un alto grado de paz se puede trasladar al éxito profesional y a la armonía familiar. **El punto está en cimentar en las fortalezas personales la experimentación y desarrollo de los elementos no naturales determinados por nuestra biología.**

Como se mencionó, el secreto está en comprendernos como seres tridimensionales: con un cuerpo codificado para experimentar principalmente una de las 3 dimensiones; con un espíritu que tiene la posibilidad de llevarnos a manifestar las virtudes de la voluntad y con una mente con el potencial de crear todo cuanto dejemos salir desde la esencia de nuestras dimensiones física y espiritual.

Salud, libertad financiera, consciencia tranquila

Este trinomio está directamente relacionado con el anterior. Por lo regular, estamos tomando decisiones para acercarnos a uno, pero nos alejan de los otros 2. Para muchas personas de la actualidad, la búsqueda de la vida financiera estable se convierte en problemas de salud y desequilibrios emocionales. Para otros, una mala interpretación de "consciencia tranquila" los mantiene paralizados ante oportunidades de mejorar económicamente. Reflexiona cuál de los 3 tiene más importancia para ti, siempre considerando en primera instancia cuál se manifiesta más en tu comportamiento diario.

Libertad, independencia, seguridad

El término *libertad* puede ser aplicado con diferentes alcances. En este caso se establece con un alcance de libertad de acción y movimiento. Así, la persona práctica tenderá a conseguir cuanto sea necesario para mantener su libertad de acción. Esto las convierte en personas que no requieren mucha instrucción cuando se trata de ejecutar alguna tarea. En otro sentido, una de las formas de afectar negativamente a este perfil es limitarle su posibilidad de movimiento y lo que puede hacer. Es decir, se puede potenciar o limitar a cada ser humano en función de las realidades estimables para él.

Por otro lado, la persona racional tiene en alta estima su independencia jerárquica y de recursos. Es decir, tiende a buscar ser su propio jefe y generar los recursos necesarios para lograr sus deseos. Esto lo convierte en alguien que tiende a dirigirse, estimularse y retarse a sí mismo. En cuanto tiene oportunidad tenderá a independizarse de sus padres o empleadores.

Para la persona intelectual, la seguridad marcará una prioridad que se reflejará en la mayor parte de sus decisiones, ya sea para definir en dónde compra una casa, con quién se relaciona, a dónde va de vacaciones o simplemente al alejarse de las actividades de alto riesgo. En cualquiera de estos casos, uno de sus principales enfoques será evitar circunstancias que pongan en riesgo su integridad física, económica o moral. Por lo anterior, tenderá a preguntarles su opinión a los demás cuando necesita tomar decisiones que implican riesgo.

3.6 El nivel neurológico ideas por perfil

Las ideas son el nivel más profundo desde el cual se dirige la vida del ser humano promedio en este momento de nuestra historia evolutiva. Por esta razón, lo que hacemos, poseemos y somos hoy la mayoría de nosotros está en función del tipo de ideas que se fueron imprimiendo en nuestra personalidad como consecuencia de nuestra interacción con el entorno. Primero recordemos la definición del nivel neurológico de las ideas para el MCI del ser humano (fig. 8):

Idea: forma o apariencia de la verdad, la cual se instala como completamente cierta en un sistema humano.

Así, en el nivel neurológico de las ideas, se encuentran impresos los dogmas, convicciones y creencias que tenemos sobre nosotros mismos, sobre los demás, sobre cómo funciona la vida y sobre Dios. Están impresas como frases que generalizan las presuposiciones que tenemos como ciertas para nosotros. Existe un compendio bastante amplio de las ideas más comunes por cultura, país o región. Las podemos ver representadas por los dogmas de una familia, de un grupo humano, de una sociedad, de un país o de una religión. Sin embargo, lo único que en realidad existe son los dogmas, las convicciones y las creencias de cada persona. Por lo tanto, una idea puede ser tan común como para que existan en millones de personas o tan individual que sólo existe en la personalidad de un ser humano. En consecuencia, sólo revisaré este nivel desde ideas que han logrado trascender en el tiempo, lo que hace seguro que existan en miles de personas.

Las conocemos como refranes populares. En realidad, estos elementos de la cultura sólo son ideas que han ido perpetuándose en el transcurso de nuestra historia como sociedad. Sin embargo, aun y cuando vamos imprimiendo en nosotros algunas de estas ideas colectivas, empujados por nuestro perfil connatural, también formulamos e imprimimos cierta cantidad de "refranes personales", es decir, ideas impresas en cada uno de nosotros como consecuencia de nuestras experiencias de vida. Por la diversidad de las frases por medio de las cuales se imprime en nuestro interior cada convicción o creencia, sólo te comparto una lista de las ideas colectivas más famosas. Es decir, aquellos refranes populares más conocidos y que, de acuerdo con la investigación, se encontró mayor identificación de cada perfil con ellos.

Ideas, refranes, afines para el perfil práctico

"Quien pega primero, pega dos veces"
"Quien tiene un amigo, tiene un tesoro"
"El que a hierro mata, a hierro muere"
"El tiempo perdido lo lloran los santos"
"Lo cortés no quita lo valiente"
"Al mal tiempo, buena cara"
"A quien madruga, Dios lo ayuda"
"Genio y figura, hasta la sepultura"
"Más vale pájaro en mano que ciento volando"
"No dejes para mañana lo que puedes hacer hoy"
"Ojo por ojo y diente por diente"
"Cuando el río suena, es porque agua lleva"
"A Dios rogando y con el mazo dando"

Ideas, refranes, afines para el perfil racional

"Quien no arriesga, no gana"
"El que a buen árbol se arrima, buena sombra lo cobija"
"No todo lo que brilla es oro"
"Todo mundo tiene un precio"
"Con dinero baila el perro"
"Ojos que no ven, corazón que no siente"
"Al ojo del amo, engorda el ganado"
"Crea buena fama y échate a dormir"

"Ladrón que roba a ladrón tiene 100 años de perdón"
"El dinero no da la felicidad, pero cuando se va se la lleva"
"El pez grande siempre se come al chico"
"Mal de muchos, consuelo de tontos"
"No hay mal que por bien no venga"

Ideas, refranes, afines para el perfil intelectual

"Quien siembra vientos, recoge tempestades"
"Haz el bien sin mirar a quién"
"Hombre prevenido vale por dos"
"Quien mal anda, mal acaba"
"Dime con quién andas y te diré quién eres"
"Más vale tarde que nunca"
"Más sabe el diablo por viejo que por diablo"
"Más vale solo que mal acompañado"
"Ayúdate, que Dios te ayudará"
"Consejos tengo y para mí no vendo"
"Dios aprieta, pero no ahorca"
"El hombre pone y Dios dispone"
"No por mucho madrugar amanece más temprano"

En función de cuál de las tres listas contenga mayor cantidad de frases con las que te identifiques, será la tendencia de perfil de personalidad que estés manifestando en este momento de tu vida.

3.7 El nivel neurológico capacidades por perfil

Para entrar en contexto, revisemos nuevamente la definición para el MCI del ser humano (fig.8) del significado y alcance de las palabras *habilidad, capacidad* y *talento*. El objetivo de plantearlas de esta forma es facilitarte la comprensión y posterior aplicación práctica de lo existente en el nivel capacidades:

Habilidad: posibilidad y disposición para ejecutar con gracia y destreza una tarea.

Capacidad: propiedad de contener las habilidades necesarias para cumplir con una responsabilidad.

Talento: capacidad natural desarrollada.

En función de estas definiciones, podemos abordar este nivel neurológico únicamente desde las habilidades. Las capacidades son tan sólo el resultado de 3 habilidades complementarias desarrolladas para cumplir con una determinada responsabilidad. Y el talento es tan sólo el resultado del desarrollo de una capacidad natural. Por lo anterior, tenemos que diferenciar entre dos tipos de habilidades por medio de las cuales se pueden conformar capacidades:

1. **Habilidades naturales.** Son las habilidades que cada perfil connatural trae programadas con el potencial para desempeñar de forma excepcional. Por ejemplo, la persona práctica llega con la constitución genética para desarrollar como natural la habilidad de corregir situaciones; la racional, para innovar y la intelectual, para mejorar procesos.
2. **Habilidades normales.** Es el nivel de desarrollo al cual se puede aspirar en todas aquellas habilidades que no se tienen

como naturales. Por correspondencia les aplicaremos el mismo factor que a las capacidades. Es decir, la diferencia en potencial de desempeño de una habilidad natural con respecto a una normal es de 5 a 1. Si continuamos con el ejemplo anterior, una persona práctica tendrá un potencial de desarrollo normal para las habilidades de innovar y mejorar

De lo anterior, podemos decir que una persona tiene un talento cuando desarrolló 3 habilidades naturales complementarias para el desempeño de una responsabilidad. Aquí es en donde cobran vital importancia los perfiles connaturales de personalidad. A través de descubrir el perfil connatural, se pueden conocer las habilidades naturales y, por lo tanto, los contenedores grandes que se pueden conformar en el nivel capacidades. A final de cuentas, el camino del talento se resume en 4 sencillos pasos:

1. Conocer las habilidades naturales por perfil connatural.
2. Descubrir el perfil connatural de la persona.
3. Conseguir una profesión, trabajo o puesto en donde se demanden principalmente las habilidades naturales del perfil connatural.
4. Dedicación al trabajo diario. Al desempeñarse en un puesto o trabajo en donde las habilidades que se tienen naturales son demandadas todos los días para el cumplimiento de las responsabilidades, entonces los contenedores se irán llenando un poco cada día hasta convertirse en talentos.

Para terminar de comprender la trascendencia de este nivel neurológico de la personalidad del ser humano, revisemos lo siguiente:

1. El desarrollo de una habilidad ocurre después de realizar, continuamente y por mucho tiempo, una tarea cualquiera. Por ejemplo, para desarrollar la habilidad de negociar se necesita estar en una responsabilidad en donde se esté negociando de forma continua. Cuando 3 personas de

diferente perfil connatural son expuestas por mucho tiempo a un entorno de alta negociación, sólo una de ellas desarrollará una habilidad natural, las otras 2 generarán una habilidad normal.

2. El talento es la integración de 3 habilidades naturales complementarias para el desempeño de una responsabilidad.

3. Las habilidades naturales están programadas de forma genética. La mayoría de las personas desconoce su perfil connatural, en consecuencia, el tipo de habilidades que puede desarrollar como naturales.

4. Por diferentes razones, la mayoría de las personas estudia una carrera o inicia su vida laboral en profesiones o trabajos en donde se demanda un perfil connatural diferente al de ellas. Esto provoca que desarrollen habilidades normales, y no las naturales. Como consecuencia basarán en habilidades normales el resto de su vida laboral.

5. Las empresas, al basar su proceso de reclutamiento y selección principalmente en educación, conocimientos y experiencia, están contratando personas que, en su mayoría, sólo han desarrollado sus habilidades normales. Esto hace que se piense en el talento como algo exclusivo para algunos pocos, cuando la realidad es que la posibilidad existe para todos.

6. Las personas con talento son rápidamente reconocidas y valoradas por las empresas, por lo cual tenderán a permanecer en los empleos en donde desarrollaron su talento. A menos que aparezca un cazatalentos y le ofrezca una mejor oportunidad.

Como se puede apreciar, existen razones muy tangibles del porqué del déficit de talento que se reporta en la mayoría de países del mundo.

Como se mencionó anteriormente, la vida desde el quinto nivel se resume al desarrollo de habilidades. Es decir, las capacidades, talentos y competencias sólo son la forma en la cual se van estructurando nuestras habilidades una vez que las vamos desarrollando. Por lo anterior, el nivel neurológico de capacidades se describe desde las habilidades que tendemos a desarrollar los seres humanos como consecuencia del perfil connatural con el cual llegamos a este mundo. Para facilitar la comprensión de los perfiles connaturales sólo revisaremos algunas de los siguientes tipos de habilidades:

- Habilidades sensoriales
- Habilidades de procesamiento mental
- Habilidades cerebrales
- Habilidades profesionales y de gestión

3.7.1 Habilidades sensoriales

Oído, vista, piel

Este fue el primer trinomio trascendente de habilidades con el que me encontré. Juntas, conforman la capacidad de percepción de estímulos físicos y mecánicos de nuestro cuerpo. En este caso, el hallazgo plantea a la persona práctica con el sentido auditivo altamente sensible; a la racional, con el visual, y a la intelectual, con el tacto. Así, desde que nace cada persona empezará a desarrollar su habilidad natural de percibir por el oído, la vista o la piel, según su perfil connatural. Al mismo tiempo, irá desarrollando sus habilidades normales de percepción con los otros 2 sentidos. A muy temprana edad, las habilidades naturales y normales de percepción de estímulos físicos y mecánicos ya estarán plenamente desarrolladas (en todo niño sin problemas de salud).

La diferencia en la habilidad de percepción por estos 3 sentidos, entre los 3 perfiles connaturales, es tan categórica que podemos representar en ella la explicación de todo este modelo. La diferencia de 5 a 1 en desempeño entre una persona con talento y una sin talento, encontrada estadísticamente por la organización Gallup, queda representada tangiblemente en esta diferencia perceptual por perfil. Cuando empecé a medir el nivel de sensibilidad en estos 3 sentidos sensoriales, en diferentes personas, los resultados fueron totalmente reveladores. Los datos mostraron la evidencia, había tres grupos de personas: los que oían o los que veían o los que percibían por la piel de una forma superior a los demás. Le llamé a la habilidad *sentido sensorial preferente* (SSP). El estudio mostró un solo SSP como habilidad natural por persona, sin excepción a este momento (después de 25 años de investigación).

Si bien debemos cimentar nuestro desempeño en las habilidades naturales, el éxito en la vida nos demandará el desarrollo de las 3 habilidades complementarias de cada capacidad. Exactamente igual que con los 3 sentidos sensoriales planteados como SSP, disfrutamos, nos cimentamos y valoramos todo lo relativo a nuestro SSP; sin embargo, requerimos desarrollar y utilizar, en buena medida, los otros 2 sentidos para desenvolvernos efectivamente en cada uno de los entornos de la vida. Estadísticamente, la característica más categórica para determinar el perfil connatural de un ser humano es su habilidad de oír, ver o percibir por la piel, es decir, su SSP. Además, es la habilidad corporal que más elementos de personalidad determina en cada uno de nosotros. Por esta razón, te recomiendo especial atención en el proceso que vas a experimentar para descubrirlo. Responde las siguientes preguntas:

¿Cuál consideras que es tu sentido sensorial más importante?
¿Cuál es tu sentido sensorial mejor calibrado?
¿Por cuál sentido entra la información que te estimula más?
¿Cuál es el sentido que te permite reaccionar más rápido?
¿Eres una persona auditiva, visual o muy sensible a la piel?

Si la respuesta fue la misma para las 5 preguntas, probablemente es claro para ti tu SSP. Después de años de realizar estas preguntas a mucha gente, te puedo compartir que para el 70% de ellos aparecen 2 o 3 respuestas diferentes. Lo increíble para mí, cuando me realicé las preguntas por primera vez, fue que había estado conmigo mismo por 30 años y no podía contestarlas completamente convencido de que las respuestas eran correctas.

Olfato, gusto, sexto sentido

Estas 3 habilidades integran la capacidad de percepción de estímulos no físicos ni mecánicos. Como te puedes dar cuenta, iré poniéndoles nombre a las capacidades sólo para tu comprensión. Finalmente, cada responsabilidad en la vida personal, familiar, profesional o social demandará su propio título como capacidad. Lo importante va a ser tomar consciencia de las habilidades que demanda cada responsabilidad, cuál de ellas puedes desarrollar como natural y cuáles otras como normales. Según he podido observar, es el nombre de las habilidades y destrezas lo que está resultando estándar en el entorno empresarial. La primera pregunta que me surgió al descubrir los SSP fue por qué el olfato y el gusto no eran tan determinantes en la personalidad. Una sola respuesta apareció en mi mente en el transcurso de los años hasta que Cristina, una doctora investigadora participante de uno de mis diplomados presenciales, me ofreció algunas respuestas más:

1. Los SSP responden a estímulos físicos o mecánicos, el olfato y el gusto son detectores de información química.
2. Los SSP proveen de energía al cuerpo humano; el olfato y el gusto, no.
3. En los SSP es cuantificable su habilidad de percepción; en el olfato y el gusto es determinística (existe olor o sabor o no existe).
4. Los efectos de los estímulos que perciben los SSP permanecen presentes mientras dura el estímulo; los efectos de los estímulos del olfato y el gusto desaparecen un tiempo después de que se detectaron. Por ejemplo, si llegamos a un lugar y detectamos un olor particular, al poco tiempo nos acostumbramos y dejamos de percibirlo.
5. Los SSP llegan a la parte del cerebro en donde se procesan las funciones superiores como el lenguaje y el aprendizaje. El olfato y el gusto llegan a donde se procesan las funciones inferiores, es decir, las de supervivencia.
6. Los SSP se pueden representar cerebralmente. Es decir, se puede ver, oír o sentir internamente en el cerebro, el ejemplo más común es la visualización o representación interna en imágenes. El olfato y el gusto sólo estimulan recuerdos y no hay manera de representarnos olores o sabores.
7. Los SSP estimulan el traslado mental al pasado, presente o futuro; el olfato y el gusto, sólo al pasado.

En las consideraciones anteriores se puede percibir la perfección del diseño del ser humano. Además, deja bastante tangible la relevancia de los SSP para el proceso de vida. En este trinomio estoy agregando el sexto sentido, a través de él podemos percibir estímulos que no son físicos, mecánicos o químicos. Algunos lo definen como el detector de la "vibra" de las personas. Es totalmente subjetivo por responder a los estímulos del espíritu, a los pensamientos o a los instintos más profundos de nuestro sistema físico. La forma más convencional como se manifiesta es a través de lo que conocemos como presentimientos.

El perfil práctico desarrolla el olfato como habilidad natural; el racional, el gusto, y el intelectual, el sexto sentido. Esta capacidad también se desarrolla completamente en los primeros años de la vida. Con un poco de observación consciente te darás cuenta de cómo los niños de 3 a 4 años de edad ya manifiestan una habilidad natural en alguno de estos 3 sentidos.

3.7.2 Habilidades de procesamiento mental

Una de las capacidades más utilizadas por nuestra mente está formada por las habilidades de procesar mentalmente en sonidos, en imágenes o en sensaciones. Estas 3 habilidades son ampliamente conocidas y aplicadas en el campo de la programación neurolingüística (PNL). Ahí se les conoce como sistemas representacionales. Para nuestro caso aparecerán como sistemas de procesamiento mental (SPM). Se desarrollan con base en los 3 sentidos sensoriales preferentes (SSP). Por esto, se definen como los sentidos internos y no son otra cosa que pensar a partir de sonidos, imágenes o sensaciones. Al menos 2 de los SPM se desarrollan a muy corta edad. A los 2 o 3 años ya desarrollamos en gran medida el SPM relativo a nuestro SSP. Es decir, una persona con un SSP en su oído desarrollará como habilidad natural el SPM en sonidos. La persona con un SSP en la vista genera un SPM natural en imágenes, y alguien con un SSP en la piel, un SPM en sensaciones.

Si recuerdas, mencionamos cómo de niños todos modelamos a la persona con la cual más convivimos y tiene un perfil connatural diferente al nuestro. De este modelaje surge, antes de los 5 años de edad, el perfil de personalidad básico. Lo mismo pasa más adelante cuando desarrollamos el perfil de personalidad expandido. Una de las habilidades más importantes que generamos en estos procesos de modelaje de otro perfil es el SPM natural de la persona a la cual modelamos. Revisemos cómo se da el proceso para un primogénito con perfil connatural práctico con una mamá con perfil connatural racional:

1. A los 3 años de edad, el niño ya tendrá 2 habilidades naturales que lo acompañarán toda la vida: el oído como su SSP y el proceso mental en sonidos como su SPM.

2. La mamá, al ser perfil racional, tendrá un SPM natural en imágenes. Esta será una de las habilidades más importantes que el niño le modelará, del paquete de características de personalidad racional. A los 5 años de edad, el niño ya tendrá

3 habilidades significativas: un SSP en su oído, un SPM natural en sonidos y un SPM normal en imágenes.

3. Cuando el proceso se repita con una persona de perfil connatural intelectual, le aprenderá el SPM en sensaciones. Entonces, el niño, o ya adulto, tendrá el paquete de habilidades que, como tal, determina más elementos de personalidad en el ser humano promedio: un SSP en su oído, un SPM natural en sonidos y 2 SPM normales, uno en imágenes y otro en sensaciones.

La relevancia de los SPM en el ser humano es que son la base de la vida mental. Al estar pensando casi todo el día, existe una gran diferencia en nuestras respuestas a los estímulos del entorno si lo estamos haciendo en sonidos, imágenes o sensaciones. Además, al explorar las diferencias entre un SPM natural y uno normal llegamos a encontrar la famosa relación de 5 a 1 entre quienes lo tienen como habilidad natural y quienes lo tienen normal o simplemente no lo tienen (recuerda que sólo las personas con perfil expandido de personalidad ya tienen los 3 SPM). Dentro de la PNL existe mucha información sobre los SPM, llamados sistemas representacionales en PNL. Para los fines prácticos de este libro sólo te comparto 3 de las características más conocidas de ellos:

1. **Submodalidades presentes en el proceso mental.** Se refiere a las cualidades del proceso mental: volumen, timbre, tono, frecuencia, pausa, nitidez, etc., de los sonidos presentes en la mente, es decir, cualidades del SPM en sonidos. Colores, formas, brillo, movimiento, tamaño, etc., de las imágenes con las cuales se procesa mentalmente en imágenes. Presión, temperatura, intensidad, textura, fuerza, dolor, etc., presentes en las sensaciones mentales al procesar una experiencia con el SPM en sensaciones.

2. **Predicados y construcciones sensoriales presentes en el lenguaje.** Una de las características más detectables para saber el SPM más utilizado por una persona es el tipo de

palabras y construcciones verbales que realiza. "Me suena", "le dije", "le contesté", "me pareció grave", "es una persona muy ruidosa", "me sacó de frecuencia" y "estamos en sintonía" son sólo algunos ejemplos de palabras existentes en el SPM en sonidos. "Lo veo bien", "mi punto de vista", "nos vemos a las 6", "mi enfoque es", "su visión es de muy corto plazo", "visualizo algunos problemas", "observa bien el proceso" y "es una persona brillante" son algunos ejemplos de lenguaje manifestado cuando se tiene un SPM en imágenes. "Me sentí atacado", "estuve muy a gusto", "me presiona demasiado", "subió la temperatura de la junta", "fue un aprendizaje doloroso", "la relación quedó muy maltratada" y "me lo dijo con mucha intensidad" son ejemplos del lenguaje en personas con un SPM en sensaciones.

3. **Velocidad de proceso mental.** El proceso mental en imágenes es sumamente rápido. Al estar haciendo películas cuando la persona está pensando en imágenes, tenderá a ir y venir rápidamente en su mente para responder a los estímulos del entorno. Cuando la persona está procesando en sonidos lo realizará a una velocidad de respuesta intermedia y muy literal. Al ir procesando en función de palabras tenderá a ir a la misma velocidad con la cual las palabras van llegando a su sistema y su respuesta se generará de igual forma a la velocidad con la cual van apareciendo en su mente. El proceso en sensaciones es el más lento de los 3. La persona, al estar utilizando este tipo de proceso tenderá a escuchar los estímulos, traducirlos interiormente a significados y sensaciones, para luego traducir las respuestas de sensaciones a palabras. Esto retrasa mucho las respuestas de alguien procesando en sensaciones.

Muchas de las habilidades naturales por perfil connatural encuentran parte importante de su poder en un SPM natural. Por ejemplo, la habilidad de dirigir hacia una visión a un equipo de trabajo. Para que una persona pueda ser talentosa en esta habilidad, requerirá de un SPM natural en imágenes. Esto, para poder tener de forma clara, vívida y tangible la visión en su mente. Es muy difícil influenciar a los demás para ir tras el logro de una visión cuando el que dirige no tiene la habilidad de crearla y tenerla siempre presente en su mente. Conforme vayas revisando las habilidades, te darás cuenta que algunas de ellas guardan una relación directa hacia un sistema de proceso mental determinado.

3.7.3 Habilidades cerebrales

Gracias nuevamente a la programación neurolingüística, se han logrado codificar algunos patrones seguidos por nuestro cerebro, al procesar y responder a la información a la cual somos expuestos en cada instante del día. Se les denomina metaprogramas por estar conformados por una serie de programas cerebrales que responden, al mismo tiempo, ante un determinado estímulo. El proceso de formación de un metaprograma es exactamente el mismo por medio del cual se desarrollan las habilidades. De hecho, los metaprograma son habilidades cerebrales que surgen en trinomio, como las ya revisadas.

La toma continua de acciones, decisiones y elecciones con una determinada estructura o patrón va generando un aprendizaje que se va imprimiendo en el cerebro. Es decir, nuestro cerebro va programando nuestra forma habitual de responderle al mundo, para responder él solo más adelante y facilitarnos el proceso de vida. Para los 6 o 7 años de edad la estructura principal de metaprogramas ya estará conformada en la mayoría de nosotros.

Una vez estructurados estos patrones, nuestro cerebro tendrá la capacidad de responder a innumerables situaciones de la vida, de forma automática, esto es, sin esperar una orden de la mente consciente. En este modelo de la personalidad los introduciremos como **habilidades cerebrales,** las cuales se conforman en capacidades cuando funcionan de forma complementaria. Por medio de ellas, nuestro cerebro nos ayuda a procesar la información del entorno y la traduce a respuestas automáticas adecuadas a nuestra historia personal.

Como en la mayoría de los elementos de la personalidad del ser humano promedio, el tipo de habilidades cerebrales al cual tendemos está directamente relacionado con nuestro perfil connatural. La definición aplicable para una habilidad cerebral es la siguiente:

Habilidad cerebral: habilidad de responder de forma automática a los estímulos del entorno en función de patrones generados por los criterios más usados para tomar decisiones en el pasado.

Gracias a estas habilidades se nos facilita la toma de decisiones para asuntos cotidianos de la vida diaria. Al responder a un estímulo conocido, de acuerdo con como hemos respondido frecuentemente en el pasado, no se requiere la atención de nuestra mente consciente en este tipo de asuntos. Esto nos proporciona espacio mental consciente para asuntos menos cotidianos o más relevantes. Al igual que todo en la vida, estas habilidades son relativas a cuándo, dónde y a quién estamos respondiendo con ellas. Como todo lo que ocurre de forma automática, nos generan los inconvenientes mencionados al estar funcionando en la Matrix, además del inconveniente de si estamos respondiendo desde una habilidad normal en lugar de una habilidad natural.

Por último, es importante resaltar que las habilidades cerebrales tienen una relación directa e importante con los SPM. Al ser el cerebro el medio principal de expresión de la mente, la estructura con la cual esté constituido afectará significativamente la operación del pensamiento. Es más, a este tipo de habilidades se les puede considerar como la estructura principal utilizada por los SPM (incluidas las submodalidades, el lenguaje y la velocidad de pensamiento revisados anteriormente).

En resumen, las habilidades cerebrales son la herramienta principal por medio de la cual estamos respondiendo al mundo de forma automática cada uno de nosotros. Describo de forma breve cada trinomio de habilidades para facilitar que te autoevalúes. Conforme leas, piensa cuál de las 3 descripciones se acerca más a la personalidad que estás manifestando en la vida diaria. El orden para saber cuál habilidad es natural en cada perfil connatural es el mismo, la primera habilidad de cada trinomio es natural en el perfil práctico; la segunda, en el racional y la tercera, en el intelectual.

Activo, proceso, emocional

Este trinomio de habilidades define la capacidad para responder cuando un estímulo nos demanda ponernos en acción. Se estructura a través de la cantidad de tiempo y datos que el cerebro necesita para decidir enviar la señal de acción a tu cuerpo. La persona **activa** inicia la acción rápidamente, sin pensarlo mucho. Como se dice en el ambiente taurino, simplemente, "Se lanzan al ruedo". No requiere mucha información para decidir actuar, sólo percibe si quiere experimentar el evento y, si es así, actúa. La persona práctica es quien desarrolla esta habilidad como natural. La persona de **proceso,** por lo regular, espera para analizar cada situación antes de entrar en acción. Deja a otros lanzarse primero para percibir más datos. Tiene en cuenta lugar, intereses, beneficios y consecuencias futuras de lanzarse a la acción. El perfil racional es el que tiende a desarrollar esta habilidad como natural.

El perfil intelectual suele responder de forma **emocional** cuando le sea requerida una acción. Esto, por lo regular, incrementa el tiempo que tarda en decidir ponerse en acción, ya sea que responda con mal humor si se le está ordenando realizar alguna tarea, con temor cuando se le pide que ejecute algo no familiar para él o con nerviosismo si se le pide contestar alguna pregunta en público.

Por ejemplo, recordemos cuando en la adolescencia se asiste a un baile, ahí el **activo**, con poco análisis y a los pocos minutos de haber llegado, ya se encuentra invitando a bailar a cuanta jovencita le llama la atención. El de **proceso**, una vez que llega, empieza su análisis: primero, cuál muchacha le gusta más de todas las asistentes; enseguida, las posibilidades existentes de que acepte salir a bailar con él; después piensa en el momento ideal para acercarse, cuáles palabras utilizará, qué hará si la joven se niega, etc. A mitad de su proceso de análisis otro activo ya la sacó a bailar y... a empezar de nuevo. El **emocional** invertirá una cierta cantidad de tiempo en definir con quién le gustaría bailar y en vencer todos los temores que aparecerán en su interior una vez que eligió a quién invitará a bailar. El miedo a ser rechazado y la vergüenza serán sus principales enemigos.

Ser víctima de estafas, bromas de televisión y errores innecesarios son producto de ser **activo** cuando se requiere análisis, pues se pierden una gran cantidad de oportunidades por la parálisis por análisis; sin embargo, las mejores decisiones de inversión son resultado de un **proceso** de análisis a profundidad. Una vida **emocional** fuera de control producirá problemas significativos, no obstante, el temor y la duda pueden ser utilizados para prevenir y caminar de forma más segura hacia el futuro. A final de cuentas, las circunstancias, el contexto y la importancia de la decisión determinan la habilidad con la cual puede ser más efectivo responder ante cada situación. **La flexibilidad, responder desde habilidades naturales, la creatividad y la consciencia serán siempre los mejores consejeros a la hora de actuar.**

Aun y cuando tenemos una tendencia natural a desarrollar una de estas habilidades según nuestro perfil connatural, conforme vamos aprendiendo los SPM modelados, desarrollamos la posibilidad de manejar las otras 2 habilidades a nivel normal. Así, por lo regular, alguien con perfil de personalidad expandido tendrá la posibilidad de manifestarse desde los 3 tipos de habilidades, pero hay que mantener en mente que sólo desde una de las 3 se manifestará de forma natural.

Experimentar, lograr, evitar

Estas 3 habilidades generan la capacidad de reaccionar a los retos para nuestro cerebro y definen la forma programada por medio de la cual el cerebro dirige las acciones para buscar la experiencia, lograr el placer o evitar el dolor. La habilidad de **experimentar**, natural en la persona práctica, propicia conducirse en la búsqueda de la experimentación de la vida con preferencia en disfrutar y en experimentar el riesgo. Así, su cerebro la estará encaminando continuamente a involucrarse rápidamente en todas aquellas actividades que prometen una buena experiencia, algo de diversión o un alto riesgo físico. La persona racional centra su búsqueda en **lograr** placer y se enfoca en ir hacia sus fines. Para tomar acción, piensa en lo que obtendrá, en cuánto se acercará a sus metas y en las posibilidades de éxito. Un problema frecuente cuando se utiliza esta habilidad es la ecología. En su afán de **lograr** placer, estas personas tienden a no consideran efectos colaterales de sus acciones. La gran ventaja es el porcentaje de éxito logrado por tener su enfoque en ir hacia el logro.

Las personas intelectuales, por su parte, desarrollan la habilidad para **evitar** el dolor, el riesgo y el sufrimiento. Esto los alejará de entornos y actividades las cuales pueden resultar peligrosas o dañinas. Enfocan sus pensamientos en los temores o en las posibilidades de fallar, como estrategia para generar acciones que los mantengan a salvo de riesgos y peligros. Una de las ventajas principales de este enfoque cerebral es la perspectiva que da sobre las posibles fallas o contratiempos. Si se utiliza esta información adecuadamente, se previenen problemas. La desventaja es cuando los miedos retrasan demasiado la toma de decisiones y acciones. Es importante resaltar que la operación desde cualquiera de las habilidades cerebrales es siempre inconsciente, lo que significa que las personas estamos escogiendo alternativas de actuación en la vida viviendo un proceso interno que pasa completamente desapercibido.

Por ejemplo, imaginemos a 3 hermanos de diferente perfil connatural, a quienes llega un amigo a invitarlos al cine. Los 3 aceptan acompañarlo sin darse cuenta del proceso interno por medio del cual cada uno de ellos definió aceptar la invitación. Para el práctico, su proceso cerebral evaluó el momento y cómo se pudiera incrementar la diversión con esta nueva actividad: aceptó. Al racional, su cerebro lo llevó al placer de ver una película acompañada de una buena carga de botanas para comer: también aceptó. El hermano intelectual, sin muchas ganas de ir al cine, experimenta en su cerebro la posibilidad de quedarse solo y aburrido en la casa si los otros 2 se van, por lo cual, para evitarlo, decide aceptar la invitación. Como puedes observar, los 3 decidieron aceptar la invitación, los 3 tuvieron un proceso interno diferente, y lo más probable es que ninguno de los 3 fuera consciente de las razones por las cuales decidió aceptar la invitación de ir al cine. Cuando empezamos a darnos cuenta de este proceso, empezamos a tomar las riendas de nuestra actuación en la vida y esto mejora nuestra efectividad.

Referencia situacional, referencia interna, referencia externa

Este trinomio genera la capacidad cerebral de responder con contenido cuando somos cuestionados por la vida. Así, una persona con referencia situacional tenderá a responder en función de las características, datos y circunstancias que pueda percibir de una situación en el momento presente. En quien procesa en función de **referencia interna**, la respuesta dependerá principalmente de las referencias y conocimientos internos que la persona tiene sobre el asunto. Y alguien con **referencia externa** procurará requerir los datos o puntos de vista que los demás tienen sobre las cosas y acontecimientos, antes de manifestarse.

Para la persona práctica va a ser más fácil establecer su opinión en función de los datos y estímulos que esté recibiendo de la situación o entorno en el momento presente. Esto lo convierte en el más efectivo en el análisis de las situaciones en cuanto ocurren, ya que se enfoca en recopilar los datos que la situación tiene, sin meterle ruidos por criterios personales arraigados o por influencia de los demás. El perfil racional se dirige en función de juicios personales y en su forma de ver al mundo; por esto, se le complica considerar las opiniones de otras personas. Al evaluar sus actividades y las de los demás, lo hace contra sus reglas y valores. Al tomar una decisión o ejecutar una acción, sabe internamente si estuvo bien o mal. Operar desde esta habilidad le permite avanzar a su propio ritmo y contra sus propios criterios. Estar en el extremo provoca ser catalogado como terco, en ocasiones frena el avance y se limita la posibilidad de ampliar su mapa del mundo con las opiniones externas.

La persona intelectual pide continuamente opiniones a los demás para formar sus propios criterios. Es insegura al tomar decisiones, motivo por el que consultará con más gente antes de ejecutar acciones en las cuales no es experto. Es raro que esté convencida de si realizó un buen trabajo; si no, pide las opiniones de otros. Con mucha frecuencia se suma a la forma de pensar de la mayoría, por no tener firmes sus criterios internos. La ventaja de este patrón es la diversidad de opiniones a la cual puede acceder para mejorar. Usada en extremo, genera víctimas del entorno, por necesitar las opiniones ajenas para formar puntos de vista y criterios de decisión. Por ejemplo, cuando la esposa le pregunta al marido cuál vestido se le ve mejor para la fiesta y él dice "el azul"; la mujer se pone el rojo (**referencia interna** de ella). O el caso contrario, cuando la señora se prueba vestidos toda la tarde y por fin decide 100% convencida cuál se le ve mejor; llega la hija y le expresa una opinión contraria, lo cual la hace cambiarse nuevamente de vestido (**referencia externa**). Y, sólo parar complementar este ejemplo, la mujer que define qué ponerse siempre de acuerdo con el lugar a donde va, **referencia situacional**.

Opciones, procesos, procedimientos

Habilidades por medio de las cuales se define la capacidad del cerebro para responder ante la ejecución de actividades. La persona práctica tiende a actuar por **opciones**. Su cerebro ordena la realización de las actividades de diferente forma cada vez. Lo importante es la ejecución de la actividad lo más rápidamente posible y con los elementos presentes, no si sale exactamente a como se busca. Por lo regular, llega por diferentes caminos al mismo resultado. Al escoger caminos para transitar por la vida prefieren contar con una serie de **opciones** y, casi siempre, toma una diferente. Habilidad muy útil en trabajos o actividades en donde se requiere corregir problemas. Funcionar constantemente desde esta habilidad se convierte en un problema serio cuando se requiere seguir procedimientos, recetas o metodologías para conseguir exactamente el mismo resultado.

La habilidad distintiva para definir la ejecución de actividades por **procesos** es natural en el perfil racional. En este caso, el cerebro opera con trozos grandes de información; no ve actividad por actividad, sino en bloques. Esto le permite representarse cerebralmente, para coordinar después, **procesos** muy extensos y complicados. También tendrá la habilidad de separar claramente en bloques tanto **procesos** humanos, productivos o tecnológicos.

Tener la habilidad de operar por **procedimientos** implica la necesidad de saber exactamente cómo se hace algo. El intelectual tenderá a seguir los mismos pasos cada vez que ejecute la misma actividad. Es estrictamente metódico. Cree en la efectividad a través de ejecutarlo siempre igual. Cumple una serie de pasos específicos para cada actividad. Muy efectivo, cuando se tiene un trabajo en donde se requiere cumplir con rutinas al pie de la letra. En un restaurante un cocinero requiere seguir **procedimientos** para buscar el mismo resultado en cada platillo. Un vendedor requerirá seguir una serie de **opciones** diferentes para lograr la venta dependiendo del tipo de cliente con el cual esté negociando. Un planeador de proyectos requerirá la habilidad de operar por **procesos** para poder imaginarse todo el proyecto en sus diferentes fases.

Diferencias, motivos, semejanzas

Esta estructura cerebral define la capacidad de acercamiento o afiliación con el entorno. Nos dice cuál información es más relevante y preferimos del entorno en donde nos desenvolvemos. La habilidad de acercarnos por **diferencias** es notar lo nuevo en las personas o lugares conocidos y es natural en la persona práctica. Es preferir la convivencia con personas diferentes a nosotros. Se busca variar los lugares frecuentados y las personas con las cuales se convive. Se prefiere cambiar con cierta frecuencia de imagen personal. Una gran ventaja de esta habilidad es la capacidad que desarrolla para provocar cambios en el entorno.

La persona racional tenderá a desarrollar la habilidad natural de acercarse por **motivos** a las personas, situaciones o entornos. Su platillo favorito la hará regresar una y otra vez al mismo restaurante. Un tema interesante la hará buscar una y otra vez a determinada persona. Incrementar sus contactos personales la hará organizar las reuniones semanales necesarias. Es decir, su cerebro tenderá a buscar acercarse a los entornos o personas siempre que exista un motivo para hacerlo.

La persona intelectual, con habilidad natural de acercamiento por **semejanzas**, fija su atención en lo perdurable, histórico, igual. Prefiere convivir siempre con las mismas personas, ir a los mismos lugares y comer los mismos platillos. Esta habilidad genera personas muy predecibles, que cambian muy poco su imagen y que, una vez que encuentran un buen lugar, un buen amigo o un buen trabajo, difícilmente se mueven de ahí. Personas con esta habilidad logran convertirse en expertos en el desempeño de sus actividades.

Literal, general, específico

Este trinomio de habilidades se integra para desarrollar la capacidad de manejo de información en el proceso de intercambio de datos con el entorno y define las preferencias en relación con la cantidad de información requerida para actuar, tomar decisiones o representar un mapa de la realidad. La persona **literal** requiere sólo la información necesaria para ir comprendiendo cada momento lo que experimenta. Toma las palabras en su significado literal, es muy directo en su comunicación y le afecta mucho lo que no le gusta escuchar. Al estar procesando los vocablos al mismo tiempo que son pronunciados, tiende a notar rápidamente cuando es mal expresado o no encaja con el mensaje que se está recibiendo.

Quien tiene habilidad natural de operar de forma **general** requiere trozos grandes de información, una perspectiva global o los aspectos más importantes de una situación. Con pocas palabras define cualquier situación. Con un vistazo construye su mapa de cada evento. Aprecia las cosas por su estructura más amplia. Sólo necesita considerar los aspectos más generales para tomar una decisión. Su área de oportunidad es que deja de notar datos sencillos pero trascendentes, y suele generar malos entendidos por intercambiar datos tan generales cuando del otro lado se requieren datos precisos para comprender.

La habilidad natural de ser **específico** nos dirige al detalle de las cosas y eventos. Requiere santo y seña para tomar una decisión. Platica el color, la forma, la temperatura y cada persona involucrada en cada situación. Disfruta los detalles de las cosas y de la vida. Requiere la mayoría de los datos posible para generar su mapa de la realidad. Su gran desventaja es ser demasiado lento para comunicarse, para avanzar en sus proyectos y que se le dificulta crear una visión general. Un caso muy común en la vida en pareja: el esposo, general, cuando llega a su casa, la esposa, específica, le pregunta "¿Cómo te fue?"; él contesta "Bien" y pasa a solicitar la cena. Para él fue la interacción más efectiva del mundo; para ella, la más frustrante. Cuando él nota el ceño fruncido en la esposa, por su frustración, y queriendo corresponder, pregunta "Y a ti, ¿cómo te fue?", la esposa dice "Pues me levanté a las 630 a. m., aunque no, en realidad, eran las 640, porque cuando terminé de bañarme eran las 700 y nunca tardo más de 20 minutos bañándome; bueno, en realidad, sólo me retraso un poco cuando no hay suficiente presión de agua en la regadera, que, por cierto, esta semana está pasando mucho por lo extremo del calor y que no ha llovido nada...".

Externo, interno, idealista

Habilidades que integran la capacidad de enfoque relacional del cerebro durante nuestras interacciones con los demás. Es decir, maneja la importancia y valor de las necesidades propias y ajenas en los procesos de interacción. Una persona con habilidad natural en enfoque **externo** propenderá a estar pensando en función de los demás. Es muy importante para ella el bienestar y confort de quienes la rodean. Considera preferencias y gustos de otros cuando coordina actividades y proyectos. Disfruta ser un medio por el cual otras personas logran divertirse y pasársela bien. Una ventaja importante es el alta estima que logra de las personas a su alrededor.

La persona con atención **interna** tomará decisiones en función de lo mejor para ella. Las actividades realizadas tienen el fin principal de satisfacer necesidades personales. Cuando estructura eventos y planes lo hace en función de sus intereses y preferencias. Su principal ventaja es que normalmente logra lo que quiere y se divierte aun y cuando los demás lo verán como egoísta o desconsiderado.

La persona con atención **idealista** tenderá a buscar el bienestar de todos los involucrados: que nadie sufra, todos se diviertan y todos participen. Al organizar eventos provee en abundancia para que, por ninguna razón, se termine algo antes de tiempo. Por lo regular, se sentirá mal ante cualquier falla, persona inconforme o situación fuera de control que aparezca. Tenderá a retroalimentar a los demás ante el menor atisbo de problema o descuido. Se reprochará por cualquier situación adversa que ocurra y pudo haber prevenido.

En una ocasión, en una plática sobre este trinomio de habilidades con un compañero de estudio, él se definía como de atención **externa**. Me explicó cómo al decidir los detalles de una reunión lo hacía pensando en lo que él creía que iban a disfrutar más sus invitados. Al preguntarle si tenía o pedía referencias a sus invitados, contestó que no. Definía las actividades y comida según él creía lo disfrutarían más los asistentes. Después de un breve debate, llegó a la conclusión de que, en realidad, en este caso estaba usando la habilidad de atención **interna**. Al definir los detalles de la fiesta, su pensamiento se centraba en si era divertido, agradable o exquisito para él. Si era así, por "lógica" tenía que serlo para todos. Este tipo de autoengaño es muy común al intentar definir cuál de estas 3 habilidades utilizamos más.

Responsabilidad externa, razonable, interna

Este trinomio define la capacidad de responder a contratiempos. Al enfrentarnos a cualquier problema, incidente falla o logro, esta capacidad cerebral nos predispone para buscar las causas de la situación en el exterior (el entorno o los demás), en la razón lógica o en lo que nosotros hicimos o dejamos de hacer.

En **responsabilidad externa**, natural en la persona práctica, nunca se tiene la culpa; siempre existe alguien o algo más responsable de las fallas. Esto es un gran impedimento para lograr el trabajo en equipo. Por otro lado, se enfoca en la aportación realizada por los demás y su trabajo siempre pasa a segundo término. Se logran las cosas gracias a los demás. Su aportación no es significativa, por lo cual, al utilizar este proceso se fomenta en gran medida el trabajo en equipo. Una gran desventaja es echarles la culpa a los demás por todo cuanto sale mal y no tomar consciencia de las áreas de oportunidad personales.

Cuando se responde desde la habilidad de **responsabilidad razonable** tendemos a tomar una serie de datos existentes en nuestro banco de memoria y a etiquetar las causas de las situaciones. Aquí las causas son las que deben ser, por las características de la situación.

Si Pedro siempre es quien se descuida, lo **razonable** es que esta vez también haya sido Pedro. Recuerda que el tipo de habilidades que estamos revisando son ejecutadas por el cerebro en automático. En este caso, lo **razonable** es de tiempo pasado no de proceso metal racional presente.

Cuando procesas por **responsabilidad interna** siempre buscas en ti los errores o las fortalezas por medio de las cuales suceden las cosas. Te culpas o te felicitas a ti por los resultados obtenidos. Las variables generadas por el entorno rara vez tienen relevancia suficiente. Este enfoque es una fortaleza cuando estás dentro de un proceso de cambio para mejorar tu desempeño. Si se va al extremo se convierte en una autocrítica negativa constante.

El inicio de la investigación de esta capacidad se lo debo a mi esposa. El proceso comenzó en cierta ocasión que tiró un vaso al piso, el cual se encontraba a la orilla de la mesa. Su primera reacción fue preguntar "¿Quién puso ese vaso ahí?". Alguien más tenía la culpa de su descuido. Con el tiempo comprobé la preferencia de su cerebro por utilizar este tipo de habilidad y, más adelante, completé el trinomio. Cuando menos lo esperaba, mi tercer hijo, de 4 o 5 años entonces, empezó a mostrar el mismo patrón. Al ser también de perfil práctico pronto en la vida comenzó a serle fiel a su perfil connatural de tal forma que su hermano, la silla, el refresco ("Se tiró la limonada") tenían la culpa de lo sucedido.

Constante, automático, proceso

Trinomio que conforma la capacidad que tiene el cerebro para convencerse de algo. Esta capacidad genera una pauta interesante. A través de ella, podemos reforzar la importancia de tomar consciencia de nuestras habilidades cerebrales. Imagina por un momento a tu cerebro tomando la decisión inconsciente de confiar en alguien a simple vista, sólo porque así aprendió a hacerlo desde niño. Lo importante es comprender que este tipo de casos están pasando todo el día con los 12 trinomios de este tipo de habilidades. En algunas ocasiones, esto no generará problemas, sin embargo, en algunas otras, aplicar la habilidad sin tomar consciencia del proceso puede hacernos pasar una mala experiencia.

La persona **constante** es sumamente difícil de ser convencida de algo diferente a sus propias certezas. Llega a este patrón como parte de un proceso de credibilidad muy alto en sí mismo y en cómo le han ocurrido las cosas. Se ha establecido principios y reglas de vida casi inmutables. Por la satisfacción obtenida en su actuar diario está convencida de en qué, en quién y cuándo confiar, por lo que difícilmente se saldrá de ahí. Su fortaleza es la convicción con la cual actúa, y su debilidad, la inflexibilidad y la terquedad. Un ejemplo de esta habilidad llevada al extremo en la persona práctica es cuando alguien "cae de su gracia". Al ocurrir esto por cualquier causa, la caída normalmente es para siempre.

A la persona con la habilidad en su cerebro para convencerse de forma **automática** sólo le basta ver, escuchar y/o sentir la mayor cantidad de datos en un momento dado, para quedar convencida de algo. Es fácil que se convenza, pero requiere vivirlo en persona. Es como Santo Tomás: "Ver para creer". Una vez que es expuesta directamente a la situación, la generaliza para el resto del tiempo. En la ventaja está su desventaja: confía o pierde la confianza rápidamente. Cuando pierde la confianza en alguien tardará en otorgar su respaldo nuevamente. Una forma en como se manifiesta esto en la persona racional es en su tendencia a etiquetar a las personas en cuanto las conoce. El peso que tenga la famosa "primera impresión" con respecto a alguien dependerá de si la persona tiene esta habilidad como natural o normal.

Alguien se convence por **proceso** cuando requiere ser expuesto a una serie de eventos para quedar convencido. Asimismo, necesita que transcurra cierto tiempo y se mantenga evidente la situación para otorgar su credibilidad. Alguien es un buen trabajador hasta cuando lo demostró por cierto tiempo y en una buena cantidad de asignaciones. Alguien no merece confianza si en el transcurso del tiempo ha fallado continuamente. Una vez que confía en alguien, otorga todo el respaldo y recursos. Su fortaleza es la precaución con la cual toma la vida; su debilidad, el tiempo requerido para confiar o convencerse de las cosas.

Como se puede notar, en esta capacidad se percibe la necesidad de una aplicación de cada habilidad en diferentes circunstancias y eventos de la vida. No es lo mismo escoger en quién confías para jugar un partido de futbol, que decidir con quién inviertes tus ahorros. Como se mencionó, el problema es la costumbre de utilizar el mismo proceso de convencimiento de forma inconsciente en la mayoría de las circunstancias de nuestra vida.

Presente, futuro, pasado

Estas 3 habilidades conforman la capacidad de nuestro cerebro de responder temporalmente; determinan el enfoque temporal en el cual permanece con más regularidad nuestro cerebro, por lo tanto, en el cual basará su respuesta automática.

Cuando se procesa basado principalmente en el **presente** todo se mueve en función de lo mejor para este momento, entonces el cerebro estará ocupado con las señales que recibe ahora. Los viajes cerebrales al pasado o futuro se realizan con poca frecuencia. Lo más importante es vivir hoy, independientemente de lo que pase mañana. Las circunstancias del día y de la hora determinan las actividades en las cuales la persona se ocupa. La persona con esta habilidad como predominante, con frecuencia, se tropieza con la misma piedra por analizar sólo los datos presentes y no ir a contrastar la situación con el pasado. En reiteradas ocasiones las circunstancias la encuentran desprevenida por su tendencia cerebral de viajar con poca frecuencia al futuro para prevenir necesidades.

Para alguien con la habilidad cerebral de vivir el tiempo **futuro** todo se mueve en función de los propósitos y metas existentes. La actividad de hoy se realiza enfocada en lograr un resultado al cual se desea llegar en el **futuro**. Se ejecutan acciones, planes y proyectos con el cerebro enfocado en cómo se desea vivir en el **futuro**. Sufrir hoy no es importante si es para vivir mejor mañana. Las respuestas de hoy tienden a surgir en función de su impacto **futuro**. Cuando se tiene este enfoque se tenderá a disfrutar o sufrir hoy las situaciones futuras proyectadas en el cerebro. Una parte importante de la energía para vivir hoy proviene de la visión del futuro existente en el cerebro.

Una persona con su cerebro regresando al **pasado** continuamente tiene en cuenta la experiencia obtenida en su vida y difícilmente se tropieza con la misma piedra 2 veces. Su plática se centra en acontecimientos del pasado. Basa parte de su felicidad o frustración actual en los eventos más importantes que ha vivido. Para tomar decisiones regresa continuamente a revisar su memoria para encontrar la mejor alternativa. Es rencorosa o muy agradecida, en función de cómo se han comportado con ella en el **pasado**. Por lo regular, gasta mucha energía experimentando una y otra vez los acontecimientos **pasados**. Por otro lado, sus acciones en el presente, frecuentemente, se ven retrasadas por dudas relacionadas con resultados obtenidos en el **pasado** en situaciones similares.

Como puedes concluir, para un proceso integral de vida se requiere la experiencia del **pasado**, la actividad frenética del **presente** y proyectar las metas del **futuro**. Sin embargo, la naturaleza nos dotó de un cerebro con la tendencia para operar más eficientemente desde uno de estos 3 enfoques temporales. El éxito en la vida, reiterando, se logrará al cimentar nuestro actuar diario en la habilidad natural soportada por el desarrollo de las 2 habilidades normales.

Satisfacción, recompensa, reconocimiento

Estas 3 habilidades conforman la capacidad para responder a estímulos externos. Determinan las 3 razones principales por las cuales nuestro cerebro nos impulsará a la acción responsable. Cuando se procesa con base, principalmente, en la **satisfacción**, todo se mueve en función del bienestar que se genera con el solo hecho de realizar las actividades. El cerebro estará entonces siendo estimulado por la actividad misma. Por esta razón, las actividades en las cuales se involucra la persona práctica son, con mayor regularidad, aquellas que disfruta, le interesan y tienen algún riesgo. Cuando ninguno de estos ingredientes está presente en una actividad tenderá a aburrirse y, muy rápidamente, dejará de hacerla.

Para alguien con la habilidad cerebral de vivir en función de la **recompensa**, todo se mueve en torno a los beneficios materiales o de poder que se obtendrán. La actividad se realiza porque se recibirá una **recompensa** tangible. Para el cerebro, la consigna es "no dar salto sin huarache"; es decir, no involucrarse en situaciones, realizar acciones o dedicar tiempo a algo hasta que se conozca la recompensa que se obtendrá. El cerebro de la persona intelectual tenderá a generar un estado emocional importante en función de si su trabajo es **reconocido** o no. Por esta razón, las personas con esta habilidad como natural tenderán a ser inestables si el proceso de **reconocimiento** de su labor no es continuo. Esta semana se "mueren en la raya" y la próxima avisan que no van a trabajar porque están enfermos del estómago, muchas veces tan sólo como consecuencia de que no se les ha dado el reconocimiento por alguna aportación significativa.

Gente y actividad; cosas y lugares; conocimiento y sentido

El último trinomio de habilidades cerebrales que revisaremos es el que conforma la capacidad de priorizar elementos del entorno. En el proceso de vida, nuestro cerebro se condiciona para darle prioridad diferente a 6 principales elementos del entorno. En función de esto, nos demandará acercarnos, permanecer o alejarnos de cada entorno con el cual interactuamos. El cerebro de la persona práctica desarrolla la habilidad natural de darle prioridad a **gente y actividades**; la persona racional, a **cosas y lugares,** y la persona intelectual, al **conocimiento y el sentido** que tengan los entornos. A continuación, algunos ejemplos:

Gente y actividades. Nota aspectos relativos a la gente a su alrededor: cómo se viste y si son amigables. Por lo regular, entra en diálogo con las personas cercanas, aunque no las conozca. Entre más personas hay en el entorno es más agradable permanecer en él. Además, su enfoque está en lo que se hace. Si es entretenido, divertido o de alto riesgo, mucho mejor. Si una actividad le llama la atención, está ahí.

Cosas y lugares. Su atención se centra en las características del entorno. Es prioritario vivir o estar en un medio ambiente agradable. La naturaleza del lugar, su infraestructura o el colorido son un punto de referencia para estar ahí. Al decidir sobre opciones de a dónde ir se basa en el lugar, no tanto con quién, cuándo o las actividades a realizar. Además, su preferencia está centrada en vestidos, joyas, muebles, artículos deportivos, antigüedades, etc. Es decir, encuentra interesante las cosas existentes en el entorno al cual asiste. A qué lugares va en su tiempo libre depende de las cosas existentes en él. Disfruta gastar parte de su dinero disponible en comprar cosas.

Conocimiento y sentido. Su enfoque se centra en aquello que le pueda proveer algo para aprender: conferencias, libros y pláticas con fondo. Disfruta y busca el aprendizaje en muchas de las cosas en las cuales invierte su tiempo y dinero. Saber algo nuevo atrae su atención de inmediato. Además, es prioridad el sentido que encuentre en visitar, pertenecer o vivir en un determinado entorno. Conocer lo histórico le llamará casi siempre la atención.

En cualquier experiencia, los recuerdos a los cuales podremos acceder más fácilmente son aquellos relacionados con los 2 enfoques con los que priorizamos la vida. Así mismo, qué tan divertida y cuánto haya valido la pena cualquier actividad depende si satisfizo los 2 enfoques prioritarios. En la expresión "Todo mundo habla de la feria según le fue en ella", se encuentra implícito este trinomio de habilidades. Si alguien se enfoca en **gente y actividades** y el día que fue a la feria había poca gente y poca diversión que hacer, expresará una mala opinión de su experiencia. Si ese mismo día fue una persona con prioridad en **cosas y lugares** y los encontró interesantes, en ningún momento notará la poca gente asistente ni lo poco por hacer. Su referencia de la feria será buena. Y una persona intelectual, por lo regular, la única feria a la que asistirá es a una feria de libros.

3.7.4 Habilidades profesionales y de gestión

Enseguida revisaremos las 45 habilidades profesionales y de gestión más comunes en el mundo organizacional, integrantes de 15 de las capacidades profesionales más demandadas como necesarias para administrar el funcionamiento, crecimiento y mejoramiento de cualquier empresa o institución. Para los fines de ese libro, sólo explicaré, de forma general, cada una de las 15 capacidades que revisaremos más adelante. La descripción que encontrarás de cada trinomio de habilidades tendrá como finalidad principal aumentar tu comprensión de los perfiles connaturales y de las capacidades naturales que cada uno presenta, así como profundizar en la comprensión de lo complementario de las características de personalidad entre los 3 perfiles connaturales. Se podrá constatar la tremenda sincronía de cada trinomio, lo necesario de desarrollar los 3 elementos del trinomio y el acento que existe en las diferentes profesiones de una de las 3 habilidades de cada capacidad. Por otro lado, en cada trinomio ya está resuelto el problema de la semántica, ya que, como te darás cuenta, en casi todos los trinomios existe la posibilidad de caer en dicho embrollo.

Te recuerdo el orden en que están escritas las habilidades en el índice de cada trinomio: práctico, racional e intelectual. Por ejemplo, en el primero, supervisar es natural para el práctico; dirigir, para el racional, y liderar, para el intelectual.

Supervisar la ejecución, dirigir al logro de resultados, liderar los procesos

Estas 3 habilidades conforman lo que yo llamo la *capacidad en gestión efectiva de procesos*. La persona práctica podrá generar la habilidad natural de la supervisión de la ejecución; la racional, la de dirigir al logro de resultado, y la intelectual, la de liderar los procesos. En este caso, es necesario revisar primero la definición de las 3 palabras clave de cada habilidad, relativas al MCI (fig. 8):

Supervisar: ejercer la inspección de actividades o tareas ejecutadas por otras personas.

Dirigir: llevar rectamente los recursos disponibles hacia un término, lugar señalado o destino.

Liderar: ir al frente de un grupo o proceso para orientarlo y facilitar la consecución de su razón de existir.

Para comprender lo anterior requerirás salirte del esquema tradicional en el cual se aplican estas 3 realidades. En el siguiente escrito encontrarás la razón:

Existe poca consciencia a nivel general de la diferencia que existe en los alcances de estas 3 habilidades. La supervisión es y debe ser únicamente sobre la inspección de tareas o actividades, no sobre las personas ni los recursos. Es decir, uno de los factores que producen una enorme cantidad de conflictos en las relaciones laborales es cuando un supervisor deja de vigilar la ejecución de las actividades, para perderse en supervisar o vigilar a las personas y a los recursos. No es lo mismo dar seguimiento para confirmar que las tareas son ejecutadas, a vigilar lo que están haciendo las personas a cada momento del día. De igual forma, lo que se dirige son los programas, proyectos y recursos para lograr los resultados, las metas y el crecimiento para llevar a su destino al sistema que se está dirigiendo. En este caso, el problema empieza cuando se dirige la ejecución de las tareas o a las personas (el director dice qué hacer y quién lo debe hacer). El alcance correcto en la dirección de recursos es su control, no la supervisión de dónde, quién y cómo se están usando. Se lidera a las personas y a los procesos, no la ejecución de las tareas ni la dirección de los recursos para llegar a un determinado destino. Para ejercer el liderazgo se tiene que ir al frente del equipo; para supervisar o dirigir, no. Para liderar se tiene que comprometer, convencer y buscar el consenso de las personas, no al dirigir o supervisar. Para liderar se requiere trabajar en equipo; para supervisar bastará con lograr la ejecución de las tareas; y para dirigir será suficiente con llegar a los destinos establecidos. Sin embargo, lo más importante a considerar es la necesidad que existe en casi cualquier puesto, en el cual los resultados se obtienen a través de otras personas, de aplicar los 3 procesos en diferentes momentos y circunstancias. Como puedes apreciar, en la aplicación incorrecta de estos 3 procesos básicos en la administración de los sistemas sociales, se encuentra una gran área de oportunidad. Gracias a su perfil connatural, la persona práctica tenderá a querer supervisar recursos y personas. La persona racional va a tender a dirigir la ejecución de tareas y a las personas. La persona intelectual intentará conseguir el consenso en la asignación de actividades a ejecutar y en la repartición de recursos para el logro de resultados. Todos estos casos, muy comunes en la vida organizacional diaria, generan una gran cantidad de conflictos que afectan negativamente el ambiente y el desempeño de cualquier sistema social.

Quienes estén directamente involucrados en los procesos administrativos en las organizaciones podrán concluir fácilmente el nivel de inefectividad con el cual se opera cuando no se respeta el alcance natural de cada una de estas 3 habilidades. Como una conclusión natural de lo arriba descrito, desde este modelo de formación de la personalidad, podemos contestar una de las preguntas clásicas de la administración: ¿el líder nace o se hace? El líder nace, perfil connatural intelectual, y se desarrolla a través de la práctica.

Si lo piensas un poco, para evaluar cuál de estas 3 habilidades domina tu estilo de administración de procesos, no necesitas tener una responsabilidad profesional en alguna empresa o institución. En las diferentes etapas de nuestro crecimiento la vida nos demandará ocuparnos de actividades en grupo en donde aparece nuestro estilo de gestión natural, ya sea en un trabajo de equipo para la escuela, en la familia o en alguna actividad social o comunitaria. En cualquiera de estos entornos, reflexionándolo un poco, podrás encontrar si tu tendencia es a supervisar, dirigir o liderar. Una forma de acercarte a la consciencia de cuál habilidad tienes más desarrollada, es concluir si tu enfoque, normalmente, es en las actividades y su ejecución, en los recursos y los resultados o en los procesos y las personas. Por otro lado, con sólo ver el título de cada habilidad, por lo regular, se percibe más afinidad hacia una de las 3. Además, si lo reflexionas un poco más a fondo, hasta tu vocabulario habitual presenta más de las palabras referentes de cada habilidad. Una última forma de facilitar tu análisis es si te preguntas cuál de las 3 habilidades piensas que es más importante. La respuesta que surja de tu interior te dará otro indicio de hacia cuál tiendes. Te recomiendo revisar todos y cada uno de los 15 trinomios considerando lo anterior, para que puedas analizar tus habilidades actuales aun y cuando no te desempeñes en un trabajo profesional en este momento. La vida diaria es la profesión en la cual todos nos desempeñamos desde el nacimiento hasta el fin de nuestros días, por lo cual, con un poco de atención, podrás ir contrastando cada trinomio de habilidades con tu funcionamiento cotidiano mientras experimentas la vida.

Conseguir eficiencia, lograr productividad, asegurar calidad

Este trinomio de habilidades integra la capacidad para conducir al logro de resultados. Una vez más, un trinomio fundamental en la vida diaria, organizacional y social, generador de interminables conflictos de valor entre las personas. Contesta las siguientes preguntas y empezarás a caminar hacia la definición de cuál de estas habilidades se manifiesta más en tu vida diaria:

¿Qué es más importante: la eficiencia, la productividad o la calidad?
¿Cuál persona es más valiosa: quien logra la eficiencia, quien tiene un alto enfoque en la productividad o quien obtiene calidad insuperable?
¿Cuál de los 3 atributos se debe sacrificar ante una crisis?

Para definir cuál de estas 3 habilidades tienes más desarrollada, necesitas analizar en cuál de ellas se centra más tu enfoque. Si lo piensas, para concluir lo anterior puedes evaluar los trabajos en la escuela, tus actividades en la casa o tu desempeño laboral. Es fácil concluir si para ti las cosas tienen que hacerse rápidas, con el menor de los recursos invertidos o perfectamente realizadas. Puede ser pronto porque te urge, nada más lo necesario para que no se gaste mucho o muy bien hecho, aunque sea tardado. Recuerda que definir en cuál eres más hábil no significa necesariamente ineptitud para las otras 2. Como se ha mencionado, a final de cuentas, requerimos desarrollar las 3 habilidades de forma integral para poder contar con la capacidad.

Mando para disciplinar, influencia para convencer, carisma para enganchar

La capacidad de administrar personal es la que surge de este trinomio de habilidades. **Mando para disciplinar** establece la habilidad para lograr que otras personas cumplan y se subordinen a rutinas y reglas de trabajo. **Influencia para convencer** establece el poder para convencer a otras personas de la factibilidad de conseguir retos, resultados y metas. **Carisma para enganchar** se refiere a la habilidad de transmitir el sentido más profundo de las cosas y lograr que las personas se conecten a través de dicho sentido contigo y entre ellas.

Una vez más, 3 elementos presentes en todos los aspectos de la vida diaria, por lo tanto, susceptibles de ser evaluados por cualquiera de nosotros. En los diferentes entornos puedes medir tu relación con la disciplina, con la influencia para convencer a otros de tu forma de pensar y si los demás te ven como una persona con carisma. A continuación, algunas preguntas para facilitar el proceso de análisis de tu actuación con respecto a estas 3 habilidades:

¿Te obedecen tus hijos en cuanto les ordenas algo?
¿Te irrita sobremanera la falta de disciplina en los demás?
¿Se te facilita lograr que otras personas piensen como tú?
Por lo regular, ¿las personas a tu cargo logran buenos resultados?

¿Consigues que los demás se comprometan contigo?
¿Percibes a las personas a tu alrededor conectadas contigo?

La estructura de las preguntas plantea fácilmente a cuál habilidad hacen referencia. En función de como las hayas contestado puedes encontrar indicadores de tu habilidad más desarrollada.

Responder a indicadores, crear oportunidades, intuir posibilidades

La capacidad para lograr el desempeño personal se integra por este conjunto de habilidades. La habilidad de **responder a indicadores** se mide en función de la rapidez y efectividad de una persona para actuar ante cualquier indicador que muestre una tendencia a la baja, o un comportamiento lento contra el resultado meta. La habilidad de **crear oportunidades** se establece en relación con la cantidad de proyectos y acciones que una persona crea y coordina para acercarse a sus resultados y objetivos. La habilidad de **intuir posibilidades** se establece de acuerdo con la cantidad de iniciativas que una persona percibe y gestiona para mejorar el desempeño. Por ejemplo, cuando recibes la boleta de calificaciones de tu hijo y percibes una calificación reprobatoria en matemáticas, ¿cuál es tu efectividad y **rapidez de respuesta ante este indicador** del desempeño escolar de tu hijo? En este caso, sólo enojarte y regañar hablaría de poca efectividad en la respuesta. Sentarte a platicar con él, detectar los temas con los cuales está teniendo problema y ayudarlo a mejorar hablaría de una respuesta más efectiva.

Cuando estás buscando bajar 10 kilogramos de peso para mejorar tu salud, ¿qué tan efectivo es tu proceso de **crear oportunidades** y percibir acciones y formas para avanzar rápidamente a tu meta? La báscula será el indicador más realista de la efectividad de las acciones que estás creando para lograr tu meta. Las personas con la habilidad de crear alternativas, muy desarrollada, casi siempre ven las oportunidades que se les presentan muy fácilmente y, con pocas acciones, pueden aprovecharlas y llegar más rápido a su meta.

Cuando percibes una baja en el desempeño de tu hijo en la escuela o en los indicadores de tu área de trabajo, ¿qué tan efectivo eres **para intuir las posibles causas de la baja y generar posibilidades** de solución para regresar al desempeño normal? La primera forma en la que se manifiesta esta habilidad es con un alto grado de sensibilidad para detectar la causa raíz del problema. En la segunda fase se es efectivo para definir e implementar algunas iniciativas por medio de las cuales, de forma indirecta, se empieza a disminuir la causa raíz del problema.

Corregir, innovar, mejorar

Estas 3 habilidades integran la capacidad de intervenir procesos a tiempo. La persona práctica tiene una habilidad natural para generar acciones rápidas y eficientes para **corregir** los problemas repentinos que se presentan tanto en la vida diaria como en los procesos de producción, ya sea tomar las mejores acciones para sacar el dulce con el que se está ahogando el niño o realizar los procedimientos necesarios para poner en operación rápidamente la máquina para la cual no existen partes de repuesto en el almacén. La persona racional tiene una habilidad natural para **innovar** cualquier cosa que sea de su interés, desde los juegos con los cuales se divierte de niño hasta todo lo que tiene que ver con las nuevas tecnologías; su herramienta más importante en el proceso de innovación es su sistema de proceso mental en imágenes. Al tener la habilidad de realizar imágenes tridimensionales, a colores y con la posibilidad de manipularlas a su antojo, su habilidad de innovar es raramente igualada por alguna persona de los otros 2 perfiles.

El **mejoramiento** es habilidad natural para la persona intelectual. Una forma de manifestarla es haciendo comentarios de **mejora** sobre casi cualquier situación, actividad o proceso que se le ponga enfrente: una vez que detecta algo que puede ser **mejorado** le es muy difícil no manifestarlo. Tiene un alto enfoque y predilección por los flujos continuos y sin obstrucciones. Esto la provee de la destreza para detectar fácilmente los cuellos de botella en los procesos, así como para detectar las obstrucciones internas que les impiden a las personas fluir hacia el **mejoramiento** de cualquier elemento de la personalidad que les esté causando problemas.

Un aspecto importante a resaltar es lo interminable de las necesidades que satisfacen estas 3 habilidades. Las personas, los procesos de vida y los sistemas organizacionales requieren ser **corregidos** para que sigan operando, demandan ser **innovados** para avanzar en su proceso de crecimiento y deben ser **mejorados** para seguir su camino evolutivo hacia la perfección.

Relacionarse, individualizar, entusiasmar

Habilidades complementarias para el desarrollo de la capacidad de conseguir interacciones eficaces. La habilidad de la **relación** se manifiesta cuando la persona fácilmente entabla una conversación con desconocidos, cuando tiene una cantidad innumerable de amigos y cuando dedica una buena cantidad de tiempo y recursos para cultivar sus relaciones sociales. Todo mundo conoce a estas personas en los entornos donde se desenvuelven, pues son muy buenas para armonizar la relación entre las personas y tienen un alto nivel de atención hacia los demás.

La persona racional tiene una habilidad natural para **individualizar**. Cuenta con la destreza muy desarrollada para calibrar aspectos importantes de la personalidad de los demás. Esta información la utiliza para estimular, influir y dirigir de forma particularizada a las personas con las que interactúa. Quienes tienen muy desarrollada la habilidad de individualizar manifiestan una gran destreza para reconocer los talentos potenciales de los demás y, siempre que exista la relación adecuada, los ayudarán a desarrollarlos.

La congruencia, coherencia e integridad con las cuales vive, trabaja e interactúa con su entorno una persona intelectual le facilitan su habilidad de **entusiasmar** a los demás. Cuando los demás platican mucho de forma positiva sobre lo que haces, dices o logras, por lo regular habla de tu habilidad de **entusiasmarlos**. Si se te facilita sensibilizar a los demás, cuentas con otro factor importante para **entusiasmar** a las personas con las cuales interactúas.

Implementar, emprender, sistematizar

Trinomio de habilidades formador de la capacidad para administrar procesos. A través de estas 3 habilidades es una las formas más tangibles en que cada uno de nosotros tiene el poder de aportar al proceso de nuestra vida personal, familiar, profesional o social. En su conjunto, estas 3 habilidades aseguran que la **implementación** ocurre, que se **emprende** personalmente hacia el logro de los resultados y provoca la **sistematización** de los procesos para eliminar su variabilidad. El logro de resultados demanda que se **emprendan** proyectos, iniciativas y programas. En muchas ocasiones, se dice que emprendemos acciones, sin embargo, el alcance de una sola acción, muchas veces, es limitado contra el resultado buscado. Los procesos se perfeccionan a través de irlos **sistematizando** para evitar su variabilidad. El enfoque en la **sistematización** requiere ser continuo, es decir, estar todo el tiempo buscando variables a controlar y eliminar.

La persona práctica es muy eficiente en los procesos de **implementación** de planes y proyectos. Por lo regular, va experimentando formas nuevas de hacer las cosas mientras implementa. Conforme va avanzando con algo, lo va corrigiendo sobre la marcha, por lo cual, es raro que termine algo que está aplicando tal como se concibió inicialmente. Facilita que los equipos de trabajo se bajen de las nubes de la planeación a la tierra de la experimentación y ejecución. A la persona racional se le facilita estar **emprendiendo** continuamente para alcanzar sus metas, propósitos y resultados. Suele arrancar un proyecto y lo deja en proceso, delegándolo a otros, para iniciar el que sigue. Si un proyecto falla, no se para a lamentarse y continúa con el siguiente.

La persona intelectual busca consistentemente **sistemas**, herramientas, métodos y controles que eliminen variables conocidas y les den estabilidad a los procesos. Aporta en la generación de métodos y rutinas que le faciliten al personal desempeñar su labor. Es excelente modeladora de procedimientos implementados por otras personas o empresas. Al estar frente a una operación, como por arte de magia, empieza a desglosarla en partes, lo cual le ayuda a ver el mejor **sistema** para ejecutarlo.

Seguimiento, programar, planear

Estas 3 habilidades conforman la capacidad de administrar proyectos. El **seguimiento** tiene su alcance más efectivo hacia las acciones y actividades, no hacia el resultado, proceso o personas. Es decir, como lo hemos venido revisando, existe un alcance óptimo para todo en la vida. En este caso, es muy común que las personas les den seguimiento a los resultados. Sin embargo, se quedan en el seguimiento y no emprenden nada para avanzar hacia ellos. También es muy común darles seguimiento a los procesos; sin embargo, un proceso correctamente planeado y sistematizado tendrá más posibilidades de estar produciendo adecuadamente. Además, nunca existirá el recurso humano suficiente para darle seguimiento 100% del tiempo a todo el proceso.

La persona racional es la más hábil para el proceso de **programación**, ya sea programar el gasto del mes, la secuencia de eventos para llegar a una meta o su participación en actividades importantes. Al tener un alto enfoque hacia futuro, se le facilita ver los puntos clave necesarios para que las cosas ocurran y esto le facilita **programarlas**. Por lo regular, realiza programas muy asertivos. Una razón de las fallas en sus **programas** es que muchas veces los realiza sólo en su mente, y al no ponerlos en papel le provoca desenfocarse cuando cambian las prioridades de su mente. Existen 2 diferencias fundamentales entre un programa y un **plan**. Un programa establece un camino directo a la consecución de un destino. Un **plan** es un bosquejo de cómo avanzar en una determinada línea o rumbo. Lo anterior determina la segunda diferencia, la precisión en el tiempo en que deben ocurrir las cosas. Un programa tiende a ser exacto en cuándo y a qué hora deben ocurrir las cosas. Un **plan** establece lo que debe pasar sin la necesidad de ser específico en cuándo o a qué hora. A la persona buena para **planear** se le facilita definir acciones para avanzar en problemas complejos, estrategias y procesos de mejora.

Involucrar, empoderar, integrar

Trinomio de habilidades por medio de las cuales se desarrolla la capacidad para crear sinergia en procesos de grupo. El **involucramiento** tiene su alcance en el logro de la participación de las personas, de forma individual o como grupo, en la ejecución de tareas o eventos específicos. **Empoderar** plantea darles poder a otras personas para que gestionen y logren determinados objetivos o proyectos. **Integrar** conlleva la cohesión y conexión de las personas como equipo de trabajo para el logro de una misión. En función de los alcances se manifiesta la importancia de cada una de estas habilidades en determinados momentos y circunstancias. Para un supervisor de área va a ser muy importante **involucrar,** en los primeros días, al personal de nuevo ingreso. Un alto porcentaje de rotación de personal en las empresas ocurre dentro de los primeros días de trabajo del empleado nuevo. Una parte importante de este porcentaje es por la falta de habilidad del supervisor de **involucrar** al empleado nuevo con su grupo de trabajo. El tema de delegar es un interesante proceso dentro de las familias, empresas e instituciones. Hay quienes concentran de tal forma el poder que, por lo regular, nunca delegan. Hay quienes delegan sin **empoderar** a la persona. Para desarrollar de forma completa la habilidad de **empoderar,** se debe delegar y asegurar que las personas tengan el poder para manejar la responsabilidad que se les está asignando. El proceso de **integrar** a las personas en los equipos de trabajo puede requerir mucho tiempo, un alto grado de confianza y una alineación profunda con la misión del equipo o área. Cuando un jefe tiene la habilidad de **integración,** los miembros del equipo muestran un compromiso profundo hacia sus retos, una responsabilidad compartida y un apoyo continuo entre ellos.

Perseverar, competir, medir

Estas 3 habilidades se conforman para integrar la capacidad mantener enfoque. A través de **perseverar** en la ejecución de todas y cada una de las actividades necesarias para el logro del desempeño, la persona práctica avanzará significativamente hacia sus resultados y su habilidad para mantenerse estimulado hacia la **competencia** proveerá al racional de un enfoque permanente en aprovechar cada oportunidad que tenga para avanzar hacia la consecución de sus metas. Una habilidad muy marcada en mantenerse en continuo proceso de **medición** le dará al intelectual los datos necesarios para saber cuáles áreas específicas trabajar para evitar fallar en el logro del resultado.

Una vez más, en el desarrollo de la capacidad integral se encuentra la posibilidad de un desempeño óptimo.

Propositiva, proyectiva, preventiva

La capacidad para aportar en procesos de grupo se desarrolla a través de este trinomio de habilidades. Una habilidad **propositiva** hacia el proceso implica mantener un enfoque continuo para incrementar la eficiencia de su operación. Ante la aparición de cualquier cuello de botella, problema de materia prima o equipo, la consigna es una acción inmediata que resuelva el problema. Implementar modificaciones en las operaciones para disminuir el cansancio en las personas, para aumentar la salida de producto o para agilizar las tareas del personal en las áreas de trabajo son indicadores de una habilidad **propositiva**.

La habilidad **proyectiva** se observa en las personas a las que se les facilita realizar proyecciones de procesos por cambio de producto, incremento de volumen o integración de tecnología nueva. Así mismo, se les facilita incrustar equipo, personas o subprocesos nuevos a un proceso existente. Cuando analizan un sistema de producción tienen la habilidad de **proyectar** la forma de crecerlo, hacerlo más productivo y detectar las operaciones que requieren ser renovadas.

A las personas con habilidad **preventiva** se les facilita evitar problemas de calidad, eliminar desperdicio y actuar con anticipación ante potenciales cuellos de botella. Por lo regular, son buenas intuyendo lo que puede fallar en un equipo, persona o materia prima. En las familias o empresas suelen ser etiquetadas como negativos. Sin embargo, se evita cometer una gran cantidad de errores cuando son escuchadas y se analizan sus opiniones.

Adiestrar, tutorar, instruir

Trinomio de habilidades bajo el cual se conforma la capacidad para desarrollar a los demás. El alcance de la habilidad de **adiestrar** es para el entrenamiento en la ejecución de las actividades específicas de una operación, responsabilidad o función. A la persona con esta habilidad se le facilita el entrenamiento de los demás en la ejecución de acciones o tareas, ya sea enseñar a conducir un vehículo, operar una máquina compleja o realizar los reportes financieros de fin de mes. **Adiestrar**, independientemente del nivel jerárquico, siempre será sobre las actividades del puesto. **Adiestrar** ocurre siempre en el campo de acción y habrá de ser ejecutado por el experto en la tarea.

El alcance de la habilidad de **tutorar** es para el entrenamiento necesario para el logro de resultados. Tiene esta habilidad alguien a quien se le facilita dirigir a otras personas al logro de resultados e implementación de proyectos. En este caso, se estimula, se reta y se dirige a los demás, pero no se les dice cómo ni qué hacer. El buen **tutor** delega, ayuda a clarificar la visión y facilita el camino al descubrimiento del poder interno de los demás. En este caso, el **tutor** no requiere ser un experto en el campo de acción que está tutorando.

Instruir tiene el más profundo de los alcances del entrenamiento, implica ofrecer el conocimiento y tener la habilidad para transmitirlo. Alguien con la habilidad para **instruir** lleva a los demás por el proceso completo del aprendizaje, transmite el conocimiento, comprueba su comprensión y facilita el proceso de validación y aplicación práctica. Por lo regular, un buen **instructor** tendrá la paciencia para transmitir el cómo, pero le faltará talento para **adiestrar** en la ejecución. Los procesos de **instrucción,** normalmente, se efectúan en el salón de clases. El instructor requiere un profundo conocimiento teórico y sólo una experiencia moderada en el conocimiento práctico.

Concertar, negociar, gestionar convenios

Estas 3 habilidades conforman la capacidad de llegar a acuerdos. La persona práctica desarrolla la habilidad natural de **concertar** a través de enlazar, ordenar y arreglar las partes de algo, en el momento, con las personas involucradas. Es común que las **concertaciones** son de un solo evento, como las ventas de oportunidad, interacciones emergentes o asuntos no planeados que requieren decisiones rápidas. Por ejemplo, al regatear cuando se compra algo, al vender cualquier cosa o al acordar términos en accidentes viales.

Negociar lleva un alcance más amplio. Conlleva el vivir un proceso de pláticas y reuniones con el fin de lograr un acuerdo sobre el intercambio de bienes tangibles pertenecientes a las partes. El buen **negociador** es frío, mantiene siempre sus metas en mente, rara vez pierde el enfoque sobre lo importante de cada negociación y cederá en todo aquello que le permita obtener el máximo beneficio futuro. Por lo regular, tiene muy buen ojo para leer a las personas con las cuales está negociando. Esto le da armas para saber cuánto presionar ante algo muy importante para él, y cuándo ceder ante algo muy importante para la otra parte. Está preparado para arriesgar a fondo cuando sea necesario y tiene un buen poder de persuasión.

Gestionar convenios tiene su alcance en lograr llevar a varias partes a un mismo parecer o dictamen para el intercambio de intereses. Un buen ejemplo es los **convenios** entre empresas y organismos del sector público: unos gastan parte de sus ingresos en obras sociales y los otros les otorgan concesiones y facilidades de operación. Al buen **gestor de convenios** se le facilita detectar áreas de interacción entre diferentes sistemas. Con la intuición para percibir carencias, nota las posibilidades y formas de interconectar recursos para resolverlas. Tiene facilidad para manejarse en el fondo de las cosas, por lo cual es muy convincente a la hora de vender las bondades del **convenio**. Por lo regular, su autoridad moral le facilita llegar a buenos acuerdos para los involucrados.

Rapidez de respuesta, sostener enfoque, contención

La capacidad para mantener sentido de urgencia se cimienta en este trinomio de habilidades. Si pensamos en cualquier problema en el proceso de vida o en cualquier proceso productivo, encontraremos que se requieren estas 3 habilidades para responder de forma integral a cualquier problema. En primer lugar, se necesitará la mayor velocidad posible en las acciones inmediatas que la situación o problema requiera. En segundo lugar, se demanda un **enfoque** por cierto tiempo en las causas por las cuales se originó el problema, para asegurar que se mantiene en control del proceso hasta la eliminación de la variabilidad anormal. Por último, se requerirá **contener** cualquier problema que pudiera surgir mientras las causas del problema son eliminadas y el proceso vuelve a control.

Ya sea para la vida diaria o para la vida organizacional, la **rapidez de respuesta** es una habilidad natural en la persona práctica. Su alta capacidad para percibir datos del momento presente, su sentido común natural y su proceso de pensamiento práctico le facilitan una respuesta rápida y eficiente ante los problemas cotidianos de los procesos. Inclusive, en algunas ocasiones, su respuesta será eficientemente inconsciente: cuando menos acuerda, ya resolvió una situación o problema repentino. Una característica de las personas con esta habilidad es su enfoque en atender primero el aspecto humano inherente al problema.

La habilidad natural de **sostener el enfoque** en un problema y sus causas es de la persona racional. Realizar un mapa mental muy completo de la situación le facilita mantener su atención en las principales causas del problema para controlarlas. Pensar continuamente en el problema lo ayuda a estar generando nuevas formas de controlar o eliminar variables. Por lo regular, no suelta el problema y sus causas hasta que puede proyectar que no afectarán más sus resultados.

Para la persona intelectual su fuerte es detener, filtrar y aplicar las acciones necesarias para **contener** el problema y sus consecuencias lo más posible, una vez que fue detectado. Su enfoque es en el contenido del problema en sí mismo y en cómo disminuir al máximo sus efectos. Se le facilita obstruir la proliferación del problema, disminuir su alcance y evitar que se agrave.

Armonizar diferencias, conciliar conflictos, consensuar ideas

Estas 3 habilidades conforman la capacidad para mediar en procesos de grupo. Existen 3 grandes generadores de problemas entre los seres humanos: diferencias en la forma de comportarnos o hacer las cosas, conflictos con bienes materiales y divergencia en conocimientos y las ideas que surgen de ellos. Para **armonizar** la relación entre 2 personas, alguien práctico dialoga para quitarles peso, intención y agravio a las conductas que alguien manifiesta y afectaron a otro; facilita la clarificación de malos entendidos; traduce, literalmente, las conductas quitándoles el significado que el agraviado le está dando. Reduce al momento presente las conductas mermando el peso del futuro y dejándolas sin pasado. Facilita la creación de puentes de comunicación.

Para lograr la **conciliación** en conflictos generados por bienes materiales se requiere mantener un enfoque en lograr el mayor beneficio para cada una de las partes. Utilizando la razón, la lógica y las reglas del juego, el buen **conciliador** logra dirimir problemas. Usando su poder de influencia logra que cada parte vea el beneficio de llevarse lo que le corresponde. Ante intransigencias de alguna de las partes, sus mejores armas son provocar el temor de perder lo que ya se tiene y dictaminar órdenes, decretos o leyes.

Para desarrollar la habilidad de **consensuar ideas** en cualquier campo, se requiere un profundo nivel de conocimiento y experiencia. Integridad, prestigio y autoridad moral son normalmente manifiestos en el buen generador de **consensos**. La facilidad para integrar conceptos, para eliminar elementos superficiales y para resaltar coincidencias en el fondo del contenido de las ideas están presentes en alguien con esta habilidad. Además, mantiene su enfoque centrado en las ideas, no en quien las dice; siempre preserva el derecho de réplica y una puerta abierta para el debate cuyo fin sea sumar.

Como puedes reflexionar, basar el desempeño en una sola habilidad de cualquiera de estos trinomios, por muy desarrollada que se encuentre, generará áreas de oportunidad y complicará el logro de los resultados. En todos y cada uno de estos trinomios existe complementariedad. En ellos podemos apreciar, de forma tangible, innegable y profunda, el origen, importancia y beneficios del trabajo en equipo. Asignar las tareas y responsabilidades, de acuerdo con las habilidades naturales de cada persona, provee a las familias, equipos de trabajo y organizaciones de la posibilidad del alto desempeño. Dejar que emerjan y aprovechar las diferentes habilidades de los miembros de un equipo da la posibilidad de llegar a los más altos niveles de efectividad.

Al menos para mí, nunca había estado tan claro cómo conseguir el tan famoso y buscado trabajo en equipo:

- Eso que logran, por sentido común, algunas personas, pero no son conscientes de cómo lo logran.
- Eso de lo que existen miles de libros y tratados, pero que en el mundo sigue siendo más la excepción que la regla.
- Eso de lo que la mayoría hablamos, pero poco sabemos el alcance de lo que ignoramos.
- Eso que tiene el poder de generar el máximo nivel de eficiencia en la ejecución, el logro más alto de resultados a los cuales se pueda llegar y los procesos más ágiles con los que se puede operar.
- Eso que es la manifestación más hermosa de la operación conjunta de seres interdependientes, interactuando en perfecta armonía, con un destino común y con una intención que los une.
- Todo esto, a nuestro alcance si comprendemos, validamos y transferimos a la vida diaria la posibilidad de la vida desde el quinto nivel neurológico: capacidades.

3.8 El nivel neurológico identidad por perfil

Del nivel neurológico identidad (fig. 8) sólo abordaré brevemente el propósito de vida, es decir, la identidad relacionada con la dimensión corporal. Al ser un nivel al cual puede acceder únicamente cada uno de nosotros, el presente modelo sólo tiene alcance validado para facilitar el descubrimiento de la identidad hacia la cual nos programa nuestra biología. El propósito de vida lo defino como la actividad social o económica en la cual nos vamos a desempeñar de forma más efectiva en este mundo, o sea, nuestra vocación profesional o laboral, ya para ser arquitecto, licenciado, médico, ama de casa, sacerdote, futbolista profesional, asesor de empresas, etc. Es decir, es el entorno principal por medio del cual vamos a gestionar nuestra supervivencia física y el campo de acción en el que aportaremos al sistema social y económico del mundo. Si analizas el conjunto de elementos de personalidad característicos por perfil connatural, podrás concluir una clara tendencia de cada uno de ellos a las diferentes profesiones existentes a nuestro alrededor. Después de años de estar ayudando a las personas a descubrir su perfil connatural, he podido comprobar la estrecha relación de este con sus inquietudes profesionales y posterior éxito laboral. Sin embargo, el perfil connatural sigue siendo sólo un medio para clarificar nuestras inquietudes internas y apoyar la elección.

En función de lo anterior, lo único que podemos concluir es que cuando conocemos nuestro perfil connatural podemos definir el 33% de las profesiones para las cuales tenemos habilidades naturales. Aun y cuando esto es un gran avance, ya que eliminamos el 66% de las profesiones posibles, contar con este único dato no es suficiente para decirle a alguien a qué se debe dedicar. Esta es una decisión que cada persona debe descubrir en su interior. Lo que me he encontrado en la vida diaria son personas con 3 a 5 inquietudes profesionales diferentes. Por lo regular, máximo 2 están relacionadas con su perfil connatural y, al realizar la asesoría, la persona no tiene menor problema para elegir aquella para la cual siente más inclinación e interés. De acuerdo con los resultados obtenidos durante todos estos años, considero esta metodología una de las opciones existentes más efectiva para apoyar a las personas a encontrar su vocación profesional o laboral.

A continuación, enlisto sólo algunas de las profesiones más características por perfil connatural. Es importante considerar que, en algunos entornos profesionales, las especialidades generan oportunidades para los diferentes perfiles connaturales. Por ejemplo, en función de habilidades y características de personalidad, el intelectual es el perfil más idóneo para la medicina. Sin embargo, la enorme especialización que se ha dado en el ramo requiere la incursión de los otros 2 perfiles en el medio. El mejor neurocirujano será un racional, y uno de los mejores internistas, un práctico. Del mismo modo, en algunos entornos siempre han existido tareas o funciones para los 3 perfiles. Por ejemplo, en el futbol profesional se requieren los 3 perfiles para conformar un equipo de alto rendimiento.

Por otro lado, las habilidades principales requeridas por un arquitecto las tiene el perfil racional. Se pudiera pensar que un intelectual estudiando Arquitectura se encuentra en una carrera equivocada; no obstante, las habilidades requeridas por un maestro son las del perfil intelectual. En las universidades se requerirán maestros para las materias de Arquitectura, de esta forma, un intelectual egresado de la carrera de Arquitectura y dando cátedra en alguna universidad podría estar viviendo su vocación profesional natural.

Como lo puedes ver, el presente modelo es una extraordinaria herramienta para facilitar el proceso de autodescubrimiento, pero nunca podrá sustituir la información a la cual sólo cada persona puede acceder interiormente. Revisa el siguiente grupo de profesiones por perfil y determina hacia cuáles percibes mayor inclinación e interés:

Profesiones naturales para el perfil práctico

Comunicación
Trabajo social
Ventas
Mecánica
Recursos humanos
Administración de empresas
Internistas
Mantenimiento de edificios
Medios de información
Derecho civil
Relaciones internacionales
Nutrición
Electrónica
Enfermería
Botánica

Profesiones naturales para el perfil racional

Arquitectura
Publicidad
Diseño gráfico
Mercadotecnia
Diseño de sistemas computacionales
Cirujano plástico
Dentista
Veterinario
Negocios internacionales
Derecho penal
Licenciaturas en finanzas
Licenciaturas en economía
Ciencias políticas
Psicología
Neurocirujanos

Profesiones naturales para el perfil intelectual

Medicina general y pediatría
Docencia
Contabilidad
Ingeniería industrial
Biomedicina
Electricidad
Ingeniería de sistemas
Entrenamiento y capacitación
Ingeniería química
Investigación
Ingeniería de calidad
Mantenimiento de equipos industriales
Mecatrónica
Pediatría
Biología

Como puedes apreciar, son 45 actividades y entornos profesionales muy comunes en el sistema social y económico actual. Es importante considerar que, en cada una de las profesiones, existen puestos de trabajo que demandan habilidades particulares. Por lo tanto, algunas empresas o instituciones requerirán un perfil diferente al planteado por esta teoría de la personalidad. Sin embargo, esto será siempre la excepción y no la regla. A final de cuentas, el uso óptimo de este conocimiento será cuando cada puesto de trabajo se defina en función de las 45 habilidades profesionales descritas anteriormente. Una vez definido el puesto se podrá conocer el perfil connatural, básico o expandido por medio del cual se contará con la persona correcta en el puesto correcto. Es decir, la utilización más efectiva de este conocimiento será cuando los perfiles de puesto sean enlazados con los perfiles connaturales de las personas.

El nivel neurológico de la esencia permanece a este momento sin posibilidad de ser desarrollado por este modelo de formación de la personalidad. Existen elementos posibles, pero poco que pueda ser sustentado. Además, si estamos entrando a la vida desde el quinto nivel neurológico, todavía nos falta pasar por el sexto nivel antes de que sea una real necesidad conceptualizarnos desde el nivel esencia. Con el quinto y sexto nivel tenemos para transformar este mundo en un lugar en donde todos amemos vivir.

3. La vida forjando nuestro estado de ser y consciencia

Para concluir esta segunda parte del libro, revisaremos ahora las etapas por las que transita el ser humano, entre los 0 y los 17 años de edad, por medio de las cuales se **forjará un determinado estado de ser y un específico estado de consciencia.** En general, esto no es otra cosa que las etapas por medio de las cuales se estructura nuestro ego, se desarrolla nuestro carácter y se descubren elementos de la disposición espiritual a los cuales tuvimos oportunidad de acceder para poder manifestarlos. Es decir, son las etapas que transitamos y que nos convierten en lo que somos. Después de los 17 años de edad, para la mayoría, tan sólo será un proceso de manifestación de aquello en lo que se convirtieron en estas primeras etapas de formación. Esto, por la dificultad del ser humano promedio a cambiar, transformarse o renacer a nuevos estados de ser y de consciencia ya de adulto. En resumen, estamos hablando de lo siguiente:

1. Estado de ser y estado de consciencia iniciales (figura 9).
2. Etapa de formación de la concepción del ser humano promedio, experimentado entre los 0 y los 8 años de edad. Periodo dentro del cual cada uno de nosotros elegirá la estructura más profunda de concepción de sí mismo, de los demás, de la vida y de Dios por medio de la cual transitará por esta vida (figura 10).
3. Elementos posibles por encontrar, consecuencia del uso de nuestro albedrío, en el estado de ser resultante de las elecciones realizadas como efecto de nuestras experiencias de vida más trascendentes ocurridas antes de los 8 años de edad (figura 11).
4. Etapa de desarrollo del cimiento del carácter, ocurrida entre los 8 y los 14 años de edad, como respaldo para soportar y darle vida a la estructura de concepciones elegidas a ese momento de la vida (figura 12).

5. Etapa de consolidación de la forma en que se manifestará normalmente en la vida el ser humano promedio. Se plantea a partir de los 14 años de edad y es cuando se empiezan a consolidar los principios o reglas de vida, los hábitos, los condicionamientos, las reacciones y las conductas por medio de los cuales se manifestará la estructura profunda de la personalidad generada entre los 8 y los14 años de edad. A partir de aquí, en cualquier momento dado, se puede establecer un determinado estado de ser y un estado de consciencia para cada ser humano (figura 13).

Estado de ser y estado de consciencia iniciales

En la figura 9 se plantea lo que podemos definir como el estado de arranque en la vida de todo ser humano. De las entradas del cuerpo ya vimos el perfil connatural y se estableció la importancia de este elemento genético con el que viene marcado nuestro cuerpo. Por otra parte, se muestran los otros 2 elementos que, a mi entender, tienen un alto impacto en nuestra vida y que ya vienen con nosotros desde el momento del nacimiento. Sólo algunas pocas palabras de estas 2 entradas:

1. **Programaciones evolutivas.** Se refiere a todo aquello que, a través de nuestro proceso de evolución como especie, hemos ido heredando de nuestros antepasados humanos, principalmente aspectos físicos y emocionales.
2. **Cadenas generacionales.** Contempla todas aquellas predisposiciones genéticas heredadas de nuestros antepasados familiares, hasta una quinta generación, tales como tendencia al alcoholismo, a las drogas o a ciertas enfermedades padecidas por nuestros antepasados familiares.

Sobre la disposición espiritual, todo lo que podamos decir será especulación para la mayoría de quienes lean este libro. Esto, por nuestras diferentes formas de interpretar esta dimensión del ser humano. Sólo abordo 2 aspectos como referencia: el sentido de vida, del cual ya hablamos cuando vimos el MCI del ser humano (fig. 8) y el estado de evolución del alma. En este segundo elemento de entrada en la disposición espiritual se contempla todo aquello relativo al proceso de evolución del alma y es en donde estaría, de existir, eso a lo que se le llama karma. Por lo demás, creo que el diagrama de la figura 9 es por demás explícito y sólo intenta darnos una idea de lo existente en nuestro estado de ser y estado de consciencia al inicio de nuestra vida. En reconocer los elementos existentes en este estado original de la voluntad se encuentra una de las formas más seguras y confiables para dirigir nuestra vida. Por un lado, al darnos cuenta de las entradas favorables para cimentar en ellas nuestra vida, como el perfil connatural, y por el otro, al conocer nuestras cadenas generacionales perturbadoras, para prevenir en el proceso de vida la activación de dichas cadenas, ya sea en nosotros o en nuestros hijos.

Etapa de formación de la concepción del ser humano

Una vez que un ser humano es puesto en este planeta, inicia el proceso de experimentar el mundo que lo rodea. Como consecuencia de su estado de ser original y de los estímulos del entorno al que es expuesto durante sus primeros 7 años de vida, se conjuntarán las experiencias por medio de las cuales finalmente conformará las concepciones que dirigirán la mayor parte de su vida. En la figura 10 puedes revisar el proceso general que se experimenta. Aun y cuando se tiene la capacidad y posibilidad de experimentar este proceso toda la vida, la importancia de estos primeros años radica en el resultado interior que genera, es decir, en el marco de referencia que se instala y desde el cual se desprenderá la formación de toda la personalidad. Después de los 7 años de vida se sigue experimentando el proceso, sin embargo, al estar filtrado por las concepciones ya elegidas, el mundo exterior ya no es lo que es, sino lo que nuestras concepciones definieron que es, por ejemplo, el 90% del tiempo ya no percibimos el entorno, tan sólo tenemos percepciones de él. El proceso muestra lo siguiente:

1. Cuando ya somos un ser humano empezamos a ser expuestos a estímulos del entorno, los cuales procederán del egoísmo o del altruismo de los demás y de todos los demás elementos naturales a nuestro alrededor. Como se ha mencionado antes, esto ocurre aun desde antes de nacer.

2. Como consecuencia de los estímulos del entorno, empezamos a tener experiencias, las cuales generarán dos tipos de respuestas, las esenciales de cada dimensión y las que podemos llamar estados de ser con los cuales responde cada dimensión en función del contenido de la primera respuesta. Así, una experiencia en donde disfrutamos lo que está ocurriendo, tenderá a generar una respuesta de satisfacción en todo el cuerpo, además de provocar pensamientos de placer con respecto a la experiencia. Por otro lado, recibir una expresión de amor por parte de nuestra madre, generará un sentimiento, el cual podrá resultar en un estado de ánimo favorable y en pensamientos de placer por la experiencia vivida. A otro nivel de nuestro ser, se estarán llevando a efecto procesos internos necesarios para nuestra supervivencia y para la formación de la estructura interna que requerimos para la vida. Tal como se plantea en la figura 10, consecuencia de nuestras respuestas internas empezará el proceso de activación y desactivación de la información genética de nuestro ADN, así como se va teniendo la oportunidad de reconocer y manifestar aspectos existentes en nuestra disposición espiritual. Como se podrá ver, qué aspectos de la información genética se activen o desactiven y qué elementos de la disposición espiritual se reconozcan y manifiesten, dependerá fundamentalmente del estado original de la voluntad (fig. 9) y del tipo de estímulos a los que nos exponga el entorno en donde nos correspondió crecer.

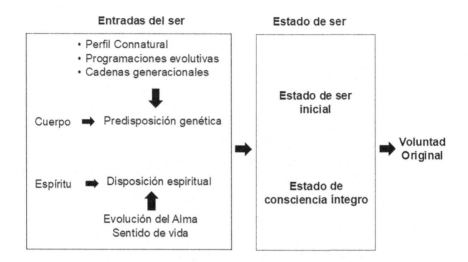

Figura 9. Inicio del proceso de vida de un ser humano

3. Como consecuencia de los estímulos del entorno, empezamos a tener experiencias, las cuales generarán dos tipos de respuestas, las esenciales de cada dimensión y las que podemos llamar estados de ser con los cuales responde cada dimensión en función del contenido de la primera respuesta. Así, una experiencia en donde disfrutamos lo que está ocurriendo, tenderá a generar una respuesta de satisfacción en todo el cuerpo, además de provocar pensamientos de placer con respecto a la experiencia. Por otro lado, recibir una expresión de amor por parte de nuestra madre, generará un sentimiento, el cual podrá resultar en un estado de ánimo favorable y en pensamientos de placer por la experiencia vivida. A otro nivel de nuestro ser, se estarán llevando a efecto procesos internos necesarios para nuestra supervivencia y para la formación de la estructura interna que requerimos para la vida. Tal como se plantea en la figura 10, consecuencia de nuestras respuestas internas empezará el proceso de activación y desactivación de la información genética de nuestro ADN, así como se va teniendo la

oportunidad de reconocer y manifestar aspectos existentes en nuestra disposición espiritual. Como se podrá ver, qué aspectos de la información genética se activen o desactiven y qué elementos de la disposición espiritual se reconozcan y manifiesten, dependerá fundamentalmente del estado original de la voluntad (fig. 9) y del tipo de estímulos a los que nos exponga el entorno en donde nos correspondió crecer.

4. En la figura 10 se pueden ver las categorías principales de procesos internos que se generan como consecuencia de nuestras respuestas a los estímulos del entorno. Por ejemplo, pensemos en una experiencia en la cual un perrito se avienta repentinamente sobre un niño y lo muerde. El niño **experimentará estrés** por la situación y **dolor** por la mordida, al mismo tiempo que sus **pensamientos** lo llevan hacia el **miedo** a los perros. El dolor de la mordida pasará en poco tiempo, pero el proceso interno dejará una **marca emocional** y la **interpretación** de que los perros son peligrosos, por lo cual hay que mantenerse alejado de ellos. Así, más adelante que el niño se enfrente a un entorno en donde esté un perro, ya no percibe un perro, se generará un proceso interno que le dará la **percepción** de que es un lugar peligroso del que hay que alejarse porque hay un perro. Por otro lado, pensemos en una niña expuesta al estímulo **amoroso** de su madre cuando da sus primeros pasos. Esto le dará ánimo y **energía** para seguir intentando caminar, lo cual **aprenderá** de acuerdo con la **realidad**, verdad, de su constitución física original. Es decir, no existirán retrasos de aprendizaje para caminar como los puede haber en un niño que es expuesto a los estímulos de miedo de su madre cada vez que lo ve intentando caminar.

5. Como lo puedes imaginar, este proceso ocurre miles de veces durante los primeros años de vida; sin embargo, gracias a los condicionamientos y aprendizajes que va generando, tenderá a disminuir significativamente después de los 8 años de edad.

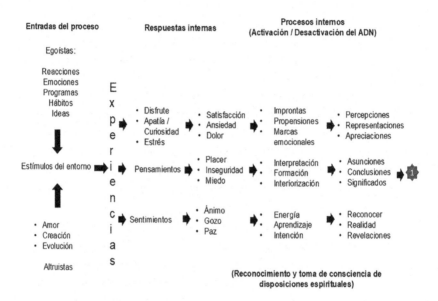

Figura 10. Proceso de formación de la concepción del ser humano promedio.

Finalmente, entre los 7 y 8 años de edad, estará conformado un estado de ser basado en las concepciones que, a través del albedrío, hayamos elegido instalar en nosotros, como consecuencia de las **percepciones, conclusiones, revelaciones,** etc., originadas por el tipo de experiencias que nos tocó vivir durante este lapso de vida. En la figura 11 se muestra un resumen general de los tipos de concepciones a las cuales llegamos como resultado de este proceso inicial de elección. Algunos de los tipos de concepciones son sumamente claros, por ejemplo, concebirnos sólo como materia, separados de los demás, incompletos, temporales, únicos, hijos de Dios, etc. En otros casos, por ejemplo, al hablar de la concepción que hacemos de los demás, cada uno de nosotros podrá instalar diferentes concepciones en función de las experiencias que hayamos tenido.

Te comparto ciertas formas que toman algunas de las concepciones generales planteadas en la figura 11, las cuales no son explícitas tan sólo con el nombre:

1. **Funciones instintivas descoyuntadas.** Esto se refiere a las concepciones distorsionadas que instalaremos de los instintos naturales del cuerpo, como consecuencia de experiencias traumáticas que descoyuntan, es decir, sacan de su función natural a nuestros instintos. Los principales instintos sujetos de este descoyuntamiento son: de supervivencia, sexual, material, emocional y social. Por ejemplo, una experiencia de abuso sexual en un niño le puede generar la concepción de que es del sexo opuesto al que manifiesta su cuerpo. Una experiencia de limitación material extrema puede generar la concepción de que ser pobre es la calamidad más grande que le puede ocurrir a un ser humano. Un maltrato físico continuo de un padre hacia su hijo le puede generar la concepción de que es un ser humano maligno para la sociedad familiar. Experimentar abandono y descuido a muy temprana edad puede generar la concepción de que no se merece vivir.

2. **Concepción de los demás.** Desde las experiencias de los primeros años de vida, vamos a tender a elegir ciertas concepciones de los demás que afectarán todas nuestras relaciones con ellos. "No soy nadie en mi familia", "soy lo más importante para mi familia", "los extraños son peligrosos", "los familiares son confiables", "los ricos son egoístas", "los pobres son flojos" y "mis hermanos son mejores que yo" son ejemplos de estas concepciones.

3. **Concepciones de la vida.** Tan sólo algunos ejemplos a través de los cuales se comprenderá este tipo de concepciones son: "vivir es una experiencia deliciosa", "la vida es un asco", "la vida es un proceso evolutivo", "la vida es un evento fortuito", "vivir tiene sentido", "la vida es corta", "la vida es nacer para morir", "la vida es un valle de lágrimas", "la vida es 99% sudor y 1% inspiración", etc.

4. **Concepciones dogmáticas de Dios.** Dios es amor, Dios castigador, Dios como Padre en el Cielo, Dios ausente, Dios no existe, Dios es una bonita creencia, Dios juez, Dios lleno de expectativas, Dios controlador, etc.

5. **Elecciones para la vida y/o en cualquier momento de la vida.** De cualquier modo, toda concepción es una elección, pero no toda elección es a causa de las respuestas y proceso internos causados por las experiencias a las cuales nos vemos expuestos, estamos propensos a realizar elecciones; estas pueden ser concepciones, principalmente antes de los 7 años de edad, o elecciones generales de cualquier otra índole. La diferencia entre ambos tipos de elecciones es que las concepciones tienen un alcance y profundidad mucho mayor que cualquier otro tipo de elección. Por ejemplo, un niño que experimenta un trato menos cariñoso que su hermano de parte de su madre, dependiendo de la intensidad de la emoción que experimente, podrá elegir creer que su mamá quiere más a su hermano que a él si la emoción no es muy intensa, o **concebirse** como un hijo no deseado cuando la emoción es intensa y profunda. Las implicaciones de cada

una de estas elecciones son muy diferentes en efectos y consecuencias.

6. **Concepción de la vida con sentido.** Llegar a esta edad con el sentido de vida recordado y consciente es una de las concepciones más poderosas para una vida de trascendencia y de plenitud. Para recordar el alcance e importancia del sentido de vida revisa lo planteado cuando tratamos el nivel neurológico de identidad del MCI del ser humano.

En términos del MCI, hasta este momento, podemos decir que los primeros 7 años de vida son para consolidar nuestro nivel neurológico de identidad, ya sea recordando lo existente desde la voluntad original (fig. 9) o desarrollando una concepción basada en las **asunciones, conclusiones y significados** a los cuales llegamos debido a nuestra interacción con el entorno, es decir, la identidad esencial de nuestro ego.

1. Concepción egoísta de sí mismo:
Concepción desde el <u>cuerpo</u>:
* Ser sensorial/materia
* Ser Separado
* Ser incompleto
* Funciones instintivas descoyuntadas

Concepción desde la <u>mente</u>:
* Ser temporal
* Ser único
* Ser autosuficiente

2. Concepción del entorno:
* Concepción de los demás
* Concepción de la vida
* Concepción dogmática de Dios

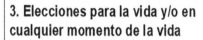

3. Elecciones para la vida y/o en cualquier momento de la vida

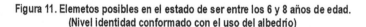

4. Concepción desde el espíritu:
* Concepción como Hijo de Dios
* Concepción de los demás como hermanos
* Concepción de la vida con sentido
* Concepción de Dios como Padre

Figura 11. Elemetos posibles en el estado de ser entre los 6 y 8 años de edad.
(Nivel identidad conformado con el uso del albedrío)

Etapa de formación del carácter para soportar concepciones

Realizadas las elecciones resultantes del primer proceso de desarrollo de nuestra estructura del ser, se inicia el proceso por medio del cual desarrollaremos el cimiento de nuestra personalidad. En la figura 12 puedes revisar los principales elementos que se desarrollarán entre los 7 y 14 años de edad. Todos estos serán efecto de lo instalado como concepciones o, lo que es lo mismo, todos estos elementos soportarán y manifestarán las concepciones con las cuales hayamos llegado a los 7 años de edad. Enseguida, describo algunos de los elementos que demandan un poco de explicación:

1. **Ideas de identidad.** Como mencionamos cuando revisamos el MCI del ser humano, si no logramos recordar o mantener la consciencia del nivel neurológico de la identidad original, como consecuencia de las concepciones que hayamos elegido se desarrollarán **ideas de identidad.** Si, por ejemplo, elegí una concepción de mí mismo completamente asociada a mi padre, es muy probable que me surja la idea de dedicarme profesionalmente a lo mismo que él, independientemente de si tengo las capacidades naturales para eso.

2. **Defectos capitales.** Se contemplan como **defectos capitales** los conocidos como pecados capitales, los cuales son consecuencia de las concepciones generadas por las **funciones instintivas descoyuntadas.** Por ejemplo, el descoyuntamiento del instinto sexual produce la lujuria; el del instinto material produce la avaricia y el del instinto emocional produce la ira.

3. **Relaciones especiales.** Generadas de las **concepciones que hacemos de los demás,** surgen las que consideraremos como relaciones especiales. Mi papá, mi mamá, mis hermanos, mi esposa, mis hijos, es decir, aquellas personas que consideramos "nuestras". Al decir "mi mamá" estoy estableciendo una relación especial, ya que una sola persona es "mi mamá", por

lo tanto, la relación con dicha persona siempre estará enmarcada por el ego como especial. El conflicto más importante que surge de las relaciones especiales es que generan "expectativas", como es "mi", entonces "debe...", o "debo...". Es decir, como es mi madre **debe cuidarme** y **debo respetarla y ocuparme de ella cuando me necesite.** Es importante resaltar que no por el hecho de ser mi mamá voy a establecer una relación especial con ella, puedo simplemente verla como una persona más o verla como el instrumento de Dios para yo poder estar en este mundo, es decir, puedo verla como una hija de Dios al igual que yo lo soy. Las expectativas generadas por las relaciones especiales son uno de los generadores de conflictos más comunes entre los seres humanos de la actualidad.

4. **Relaciones santas.** En el otro extremo de la cuerda de las relaciones especiales están las relaciones santas. Su particularidad más importante es que están dirigidas por el Espíritu Santo, aun y cuando las seguimos experimentando nosotros a través de nuestro albedrío. Relaciones santas no significa perfectas, simplemente son aquellas relaciones basadas en una consciencia plena de que todos somos hijos de Dios y en la intención de caminar de la mano con alguien más hacia una relación directa con Dios.

5. **Cuerpo emocional.** Se define como el contenido emocional que se va acumulando dentro de nosotros como consecuencia de nuestros actos egoístas, así como de los actos egoístas de los demás hacia nosotros. Es decir, es el depósito donde se almacenan todas las emociones que no tenemos la oportunidad de desfogar, desatorar o resolver.

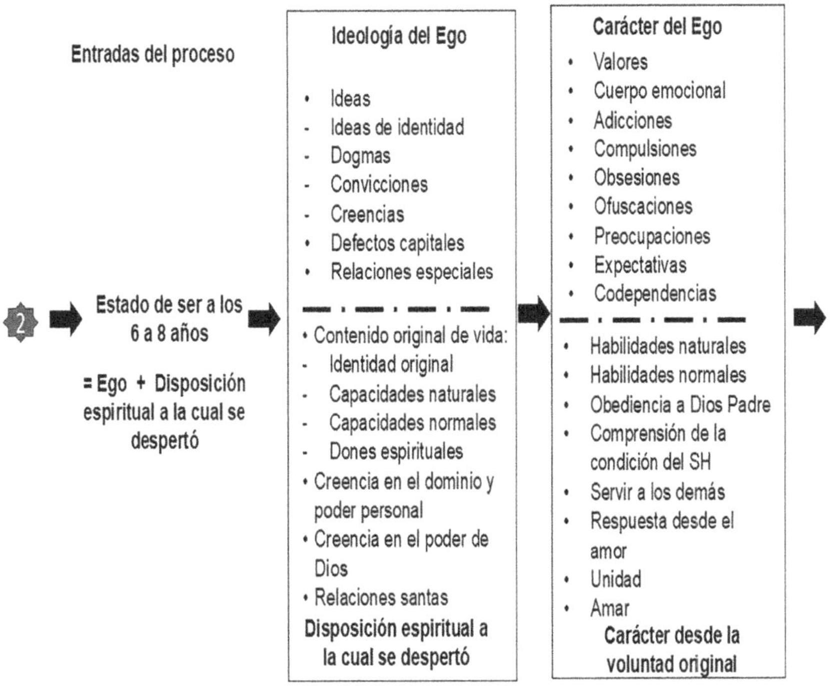

Entradas del proceso

Ideología del Ego

- Ideas
- Ideas de identidad
- Dogmas
- Convicciones
- Creencias
- Defectos capitales
- Relaciones especiales

Carácter del Ego

- Valores
- Cuerpo emocional
- Adicciones
- Compulsiones
- Obsesiones
- Ofuscaciones
- Preocupaciones
- Expectativas
- Codependencias

Estado de ser a los 6 a 8 años

= Ego + Disposición espiritual a la cual se despertó

- Contenido original de vida:
  - Identidad original
  - Capacidades naturales
  - Capacidades normales
  - Dones espirituales
- Creencia en el dominio y poder personal
- Creencia en el poder de Dios
- Relaciones santas

Disposición espiritual a la cual se despertó

- Habilidades naturales
- Habilidades normales
- Obediencia a Dios Padre
- Comprensión de la condición del SH
- Servir a los demás
- Respuesta desde el amor
- Unidad
- Amar

Carácter desde la voluntad original

Figura 12. Proceso de desarrollo del cimiento de la personalidad
(7 a 14 años de edad)

Etapa de consolidación de comportamientos del ser humano

En la figura 13 se puede apreciar el tercer proceso natural y normalmente inconsciente de formación inicial del ser humano. Con el cimiento del carácter definido, se empieza a consolidar lo que serán las respuestas condicionadas desde el ego, complementadas con la actuación desde los principios espirituales que sean demandados en función de la disposición espiritual a la que se tuvo oportunidad de despertar antes de los 14 años de edad. En la figura 13 se muestran los ejemplos del tipo de respuestas más comunes generadas desde el ego en el ser humano promedio, así como algunas muestras de los principios espirituales por medio de los cuales se podrá manifestar el carácter generado desde la voluntad original. Te comparto algunas consideraciones sobre este proceso:

1. La mayoría de las conductas del ser humano promedio tienen su origen en las respuestas del ego y en la manifestación de algunos de los principios espirituales mostrados en la figura 13.

2. En general, sólo existen 3 tipos de salidas de un ser humano: **reacciones, acciones e interacciones.** Una **reacción** es un comportamiento automático, siempre el mismo y normalmente inconsciente por medio del cual el ser humano adulto responde el 90% de las veces ante los estímulos del entorno. Una **acción** se define como una respuesta consciente, creada en el momento presente y, normalmente, diferente a lo acostumbrado. Y una **interacción** es el proceso de intercambio de información y energía entre una persona y cualquiera de los elementos vivos del entorno que la rodea, ya sea una planta, un animal, una persona o una energía del reino espiritual.

3. Como consecuencia de los 3 tipos de salidas de un sistema humano, se crea la **realidad** bajo la cual se estará desenvolviendo en el día con día. Es decir, una vez más, cada

uno de nosotros es el creador de su propio destino. Y esto, literalmente, lo creamos con nuestras *reacciones, acciones e interacciones*. Desde una perspectiva general, la realidad creada se manifestará en cada uno de nosotros en función de la **salud/enfermedad, abundancia/limitación** y **armonía/ conflicto** con los cuales estemos viviendo a un momento dado.

4. A partir de los 16 o 17 años de edad, a la mayoría de nosotros ya se nos podrá reconocer en función de un determinado estado de ser y de un específico estado de consciencia, de los cuales dependerá nuestro desempeño como seres humanos en las diferentes responsabilidades que tenemos. Para el ser humano promedio, para este momento de su vida, contará con una personalidad que permanecerá sin cambio en un 85% hasta el fin de sus días. Al ser un estado de ser formado en su mayor parte de forma inconsciente, cimentado en las concepciones elegidas por un niño de menos de 8 años de edad y, en gran medida, como consecuencia de estímulos egoístas del entorno, lo más común es que genere un proceso de vida con alta tendencia a la enfermedad, a la limitación y al conflicto. **Es por esta razón por la cual es necesario el proceso de mejoramiento de sí mismo, llamado El KamYno, que se plantea a continuación.**

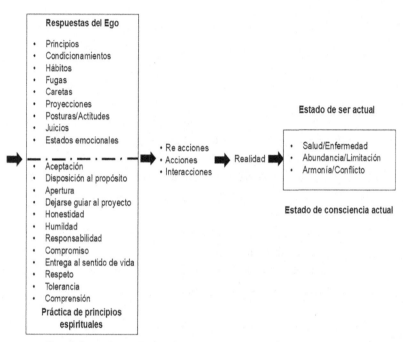

Respuestas del Ego

- Principios
- Condicionamientos
- Hábitos
- Fugas
- Caretas
- Proyecciones
- Posturas/Actitudes
- Juicios
- Estados emocionales

- Aceptación
- Disposición al propósito
- Apertura
- Dejarse guiar al proyecto
- Honestidad
- Humildad
- Responsabilidad
- Compromiso
- Entrega al sentido de vida
- Respeto
- Tolerancia
- Comprensión

Práctica de principios espirituales

- Re acciones
- Acciones
- Interacciones

Realidad

Estado de ser actual

- Salud/Enfermedad
- Abundancia/Limitación
- Armonía/Conflicto

Estado de consciencia actual

Figura 13. Proceso de expresión del ser humano (14 años en adelante, 90% de las respuestas).

TERCERA PARTE:

3

El KamYno

"El KamYno es una de las formas que ha tomado la verdad para facilitar experimentar nuestra razón de ser y estar en esta vida"

Principio fundamental:

Estamos avanzando en El KamYno hacia la verdad si el bienestar que experimentamos es cada día más profundo y duradero, lo que es sinónimo de que cada día estamos más cerca de Dios.

En pocas palabras y en unas cuantas imágenes

¿Qué es El KamYno?

- Cierra tus ojos.
- Piensa en algo en tu forma de ser que te limita, te hace sufrir o te genera conflictos con los demás. Toma plena consciencia de los efectos en tu vida de este aspecto de tu personalidad.
- Respira lenta y profundamente una vez.
- Ahora, trae a tu mente el deseo más grande e intenso que tengas en este momento de tu vida. El deseo de hacer, de tener, de crear, de poder, de cambiar o de ser algo o alguien en la vida.
- Visualiza por un momento cómo será el día cuando lo logres: dónde estás, con quién estás, cómo te sientes.
- Respira lenta y profundamente una vez.
- Ahora, trae a tu mente a la persona que más amas o más has amado en tu vida.
- Recuerda y siente el momento en donde creas que más se manifestó ese amor. Date cuenta de lo maravillosas que pueden ser tus relaciones con las personas que te rodean.
- Respira lenta y profundamente una vez.
- Ahora, lee con atención el párrafo que está a continuación:

El KamYno es el proceso de mejoramiento de nosotros mismos, por medio del cual, con la ayuda de Dios, deshacemos, corregimos y regeneramos todo aquello que está en nosotros que nos dificulta, limita o impide avanzar hacia la realización de nuestra voluntad original, que es en donde se encuentran nuestros más grandes deseos y la real posibilidad de experimentar relaciones armoniosas con quienes nos rodean. La entrega a este KamYno contempla la promesa de experimentar un bienestar cada día más profundo y duradero.

I. El KamYno de mejoramiento de sí mismo

En la primera parte del libro revisamos el proceso de 9 pasos para el mejoramiento de sí mismo. Para poder utilizarlo en El KamYno necesitamos integrarlo a algunos conceptos de los revisados en la segunda parte de este libro y enlazarlo con lo que hacemos en nuestra comunidad. La figura 14 muestra El KamYno para mejoramiento de sí mismo. El proceso se describe a continuación:

1. Una vez se cuenta con un estado de ser y un estado de consciencia determinados, normalmente posteriores a los 16 años de edad, se contará con una estructura base de personalidad, la cual podrá ser sujeta de mejoramiento en cualquier momento. Como la figura 14 muestra, una **experiencia** es el inicio de cualquier proceso de mejoramiento de sí mismo. Una **experiencia** para este proceso es definida como **la cualidad que tiene una situación a la que se enfrenta un ser humano, en la que se separa de su interior conocido, ego, en un intento casi siempre arriesgado para probar algo nuevo o diferente.** Esto puede ocurrir circunstancialmente, en cualquier momento de nuestra vida, o como en el caso de nuestra comunidad El KamYno, en donde es consecuencia de decidir tomar el retiro espiritual de 3 días con el cual se inicia este proceso de mejoramiento de sí mismo.

2. La **experiencia** es necesaria por el primer ingrediente indispensable para el proceso de mejoramiento, una **expansión de consciencia**. Es muy difícil, por no decir que improbable, que una expansión de consciencia ocurra haciendo lo cotidiano, habitual o sin salir de nuestro interior completamente conocido, confortable y familiar. Por lo tanto, necesitamos una experiencia para sumergirnos en el terreno de lo diferente, nuevo o arriesgado. A este momento hay que clarificar que el **proceso de mejoramiento de sí mismo,** que se inicia con la expansión de consciencia después de

los 16 años de edad, puede ser de dos tipos: **corregir algo equivocado instalado en nuestro ego o desarrollar una nueva característica de personalidad que nos mejora como seres humanos.** Que se expanda nuestra consciencia, cuando nos "cae un veinte", significa el acceso a un conocimiento nuevo que logra generar en nosotros un estado temporal de alerta y atención. Puede ocurrir desde una experiencia de un niño con un perrito, que lo llevará a responder con disfrute o estrés, hasta el momento de la derrota total de un alcohólico cuando se da cuenta de que está por perderlo todo como consecuencia de su alcoholismo.

3.   Casi al instante de la **expansión de consciencia** se generará en nosotros una emoción o un sentimiento que, asociado al contenido de la situación, puede generar algo que se quiere o desea, voluntad, dando paso a una potencial elección. Para que ocurra la elección, normalmente, la emoción o sentimiento que se experimente deberá ser de alta intensidad. A este momento hay que aclarar que, aun y cuando ocurra la elección, nuestro estado de ser permanece igual que antes de la elección, es decir, no hemos mejorado aún.

4.   Una vez que este nuevo elemento está en nuestra consciencia, empezará a ser contrastado con todo lo que somos a este momento dado, para llevarnos a generar una idea completa del impacto de lo que acabamos de concebir con respecto a todo lo que somos. Cuando este proceso termina, lo cual puede tardar días o meses, entonces podemos decir que hemos llegado a un nuevo estado de consciencia. En este momento tenemos un estado de ser actual, el mismo, y un nuevo estado de consciencia. Una vez que "cayó el veinte" y se integra totalmente a nuestra consciencia, es el momento en donde puede ocurrir una elección (en los casos en que no ocurrió en el mismo día de la experiencia). Es decir, el día que ocurre una experiencia o en el transcurso del tiempo que toma que lleguemos a un nuevo estado de consciencia, tenemos la oportunidad de que ocurran elecciones para mejorar.

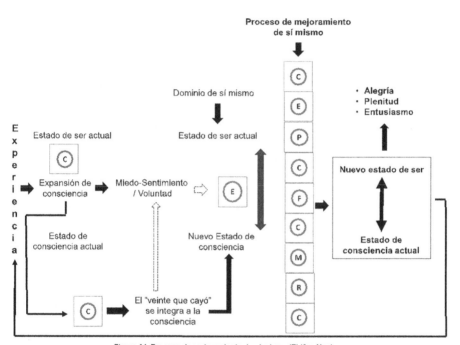

Figura 14. Proceso de mejoramiento de sí mismo (El KamYno).

5. En este estado de situaciones, se generará una tensión creativa, consecuencia de la diferencia entre nuestro nuevo estado de consciencia y nuestro estado de ser actual, que empezará a empujarnos a realizar los cambios necesarios para que nuestro estado de ser se mueva y esté en sintonía con nuestro nuevo estado de consciencia. Es importante aclarar que pueden existir experiencias de las cuales no surja una elección, normalmente, por no ser de alto impacto para nuestra consciencia o por no generar una emoción o sentimiento da alta intensidad.

6. Como se vio anteriormente, una vez se toma una **elección** es colocada en la mente, la cual, a partir de ese momento, no tendrá otra función que crear opciones para traerla a nuestra realidad. En este caso, la mente generará opciones por el resto de la vida mientras lo **elegido** no sea parte de nuestro estado de ser. Tal vez esta sea la razón por la cual una de las experiencias más comúnmente reportadas en personas que están a punto de morir es el arrepentimiento por no haberse dedicado a lograr ciertas cosas que deseaban, es decir, **elecciones** realizadas que no se lograron.

7. Habiendo ocurrido los 2 primeros pasos del proceso de mejoramiento, expansión de consciencia y elección, tendremos la posibilidad de entrar de lleno al resto de los pasos del proceso. Sin embargo, hay que estar conscientes de que en ese momento también se inicia la lucha interna entre nuestro ego, defender el estado de ser actual, y nuestra mente, crear lo necesario para conseguir lo elegido. Es por esta razón por la cual se requiere agregar al proceso un elemento crítico: **dominio de nosotros mismos.** Es importante considerar que transcurrirá un periodo, en ocasiones muy largo, antes de que logremos el nuevo estado de ser elegido. Por esta razón, se requerirá que se desarrolle la voluntad necesaria para que la consciencia tenga **dominio de sí mismo** para detener al estado de ser actual cuando intente manifestarse como siempre lo ha hecho. El problema que intentamos resolver con esto es el tremendo

peso de consciencia que aparece cuando nos comportamos de forma contraria a nuestras elecciones ya realizadas.

8. El tercer paso del **PMSM** es crear la posibilidad de realizar lo elegido. Y es aquí en donde aparece el mayor problema para el ser humano promedio adulto. Poner en acción las opciones creadas por la mente para llevar nuestro estado actual a donde la elección ha definido como destino demandará recursos como tiempo, energía y elementos materiales. Algunos tendremos problemas con el tiempo; otros, con el dinero o los aspectos materiales, pero la mayoría, sin duda, con la energía necesaria para enfrentarnos a los nuevos retos provocados por la nueva elección. La razón de esto es que el **cuerpo emocional,** ver figura 12, en la mayoría de los seres humanos adultos, estará tan lleno de emociones atoradas que consumirá una parte importante de la energía para la vida a la cual puede acceder cada día una persona. Esto deja a la mayoría con poca posibilidad de hacerse cargo de llevar a la acción las propuestas de la mente para llevarlos al nuevo **estado de ser elegido.** Por lo anterior, **crear la posibilidad** se convierte en un elemento trascendente del **PMSM,** en el cual tenemos que poner especial atención si queremos tener éxito en lograr nuestro nuevo estado de ser.

9. Es claro que, una vez conscientes del problema, cualquiera de nosotros puede buscar diferentes medios para **crear la posibilidad** para que nuestra elección llegue al éxito. Sin embargo, en la comunidad El KamYno tenemos la forma metodológica para realizar los pasos 1, 2 y 3 del PMSM con un nivel de éxito, a Dios gracias, extraordinariamente alto. Y esto es a través de asistir a nuestro retiro espiritual de 3 días. Asistiendo a este retiro, de forma natural e increíblemente común, los participantes salen con estos 3 pasos dados para seguir con la posibilidad de continuar con los pasos del 4 al 9.

10. Una vez que damos los primeros 2 pasos del PMSM, ahora sí todo lo que sigue es **acción** pura. Acciones para aumentar nuestros conocimientos y facultades para poder corregir lo

que está mal en nosotros o lograr aquello que hemos elegido; y acciones para medir progreso, reforzar y celebrar. Para nosotros en la Comunidad el KamYno los pasos 4 al 6 se dan a través de asistir a nuestras juntas y talleres de aprendizaje, asesorarnos con los miembros más antiguos, llevar a nuestro diario vivir lo aprendido y realizar nuestros retiros espirituales de seguimiento. Los pasos 7 y 8 los damos a través del proceso de servir en el grupo y en los retiros espirituales que se realizan cada 4 semanas. En este programa, aprendimos que la mejor manera de medir nuestro avance y reforzar nuestro proceso de mejoramiento es a través del servicio. Como servidores se pondrá a prueba todo lo que somos y hacia dónde estamos queriendo ir.

11. Sin embargo, los pasos 4 al 9 son algo que se puede experimentar de manera metodológica y unificada al realizar las acciones sugeridas que se plantean en cada uno de los 3 carriles de este KamYno de mejoramiento de sí mismo, aun y cuando no se participe en nuestra comunidad.

12. Cada vez que un nuevo **estado de ser** es logrado, es decir, lo que somos se alinea con nuestro **estado de consciencia,** nos acercamos un poco más al estado de **alegría, plenitud y entusiasmo** al cual todos y cada uno de nosotros está llamado desde el día en que nació.

En tener la oportunidad para comprender y experimentar este PMSM, está la finalidad de este libro y la misión de nuestras comunidades El KamYno. Mi deseo es que lo aquí escrito pueda ser de utilidad para cualquier ser humano, sin embargo, no puedo dejar de recordarte que es muy complejo intentar solos el proceso de mejorarnos a nosotros mismos, por lo cual, la sugerencia es recorrerlo a través de una comunidad de autoayuda o espiritual. Es nuestro deseo llevar una comunidad El KamYno a cualquier lugar en donde se nos requiera, aunque sabemos que dependemos de Dios y de las personas con la buena voluntad de comprometerse con ellos mismos y con sus semejantes, para llevar esta oportunidad a su localidad.

II. Estructura general del sistema El KamYno

1. Para qué

Para introducirnos al sistema El KamYno, lo haremos a través de la estructura esencial de los procesos humanos que revisamos en la segunda parte del libro, esto es, a través de abordar el qué, el cómo y el para qué de nuestro KamYno de mejoramiento de sí mismo. Como vimos, cualquier proceso que se defina como tal debemos crearlo o definirlo con estos 3 elementos. Cuando se trata de un proceso que estamos creando se sugiere que empecemos con el fin o propósito en mente, es decir, el para qué. Los cánones nos dicen que el inicio de cualquier proceso en la vida, ya sea un viaje, un proyecto, un proceso productivo o un PMSM resultará mucho más ágil, eficaz y posible si empezamos con el fin en mente. Esto nos da la posibilidad de mantenernos en el rumbo elegido, nos facilita darnos cuenta de cuando nos hemos desviado o no estamos avanzando hacia donde establecimos y, oportunamente, nos permite corregir el rumbo cuantas veces sea necesario.

En la figura 15 se muestra el proceso sistémico que plantea el para qué de El KamYno de mejoramiento de sí mismo. Como vimos en la primera parte del libro, un principio esencial bajo el cual fuimos creados es el de **tender al bienestar** ante todo y sobre todo. También dijimos que esto es sinónimo de **tender a Dios** si pensamos en que el bienestar más profundo y duradero al cual puede acceder un ser humano es cuando está en o con Dios. El proceso sistémico mostrado en la figura 15 es el proceso metodológico por medio del cual podemos concebir la posibilidad de lograr **un bienestar más profundo y duradero.**

En primer lugar, lo duradero del bienestar lo podemos medir en función de cuánto tiempo de un día normal estamos experimentando la vida desde cualquiera de los elementos mostrados en el diagrama. En segundo lugar, lo profundo del bienestar lo podemos concebir en función de cuál de los elementos del proceso estamos experimentando en un momento dado. Como revisamos cuando vimos los procesos sistémicos, la profundidad, el alcance y el impacto en nuestra vida de los elementos de un proceso sistémico van en función de verlo como si fueran las manecillas de un reloj. El elemento mostrado en la hora 1 es el más superficial del proceso, por lo cual, el elemento mostrado en la hora 12 será el más profundo, de mayor alcance y de máximo impacto. Así, aun y cuando obtener **satisfacción** al hacer algo puede producir bienestar, este será menor que cuando se **disfruta** una situación. O estar en **sobriedad** emocional es gratificante, pero no se compara con el bienestar experimentado cuando se logra la **serenidad**.

Al ser el para qué el motivo de nuestro proyecto de mejora de nosotros mismos, es decir, lo que estamos buscando conseguir como resultados, sólo requiere que comprendamos las siguientes consideraciones:

1. A través del **qué y del cómo** estaremos dirigiéndonos hacia el **para qué,** por lo cual el **para qué** es factible verlo sólo de vez en cuando para medir si estamos avanzando hacia lo más duradero y profundo del bienestar que estamos buscando. Es decir, técnicamente, sólo tendríamos que usar este proceso sistémico como referencia para contrastarlo con nuestra vida diaria con cierta periodicidad y así darnos cuenta de si estamos caminando hacia el destino elegido. Metafóricamente hablando, esto significa usarlo como brújula para saber si seguimos en la dirección correcta con lo que estamos haciendo y cómo lo estamos haciendo. Por ejemplo, es común que en algunas de nuestras juntas alguien comente "si llevas en esta comunidad 6 meses y no has experimentado mejoramiento en el bienestar que estás experimentando, creo que deberías preguntarte qué estás haciendo mal".

PARA QUÉ

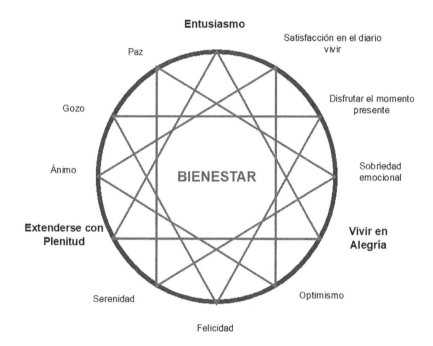

Figura 15. Proceso para experimentar un Bienestar profundo.

2. Conocer el significado, estímulos y tipo de acciones que genera cada uno de los elementos de este proceso sistémico puede ser de gran utilidad para meter a nuestra consciencia a este asunto de una manera más puntual. Es decir, es recomendable que nuestro **estado de consciencia** se expanda al conocimiento, implicaciones y posibilidades que ofrece este proceso sistémico, para así llegar a tener una idea amplia y clara del bienestar al cual se puede llegar a acceder. Como, por ejemplo, saber identificar cuando experimento un estado de **satisfacción** y sus diferencias con la experiencia de **disfrutar** algo; la diferencia entre **sobriedad** y **serenidad**; las cosas que al realizarlas me producen **paz**; qué es y cómo se consigue la **felicidad**, etc. Por otro lado, también resulta útil saber que, si logro dedicarme a realizar más actividades que me produzcan satisfacción, entonces el **optimismo** y andar siempre con ánimo van a ser impactados positivamente. Del mismo modo, da nuevas posibilidades conocer la relación entre **disfrutar, felicidad y gozo.** Una de las grandes ventajas de participar en una comunidad de El KamYno es que en nuestro diario vivir en comunidad estamos hablando, reflexionando y aprendiendo todos los días sobre cómo comprender mejor la estructura del sistema El KamYno para sacarle más provecho y llevarlo más fácilmente a la vida práctica.

3. Por último, algunos ya avanzados en el arte de mejorarse a sí mismos podrán utilizar directamente este proceso sistémico para dejar de estar mal o para incrementar su bienestar en el entendido que, con esto, por lo regular obtendrán un bienestar meramente temporal. Para esto, sólo requieren ya estar en un estado de consciencia en el que puedan reconocer con facilidad cuando están experimentado un malestar, o tener ya cierta consciencia de las acciones que les producen un determinado elemento de este proceso sistémico. Esto se puede logra realizando cualquiera de las siguiente 3 acciones:

- Dejar, eliminar y/o evitar
- Incluir, agregar y/o propiciar
- Realizar, gestionar y/o procurar, a pesar de mí

Por ejemplo:

- **Dejar, eliminar y/o evitar** las acciones que más **insatisfacción** me generan. En este caso, **insatisfacción** puede ser sustituida por el opuesto de cualquiera de los otros 11 elementos del proceso sistémico, por ejemplo, **padecer, infelicidad, desánimo**, etc.
- **Incluir, agregar y/o propiciar** las acciones que más **disfruto** en la vida. Igualmente, **disfrutar** se puede sustituir por cualquiera de los 11 elementos restantes del proceso sistémico; por ejemplo, tareas que me producen **satisfacción**, acciones que me propician **serenidad** o acciones en donde me percibo **expresándome plenamente**.
- **Realizar, gestionar y/o procurar** las acciones que se me complican o me sacan de mi área de confort, pero a la vuelta de realizarlas estoy consciente de que me producirán bienestar o me evitarán malestar; esto, en cualquiera de los 12 elementos del proceso sistémico. Por ejemplo, realizar algo que me da miedo e inseguridad, pero que, una vez hecho, me produce enorme **satisfacción**; o iniciar una sesión de ejercicios que será extenuante y hasta dolorosa, pero después de la cual **disfrutar**é intensamente los efectos en mi cuerpo; o detener y contener una explosión emocional, lo cual incrementará momentáneamente mi malestar, a sabiendas de que después experimentaré la satisfacción de no haber dañado a los demás.

Esto y muchas cosas más, que iremos descubriendo con el pasar de los años, es lo que tiene para nosotros el para qué del sistema El KamYno. Por lo pronto, en la figura 15a te comparto el cuadro completo de cómo usar el proceso sistémico del **para qué** de forma directa para mejorar el bienestar con el cual estamos experimentando nuestra vida en un momento dado.

PARA QUÉ

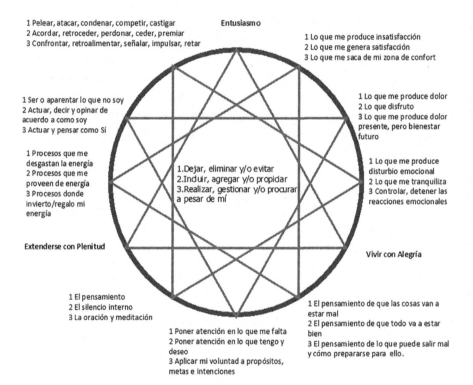

1 Pelear, atacar, condenar, competir, castigar
2 Acordar, retroceder, perdonar, ceder, premiar
3 Confrontar, retroalimentar, señalar, impulsar, retar

Entusiasmo

1 Lo que me produce insatisfacción
2 Lo que me genera satisfacción
3 Lo que me saca de mi zona de confort

1 Ser o aparentar lo que no soy
2 Actuar, decir y opinar de acuerdo a como soy
3 Actuar y pensar como Sí

1 Lo que me produce dolor
2 Lo que disfruto
3 Lo que me produce dolor presente, pero bienestar futuro

1 Procesos que me desgastan la energía
2 Procesos que me proveen de energía
3 Procesos donde invierto/regalo mi energía

1.Dejar, eliminar y/o evitar
2.Incluir, agregar y/o propiciar
3.Realizar, gestionar y/o procurar a pesar de mí

1 Lo que me produce disturbio emocional
2 Lo que me tranquiliza
3 Controlar, detener las reacciones emocionales

Extenderse con Plenitud

Vivir con Alegría

1 El pensamiento
2 El silencio interno
3 La oración y meditación

1 Poner atención en lo que me falta
2 Poner atención en lo que tengo y deseo
3 Aplicar mi voluntad a propósitos, metas e intenciones

1 El pensamiento de que las cosas van a estar mal
2 El pensamiento de que todo va a estar bien
3 El pensamiento de lo que puede salir mal y cómo prepararse para ello.

Figura 15a. Sugerencias para utilizar el proceso del Para qué de forma directa.

2. El cómo

Con el para qué de cualquier proceso, definido, comprendido y elegido, debemos concentrarnos en definir cómo será la forma, método o estrategia por medio de la cual transitaremos hacia nuestro destino. Para el sistema El KamYno, el cómo se presenta con el proceso sistémico de la figura 16. Por lo regular, los seres humanos hacemos cosas las cuales fácilmente son muy evidentes, sin embargo, un aspecto que pasa con mucha frecuencia desapercibido para nuestra consciencia, pero no para la consciencia de los demás, es cómo hacemos esas cosas. Algunos le llaman *actitud, la manera de hacer las cosas, estilo, modales, posturas, caretas, disposición*, etc.

En esencia, el cómo, para nuestro sistema, es tender, buscar o movernos desde la **buena voluntad**; es decir, que cualquier cosa que hagamos en la vida esté impregnada con **buena voluntad.** Si pregunto algo en mi junta de comunidad, si platico algo sobre mí mismo, si llevo a mi familia de paseo, si leo un libro, si busco trabajo, si ayudo a otra persona con su tarea, si... que sea con buena voluntad. Pero como sabemos que existe el famoso problema de semántica, no podemos dejar que afecte algo tan importante para nosotros. Por lo tanto, primero pasemos a definir lo que es buena voluntad:

Bueno: de valor positivo, útil y a propósito para algo.

Voluntad: querer, desear.

Así, **buena voluntad,** para los propósitos de nuestro **Cómo** del sistema El KamYno significa: **'desear lo positivo, útil y para un propósito'.** Sin embargo, afortunadamente, nuestra estructura no se queda en la definición, sino que nos da la forma de integrar a nuestra vida este **cómo** de una manera puntual, práctica y metodológica; esto, a través del proceso sistémico de la figura 16.

Como recordarás, los vértices del triángulo principal de un proceso sistémico de primer grado, cuando es utilizado para representar capacidades, simbolizan las habilidades. En este caso, la **buena voluntad** la estaremos desarrollando a través de trabajar con las habilidades, o valores espirituales, de **servir, unificar y amar.** Es decir, el **cómo** debemos hacer las cosas que hacemos para que lleven **buena voluntad** es con actitud de **servicio,** con el enfoque puesto en movernos desde la **unidad** y con el propósito de manifestar **amor.**

Nuevamente, para nuestra tranquilidad y beneficio, no tenemos que imaginar cada quien cómo es eso de la actitud de servicio, la unidad y el amor, para eso el proceso sistémico nos marca las reglas o principios espirituales por medio de los cuales podemos regular que nuestras acciones se conduzcan desde la buena voluntad. Te sugiero que en este momento le dediques de 10 a 15 minutos a observar la figura 16; sólo obsérvala y deja que surjan los pensamientos, emociones y sentimientos naturalmente. Toma consciencia de cuánto te dice lo que estás viendo y cómo se relacionan unos elementos con los otros.

Como puedes concluir, para transitar hacia la posibilidad de hacer del **servir** una actitud primordial en nuestra vida, se requiere regular la vida desde los siguientes principios espirituales:

- Dejarse guiar
- Humildad
- Honestidad
- Apertura
- Aceptación
- Disposición

Cada uno de estos principios es un catalizador que le **integra lo positivo** a cualquier cosa que hagamos en la vida. Si me **dejo guiar** evito el conflicto, si le meto **humildad** reconozco mis errores y actúo en consecuencia; si soy *honesto* **conmigo mismo,** elimino la negatividad del engaño y la mentira; si aplico la **apertura,** no necesito juzgar ni atacar a nadie; si practico la **aceptación,** no tendré que pelear contra nada ni contra nadie, y si cultivo la **disposición,** siempre estaré en la situación y estado conveniente para lo que la vida me ponga enfrente.

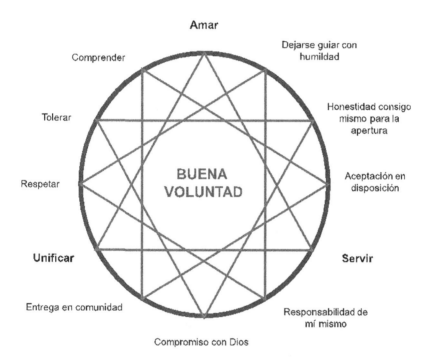

CÓMO

Amar
Comprender
Dejarse guiar con humildad
Tolerar
Honestidad consigo mismo para la apertura
Respetar
BUENA VOLUNTAD
Aceptación en disposición
Unificar
Servir
Entrega en comunidad
Responsabilidad de mí mismo
Compromiso con Dios

Figura 16. Proceso para cultivar la Buena Voluntad para El KamYno

Algo importante a clarificar con respecto a todos los principios de cada una de las 3 habilidades de este proceso sistémico es el hecho de que se desarrollan en un orden determinado. Es decir, al cultivar el **dejarnos guiar** se facilita empezar a experimentar la **humildad**, lo cual nos genera la posibilidad de ser más **honestos**; ello nos facilitará el camino a la **apertura**, y así sucesivamente. De nuevo, nuestra vida en comunidad nos da la oportunidad de estar hablando, aprendiendo y practicando estos principios desde muchos puntos de vista y con la experiencia compartida de unos a otros.

Para transitar la posibilidad de hacer del **unificar** un enfoque primordial en nuestra vida, se requiere regular la vida desde los siguientes principios espirituales:

- Responsabilidad de mí mismo
- Compromiso con Dios
- Entrega en comunidad

Cada uno de estos principios es un catalizador que le **integra lo útil** a cualquier cosa que hagamos en la vida. En este caso, una vez que desarrollamos un cierto grado de **responsabilidad de nosotros mismos,** estaremos en posibilidad de poder experimentar un **compromiso con Dios,** gracias a lo cual podremos experimentar la **entrega en comunidad**. Si lo piensas, alguien que NO se responsabiliza de sí mismo, ¿cómo puede llegar a establecer un compromiso con Dios? De la misma forma, alguien que no ha realizado un compromiso con Dios, será muy difícil que desarrolle la posibilidad de entregarse a una comunidad.

Me responsabilizo de mí mismo cuando dejo de echarles la culpa a los demás por lo que me pasa; cuando dejo de proyectar en otros mis propios defectos; cuando decido realizar las acciones necesarias para corregir lo que está mal en mí y cuando reparo las consecuencias en los demás de mis comportamientos equivocados. **Realizo un compromiso con Dios** cuando me reconozco como Su hijo; cuando elijo meterlo realmente y para siempre a mi vida y cuando estoy dispuesto a reconocer y manifestarme desde mi **voluntad original. Me entrego en comunidad** cuando lo hago como parte de mi compromiso con Dios; cuando estoy dispuesto a poner el bienestar común por encima del bienestar individual y cuando comprendo que mi bienestar depende, principalmente, de estar siempre dispuesto para ayudar a alguien que está pidiendo ayuda.

Para transitar hacia la posibilidad de hacer del **amar** una actitud primordial en nuestra vida, se requiere regular la vida desde los siguientes principios espirituales:

- Respetar
- Tolerar
- Comprender

Cada uno de estos principios es un catalizador que le imprime posibilidad al máximo **propósito** de la vida: **amar**. Al igual que en las otras 2 habilidades, la interacción entre los 3 elementos es similar. Si **respeto** a los demás tendré la oportunidad de **tolerarlos**, después de lo cual podré **comprenderlos** y después emerge una de las ideas más poderosas sobre el proceso de aprender a **amar**: **comprender, en el profundo y estricto sentido de lo que significa, es la antesala del camino que nos da la posibilidad de amar.** En otras palabras, esa parte del **c**ómo de la vida, tan escaso en nuestro mundo y tan aparentemente difícil de aprender, **amar**, se coloca a nuestro muy cercano alcance si dedicamos el interés y tiempo necesarios para **comprender** aquello que deseemos amar: a Dios, a nosotros mismos, a nuestra familia, a los demás, a la vida, a la naturaleza, al cosmos, etc.

Respeto cuando miro hacia atrás y me doy el tiempo de observar y considerar todas las implicaciones de mi relación con quien está frente a mí. **Tolero** cuando desarrollo la posibilidad de sobrellevar y resistir, hasta el final, una interacción con otro ser humano manteniendo mi atención honesta, mi sobriedad y mi serenidad, es decir, sin perder el interés ni entrar en disturbio emocional. Un elemento fundamental que surge de la tolerancia es un verdadero **conocimiento** de los demás. Como se ha dicho siempre: "No se puede amar lo que no se conoce". **Comprendo** cuando acepto, abrazo completamente e integro a mi ser lo que la otra persona es y hace. Esto no significa que esté en acuerdo con lo que el otro es y hace, simplemente lo entiendo, sé las razones por las cuales hace lo que hace y es como es, con lo cual puedo llegar a la posibilidad de aceptarlo y recibirlo tal cual es. Para hacer esto, definitivamente necesito un alto grado de conocimiento sobre los demás. Por esto, comprender es la antesala para acceder a amar.

Vimos que en cada una de las habilidades se tiene el requisito de desarrollar "primero lo primero"; por ejemplo, es necesario **dejarse guiar con humildad**, primero para que se facilite después **poder ser honesto consigo mismo para la apertura** (ver figura 16). Sin embargo, en la práctica de los procesos sistémicos, existe otro principio que necesitamos revisar. Como vimos en la teoría de los procesos sistémicos en la segunda parte del libro, al momento de poner en marcha el proceso sistémico es más eficaz hacerlo a través de movernos en función de los triángulos secundarios internos de cada proceso y avanzar en el sentido de las manecillas del reloj. Esto será más fácil de comprender si revisas la figura 16a.

Como puedes observar, la sugerencia para transitar efectivamente la fase 1 del **cómo** de El KamYno, representado por el primer triángulo de elementos, es avanzando al mismo tiempo en **dejarse guiar con humildad**, con la **responsabilidad de sí mismo** y con **respetar**. Una vez que se tiene cierto dominio en transitar por esta primera fase, se tendrá la posibilidad de darle un giro al proceso en el sentido de las manecillas del reloj e iniciar el tránsito por la segunda fase: **honestidad consigo mismo para la apertura, compromiso con Dios y tolerar**. De la misma forma, una vez que alcancemos una cierta velocidad por la fase 2, podremos girar nuevamente el proceso e iniciar la tercera fase con mucha mayor facilidad que si lo intentamos sin haber transitado las fases 1 y 2.

La razón de lo anterior estriba en nuestro funcionamiento sistémico, ya que, si realizamos una acción para **dejarnos guiar**, eso impacta positivamente en la **responsabilidad de mí mismo** y en **respetar**; y esto ocurrirá con cualquier elemento que se ponga en acción del triángulo. Cuando yo practico el **respeto** hacia alguien más, eso tiene un impacto positivo en la **responsabilidad de mí mismo** y en **dejarme guiar con humildad**. Y así sucesivamente ocurrirá en cualquier proceso sistémico con la operación interna de los triángulos que lo conformen. Esto, en otras palabras, significa que estamos transitando nuestro KamYno de mejoramiento, de forma sistémica, avanzando al mismo tiempo en las 3 habilidades que se complementan y crean sinergia entre ellas.

CÓMO

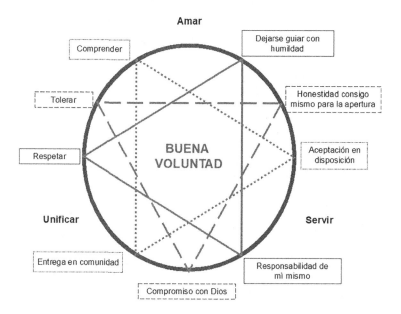

Figura 16a. Los 3 carriles para transitar el Cómo de El KamYno

Si observas detenidamente la figura 16a con lo expuesto anteriormente, te darás cuenta de lo maravilloso del funcionamiento de los procesos sistémicos, pero más te maravillarás de verlos aplicados al proceso de mejoramiento de sí mismo. Tan sólo con pensar que algo tan abstracto para el ser humano común, como la buena voluntad, se pueda alcanzar a través de buscar **servir, unificar y amar**, produce un sentimiento de confianza y certeza de poder conseguirla. Confianza y certeza que se convierten en fe a El KamYno y en posterior creencia en sus resultados, cuando el proceso nos regala la forma específica de alcanzar la posibilidad de manifestarnos desde el **servicio, la unidad y el amor** a través de actuar desde principios de vida 100% definidos, claros y posibles de poner en acción. Al menos para mí, nunca antes había estado tan claro cómo lograr la tan famosa y bien apreciada buena voluntad.

Por otro lado, es importante mencionar que al asistir al retiro con el cual inicia la oportunidad de militar en nuestra comunidad, se tiene la oportunidad de experimentar un salto cuántico en la buena voluntad desde la cual se manifiesta normalmente el ser humano promedio.

3. El qué

A pesar de que, como ya vimos, las sugerencias para el mejoramiento de nosotros mismos han estado acompañando a este libro desde sus inicios, la forma metodológica del trabajo sugerido se da por medio del **qué** del sistema El KamYno. Cuando revisamos la estructura general de un proceso, vimos que el **qué** está conformado, esencialmente, por **acciones**. *Al ser el elemento esencial de nuestro trabajo (como dijo Albert Einstein, el éxito requiere un 1% de inspiración y un 99% de esfuerzo), es necesario que nos quede claro todo lo que implica una* **acción**. La mejor forma que encontré de poder expresarlo es con los siguientes trinomios:

Acción es:

1. Actos – Pensamientos – Sentimientos
2. Conductas – Comportamientos – Rutinas
3. Actividades – Tareas – Interacciones

Es decir, todo aquello ejecutable o que se puede ejercer por medio de lo cual le damos vida y mantenemos en marcha el proceso de mejora que estamos implementando. En la figura 17, se muestra el proceso sistémico de segundo grado por medio del cual la estructura del sistema El KamYno plantea que desarrollaremos la competencia de ejercer todo lo necesario para transitar el proceso de mejoramiento de nosotros mismos. Como vimos, los procesos sistémicos de segundo y tercer grado sólo nos sirven como modelos para comprender a un nivel macro cómo se enlazan nuestras **capacidades** para formar **competencias**, los de segundo grado, o cómo se enlazan nuestras competencias para formar **metacompetencias**, los de tercer grado. Por esta razón, para poder operar el **qué** del sistema el KamYno, es necesario separarlo en los 3 procesos sistémicos de primer grado que lo conforman, es decir, las 3 capacidades esenciales que requerimos desarrollar para tomar las riendas de nuestra vida.

Si operáramos linealmente, tendríamos que tomar la capacidad de recuperar la responsabilidad sobre mi vida, la de liberar mi compromiso con Dios y la de salvar mi relación con los demás y conformarlas en procesos sistémicos de primer grado. Sin embargo, como operamos sistémicamente, en procesos sistémicos de segundo grado, empezamos desde aquí con la operación a través de los elementos de los triángulos internos. De esta forma, buscaremos mejorar sistémicamente, de forma gradual y, al mismo tiempo, en nuestras 3 capacidades esenciales como seres humanos: recuperar la responsabilidad sobre mi vida, liberar mi compromiso con Dios y salvar mi relación con los demás. (Cada una de estas capacidades tiene como fin ayudarnos con cada una de nuestras 3 interacciones esenciales que vimos en la primera parte del libro: la interacción conmigo mismo, la interacción con Dios y la interacción con los demás).

QUÉ

**Salvar mi relación
con los demás**

Salvar la filiación con
los hijos de Dios

Deshacer los efectos del ego y
cambiar consecuencias

Conseguir interacciones
libres de conflicto

Corregir concepciones
equivocadas

Reparar y mejorar la
relación con los
demás

**EXPANSIÓN DE
CONSCIENCIA Y
DEL SER**

Regenerar
proceso interno
de elección

**Liberar mi
compromiso con Dios**

**Recuperar la
responsabilidad
sobre mi vida**

Restablecer mi relación
con Dios

Despertar de Espíritu

Reconocer y ejercer
identidad original

Figura 17. Proceso para la expansión del estado de consciencia y del estado de ser

De esta forma, le damos un giro en el sentido de las manecillas del reloj al proceso sistémico del **qué** y tomamos los elementos que unen el primer triángulo interno. La figura 18 nos muestra este paso. Desarrollamos este proceso sistémico de primer grado y nos queda el primer carril para transitar el **qué** de nuestro KamYno de mejoramiento de sí mismo, el cual se muestra en la figura 19. Al operar de esta forma, el proceso sistémico resultante es del cual emerge nuestra capacidad de lograr la fuerza de voluntad para ejercer el dominio sobre nosotros mismos.

Cuando hayamos transitado este primer carril por un tiempo con resultados satisfactorios, entonces estaremos en posibilidad de darle un giro más a nuestro proceso y trabajar ahora en el segundo triángulo interno (figura 18). Desarrollamos este proceso sistémico de primer grado y nos queda el segundo carril para transitar el **qué** de nuestro KamYno de mejoramiento de sí mismo, el cual se muestra en la figura 20. Al operar de esta forma, el proceso sistémico resultante es del cual emerge nuestra capacidad de lograr la autorrealización o, lo que es lo mismo, experimentarnos desde nuestra **voluntad original**.

Cuando hayamos transitado este segundo carril por un tiempo con resultados satisfactorios, entonces estaremos en posibilidad de darle un giro más a nuestro proceso y trabajar ahora en el tercer triángulo interno (figura 18). Desarrollamos este proceso sistémico de primer grado y nos queda el tercer carril para transitar el **qué** de nuestro KamYno de mejoramiento de sí mismo, el cual se muestra en la figura 21. Al operar de esta forma, el proceso sistémico resultante es del cual emerge nuestra capacidad de ejercer la voluntad de Dios, o lo que es lo mismo, en términos espirituales, convertirnos en siervos de Jesucristo para colaborar con la instauración del Reino de Dios aquí en la Tierra.

Figura 18. Los tres carriles para transitar el Qué de El KamYno.

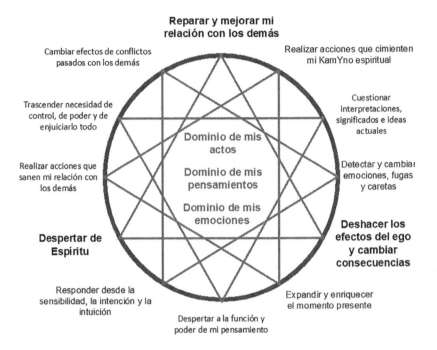

**Reparar y mejorar mi
relación con los demás**

Cambiar efectos de conflictos
pasados con los demás

Realizar acciones que cimienten
mi KamYno espiritual

Trascender necesidad de
control, de poder y de
enjuiciarlo todo

Cuestionar
interpretaciones,
significados e ideas
actuales

Dominio de mis
actos

Realizar acciones que
sanen mi relación con
los demás

Dominio de mis
pensamientos

Detectar y cambiar
emociones, fugas
y caretas

Dominio de mis
emociones

**Despertar de
Espíritu**

**Deshacer los
efectos del ego
y cambiar
consecuencias**

Responder desde la
sensibilidad, la intención y la
intuición

Expandir y enriquecer
el momento presente

Despertar a la función y
poder de mi pensamiento

Figura 19. Proceso para lograr la fuerza de voluntad y el dominio de sí mismo

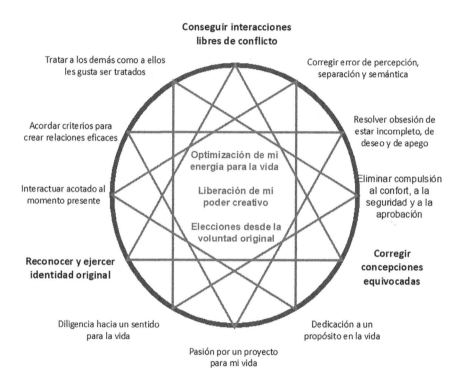

Conseguir interacciones
libres de conflicto

Tratar a los demás como a ellos
les gusta ser tratados

Corregir error de percepción,
separación y semántica

Acordar criterios para
crear relaciones eficaces

Resolver obsesión de
estar incompleto, de
deseo y de apego

Optimización de mi
energía para la vida

Interactuar acotado al
momento presente

Liberación de mi
poder creativo

Eliminar compulsión
al confort, a la
seguridad y a la
aprobación

Elecciones desde la
voluntad original

Reconocer y ejercer
identidad original

Corregir
concepciones
equivocadas

Diligencia hacia un sentido
para la vida

Dedicación a un
propósito en la vida

Pasión por un proyecto
para mi vida

Figura 20. Proceso para lograr la Autorrealización

Salvar la filiación con los
hijos de Dios

Obrar para la redención del
pueblo de Dios

Actuar consciente del
proceso básico de la vida

Acercar hacia Dios a
sus hijos extraviados

Reprogramar procesos
internos basados en el
miedo

Servicio como
discipulo de Jesucristo

Entregarme a la vida
en comunidad

Extenderse desde
el poder de Dios

Conseguir y
conservar un estado
interno conveniente

Dejarse guiar por el
Espíritu Santo

Restablecer mi
relación con Dios

Regenerar
proceso interno
de elección

Propiciar la acción del Espíritu Santo
en mi vida

Aceptar a Jesucristo como mi
salvador y cultivar activamente Su
amistad

Agradar a Dios por sobre
todas las cosas

Figura 21. Proceso para ejercer la voluntad de Dios

III. El KamYno

Finalmente, llega el método aterrizado, práctico y específico por medio del cual el sistema El KamYno propone transitar el mejoramiento de nosotros mismos. Todo lo hasta aquí expuesto ha sido necesario para fundamentar lo que estás a punto de conocer. Conforme avances en el transitar de este KamYno requerirás ir regresando a revisar algunos de los conocimientos expuestos anteriormente; sin embargo, la recomendación es regresar sólo cuando lo consideres estrictamente necesario para mejorar la comprensión o aplicación de alguna sugerencia. Te puedo anticipar que la ejecución de las sugerencias en el orden, tiempos y formas recomendados, tendrá efectos tangibles en el mejoramiento de ti mismo, comprendas o no lo que está atrás de cada sugerencia. Haber leído lo anterior te dará la oportunidad de comprender las enormes posibilidades que tiene seguir las sugerencias que encontrarás en este método de mejoramiento de sí mismo. Enseguida te comparto un resumen de las implicaciones, alcances y posibilidades que tiene transitar el mejoramiento de sí mismo a través de El KamYno:

1. Al transitarlo se hace desde los principios esenciales desde los cuales fuimos creados, generando con esto mayor posibilidad de éxito.
2. Considera y utiliza a favor nuestro los procesos físicos, mentales, emocionales, espirituales y de la consciencia naturales al ser humano.
3. Lleva implícitos los principios espirituales, axiomas y principales sugerencias por medio de las cuales el programa de Alcohólicos Anónimos ha logrado que personas de todas partes del mundo se hayan recuperado de la enfermedad del alcoholismo por los últimos 85 años.
4. Considera el maravilloso retiro espiritual que se experimenta en los grupos de autoayuda de 4º y 5º paso desde 1992 y que hoy en día se lleva a efecto en prácticamente todo México.

Un retiro que además de propiciar un proceso profundo de liberación emocional, proporciona la más grande **posibilidad** que puede alcanzar un ser humano adulto, con tan poco tiempo invertido, de iniciar con éxito un proceso integral de mejoramiento de sí mismo.

5. Con sólo aplicar las sugerencias de los 3 carriles del **qué** de este KamYno se estará siguiendo el proceso de mejoramiento de sí mismo de 9 pasos planteado en la primera parte del libro. Sin tener que seguir paso a paso el proceso, aplicando las sugerencias se irá transitando cada uno de los pasos para los diferentes aspectos a mejorar en cada persona.

6. Considera los principios del desarrollo humano y organizacional que por los últimos 28 años he tenido la oportunidad de aprender, descubrir, comprobar y aplicar en mí mismo, en mi familia, en mi actividad profesional y en las comunidades El KamYno existentes actualmente.

7. Conforme se van aplicando las sugerencias de acción planteadas, se van desarrollando las 3 capacidades esenciales que el ser humano necesita para llevar en orden sus 3 interacciones fundamentales: **recuperar la responsabilidad sobre mi vida,** para llevar una correcta **relación consigo mismo; liberar mi compromiso con Dios,** para llevar una íntima **relación con Dios y salvar mi relación con los demás,** para llevar una **relación de hermandad con todo ser humano.**

En la figura 22 se plantea el primer carril de El KamYno, pero aplicándole el principio necesario para operarlo, es decir, girarlo en el sentido de las manecillas del reloj para respetar nuestro funcionamiento sistémico (revisa la figura 19 como referencia). De esta forma, para empezar de forma ordenada se requiere iniciar aplicando las sugerencias necesarias para las 3 líneas de acción que conforman el triángulo interno de línea continua de la figura 22, es decir, **realizar acciones que cimienten mi KamYno espiritual, expandir y enriquecer el momento presente y llevar a cabo acciones que sanen mi relación con los demás.** Este es el primer paso del primer carril del método de mejoramiento de sí mismo llamado El KamYno. Después de un tiempo estaremos listos para dar el segundo paso del primer carril, que es empezar a practicar las sugerencias del segundo triángulo interior de la figura 22, y así más adelante estaremos listos para dar el tercer paso a través de poner en práctica las líneas de acción del tercer triángulo.

Una vez que tengamos un cimiento importante por transitar los 3 pasos de nuestro primer carril, entonces estaremos listos para continuar con el segundo carril, planteado en la figura 23. Al igual que el primer carril, se muestra ya con el principio necesario para operarlo, es decir, con el giro del proceso en sentido de las manecillas del reloj, para poder definir las líneas de acción de los 3 pasos del segundo carril (puedes ver como referencia la figura 20).

En cuanto tengamos ciertos frutos y cimientos por transitar los 3 pasos del segundo carril, estaremos listos para transitar los 3 pasos del tercer carril mostrados en la figura 24 (ver como referencia la figura 21).

Todo lo hasta aquí planteado es el soporte, fundamento y esencia del sistema El KamYno para mejoramiento de sí mismo. Por lo tanto, es un intento para:

1. Proporcionar a las personas intelectuales una batería de conocimientos suficientes que les permitan comprender lo necesario para que así le puedan dar una oportunidad a El KamYno para que sea parte de sus vidas.
2. Proporcionar a las personas racionales la posibilidad de proyectar los extraordinarios resultados que se pueden obtener al transitar El KamYno, y los pocos recursos que demanda en relación con los resultados potenciales.
3. Proporcionar a las personas prácticas la posibilidad de, conforme aplican las sugerencias de El KamYno descritas a continuación, disfrutar de los resultados tan extraordinarios que produce.

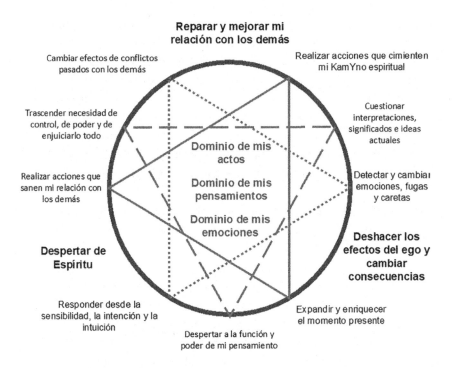

Reparar y mejorar mi
relación con los demás

Cambiar efectos de conflictos
pasados con los demás

Realizar acciones que cimienten
mi KamYno espiritual

Trascender necesidad de
control, de poder y de
enjuiciarlo todo

Cuestionar
interpretaciones,
significados e ideas
actuales

Dominio de mis
actos

Realizar acciones que
sanen mi relación con
los demás

Dominio de mis
pensamientos

Detectar y cambiar
emociones, fugas
y caretas

Dominio de mis
emociones

Despertar de
Espíritu

Deshacer los
efectos del ego y
cambiar
consecuencias

Responder desde la
sensibilidad, la intención y la
intuición

Expandir y enriquecer
el momento presente

Despertar a la función y
poder de mi pensamiento

Figura 22. Método para transitar el primer carril del Qué de El KamYno

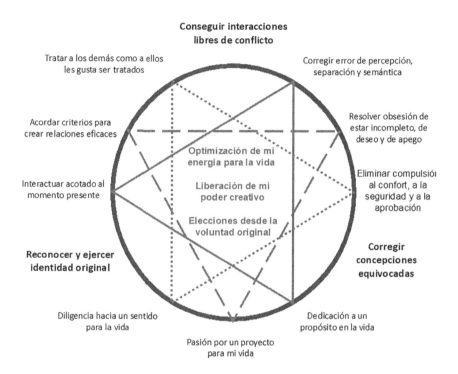

Figura 23. Método para transitar el segundo carril del Qué de El KamYno

Figura 24. Método para transitar el tercer carril del Qué de El KamYno

1. Método para el mejoramiento de sí mismo El KamYno

Con el fin de hacer más sencilla la comprensión y rápida puesta en acción de este método, pasaremos a mostrar sus 3 carriles de forma más simple. Para esto, en lugar de utilizar el modelo de los procesos sistémicos, en círculos y triángulos, los presentaremos de una forma más sencilla de comprender y con todos los elementos necesarios para saber siempre lo que estamos haciendo, para qué lo estamos haciendo y los indicadores que nos pueden decir si estamos avanzando en el mejoramiento de nosotros mismos. Además, nos da la oportunidad de empezar casi de 0 el proceso de comprensión, al requerir muy poco de lo antes expuesto para iniciar la aplicación del "bufet" de sugerencias planteado más adelante.

En la figura 25 puedes ver una representación gráfica más lineal del primer carril del método para el mejoramiento de sí mismo El KamYno. A continuación, te describo las consideraciones básicas para comprender cómo transitarlo:

1. Como se mencionó anteriormente, no hay que olvidar que el inicio del método para el mejoramiento de sí mismo llamado El KamYno lleva como prerrequisito haber participado en nuestro retiro espiritual de 3 días, necesario para proveer de una real y verdadera **posibilidad** de mantenerse en el camino de mejoramiento personal. Para quienes no tengan a su alcance una comunidad El KamYno, anteriormente se realizó la recomendación de transitar este proceso como miembros de alguna comunidad de autoayuda, religiosa o espiritual. Transitar un proceso integral de mejoramiento de nosotros mismos sin el apoyo de una comunidad, es realmente difícil y conduce con mucha frecuencia a extraviarnos del verdadero camino de mejoramiento de nosotros mismos.

2. Los primeros 3 renglones del cuadro de la figura 25 corresponden a las líneas de acción necesarias para transitar los 3 pasos del primer carril. Por lo tanto, para iniciar con la aplicación de nuestro método empezamos con las líneas de acción del paso 1 del primer carril: **realizar acciones que cimienten mi KamYno espiritual, expandir y enriquecer el momento presente y realizar acciones que sanen mi relación con los demás.**

3. Se recomienda transitar por 6 meses cada uno de los 3 pasos del primer carril. Es decir, los primeros 6 meses, sólo realizar acciones sugeridas por las líneas de acción del paso 1 del primer carril; después de seis meses, se sigue con las sugerencias del paso 2, y así sucesivamente.

4. Cada persona define cuáles son las sugerencias por medio de las cuales percibe un mayor mejoramiento, para poner mayor esfuerzo en ellas. Además, es importante aclarar que las sugerencias se plantean considerando los aspectos más comunes presentes en la vida diaria, por lo cual, si algunas sugerencias crees que no aplican para tu mejoramiento, entonces enfócate en aquellas de las que puedas sacar mayor beneficio.

5. La última columna del cuadro de la figura 25 plantea los **indicadores** por medio de los cuales se puede monitorear si estamos avanzando en nuestro proceso. Por ejemplo, vamos a darnos cuenta de nuestro avance en el paso 1 del primer carril si conforme pasa el tiempo vamos experimentando un mayor **dominio sobre nuestros actos.** Es decir, cada vez es más frecuente que gane mi consciencia y realizo lo correcto en las ocasiones en que aparecen los conflictos entre mis reacciones egoístas y mi consciencia.

6. Pasados 6 meses y ya que el **dominio sobre nuestros actos** ha tenido mejoramiento palpable, llegaremos a practicar las sugerencias del paso 2 del primer carril, por los siguientes 6 meses. En este caso, es importante reforzar el hecho de la necesidad de mantenernos realizando las

acciones sugeridas del paso 1 de este carril, que más nos hayan producido mejoramiento. Es decir, esto se trata de ir agregando a nuestra personalidad elementos nuevos que nos permitan vivir con más bienestar cada día.

7. Tras 6 meses y ya que el **dominio de nuestros pensamientos** ha tenido mejoramiento palpable, pasaremos a practicar las sugerencias del paso 3 del primer carril, por los siguientes 6 meses. Esto nos colocará en el estado de haber practicado ya nuestro primer carril completo, con lo cual tenemos posibilidad de medir de más formas nuestros avances. El cuarto renglón de la figura 25 plantea las habilidades que, a ese momento, deberán estar desarrolladas y con posibilidad de ser manifestadas en cierto grado. Es decir, para entonces, ya tendremos mayor dominio y fuerza de voluntad para **deshacer los efectos pasados de nuestro ego y cambiar sus consecuencias,** estaremos más **despiertos a nuestra esencia espiritual** y tendremos más habilidad para **reparar y mejorar nuestra relación con los demás.** Con estas habilidades más desarrolladas, las capacidades mostradas en el quinto renglón de la figura 25 estarán en un franco proceso de ser conformadas y puestas a nuestra disposición para seguir expandiendo nuestra consciencia y nuestro ser.

A continuación, encontrarás las listas de acciones sugeridas para cada una de las líneas de acción del primer carril de El KamYno.

				Indicadores
Líneas de acción primer carril paso 1	Realizar acciones que cimienten mi KamYno espiritual	Expandir y enriquecer el momento presente	Realizar acciones que sanen mi relación con los demás	Dominio de mis actos
Líneas de acción primer carril paso 2	Cuestionar interpretaciones, significados e ideas actuales	Despertar a la función y poder de mi pensamiento	Trascender necesidad de control, de poder y de enjuiciarlo todo	Dominio de mis pensamientos
Líneas de acción primer carril paso 3	Detectar y cambiar emociones, fugas y caretas	Responder desde la sensibilidad, la intención y la intuición	Cambiar efectos de conflictos pasados con los demás	Dominio de mis emociones
Habilidad 1	Deshacer los efectos del ego y cambiar consecuencias	Despertar de Espíritu	Reparar y mejorar mi relación con los demás	Fortalecer la voluntad
Capacidad	Recuperar la responsabilidad sobre mi vida	Liberar mi compromiso con Dios	Salvar mi relación con los demás	Expansión de consciencia y del ser

Figura 25. Método para transitar el primer carril de El KamYno.

2. Acciones sugeridas para el primer carril de El KamYno

Primer carril paso 1

Realizar acciones que cimienten mi KamYno espiritual

Acciones sugeridas:

- Mete a Dios a tu vida.

  * Establece estímulos de la vida diaria que te recuerden continuamente que Dios está en tu vida.
  * Reza, medita, ora y practica el silencio interno.
  * Dedica continuamente durante el día pensamientos hacia Dios.
  * Mantén tu consciencia pendiente de la manifestación de sentimientos como el arrepentimiento, el perdón, la compasión y la esperanza.

- Perdónate a ti mismo.

  - Realiza acciones que te recuerden que Dios te ama y jamás se ofenderá contigo.
  - Ve a pedir perdón con quien sientas una culpa.
  - Comparte perlas de vida en diferentes oportunidades que da la comunidad.
  - Realiza acciones continuamente para sanar de enfermedades generadas como autocastigo.
  - Realiza acciones que muestren autoaprecio.
  - Deja de recriminarte cuando te equivoques o falles en realizar algo.
  - Interrumpe la lucha contigo mismo en cuanto aparezca.

- Experimenta el proceso para forjar tu creencia en El KamYno.

  * **Practica la fe a El KamYno:** realiza diligentemente las sugerencias que te plantea El KamYno para el mejoramiento de ti mismo (al menos el 80% del uso de recursos –actos, tiempo, dinero y energía– utilizados para mejorarte son dedicados a tus sugerencias de El KamYno).

  * **Cultiva la disposición:** mantén una actitud optimista hacia tu proceso de mejoramiento, hacia tu comunidad de apoyo y hacia tu vida

  * **Toma consciencia de los resultados:** realiza una reflexión diaria sobre los avances en el dominio de ti mismo conseguidos durante el día.

  * **Prueba tu nivel de creencia en El KamYno:** regularmente, medita sobre las situaciones en donde prefieres seguir una sugerencia de El KamYno en lugar de hábitos de tu vida pasada

- Asiste a las juntas del diario vivir

- Usa la tribuna cuando no puedas dejar ir un disturbio emocional.
- Apadrínate cuando no encuentre qué hacer o te sientas atorado en algo.
- Pregunta cualquier duda o confusión que surja sobre tu programa.
- Comparte testimonios de progreso espiritual experimentados.
- Contén y reprime reacciones emocionales en cuanto aparezcan.
- Detén toda interacción con alguien en cuanto exista una reacción emocional.
- Comparte perlas de sabiduría en juntas del diario vivir.
- Asiste a la hacienda cada 4 semanas.

- Lee la literatura relacionada con el proceso de mejoramiento del ser humano.
- Lleva un servicio de grupo o hacienda por al menos 6 meses.

Unas cuantas aclaraciones:

Meter a Dios a nuestra vida es la acción fundamental para todo proceso de mejoramiento de nosotros mismos. Si no lo hacemos, nunca podremos contra el ego que habita en nosotros. Y la forma de hacerlo es simple si pensamos en lo que es vivir: **estímulos**; es decir, propiciemos ser expuestos a la mayor cantidad de estímulos que nos recuerden a Dios en cualquier buen sentido; **actos**, como asistir al culto religioso, leer la Biblia, servir a los demás, orar; **pensamientos**, que puede ser tan complejo como reflexiones profundas sobre Dios o tan simple como pensar 1,000 veces durante el día "Dios, te amo y sé que me amas"; **sentimientos**, como practicar la compasión por el que sufre, sentir misericordia con el que se equivoca o arrepentimiento por nuestras equivocaciones.

Como se puede observar en el listado de acciones sugeridas, algunas de ellas son específicas para militantes de la comunidad El KamYno y extensivas hacia algunas comunidades de autoayuda. Una vez más, es importante recordar el tremendo poder en el proceso de mejora de sí mismo, cuando se experimenta el proceso como miembro activo en una comunidad. Como militantes de una comunidad obtenemos la clarificación de dudas, el compartimiento de dificultades y cómo se resolvieron; los testimonios de los resultados obtenidos por otras personas, pero, sobre todo, el acompañamiento de otros seres humanos, lo que nos confirma todos los días que no somos los únicos con defectos, problemas y conflictos. Además, de lo más importante, contamos con una mano que nos ayudará a levantarnos cuando, por situaciones de la vida, caigamos de nuevo a cualquier fondo de sufrimiento.

Expandir y enriquecer el momento presente

Acciones sugeridas:

- Expande tu observación a la mayor cantidad posible de elementos presentes en tu realidad cotidiana.
- Practica la observación dispersa.
- Recibe sin resistencia la realidad tal cual es en cada momento.
- Enfoca tu atención en lo interesante y positivo de la persona con quien interactúas.
- Repite mentalmente 12 cosas interesantes o positivas presentes en tu vida cada vez que te detectes en disturbio emocional.
- Define tu propósito y prioridades para momentos importantes del día y mantén tu atención en ellos mientras ocurren.
- Decide conscientemente los aspectos del entorno que deseas atender o atraer en ciertos momentos del día.
- Atiende emociones o conflictos pasados que aparezcan en el presente sólo cuando tengas oportunidad de resolverlos.
- Programa realizar 3 acciones diarias que realmente disfrutes.
- Propicia al menos una vez diaria participar con alguien más en lo que esa persona disfrute profundamente.

Unas cuantas aclaraciones:

En la primera parte del libro revisamos el concepto de la Matrix. Si recuerdas, representa el proceso de vida en el cual el ser humano se experimenta a sí mismo la mayor parte del día en automático y disociado, es decir, físicamente presente en un lugar, y mentalmente ausente. Las acciones sugeridas por esta línea de acción son para, en pocas palabras, salir de la Matrix, esto es, para dejar la vida programada y condicionada por una vida con atención al momento presente.

La **práctica de la observación dispersa** se refiere a mirar hacia el frente de nosotros con la atención puesta en 3 cosas al mismo tiempo: una, en el extremo derecho de nuestro campo visual; una, en el centro y otra más, en el extremo izquierdo de nuestro campo visual. Al desenfocarnos de esta forma de un solo punto de enfoque, la mente se para, se calla, llega el silencio mental.

Una de las acciones más ineficientes que se realiza con extrema frecuencia por el ser humano promedio es resistirse a lo que ya es. Con la realidad que se nos presenta en un momento dado, sólo existe una acción posible: aceptarla. **Mientras no recibamos con aceptación la realidad, no podremos hacernos cargo de ella.** Obviamente, nos resistimos cuando la realidad es contraria a nuestros deseos o simplemente nos hace sufrir. Por ejemplo, es increíble cómo hay personas que no aceptan que un ser querido se marche, y continúan sufriendo por años negándose a aceptar la pérdida.

Realizar acciones que sanen mi relación con los demás

Acciones sugeridas:

- Pide perdón cada vez que tus reacciones egoístas alcancen a los demás.
- Repara daños ocasionados a los demás.
- Perdona:

  - Regala acciones de servicio a quienes te dañaron.
  - Regálales tu tiempo y atención a quienes te dañaron.
  - Regala cosas materiales a quienes te dañaron.

- Ora por las personas que ofendiste o dañaste.
- Ora por las personas que te ofendieron o dañaron.
- Participa en realizar o conseguir cosas en grupo o equipo.
- Practica/negocia treguas en conflictos profundos con los demás.
- Sigue los 7 pasos espirituales para restablecer la relación con los demás:
  - Habla con Dios antes que con la persona.
  - Toma la iniciativa, siempre.

- Planifica una conferencia de paz lo más pronto posible.
- Primero, enfócate en la reconciliación de la relación, no en la resolución del problema o diferencia.
- Confiesa tu parte en el conflicto. Jesús dijo que debes sacar primero "la viga de tu propio ojo, y entonces verás con claridad para sacar la astilla del ojo de tu hermano".
- Asume la responsabilidad que te corresponde por tus errores y pide perdón.
- Ataca al problema, no a la persona. No es posible arreglar el problema si lo que te interesa es encontrar quién tuvo la culpa.

Unas cuantas aclaraciones:

En términos espirituales, reparar el daño causado es literal. Si defraudé con 100 pesos, regreso 100 pesos. Sin embargo, cuando hablamos de daños emocionales, la situación no es tan cuantificable. Por esta razón, al hablar de reparar daños u ofensas nos referimos a tratar con aprecio, cariño y respeto a toda persona a quien hayamos dañado, y hacerlo por el resto de nuestra vida.

Una diferencia o problema entre 2 personas jamás podrá resolverse mientras la relación esté en conflicto. Al realizar el proceso sugerido de 7 pasos mencionado arriba, estamos siguiendo los principios esenciales que rigen las relaciones entre las personas:

1. Metemos a Dios en la situación.
2. Nos hacemos responsables de nuestra vida: si hay un conflicto, es de 2. Nunca puede existir un conflicto entre 2 personas si una de las 2 se mantiene sobria y ecuánime.
3. Se confrontan las situaciones problema oportunamente. El tiempo no resuelve sólo las cosas, tan sólo las entierra.
4. Enfoca, primero, al restablecimiento de la relación, sin lo cual tratar el problema rara vez puede llegar a feliz acuerdo. Cuando la relación está rota, el puente de comunicación está interrumpido.

5. Inicia el proceso con un reconocimiento de lo que yo hice mal, lo cual presupone una revisión de la situación con un enfoque en mí mismo como responsable del conflicto.
6. Antes de que el otro siquiera hable, se pide perdón por el inconveniente, problema u ofensa.
7. Al pasar a resolver la situación (paso 7), mantenemos en mente la importancia de hablar de los hechos y situaciones sin atacar a la otra persona.

Primer carril paso 2:

Cuestionar interpretaciones, significados e ideas actuales

Acciones sugeridas:

- Realiza un nuevo inventario de ti mismo por escrito: (Segundo)

  - Realiza un listado personal de ideas limitantes sobre ti mismo, sobre la vida, sobre los demás o sobre Dios.
  - Aplica la técnica de desacreditación de ideas o creencia equivocadas o limitantes a cada una de las ideas de la lista.

Descripción de la técnica:

- ¿Es esto que pienso (idea, creencia, significado, interpretación) verdad?
- ¿Tengo la absoluta certeza de que esto que pienso es verdad?
- ¿Cómo reacciono y cómo me siento cundo tengo este pensamiento?
- ¿Quién sería yo sin ese pensamiento?
- Definir lo opuesto sobre lo que pienso (al menos 2 opuestos).

- ¿Cómo me sentiría si cualquiera de estos estos 2 opuestos fuera verdad?
- Realiza un listado personal de significados limitantes que tengas sobre la vida. Aplica la técnica de desacreditación.
- Realiza un listado de interpretaciones limitantes que tengas sobre ti mismo, sobre la vida, sobre Dios o sobre los demás. Aplica la técnica de desacreditación.

- Integra a tu vida ideas o creencia opuestas más saludable para ti.
- Integra significados opuestos más saludables a tu vida diaria.
- Integra interpretaciones opuestas más saludables a tu vida diaria.
- Toma consciencia de condicionamientos actuales. Regístralos.

Ejemplos:

- No poder decir no.
- Mentir para no quedar mal o no dañar a los demás.
- No poder salir de casa sin tender la cama.
- No poder dormir sin lavarse los dientes.
- No poder salir de casa sin bañarse.
- No poder hacer del baño fuera de casa.
- No poder comer algún tipo de alimento.

- Aplica la técnica de liberación de condicionamientos actuales a los más perjudiciales.

Descripción de la técnica:

- Define el beneficio que obtienes de realizar condicionamiento actual.
- Escoge otra actividad más saludable y positiva por medio de la cual puedas obtener el mismo o mayor beneficio.

- Practica la ejecución de la nueva actividad en lugar del condicionamiento o hábito actual.
- Mantén este nuevo comportamiento hasta que sea una costumbre nueva en lugar del condicionamiento actual.

Unas cuantas aclaraciones:

Como se mencionó, en nuestra comunidad se inicia el KamYno con un retiro espiritual en donde se realiza un profundo inventario de sí mismo. Como estamos entrando a nuestros segundos 6 meses en El KamYno de mejoramiento de nosotros mismos, se sugiere continuar con un nuevo inventario. En la comunidad le llamamos *escrituras de seguimiento.* En esta escritura, el centro de atención serán nuestras ideas, creencias, significados e interpretaciones actuales. De ellos sacaremos aquellos que nos limitan o perjudican y, en esencia, les aplicaremos la técnica de desacreditación, consistente en escribir las respuestas a las preguntas mencionadas en la descripción de la técnica. Es importante resaltar que este proceso es guiado por coordinadores de la comunidad, se realiza en grupo en formato de retiro espiritual y va acompañado de procesos experienciales que facilitan y profundizan el trabajo realizado en el inventario. Sin embargo, si comprendes lo que se está tratando de hacer con la técnica, podrás realizar tú solo el proceso con muy buenos resultados.

Despertar a la función y poder de mi pensamiento

Acciones sugeridas:

- Reflexiona todos los días sobre la función del pensamiento de crear la realidad en la que vives.
- Observa detenidamente a alguien que esté mirando en otra dirección hasta que voltee hacia ti.
- Piensa durante todo un día en que quieres hablar con un familiar con el cual hace tiempo no hablas.

- Piensa recurrentemente en comer algo que te gusta mucho, pero hace tiempo no comes.
- Piensa recurrentemente durante varios días en la sanación de alguna pequeña molestia o enfermedad que tienes.
- Dedica pensamientos positivos hacia un problema actual que tengas.
- Piensa sólo en las características positivas de la persona con la cual convives más, por una semana, y analiza los efectos.
- Escoge un conflicto que tengas con alguien más y dedícale pensamientos que supongan que el conflicto ha desaparecido.
- Define algo que deseas y que crees que es imposible de lograr para ti. Dedícale 30 minutos diarios por 7 días a crear opciones de cómo conseguirlo. Ponlas por escrito cada día.
- Define algo que necesitas, quieres o deseas:

    - Enfoca tu pensamiento varias veces al día en cómo crear la forma de conseguirlo.
    - Practica cada día pensar en que ya tienes eso que deseas (visualizar).
    - Deja ir o detén todo pensamiento que sea contrario a lo que deseas
    - Detecta y detén cualquier pensamiento que ponga en duda que conseguirás lo que deseas.

- Toma consciencia del pensamiento más recurrente durante este día y define qué está tratando de crear.

Unas cuantas aclaraciones:

Esta línea de acción es una de las que pueden llegar a marcar un antes y un después en el proceso de mejoramiento de sí mismo. Llegar a tomar consciencia del poder de nuestro pensamiento es abrir la llave a la posibilidad de crear todo lo necesario para que nuestras elecciones se conviertan en realidad. Las acciones sugeridas se aplican tal cual se plantean, no van buscando lograr resultados, tan sólo son para "despertar" a lo que ocurre cuando se realizan.

Trascender necesidad de control, de poder y de enjuiciarlo todo

Acciones sugeridas:

- Detén la lucha por tener la razón.
- Omite dar tu opinión si no se te solicita.
- Permite que los demás hagan las cosas como ellos escojan.
- Observa lo que hacen los demás sin generar ni expresar nada.
- Sólo realiza preguntas poderosas cuando los demás te cuenten sus planes: ¿cómo?, ¿qué?, ¿para qué?, ¿con quién?
- Percibe lo que es, dejando ir los pensamientos relativos a si es bueno o malo.
- Detén las comparaciones en cuanto aparezcan.
- Piensa en las posibilidades del poder de conjunto, más que en manifestar tu poder personal.
- Dale tiempo a Dios para que te ayude cuando no tengas algo eficaz que hacer para lograr lo que deseas, es decir, por un tiempo hacer nada.

Unas cuantas aclaraciones:

En resumen, el reto en lo concerniente a esta línea de acción es hacer lo que sea necesario para dejar ir, detener o alejarse de cualquier situación en la cual aparece la costumbre de querer controlar, manifestar el poder o aparece el impulso de realizar un juicio sobre los demás. Las acciones sugeridas son formas de meterse en este reto. Por ejemplo, **permitir que los demás hagan las cosas como ellos escojan** se sugiere para aquellas personas con el impulso de que todo en la vida se haga como ellos piensan. Por supuesto, no aplica para tareas técnicas en las cuales se demanda capacitar o instruir a quienes las deben ejecutar. Como puedes concluir, el sentido común, que en realidad es el menos común de los sentidos en el ser humano promedio, es fundamental para la aplicación de estas sugerencias. Esta es una razón de las más importantes por las cuales este KamYno se sugiere transitarlo en una comunidad.

Una de las formas más prácticas que he encontrado para interrumpir la costumbre de mi mente de hacer juicios es a través de mantenerla enfocada en sólo realizar preguntas del tipo ¿cómo?, ¿qué?, ¿para qué?, ¿con quién? cuando alguien me comparte una situación. Mantener la mete enfocada de esta forma, evita meterse a juzgar el contenido que se nos está compartiendo, además de propiciar la empatía con la cual se desarrolla la interacción. Recordemos que, la mayoría de las veces, cuando una persona nos cuenta sus cosas, sólo necesita alguien que la escuche con empatía. Por otro lado, lo sabemos, "El peor consejo es el no pedido".

Uno de los errores más comunes del ser humano creyente es pedirle algo a Dios y tratar, por todos los medios, de conseguirlo con el esfuerzo personal, es decir, sin darle tiempo a Dios de que obre o sin darnos los espacios de silencio necesarios para escucharlo decirnos por dónde. Esto no significa que Dios va a hacer las cosas por nosotros, pero es un error pedir su ayuda y seguir haciendo cosas intempestivamente, pensando todo el día cómo conseguirlas e inmersos en las nocivas emociones de la ansiedad o la desesperación por lo que queremos o necesitamos. La sugerencia planteada invita a evitar hacer cosas por hacer, o sea, realmente utilizar el poder creativo de nuestra mente para definir cosas eficaces que nos acerquen a nuestras metas impidiendo el hacer desenfrenado por la ansiedad o la desesperación.

Primer carril paso 3:

Detectar y cambiar emociones, fugas y caretas

Acciones sugeridas:

- Realiza un nuevo inventario de ti mismo por escrito: (Tercero)

- Enlista las reacciones emocionales más recurrentes.

- Crea rutinas nuevas para cada una de las reacciones más frecuentes.
- Enlista las fugas más utilizadas.
- Define nuevas rutinas para conseguir recompensas que proporcionan las fugas más nocivas.
- Enlista las caretas que todavía usas, con quién y en qué situaciones.
- Define las situaciones a resolver para eliminar la necesidad de usar cada una de las caretas.

- Aplica en tu vida diaria las rutinas nuevas definidas para sustituir rutinas de reacciones emocionales y fugas más nocivas.
- Detén la necesidad de justificarte o excusarte, sólo informa si te es solicitado por alguien.
- Detén promesas en cuanto las pienses. Cámbialas por acciones programadas y comunicadas a los involucrados.
- Haz de inmediato algo que tienes la opción de posponer.
- Observa lo positivo en lugar de lo criticable.
- Detente ante la necesidad de quejarte y sólo realiza acciones para resolver la situación.
- Detén la costumbre de regañar en cuanto aparezca.
- Realiza acciones que eduquen y formen en lugar de regañar.
- Elige un comportamiento nuevo para una situación difícil y conviértelo en una costumbre.
- Crea una rutina nueva para responder a situaciones o personas complicadas.
- Escoge acciones a realizar antes de que se te ordene.

Unas cuantas aclaraciones:

De nuevo llegamos al inicio de nuestros siguientes 6 meses en el KamYno. Tiempo de realizar nuevamente el ejercicio de escribir un inventario para profundizar en el trabajo con nosotros mismos. En esta primera línea de acción y en la tercera de este paso se encuentran los puntos a trabajar en este inventario.

Se sugiere dejar de prometer. La razón, se promete regularmente cuando ya se falló en algo. Y si se falla en algo, es seguro que la falla volverá a ocurrir. Por lo tanto, la sugerencia implica quitarse la careta de responsabilidad que nos ponemos cuando prometemos, por simplemente dejar de prometer y ofrecer disculpas cuando se falla y, si así se elige, programar una acción en donde se repare, de alguna forma, la falla cometida. Programar significa poner día y hora en la cual se realizará la acción correspondiente para reparar la falla cometida.

Es increíble cómo cambia la vida de los padres de familia una vez que llegan a la consciencia de lo ineficaz que es regañar a sus hijos. Después de 2 o 3 regaños, los hijos se dan cuenta de que la mayoría de los padres jamás llegaremos más allá de regañar una y otra vez. En la cotidianidad del hogar, los regaños sólo sirven para bajar la calidad de vida familiar, alejar a padres de hijos y perpetuar aquello sobre lo que se regaña. Al sugerir **educar** y **formar**, se está hablando de las acciones de atención, comunicación y conexión de los padres con los hijos para transmitirles las reglas y principios de la vida en familia, además de las consecuencias existentes cuando se falla en dichas reglas. Si en la familia, regañar es completamente ineficaz, imagina en los centros de trabajo. El jefe regañón produce exactamente los mismos efectos que el padre regañón, es decir, nada bueno.

En las acciones sugeridas en esta línea de acción se encuentra la posibilidad de ahorrar una cantidad de tiempo muy significativa, además de reducir, en alto grado, el tipo de interacciones que normalmente incrementan nuestros conflictos con los demás. Sólo reflexiona en la cantidad de tiempo que podría ahorra un ser humano si deja de justificarse, excusarse, prometer, dejar para después, criticar, quejarse, regañar, evadir y resistirse.

Responder desde la sensibilidad, la intención y la intuición

Acciones sugeridas:

- Ejercita tu percepción por los 5 sentidos al mismo tiempo.
- Realiza las necesidades fisiológicas en cuanto aparezcan.

- Detén la costumbre de ingerir o beber cosas si no hay señal biológica.
- Agudiza a voluntad la percepción por alguno de los sentidos, en diferentes momentos del día.
- Pregúntate el para qué de las realidades inesperadas de tu vida.
- Detecta presentimientos y actúa de acuerdo con ellos.
- Encarga a tu sabiduría interior una solución a un problema antes de dormirte.
- Vacía la taza de lo que sabes cada vez que se asista a un curso, se lea un libro o se asista a una experiencia nueva.
- Investiga sobre el poder de la intención.
- Practica el silencio interno (mente en blanco) cuando no encuentres una solución para algún problema o conflicto.
- Practica el "hacer nada" desde el ego:
  - Sólo haz lo que se necesita.
  - Déjate guiar por los demás, lo demás. (Sugerencias de El KamYno).
  - Manifiéstate desde la consciencia actual que tengas de tu ser.

Unas cuantas aclaraciones:

Para continuar con las sugerencias directas para despertar nuestra consciencia y salir de la Matrix, necesitamos trabajar en recuperar nuestra sensibilidad, intuición e intención. Este es el tipo de acciones con menos efectos tangibles en nuestra realidad, pero con más efectos positivos en nuestros procesos internos.

Vaciar la tasa es una metáfora que se utiliza para invitarnos a dejar de lado un momento lo que sabemos sobre cualquier tema, para abrirnos completamente a nueva información y tener la oportunidad de comprenderla y aprender cosas nuevas. En una taza llena no entra nada.

Esta línea de acción lleva como fin incrementar nuestra manifestación desde el espíritu, es decir, disminuir nuestro actuar desde el ego. Por lo tanto, una práctica que, justo aquí, es necesario realizar es meternos al mundo de "hacer nada". Esto es, detener toda manifestación desde nuestras reacciones, emociones y programas cerebrales. Si pensamos en el ser humano promedio que responde un 90% del tiempo desde el ego, estamos hablando de que casi es literal esto de ir por la vida practicando el "hacer nada" si queremos detener la manifestación de nuestro ego. Como es algo complejo de decidir desde el ego que nos mueve, se recomiendan 3 posibilidades de cosas por continuar haciendo mientras transitamos por la práctica del "hacer nada":

1. **Lo que se necesita.** Esto, definido por el entorno y no por nosotros: las circunstancias, el jefe, la familia, la comunidad, etc.
2. **Dejarse guiar.** Como, por ejemplo, realizar sugerencias de nuestro KamYno de mejoramiento de nosotros mismos.
3. **Acciones desde el ser.** Esto es, realizar acciones que le den vida a los elementos de nuestra identidad original: perfil connatural, propósito de vida, proyecto de vida, sentido de vida y elementos de la disposición espiritual a la cual ya se tenga consciencia.

Cambiar efectos de conflictos pasados con los demás

Acciones sugeridas:

- Elementos a considerar para complementar nuestro tercer inventario:
  - Escribe un listado de situaciones no resueltas o pendientes con alguien más.
  - Realiza la siguiente técnica con cada una de las personas con situaciones no resueltas.

Descripción de la técnica:

- ¿Con quién es tu situación no resuelta?
- ¿Te provoca culpa, frustración, resentimiento, tristeza, ira o decepción?
- ¿Qué piensas de esa persona?
- ¿Qué es lo que no te gusta de esta persona?
- ¿Cómo debería comportarse o qué debería cambiar dicha persona?
- ¿Qué necesitas de esa persona para ser feliz o estar en paz?
- ¿Qué es lo que nunca más quieres experimentar con esa persona?

- Define acciones específicas para resolver cada una de las situaciones pendientes.
- Aplica la técnica de desacreditación (descrita en las sugerencias del primer carril paso 2) a lo más negativo que piensas de esa persona.
- Enlista codependencias con otras personas, identifica una rutina principal de obtención del beneficio y define una nueva rutina para obtener dicho beneficio.
- Realiza el listado de expectativas de los demás.
- Realiza el proceso interno de liberación de expectativas y codependencias de los demás (se requiere experimentar en retiro).
- Realiza el proceso para fortalecer la invulnerabilidad (se requiere experimentar en retiro).
- Identifica las rutinas que inician con un resentimiento y define una nueva rutina para manifestar el resentimiento.

- Responde a las interacciones sin expectativas.
- Interrumpe cualquier ataque que te descubras realizando a la personalidad de alguien más.

- Deja de atacar el cómo hacen los demás las cosas.
- Detén la rutina de autoofenderte.

Unas cuantas aclaraciones:

La técnica para resolver situaciones no resueltas con los demás lleva como fin dar luz a nuestro ego. Si lo piensas un poco, la mayoría de las preguntas realizadas, en apariencia nos llevarían a justificar el malestar con esa persona. Sin embargo, hay que considerar que a este momento ya tenemos trabajando con nosotros mismos un año y medio, por lo cual, la respuesta a cada pregunta no sólo estará saliendo de nuestro ego, sino que le estará llegando directamente a un nuevo **estado de consciencia** en el cual estamos. Es decir, si contestamos este tipo de preguntas sin haber transitado los elementos anteriores de este KamYno, es muy probable que lo único que consigamos sea ponernos mal y tener malas ideas sobre nuestra relación con las personas que tengamos situaciones pendientes de resolver.

Una de las sugerencias la trae de nuevo la práctica de la técnica de desacreditación, revisada anteriormente, para ser utilizada con respecto a los pensamientos e ideas negativas que tenemos sobre los demás. Si, por ejemplo, traigo una situación no resuelta con mi papá y dentro del desarrollo de las preguntas resulta que estoy convencido que mi papá no me quiere, entonces a este pensamiento ("mi papá no me quiere") le aplico todo el proceso de la técnica de desacreditación e intento aplicar el pensamiento opuesto a mi vida diaria.

Todo el trabajo realizado a través de esta línea de acción nos facilitará más adelante el proceso de eliminación de las relaciones especiales, razón de la mayoría de nuestros conflictos con los demás.

3. Acciones sugeridas para el segundo carril de El KamYno

En la figura 26 puedes ver la representación gráfica del segundo carril de El KamYno para el mejoramiento de sí mismo. Enseguida, algunas consideraciones esenciales a este momento:

1. Los primeros 3 renglones del cuadro de la figura 26 corresponden a las líneas de acción necesarias para transitar los 3 pasos del segundo carril. Por lo tanto, para continuar con la aplicación de nuestro método empezamos con las líneas de acción del paso uno del segundo carril: **corregir error de percepción, separación y semántica, dedicación a un propósito en la vida e interactuar acotado al momento presente.**

2. Se recomienda transitar por 6 meses cada uno de los 3 pasos del segundo carril. Es decir, los siguientes 6 meses, sólo realizar acciones sugeridas por las líneas de acción del paso 1 del segundo carril.

3. Cada persona define cuáles son las acciones por medio de las cuales percibe un mayor mejoramiento para poner mayor esfuerzo en ellas. Además, es importante aclarar que las sugerencias se plantean considerando los aspectos más comunes presentes en la vida diaria, por lo cual, si algunas sugerencias crees que no aplican para tu mejoramiento entonces enfócate en aquellas de las que puedas sacar mayor beneficio.

4. La última columna de la gráfica de la figura 26 plantea los **indicadores** por medio de los cuales se puede monitorear si estamos avanzando en nuestro proceso. Por ejemplo, vamos a darnos cuenta de nuestro avance en el paso 1 del segundo carril si conforme pasa el tiempo vamos experimentando un **mayor nivel de energía en nuestra vida para realizar nuestras tareas diarias.**

5. Una vez que pasaron 6 meses y estamos experimentando un **mayor nivel de energía,** pasaremos a practicar las sugerencias del paso 2 del segundo carril, por los siguientes 6 meses. En este caso, es importante reforzar el hecho de la necesidad de mantenernos realizando las acciones sugeridas por nuestro método por las diferentes líneas de acción transitadas hasta entonces. Es decir, esto se trata de ir agregando a nuestra personalidad elementos nuevos que nos permitan vivir con más bienestar cada día.

6. Tras 6 meses y habiendo percibido un incremento tangible en nuestro **poder creativo,** pasaremos a practicar las sugerencias del paso 3 del segundo carril, por los siguientes 6 meses. Esto nos colocará en el estado de haber practicado ya nuestro segundo carril completo, con lo cual tenemos posibilidad de medir de más formas nuestros avances. El cuarto renglón de la figura 26 plantea las habilidades que, para ese momento, deberán estar desarrolladas y con posibilidad de ser manifestadas en cierto grado. Es decir, ahí ya tendremos las **habilidades** para empezar a transitar la **corrección final de todo aquello que está equivocado en nuestro ego, reconocer y ejercer la identidad original y conseguir interacciones libres de conflictos.**

7. Con estas habilidades más desarrolladas, las capacidades mostradas en el quinto renglón de la figura 26 estarán en un grado de conformación muy poco alcanzado por el ser humano promedio.

A continuación, encontrarás las listas de acciones sugeridas para cada una de las líneas de acción del segundo carril de El KamYno.

				Indicadores
Líneas de acción segundo carril paso 1	Corregir error de percepción, separación y semántica	Dedicación a un propósito en la vida	Interactuar acotado al momento presente	Optimización de mi energía para la vida
Líneas de acción segundo carril paso 2	Resolver obsesión de estar incompleto, de deseo y de apego	Pasión por un proyecto para mi vida	Acordar criterios para crear relaciones eficaces	Liberación de mi poder creativo
Líneas de acción segundo carril paso 3	Eliminar compulsión al confort, a la seguridad y a la aprobación	Diligencia hacia un sentido para la vida	Tratar a los demás como a ellos les gusta ser tratados	Elecciones desde la voluntad original
Habilidad 2	Corregir concepciones equivocadas	Reconocer y ejercer identidad original	Conseguir interacciones libres de conflicto	Lograr la Autorrealización
Capacidad	Recuperar la responsabilidad sobre mi vida	Liberar mi compromiso con Dios	Salvar mi relación con los demás	Expansión de consciencia y del ser

Figura 26. Método para transitar el segundo carril de El KamYno.

Segundo carril paso 1

Corregir error de percepción, separación y semántica

Acciones sugeridas:

- Cambia pensamientos que proyectan tus defectos y actitudes en los demás.
- Escribe lo que piensas de las 5 personas más importantes en tu vida. Define los opuestos a los aspectos negativos y empieza a verlos y tratarlos "como si" estos opuestos fueran reales en dichas personas.
- Escribe 3 percepciones negativas que tengas sobre la vida, defíneles el opuesto y actúa "como si" la vida fuera de acuerdo con estos opuestos.
- Realiza acciones creativas para eliminar la resistencia interior para con la persona que más antipática te sea.
- Percibe y escribe lo que te une a las 3 personas con las que tengas más conflictos.
- Detecta y escribe en qué eres similar o semejante a la persona que consideras más antagónica a ti.
- Practica que el cuerpo sea el que **escoja** qué comer una vez por día.
- Practica que el pensamiento lógico **decida** cómo usar el 80% tus ingresos.
- Practica la **elección** a través del sentimiento para situaciones relevantes.
- Practica la meditación El KamYno, para disminuir algunos elementos específicos que conforman tu ego ("Anexo 1").

Unas cuantas aclaraciones:

Algunas de las acciones sugeridas en diferentes líneas de acción harán referencia a la meditación El KamYno. Este es un proceso de meditación de 7 pasos que encontrarás en el anexo 1. Aun y cuando comprendiendo los pasos, puede practicarlo cualquier persona, los resultados de participar en una meditación guiada dentro de la comunidad son por mucho más contundentes.

Con el dominio alcanzado sobre nuestros pensamientos, como consecuencia de haber transitado el carril 1 de este método, vamos a frenar y cambiar nuestros pensamientos recurrentes, que insisten en proyectar en los demás nuestros defectos de carácter y nuestras actitudes nocivas. Así, cada vez que te detectes a ti mismo pensando que los demás tienen la culpa de lo que te pasa o de los disturbios emocionales que experimentas, detienes dichos pensamientos y, acto seguido, los cambias por aquellos que te guíen a encontrar dentro de ti la verdadera causa.

Para comenzar a corregir el problema de la semántica se propone iniciar con la aplicación correcta de las palabras **escoger, decidir y elegir.** Como se vio, se puede remediar gran parte del problema si **escogemos** lo material con los 5 sentidos; si **decidimos** lo relativo a la dimensión mental y si **elegimos** lo que tiene que ver con el mundo emocional y espiritual a través de las emociones y sentimientos. Por lo tanto, algo inicial es **escoger** qué comer, no **decidirlo ni elegirlo.** Esto se puede concretar comiendo aquello que, literalmente, haga estar mejor a tu cuerpo. Si sé que algo me produce agruras, y de todas formas lo como, entonces, estoy **decidiendo** qué comer. La creatividad es necesaria para ir avanzando en descubrir las diferentes formas en las cuales me puedo apoyar para **escoger** qué comer.

Un elemento indiscutible de la dimensión mental es el dinero. Muchos lo consideran del mundo material, pero si haces consciencia que un papel (billete, cheque o acción) puede llegar a valer miles de pesos, entonces podrás reconocer que el dinero es del reino mental. Así que el uso del dinero debe ser dirigido por la racionalidad, no por los sentidos ni las emociones o sentimientos. Una de las reglas racionales más importantes para hacer esto es la regla del costo-beneficio. La acción sugerida se puede realizar si a nuestros ingresos les aplicamos un proceso de análisis para revisar el costo-beneficio de todo aquello en lo que invertimos el 80% de nuestros ingresos netos totales.

Finalmente, todos entendemos lo que es actuar o **elegir** por corazonadas o por intuición. La sugerencia se ejecuta cuando empiezas a **elegir** lo que quieres o deseas en la vida por medio de sentimientos y emociones saludables.

Dedicación a un propósito en la vida

Acciones sugeridas:

- Realizar un nuevo inventario de sí mismo por escrito: (Cuarto)

  - Descubre el sentido sensorial que prefieres.
  - Describe las actividades más disfrutadas.
  - Enlista los entornos que más disfrutas.
  - Escribe los pasatiempos que más disfrutas.
  - Enlista las tareas que te ofrecen mayor satisfacción al realizarlas.
  - Enlista tus habilidades o capacidades físicas más desarrolladas.
  - Escribe el talento personal que te distingue de los demás.
  - Escribe las tareas o actividades físicas que más se te facilita realizar.
  - Escribe las situaciones en donde pierdes la noción del tiempo y que puedes realizar por horas sin cansarte.
  - Concluye cuál es tu perfil connatural (práctico, racional o intelectual).
  - Reflexiona sobre la compatibilidad de tu perfil connatural con tu actividad profesional actual y/o deseada.
  - Elige la dirección de tu vida, con respecto a profesión o trabajo, acorde a tu perfil connatural.

Unas cuantas aclaraciones:

El cuarto inventario por escrito se sugiere realizarlo entre los 2 y 3 años de estar transitando este KamYno de mejoramiento de sí mismo. La finalidad central del inventario es llegar a reconocer el propósito de vida. Aun y cuando lo mejor es realizar la escritura en un retiro de la comunidad, iniciar una búsqueda del propósito de vida a través de los elementos planteados por esta línea de acción y guiados sólo por el contenido de este libro puede llevar a cualquier persona a lograr éxito en su cometido. Se recomienda realizar este proceso después de 2 años de transitar El KamYno, ya que esta búsqueda demanda un grado de autoconsciencia que la mayoría de los seres humanos de la actualidad no tenemos. Una vez más, por su importancia, recuerda que el proceso de mejoramiento de sí mismo tiene muchas más posibilidades de éxito si se transita con una comunidad como soporte.

Interactuar acotado al momento presente

Acciones sugeridas:

- Mantente enfocado en el propósito actual de tus interacciones más importantes.
- Mantén la atención en tu esfuerzo presente de tener una interacción eficaz.
- Percibe la información emocional actual en los ojos de un interlocutor.
- Nota el nivel de atención de los demás en la interacción actual.
- Realiza acciones para conducir la interacción al logro de un propósito común.
- Permite o propicia que la interacción fluya de lo tangible a lo intangible.
- Mantén la intención en llegar a un instante santo en el transcurso de la interacción.
- Detecta niveles de verdad en elementos de realidad presente, que surjan en la interacción.
- Acepta y perdona todo lo que los demás hacen o dicen en el momento presente.

Unas cuantas aclaraciones:

Uno de los elementos con más impacto negativo en nuestras relaciones con los demás es el traer a las interacciones del presente todos los agravios de las interacciones pasadas. Cuando un marido llega tarde, una vez más, no se le va a reclamar sólo por esa llegada tarde; de inmediato, aparecerán los reclamos de todas las veces que ha llegado tarde en su vida. Hacer esto, lo único que genera es que el conflicto se agrave y las cosas sigan igual que siempre. Las sugerencias de esta línea de acción nos encauzan hacia la posibilidad de tener interacciones en donde sólo se aporta lo que está ocurriendo en el momento presente. Si se llega tarde hoy, hay que enfocarse en tratar sólo las razones y acciones correctivas para lo que pasó hoy, sin agregarle todo el peso del pasado, lo cual hace las cosas irreparables.

Que una **interacción fluya de lo tangible a lo intangible** significa mantenerse abierto para permitir que la interacción contemple aspectos emocionales y personales. **Esto facilita que las interacciones comunes puedan convertirse en "instantes santos", que no son otra cosa que momentos en donde dos o más seres humanos llegan a un nivel de conexión en donde la comunicación es óptima y los resultados obtenidos serán los mejores para todos los involucrados.**

Otra ganancia importante de mantenernos acotados al momento presente en nuestras interacciones es la posibilidad que nos da de detectar si se nos dice la verdad o se está tratando de engañarnos. El sistema humano está diseñado para responder interiormente, de forma diferente, si se enfrenta a una verdad o se está ante un engaño. El problema es que, al estar centrados en el pasado o en el futuro, nos perdemos la oportunidad de detectar esta información relevante de nuestras interacciones.

Segundo carril paso 2

Resolver la obsesión de estar incompleto, de deseo y de apego

Acciones sugeridas:

- Practica la meditación El KamYno ("Anexo 1"), para disminuir aspectos específicos del ego.
- Dedica los primeros pensamientos de la mañana a agradecer lo que tienes.
- Detén y elimina todo pensamiento que haga depender tu felicidad de cualquier cosa que te falte.
- Ayuda cada día a alguien con más dificultades que tú.
- Elimina pensamientos recurrentes de necesidad o deseo.
- Traslada a elecciones, importantes pensamientos de necesidad o deseo.
- Tira algo de tu casa u oficina que ya no uses, una cosa cada día por 30 días.
- Regala algo a alguien cada semana.
- Participa en una donación cíclica.
- Cancela eventos importantes para ti, sin motivo y con suficiente anticipación.

Unas cuantas aclaraciones:

Como ya sabes, la meditación El KamYno está en el "Anexo 1" al final del libro. Uno de los indicadores más importantes en que hemos avanzado en nuestro KamYno de mejoramiento es cuando estamos listos para considerarnos seres humanos afortunados y completos. Y esto es porque llegamos a la posibilidad de pasar del **deseo a las elecciones conscientes** y del **apego al compartir** con los demás las bendiciones que vamos recibiendo de la vida. Contrario a lo que nuestro ego piensa, el apego y el deseo son los generadores de mayor sufrimiento para el ser humano promedio. Estas sugerencias son la punta del iceberg de todo lo que podemos hacer para desanclar nuestra felicidad de aquello que ni la produce ni la mantiene, es decir, de lo externo.

Pasión por un proyecto para mi vida

Acciones sugeridas:

- Segundo elemento para considerar en el cuarto inventario a realizar:

- Confirma el tipo de perfil connatural con el cual cuentas.
- Enlista los entornos sociales, económicos, deportivos o culturales más interesantes para ti.
- Describe los temas, tópicos o pensamientos más interesantes para tu mente.
- Enlista tus habilidades o capacidades mentales más desarrolladas.
- Describe entornos en donde tu proceso creativo fluye de forma natural.
- ¿Cuál es el proyecto más grande que has deseado llegar a crear?
- ¿Cuál necesidad o aspecto social te ha atraído más para resolver o te genera mayor inquietud para participar?
- Realiza un proceso de "lámpara de Aladino" para concebir tu proyecto de vida (si te encontraras la lámpara de Aladino y el genio te concediera el deseo de crear 100% un proyecto de vida, ¿cuál le pedirías?
- Reflexiona sobre cuál sería el proyecto más trascendente al cual te podrías dedicar y contrástalo contra tu perfil connatural.
- Elige un proyecto de vida de largo plazo.

Unas cuantas aclaraciones:

Esta es la segunda línea de acción a contemplar en nuestro cuarto inventario por escrito, a realizar entre los 2 y 3 años de estar transitando este KamYno de mejoramiento. Esta línea de acción lleva como fin el descubrimiento de nuestro proyecto de vida. Aun y cuando lo mejor es realizar la escritura en un retiro de la comunidad, iniciar una búsqueda del proyecto de vida a través de los elementos planteados por esta línea de acción y guiados sólo por el contenido de este libro puede llevar a cualquier persona a lograr éxito en su cometido. Se recomienda realizar este proceso después de 2 años de transitar El KamYno, ya que esta búsqueda demanda un grado de autoconsciencia que la mayoría de los seres humanos de la actualidad no tenemos.

Acordar criterios para crear relaciones eficaces

Acciones sugeridas:

- Acuerda priorizar la atención consciente al iniciar el proceso de interacción.
- Acuerda realizar las interacciones centrados en el momento presente.
- Acuerda detener cualquier interacción que se inicie con un ataque.
- Acuerda eliminar discusiones basadas en supuestos no confirmados.
- Acuerda programar sesiones para tratar asuntos para mejorar relación.
- Acuerda resolver los inconvenientes o fallas en cuanto aparezcan, sin hablar sobre qué hacer para que no ocurra nuevamente.
- Acuerda que cada quien resuelva solo y en el mismo día cualquier carga que se genere contra la otra persona.
- Acuerda buscar resolver las situaciones y eliminar el buscar quién es culpable.
- Acuerda interactuar siempre desde la verdad.
- Acuerda cimentar la relación en confianza y comunicación.
- Acuerda un programa de acciones periódicas para fortalecer la relación.
- Acuerda criterios para respetar el espacio personal/ profesional del otro.
- Acuerda basar la relación en compromiso con acuerdos, sin expectativas.

- Realiza actos de voluntad para cultivar la relación.
- Acuerda actos de voluntad comunes para fortalecer la relación.
- Acuerda basar la relación en la libertad y no en la restricción.
- Acuerda la responsabilidad individual de gestionar el propio bienestar.
- Acuerda realizar intentos para la conexión al tratar asuntos relevantes.
- Acuerda terminar con el "especialísimo" de la relación.
- Acuerda entregar la relación al Espíritu Santo.

Unas cuantas aclaraciones:

Todas y cada una de estas sugerencias llevan un solo fin: pasar de las relaciones especiales a las relaciones santas; es decir, esta línea de acción es la que nos dará la posibilidad de poner fin al *especialismo* en las relaciones y, de esta forma, acceder a la posibilidad de llevar relaciones con los demás en las cuales el Espíritu Santo sea el mediador entre nosotros y las personas con las cuales interactuamos. En pocas palabras, esto significa pasar de considerar a los demás "mi papá, mi mamá, mi esposa, mi hijo, etc." a considerarlos "mis hermanos". De esta forma, tendremos la posibilidad de comprender aquello que relata la Biblia sobre Jesucristo:

> Y le dijo uno: He aquí tu madre y tus hermanos están afuera, y te quieren hablar. Respondiendo él al que le decía esto, dijo: ¿Quién es mi madre, y quiénes son mis hermanos? Y extendiendo su mano hacia sus discípulos, dijo: He aquí mi madre y mis hermanos.

> Mateo 12:47-50

Segundo carril paso 3

Eliminar la compulsión al confort, a la seguridad y a la aprobación

Acciones sugeridas:

- Practica la meditación El KamYno para disminuir aspectos equivocados que se encuentren en tu ego con respecto al confort, la seguridad y la necesidad de aprobación.
- Realiza una actividad diaria fuera de tu rutina normal.
- Realiza una acción que te lleve a un nivel extremo de incomodidad.
- Realiza una acción que te genere un cansancio físico importante.
- Abre tu círculo de relación a una persona nueva por mes.
- Realiza una inversión de tiempo o dinero de alto riesgo.
- Realiza una actividad de alto riesgo para ti.
- Cambia o elimina la rutina de pedir opinión de los demás para obtener aprobación.
- Realiza una acción nueva sin pedirle opinión a nadie.
- Emprende un proyecto nuevo y depende sólo de la evaluación propia.

Unas cuantas aclaraciones:

Todas y cada una de las sugerencias llevan como fin sacarnos del patrón egoísta que nos intenta mantener en el confort, la seguridad y alejados de cometer errores. Al ir realizando cada actividad, los moldes del ego son retados y su estructura se debilita dándonos posibilidad de realizar cambios más fácilmente. Es importante considerar que todos tenemos un umbral diferente de confort, seguridad y necesidad de aprobación, por lo cual, el tipo de actividades a realizar por cada persona será diferente. Mientras alguien, para salir de su rutina normal, puede decidir ir al parque a caminar, para otra persona aplicar esta sugerencia puede llevarla a subir el monte Everest.

Diligencia hacia un sentido para la vida

Acciones sugeridas:

- Realizar un nuevo inventario de sí mismo por escrito: (Quinto)

  - ¿Cuál consideras tu razón de ser y estar en este mundo?
  - ¿Cuál es el aspecto que consideras más importante para tu evolución espiritual?
  - ¿Hacia qué aspecto de la vida (tipo de personas, actividades o entornos) tienes un sentimiento de afinidad?
  - ¿Hacia qué tipo de personas, situaciones o entornos sientes más necesidad de servir o se te facilita expresar más fácilmente el amor?
  - ¿Con cuál animal te identificas más y por qué?
  - ¿Con qué elemento del reino vegetal, mineral o astral te identificas más y por qué?
  - ¿Con qué personaje histórico o héroe te identificas más y por qué?
  - ¿Qué capacidades o dones espirituales tienes más desarrollados?
  - ¿Qué inquietudes o aspectos de la vida siempre te han interesado o movido interiormente?
  - ¿Con qué arquetipo de transformación te identificas más y por qué?
  - Realiza el proceso de "había una vez": metáfora con ser simbólico. (Dinámica a ser realizada en el retiro en nuestra comunidad).
  - Reflexiona sobre a cuál aspecto de la vida le encuentras mayor sentido como para intentar dejar huella en él.
  - Elige dejar huella en algún aspecto o entorno de la vida.

Unas cuantas aclaraciones:

El quinto inventario por escrito se sugiere realizarlo entre los 3 y 4 años de estar transitando este KamYno de mejoramiento de sí mismo. La finalidad central del inventario es llegar a reconocer el sentido de vida. Aun y cuando lo mejor es realizar la escritura en un retiro de la comunidad, iniciar una búsqueda del sentido de vida a través de los elementos planteados por esta línea de acción y guiados sólo por el contenido de este libro puede llevar a algunas personas a lograr éxito en su cometido. Se recomienda realizar este proceso después de 3 años de transitar El KamYno, ya que esta búsqueda demanda un grado de autoconsciencia que la mayoría de los seres humanos de la actualidad no tenemos. Una vez más, por su importancia, recuerda que el proceso de mejoramiento de sí mismo tiene muchas más posibilidades de éxito si se transita con una comunidad como apoyo.

Tratar a los demás como a ellos les gusta ser tratados

Acciones sugeridas:

- Observa detenidamente por una semana a una persona importante para ti. (Sólo observa conscientemente sin hacer nada con lo observado).
- Enlista los gustos más evidentes de 5 personas con las que interactúas diariamente.
- Enlista los intereses más evidentes de 5 personas importantes para ti.
- Enlista las actividades que más disfrutan 5 personas importantes para ti.
- Enlista los valores y reglas de vida de 5 personas importantes para ti.
- Realiza una plática con cada persona para verificar tus listados.
- Haz un análisis del posible perfil connatural de las 5 personas más importantes en tu vida.
- Decide una acción específica a realizar diariamente para tratar a 3 personas como a ellas les gusta.

- Invita al otro a realizar una actividad muy disfrutada por él.
- Realiza una acción diaria con la que muestres que honras los valores o reglas de vida de una persona importante para ti.

- Cultiva la conexión con los demás cuando están en disturbio emocional.

Técnica para intentar conexión con los demás:

- Escucha activa: pensar en lo que te están platicando y preguntar en el momento preciso (hasta la comprensión de la situación).
- Preguntar: "¿Y cómo te sientes con esta situación?".
- Conducir: intenta conducirla de regreso a la sobriedad.
- Provocar conexión a través de la interiorización de ambos en la interacción: "¿Y que sigue para ti?, ¿qué vas a hacer?, ¿qué consecuencias crees que habrá si haces eso?". Compártele vida: lo que te funcionó, lo que no te ha funcionado. Retar/figurar: "¿Y qué pasaría si...?

Unas cuantas aclaraciones:

La mayoría de nosotros ha escuchado la regla de oro de las relaciones humanas: "Trata a los demás como te gustaría ser tratado". Pero si traemos a la consciencia nuestras diferencias en función del perfil práctico, racional e intelectual, nos damos cuenta de que si seguimos esta regla estaremos tratando de forma equivocada al 66% de los seres humanos con los cuales nos relacionemos, es decir, a todos los de perfil connatural diferente al nuestro. Esto, por la regla del equilibrio entre perfiles connaturales planteada en la segunda parte del libro. Por esta razón, las sugerencias arriba tratadas llevan como fin principal darle vida a lo que yo le llamo la *regla esmeralda para las relaciones humanas*: "Trata a los demás como a ellos les gusta ser tratados".

Para alguien que logra un buen dominio consciente de las características por perfil connatural, descritas en la segunda parte de este libro, será más fácil, si así lo elige, tratar a los demás como a ellos les gusta ser tratados. Sin embargo, las sugerencias están planteadas para poder avanzar en esta línea de acción aun sin dicho conocimiento.

En la última sugerencia se plantea el proceso por medio del cual se puede llegar a experimentar la conexión con los demás. Este es el proceso básico que se experimenta en nuestra comunidad cuando alguien solicita apoyo para resolver alguna situación con la cual está teniendo problemas.

4. Acciones sugeridas para el tercer carril de El KamYno

En la figura 27, puedes ver la representación gráfica del tercer carril del método para el mejoramiento de sí mismo El KamYno. Enseguida, algunas consideraciones esenciales a este momento:

1. Los primeros 3 renglones del cuadro de la figura 27 corresponden a las líneas de acción necesarias para transitar los 3 pasos del tercer carril. Por lo tanto, para continuar con la aplicación de nuestro método, empezamos con las líneas de acción del paso 1 del tercer carril: **actuar consciente del proceso básico de la vida, aceptar a Jesucristo como mi Salvador y cultivar activamente Su amistad y entregarme a la vida en comunidad.**

2. Se recomienda transitar por 6 meses cada uno de los 3 pasos del tercer carril. Es decir, los siguientes 6 meses, sólo realizar acciones sugeridas por las líneas de acción del paso 1 del tercer carril.

3. Cada persona define cuáles son las acciones por medio de las cuales percibe un mayor mejoramiento, para poner mayor esfuerzo en ellas. Además, es importante aclarar que las sugerencias se plantean considerando los aspectos más comunes presentes en la vida diaria, por lo cual, si algunas sugerencias crees que no aplican para tu mejoramiento, entonces enfócate en aquellas de las que puedas sacar mayor beneficio.

4. La última columna de la gráfica de la figura 27 plantea los **indicadores** por medio de los cuales se puede monitorear si estamos avanzando en nuestro proceso. Por ejemplo, vamos a darnos cuenta de nuestro avance en el paso 1 del tercer carril si conforme pasa el tiempo vamos experimentando un **incremento en nuestra disposición para servirle a Jesús como discípulos.**

5. Pasados 6 meses y ya experimentando un **mayor nivel de servicio**, llegaremos a practicar las sugerencias del paso 2 del tercer carril, por los siguientes 6 meses. En este caso, es importante reforzar el hecho de la necesidad de mantenernos realizando las acciones sugeridas por nuestro método por las diferentes líneas de acción transitadas hasta hoy. Es decir, esto se trata de ir agregando a nuestra personalidad elementos nuevos que nos permitan vivir con más bienestar cada día.

6. Tras 6 meses, ya podemos percibir un incremento en el **nivel de poder con el cual nos manifestamos en la vida**, entonces pasaremos a practicar las sugerencias del paso 3 del tercer carril, por los siguientes 6 meses. Esto nos colocará en el estado de haber practicado ya nuestro tercer carril completo, con lo cual tenemos posibilidad de medir de más formas nuestros avances. El cuarto renglón de la figura 27 plantea las habilidades que, para ese momento, deberán estar desarrolladas y con posibilidad de ser manifestadas en cierto grado. Es decir, ya tendremos las **habilidades** para empezar a **regenerar nuestro proceso interno de elección, para restablecer nuestra relación con Dios y para salvar la filiación con los hijos de Dios**.

7. Con estas habilidades más desarrolladas, las capacidades mostradas en el quinto renglón de la figura 27 estarán en un grado de conformación en el cual seguramente se encuentran los verdaderos servidores de Dios.

A continuación, encontrarás las listas de acciones sugeridas para cada una de las líneas de acción del tercer carril de El KamYno.

				Indicadores
Líneas de acción tercer carril paso 1	Actuar consciente del proceso básico de la vida	Aceptar a Jesucristo como mi salvador y cultivar activamente Su amistad	Entregarme a la vida en comunidad	Servicio como discípulo de Jesucristo
Líneas de acción tercer carril paso 2	Reprogramar procesos internos basados en el miedo	Agradar a Dios por sobre todas las cosas	Acercar hacia Dios a sus hijos extraviados	Extenderse desde el poder de Dios
Líneas de acción tercer carril paso 3	Conseguir y conservar un estado interno conveniente	Propiciar la acción del Espíritu Santo en mi vida	Obrar para la redención del pueblo de Dios	Dejarse guiar por el Espíritu Santo
Habilidad 3	Regenerar proceso interno de elección	Restablecer mi relación con Dios	Salvar la filiación con los hijos de Dios	Ejercer la voluntad de Dios
Capacidad	Recuperar la responsabilidad sobre mi vida	Liberar mi compromiso con Dios	Salvar mi relación con los demás	Expansión de consciencia y del ser

Figura 27. Método para transitar el tercer carril de El KamÝno.

Tercer carril paso 1

Actuar consciente del proceso básico de la vida

Acciones sugeridas:

- Practica tomar consciencia de los estímulos del entorno que te generan emociones o sentimientos intensos.
- Practica tomar consciencia de los estímulos internos que te generan emociones o sentimientos intensos.
- Programa una vez, diariamente, exponerte a una situación diferente a tu rutina diaria y que implique un riesgo medido.
- Programa una vez a la semana exponerte a una situación nueva que implique explorar algo interesante.
- Aplica el proceso de elección ante cualquier pensamiento relativo a algo que necesites o desees, o cambia de pensamiento.
- Profundiza en la emoción o sentimiento que el deseo genera en ti.
- Aplica los pasos 6 y 7 de la meditación El KamYno a lo que realmente quieres o deseas. Esto, hasta que aparezca el sentimiento de elección.
- Realiza una lista de las elecciones personales que tienes activas (deseos, lo que se quiere, lo que se necesita, etc.).
- Realiza una lista de las elecciones esenciales que llevan el rumbo de tu vida.
- Practica la cancelación de elecciones pasadas de culpa o resentimiento a través de elegir el perdón hacia las personas involucradas en la situación.
- Haz una lista de tus pensamientos diarios más recurrentes y define la elección a la que están dando vida.
- Haz una lista de los pensamientos más recurrentes y descubre las acciones que demandan, y que no has realizado.
- Clarifica y escribe cómo vas a conseguir algo que en este momento ya es una elección en tu vida.

- Crea una lluvia de ideas de cómo conseguir tu deseo más trascendente.
- Haz una lista de 10 acciones que has pospuesto por días, meses o años y programa realizarlas una por una.
- Escribe una lista de 10 aspectos que no te gustan de tu realidad actual, defíneles los opuestos y aplícales los pasos 6 y 7 de la meditación El KamYno, uno a la vez.
- Realiza una lista de las acciones ejecutadas para algo en lo que no se ha logrado el resultado.
- Pide retroalimentación de alguien más sobre el resultado obtenido en un proyecto ya terminado.

Unas cuantas aclaraciones:

En la figura 28, encontrarás un diagrama que define el *proceso básico de la vida del ser humano.* Lo defino así ya que es el proceso por medio del cual un ser humano tiene la posibilidad de llevar un estímulo desde que lo recibe hasta convertirlo en una realidad tangible en su vida, lo cual es, esencialmente, vivir. El proceso muestra los 2 principales caminos por medio de los cuales nos manifestamos en la vida:

1. **Camino de la experiencia.** Por medio del cual, el ser humano realmente vive y avanza hacia adelante, es decir, evoluciona y se desarrolla.
2. **El camino de la Matrix.** Por medio del cual, el ser humano reacciona a lo que le pasa en función de sus costumbres, condicionamientos y hábitos, de modo que el resultado de este camino es sólo más de lo mismo que ya existe, es decir, es el medio por el que nos mantenemos operando en la vida en acuerdo con nuestras elecciones pasadas, aun y cuando nos estén generando sufrimiento y conflictos.

Como se puede observar en la figura 28, el **proceso básico de la vida** del ser humano integra la operación conjunta de los 12 elementos más importantes que experimentamos en este mundo:

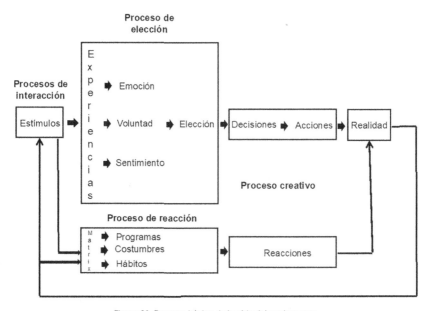

Figura 28. Proceso básico de la vida del ser humano

1. **Estímulos**. Los estímulos a los que somos expuestos son producto de los procesos de interacción esenciales que experimentamos: con nosotros mismos, con los demás, con Dios y con la naturaleza.

2. **Experiencias**. Como se vio anteriormente, una experiencia es definida como la **cualidad que tiene una situación a la que se enfrenta un ser humano, en la cual se separa de su interior conocido, ego, en un intento casi siempre arriesgado para probar algo nuevo o diferente.**

3. **Emociones**. Reacciones del ego que nos expulsan del estado de sobriedad cuando las cosas se salen de lo habitual; es decir, son respuesta natural del ego cuando lo que ocurre va en contra de nuestras elecciones pasadas.

4. **Sentimientos**. Sensaciones internas por medio de las cuales se puede conocer la voluntad y/o estado del alma humana.

5. **Voluntad**. Aquello que se quiere o desea.

6. **Elecciones**. Uso del albedrío con la intervención de emociones o sentimientos muy intensos.

7. **Matrix**. Proceso de vida automático por medio del cual nuestro ego da vida a las respuestas condicionadas que son más efectivas para avanzar o mantenerse de acuerdo con las elecciones pasadas realizadas.

8. **Decisiones**. Conductas de nuestra mente por medio de las que se separan las diferentes opciones de acción, para cortar las menos eficaces y realizar las más convenientes para lo que se está tratando de crear.

9. **Acciones**. Realizar o llevar a cabo una actividad de forma consciente.

10. **Reacciones**. Comportamientos automáticos generados inconscientemente.

11. **Realidades**. Aquello que es real o verdadero, es decir, resultados creados.

12. **Retroalimentaciones**. Acciones por medio de las cuales se utilizan los resultados de un proceso para producir nuevas entradas a dicho proceso.

En general, las sugerencias planteadas llevan como fin practicar conscientemente los diferentes **elementos del proceso básico de la vida del ser humano pertenecientes al camino de las experiencias,** a la par de realizar acciones que nos saquen de la vida desde la Matrix. Enseguida, algunas consideraciones sobre las sugerencias no explícitas por sí mismas:

1. Por lo regular, el ser humano promedio cuenta con una cantidad pequeña de elecciones, entre 5 y 10, que son su columna vertebral de vida. Reflexionar lo suficiente para detectarlas es uno de los ejercicios de toma de consciencia más importantes a estas alturas del proceso de mejoramiento.

2. La elección de perdonar es la llave maestra para nulificar o cancelar casi cualquier elección del pasado generada por emociones negativas. Elecciones realizadas por emociones como la culpa, la frustración y los resentimientos son nulificadas cuando logramos sentir el arrepentimiento por haberlas manifestado en algún momento de nuestra vida.

Aceptar a Jesucristo como mi Salvador y cultivar activamente Su amistad

Acciones sugeridas:

• Realiza la declaración personal de aceptación de Jesús como Salvador y Señor de tu vida.
• Elige crecer hasta la madurez por medio del discipulado en Jesucristo.
• Evalúa tu vida espiritual a intervalos regulares de tiempo.
• Inicia un diario para registrar los avances en tu desarrollo espiritual.
• Practica diariamente pensar, sentir y actuar como lo haría Jesús.
• Realiza acciones que manifiesten tu amor por Jesucristo.

- Decide qué acciones del día harás para ofrecérselas a Jesús.
- Confíale a Jesucristo tus preocupaciones y cargas más apremiantes del día.
- Conversa continuamente con Jesús durante el día.
- Medita diariamente en el mensaje que nos dejó Jesús.
- Lee el Nuevo Testamento de la Biblia diariamente.
- Realiza los procesos necesarios para ser libre de resentimientos.
- Ante cada sufrimiento o dolor, reflexiona sobre el mensaje que conlleva.
- Mantén en mente que Jesús siempre está, aunque tú no lo sientas presente.
- Practica la reflexión que te lleve al arrepentimiento por tus fallas del día.
- Asiste a tu culto religioso cada vez que sientas la necesidad.
- Ve a Jesucristo en tus hermanos.
- Trata a los demás como tratarías a Jesucristo.

Unas cuantas aclaraciones:

Después de casi 4 años de estar en El KamYno de mejoramiento de nosotros mismos, llegamos a la real posibilidad, si así lo elegimos, de convertirnos en responsables servidores de Jesucristo. Las sugerencias planteadas tan sólo son algunos ejemplos de acciones encaminadas a 3 cosas fundamentalmente:

1. Hacer a Jesucristo parte de mi vida diaria, desde la elección de entregarme a él, hasta la disposición permanente para operar como su servidor.
2. Realizar acciones por medio de las cuales seguir avanzando en la relación con Jesús y en el desarrollo de la vida espiritual.
3. Establecer formas tangibles para asegurar que se evita el estancamiento espiritual, es decir, entrar en el conformismo.

Entregarme a la vida en comunidad

Acciones sugeridas:

- Asiste a servir al retiro espiritual de cada 4 semanas.
- Elige comprometerte con tu programa en El KamYno.
- Bautízate en nombre del Hijo, del Padre y del Espíritu Santo.
- Actúa siempre desde la verdad, la confianza y el anonimato.
- Realiza la declaración de compromiso con la unidad en tu comunidad y de responsabilidad con tu servicios presentes y futuros.
- Reflexiona continuamente sobre el principio de vida que cimienta tu vida en comunidad: dominio de mí mismo con respecto a mis actos, actitudes y juicios dentro de la comunidad.
- Actúa para la unidad construyéndola en las diferencias.
- Acompaña al nuevo hasta su apego al programa.
- Reporta a coordinación cualquier situación destructiva para la comunidad.
- Decide y toma el/los servicio/s que ofrecerás a tu comunidad.
- Sé testimonio del amor entre nosotros en todo momento.
- Dedica al menos el 10% de tu tiempo a tu vida en comunidad.
- Acompaña en presencia y oración a compañeros de comunidad en desgracia.
- Amonesta compañeros de comunidad que actúen destructivamente.
- Intenta hacer volver a los compañeros que se alejan de El KamYno.
- Practica todos los días la comunión con nuestra comunidad.
- En la comunidad, actúa privilegiando la misericordia sobre la justicia.
- Detente ante la necesidad de defenderte de la crítica. Dios se encarga de poner todo en su lugar.
- Practica el método espiritual para resolver conflictos con otro miembro de la comunidad:

- Jamás se lo comentes a alguien más de la comunidad.
- Ve a solas con la persona en conflicto y hazle ver su equivocación.
- Si no se resuelve, la siguiente vez lleva a un coordinador para que la situación se revise por un tercero.
- Si no se resuelve, comunícaselo al líder de comunidad.

- Actúa siempre con respeto hacia los coordinadores de la comunidad.
- Responde rápido al llamado a participar o servir de los coordinadores.
- Apoya económicamente a tu comunidad, de acuerdo con tus posibilidades.
- Pon atención en las necesidades de los demás y apoya conforme a tus posibilidades.
- Actúa sin protagonismo.
- Evita juzgar el servicio de otros.
- Expresa el reconocimiento cuando lo sientas, para Gloria de Dios.
- Centra tu atención en lo mejor para la comunidad como un todo.
- Ofrece al servicio de tu comunidad tus habilidades y talentos.
- Únete a un tejido espiritual de tu comunidad.

Unas cuantas aclaraciones:

Para la experimentación de estas sugerencias, se puede tomar como comunidad a tu familia, como paso inicial. Sin embargo, la verdadera prueba viene cuando participamos activamente en una comunidad de autoayuda, religiosa o espiritual. En cualquier caso, a cualquier persona que decida transitar por esta línea de acción se le demandará una consciencia, madurez y dominio de sí mismo superiores a lo requerido por casi cualquier actividad en este mundo. El solo hecho de leer la lista de sugerencias nos da la idea clara de lo que, en realidad, es la vida en comunidad. Los 2 ejemplos más claros y tangibles que tengo para lo que es una verdadera vida en comunidad son cómo vivieron Jesús y sus apóstoles y las primeras comunidades cristianas que se formaron a través de estos últimos.

Comprender y empezar a realizar las sugerencias planteadas en este listado nos dará una idea muy clara de si estamos listos para comprometernos realmente con Dios y con la voluntad que tiene para nuestra vida.

Tercer carril paso 2

Reprogramar procesos internos basados en el miedo

Acciones sugeridas:

- Practica la meditación El KamYno para la eliminación de miedos del pasado.
- Realiza acciones congruentes con opuestos elegidos en la meditación El KamYno.
- Pasa de la preocupación a la acción en el menor tiempo posible.
- Salta de la necesidad o deseo a la elección en el menor tiempo posible.
- Experimenta diferentes medios para contrarrestar el nerviosismo.
- Reflexiona las diferencias entre sentir miedo y experimentar, en la realidad, a lo que se le tiene miedo.
- Practica el silencio interno, es decir, mantener la mente en blanco.
- Enfréntate a alguna situación a la que le tengas miedo, con la mente en blanco.

Unas cuantas aclaraciones:

A estas alturas de nuestro KamYno espiritual, el trabajo con los miedos es sólo un proceso de confirmación de que ya estamos listos para dejar aquellos que todavía pudieran estar en nuestro ego. Es el proceso final que tiene la posibilidad de liberarnos de las respuestas emocionales más recurrentes, para darnos la oportunidad de responder desde el amor en lugar de desde el miedo.

Agradar a Dios por sobre todas las cosas

Acciones sugeridas:

- Realiza tu declaración personal de compromiso para que Dios sea el centro de mi vida.
- Elige amar a Dios con todo tu corazón, agradarlo con tu vida y obedecerlo siempre.
- Lee el Antiguo Testamento de la Biblia diariamente.
- Memoriza un versículo de la Biblia por día.
- Permite que Dios sea quien siempre termine el proceso creativo (ofrécele, de corazón, el resultado de tus intentos).
- Cuanto hagas, ofrécelo para la Gloria de Dios
- Dedica tiempo de observación a ser consciente de Su presencia en tu día.
- Mantén en mente que cuando nos expresamos estamos manifestando la obra de Dios.
- Realiza acciones para mantenerte pleno de energía.
- Ofrécete a Dios para que Él pueda crear desde ti.
- Alaba a Dios en medio del dolor, la escasez o el sufrimiento.
- Recuerda, en todo momento, que Dios está siempre en tu mente.
- Ante cualquier posibilidad de servicio a Dios, siempre responde: "¡Sí, Señor ¡".
- Agradece a Dios siempre y por todo.
- Pon al servicio de la obra de Dios tus talentos y habilidades.
- Celebra cada batalla ganada en el nombre de Dios.
- Ríndete y entrégate a Dios ante lo que sobrepasa tu fortaleza.
- Experimenta la reverencia a Dios ante cada una de sus manifestaciones.

Unas cuantas aclaraciones:

Sin aclaraciones, sólo con profundo respeto, unas sugerencias que tienen más de 2,000 años a nuestra disposición.

Acercar hacia Dios a sus hijos extraviados

Acciones sugeridas:

- Pasa el mensaje a quienes estén dispuestos a escucharte.
- Trabaja para acercar a familiares, amigos y conocidos extraviados.
- Mantén actitud de pescador de hombres con el Espíritu Santo.
- Prepárate para servir como padrino de hacienda o de vida.
- Comparte tu fe con otros de forma continua.
- Utiliza tus dones espirituales para servir a los demás.
- Haz todo lo bueno que puedas, en cualquier lugar, tiempo y situación.
- Expresa tu mensaje de vida cuando el Espíritu Santo te inspire:

  - ¿Cómo era mi vida antes de vivir una experiencia espiritual?
  - ¿Cómo supe que Jesús está vivo y actuando en el mundo?
  - ¿Dónde, cuándo y cómo fue que entregué mi vida a Jesús?
  - La diferencia que Jesús ha hecho en mi vida desde que viví la experiencia.

- Reflexiona sobre esta verdad: "De este mundo lo único que te llevas al cielo son las almas que acercaste a Dios durante tu vida".
- Da un testimonio en tu vida completamente congruente con lo que profesas.
- Actúa como un pacificador en cualquier entorno, tiempo o situación.

Tercer carril paso 3

Conseguir y conservar un estado interno conveniente

Acciones sugeridas:

- Realiza acciones conscientes para acceder a la energía.
- Canaliza conscientemente tu energía.
- Interrumpe rutinas que drenan tu energía.
- Lee, al menos, un libro por mes.
- Asiste a un entrenamiento formal, por lo menos, una vez cada 6 meses.
- Propicia estados mentales de silencio varias veces durante el día.
- Mantén tu pensamiento en lo bueno y positivo.
- Procura entornos, actividades y personas favorables para tu estado interno.
- Ora.
- Medita.
- Practica la contemplación.
- Practica el silencio interno.
- Entrégate a tu sentido de vida.

Unas cuantas aclaraciones:

Un estado interno conveniente es la materia prima indispensable para la vida desde el espíritu, o desde el amor, como se prefiera decir. Jamás se podrá dar lo que no se tiene. Y, en general, un estado interno conveniente es producto de 4 variables:

1. La energía disponible que tengamos para la vida.
2. El poder creativo del pensamiento.
3. El conocimiento al cual hayamos accedido durante nuestra vida.
4. La profundidad y armonía que tengamos en nuestra relación con Dios.

En el "Anexo 2" te comparto el concepto de *poder personal*, al leerlo encontrarás una cantidad importante de acciones por medio de las cuales podrás darle vida a las sugerencias planteadas arriba para la línea de acción para **conseguir y conservar un estado interno conveniente**.

Propiciar la acción del Espíritu Santo en mi vida

Acciones sugeridas:

- Actúa con la cualidad contraria que te molesta de los demás.
- Elige el perdón sobre cualquier otra elección.
- Elige con sentimientos en lugar de con emociones.
- Intenta la conexión con los demás al interactuar con ellos.
- Recibe con alegría y sin resistencia lo que llegue a tu vida.
- Encomienda tus relaciones especiales al Espíritu Santo.
- Pide al Espíritu Santo que convierta las situaciones importantes en un instante santo.
- Permítele al Espíritu Santo forjar tu carácter.
- Encomienda tu fuerza de voluntad al Espíritu Santo.
- Colabora con el Espíritu Santo en la obra de Dios en el mundo.
- Invoca al Espíritu Santo cada vez que aparezca la tentación en tu vida.
- Entrega al Espíritu Santo toda limitación o barrera en tu vida.

Unas cuantas aclaraciones:

Esto es, en El KamYno, para descubrir la forma de llevar una vida desde el espíritu.

Obrar para la redención del pueblo de Dios

Acciones sugeridas:

- Trabaja para la redención del pueblo de Dios, como un todo.
- Ora diariamente por la redención del pueblo de Dios.

- Lleva siempre contigo una identificación como miembro del pueblo de Dios.
- Recuerda siempre que todos somos Hijos de Dios, pero que aquí sólo somos seres humanos.
- Busca la unidad en Cristo, el Hijo de Dios viviente, nulificando las diferentes formas en ccmo se le concibe y promoviendo la hermandad.
- Respeta la concepción de Dios que tenga todo ser humano:

  - Cuando juzgo a otro creyente, pasan 4 cosas al instante: pierdo mi comunión con Dios, saco a relucir mi propio orgullo e inseguridad, me coloco bajo el juicio de Dios y daño la comunión de Su pueblo.

  - Reconoce las fortalezas de la fe diferente a la tuya y aprende de ellas.
  - Observa siempre que la obra de Dios es simultánea, no secuencial.

Unas cuantas aclaraciones:

Sólo una consideración sobre la última sugerencia. Dios está obrando en el mundo siempre, en cada momento y en todo. La sugerencia de observar que la obra de Dios es simultánea y no secuencial nos ayudará de múltiples maneras. Este principio establece que para Dios no hay primeros o últimos, ni pasado o futuro, ni antes o después. La obra de Dios es, al mismo tiempo, para todos, siempre es en el momento presente y ocurre en el instante preciso. La secuencialidad es un paradigma humano, no divino. El hombre piensa en que será feliz cuando termine la carrera, después cuando tenga un trabajo, luego cuando lo promuevan al siguiente nivel, cuando se case, etc., o bien: "Primero te tengo que conocer para poder confiar en ti", "Si no lo demuestras, no te creo", "Los más listos primero y los menos listos al último", "Los de capacidades diferentes primero", etc.

Por el lado de la simultaneidad, Dios creó la lluvia sobre buenos y sobre malos, el sol sale para todos. Jesucristo vino por la salvación de todos, no sólo de algunos. Un ejemplo más de la vida diaria: cuando una madre está orando por su hijo, Dios no escucha la oración de la madre y después obra sobre el hijo, es decir, secuencialmente. Cuando esto pasa, Dios, en ese instante, está escuchando la oración de la madre, está dándole tranquilidad a ella y protegiendo al hijo, todo al mismo tiempo. Dios no deja nada para después, porque el después para Él no existe. Al observar la vida con este enfoque, la idea es que vayas dándote cuenta de que toda la vida pasa al mismo tiempo. Si no es hoy, puede que no sea nunca; si no lo hago yo, entonces, probablemente, nadie lo haga; si algo va a pasar, puede ser hoy mismo; si alguien pudo, también yo puedo.

El efecto más importante del principio de simultaneidad en la obra de Dios es que la redención no es una cuestión secuencial. Si fuera así, entonces no sé cuántos miles de años más se requerirían para lograr la redención del pueblo de Dios. Afortunadamente, ya sabemos que el despertar de la consciencia es exponencial. Gracias a esto, lo que hemos evolucionado en miles de años lo podemos superar en mucho menos tiempo. El invento con el cual el ser humano se ha acercado más a la simultaneidad con la que Dios obra es el internet. Una cosa que está pasando en este momento en Japón, segundos después puede estarse viendo al mismo tiempo en todo el mundo en millones de hogares.

Conforme más y más personas expandamos nuestra consciencia a la vida espiritual, más rápido descubriremos cómo emular la simultaneidad con la que Dios obra. De esta forma, la redención del pueblo de Dios será cada día una realidad más alcanzable.

Anexo 1

Meditación El KamYno

En la figura 29, se encuentra el proceso que se sugiere para la meditación El KamYno. Es un proceso de meditación de 7 pasos que se utiliza para corregirnos a nosotros mismos, con la ayuda de Dios. A continuación, describo el proceso básico para experimentarla y algunas consideraciones importantes:

Paso 1. Definir qué es lo que se desea corregir. Ya sea una reacción emocional recurrente como el miedo, la ansiedad o la ira; un rasgo de personalidad que estemos tratando de corregir en nosotros por las dificultades que nos acarrea cuando se manifiesta tal como un hábito perjudicial, una actitud negativa o un defecto de carácter; o directamente una enfermedad, limitación o conflicto. Una vez que se decide cuál es el elemento por corregir, se reflexiona de 5 a 10 minutos sobre los posibles beneficios que le trae, o le trajo en el pasado, a mi vida esta característica de mi personalidad. Una reacción de ira en el pasado pudo defendernos de abusos o maltratos, un hábito de levantarnos temprano nos pudo evitar ser regañados o golpeados por nuestro padre o un miedo a la oscuridad evitó vernos vulnerables ante los peligros de la noche. Este paso es fundamental, porque genera en nuestra consciencia 2 cosas: nos confirma como los responsables de todo lo que ocurre con nosotros y le da vida al principio universal que establece que toda conducta humana tiene una intención positiva.

Paso 2. Cuando se logra una idea general o específica de cuáles son o fueron los beneficios de lo que queremos corregir, nos disponemos a realizar un proceso de meditación continuo para los siguientes 6 pasos. En este proceso se sugiere seguir todos los criterios normales de una meditación profunda: disposición personal, entorno adecuado y disposición del tiempo necesario para la meditación completa, esto es, entre 30 y 60 minutos, dependiendo de la capacidad de meditación de cada persona. En este segundo paso, el enfoque de la visualización interna es repasar nuestra vida diaria, del presente hacia atrás, en todos los momentos que podamos recordar en dónde se manifestó el rasgo que estamos corrigiendo, **observando de forma disociada** los pensamientos, emociones, conductas o reacciones que se manifiestan en nosotros en esos momentos. También ponemos atención en los **efectos** que este rasgo ha traído a nuestra vida, así como a las **consecuencias** en las personas que están a nuestro alrededor, ya sean respuestas y reacciones momentáneas o consecuencias permanentes en sus vidas. Esto se realiza hasta que la causa original del rasgo que estamos trabajando emerja a nuestra consciencia, o hasta que llegamos al momento en el cual se originó en nosotros dicho rasgo.

Paso 3. Mientras estamos realizando el paso 2 de este proceso, nuestra consciencia siempre está atenta para detectar el momento en el cual nuestro inconsciente nos regale la **causa original** de la característica de personalidad que estamos trabajando. Es decir, mientras transitamos hacia atrás en la línea de vida, la observación de nuestros recuerdos, paso 2, estamos pendientes, ya que, en cualquier momento, por consecuencia de estar poniendo plena atención a las situaciones de vida en donde se manifiesta dicho comportamiento, nos puede "caer el veinte" de la causa que originó dicho comportamiento. La causa puede aparecer como una elección inconsciente, como una impronta ante una situación dolorosa experimentada, como una interpretación de nuestro ego a algo que nos pasó o como un elemento más profundo de la personalidad, ya sea un valor, una creencia o una concepción equivocada sobre nosotros mismos, sobre la vida, sobre los demás o sobre Dios. También se debe tener cuidado con la tendencia de nuestro ego a buscar las causas fuera de nosotros, ya sea en alguien más, en una situación externa o en aspectos fuera de nuestro control. En este caso, hay que recordar que todos los aspectos de nuestra personalidad se generaron por procesos internos, causas internas, y que el entorno sólo aporta estímulos, los cuales pueden ser los disparadores de los procesos internos, pero nunca la causa.

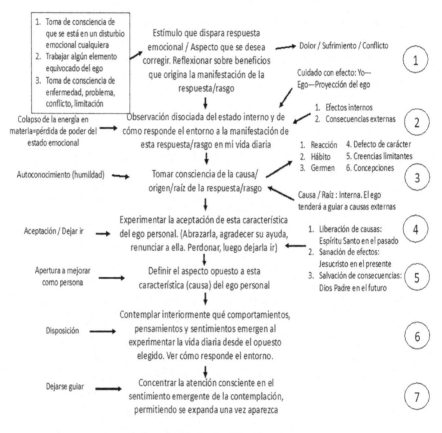

Figura 29. Meditación El KamYno

Paso 4. En cuanto tenemos una causa identificada, procedemos a pasarla por el proceso mediante el cual la **aceptaremos** para llegar a la disposición para **dejarla ir.** Todavía dentro del proceso meditativo iniciamos el proceso para reconocer esta causa como algo que nosotros provocamos y la cual, en su origen, fue por nuestro bien. Abrazamos con aprecio y agradecimiento los beneficios que obtuvimos como resultado de esta causa en nuestra vida. También reconocemos los efectos negativos que experimentamos como consecuencia de esta causa, nos perdonamos por los efectos en nosotros y pedimos perdón por los efectos en los demás. Cimentados en el agradecimiento por lo obtenido y en el arrepentimiento por el malestar provocado, renunciamos a esta causa y entramos en la disposición completa para dejarla ir. Para esto, nuestra consciencia se centra en sentir agradecimiento y arrepentimiento. Una vez que detecta cuál de los 2 es más intenso se concentra en él y procura intensificarlo mientras se expresa mentalmente la intención de dejar ir la causa de este aspecto de nuestra personalidad que estamos corrigiendo. Se permanece en ese estado de disposición y consciencia hasta que emerge un proceso interno, mociones o visiones, por medio de las cuales se experimenta, sin lugar a dudas, la eliminación o desaparición de la causa. En caso de pasar cierto tiempo sin que se manifieste este proceso de dejar ir, se pide la ayuda del Espíritu Santo, para que nos ayude a corregir o nulificar esta causa.

Paso 5. Ahora iniciamos el proceso de elegir aquello con lo cual remplazaremos la causa que acabamos de dejar ir. Para esto, definimos el opuesto más cercano que encontremos a dicha causa. Por ejemplo, si la causa fue haber concebido la vida como un valle de lágrimas, ahora elegimos concebir la vida como alegría de vivir. Si la causa es el miedo a la limitación económica, elegimos el amor a la abundancia material. Si estamos trabajando una enfermedad cuya causa fue el odio hacia alguna persona, elegimos el amor hacia esa persona. Si la causa encontrada es la interpretación equivocada de que mi madre no me quería, entonces elijo creer que mi madre sí me quería.

Paso 6. Enseguida, procedemos a proyectarnos al futuro y observar, imaginar o visualizar cómo será nuestra vida diaria si nosotros nos experimentamos desde el opuesto elegido. Es decir, observamos nuestro diario vivir en familia, trabajo, escuela o comunidad suponiendo que el opuesto elegido ya es parte integral de nuestra personalidad. Podemos hacerlo figurando una línea de vida a futuro, empezando en el día siguiente a hoy y caminando hasta varios años hacia adelante.

Esto lo hacemos con la consciencia atenta para que cuando aparezca un sentimiento podamos realizar el paso 7.

Paso 7. Realizando el paso 6 podemos pasar algunos minutos, dentro de los cuales emergerá en nosotros una sensación o un sentimiento manifestado en alguna parte de nuestro cuerpo. En cuanto aparezca, centramos nuestra atención en esa sensación o sentimiento y buscamos la forma de intensificarlo, provocando que se extienda a todo el cuerpo, luego a todo el cuarto y, después, que lo abarque todo. Agradecemos a Dios, al Universo o a tu ser interior por haberte permitido esta experiencia. Finalizamos la meditación con 3 respiraciones profundas.

Anexo 2

Poder personal

En su libro *La rueda del tiempo*, Carlos Castaneda nos plantea lo siguiente sobre el poder personal:

> No importa como lo hayan criado a uno. Lo que determina el modo en que uno hace cualquier cosa es el poder personal. Un hombre no es más que la suma de su poder personal, y esa suma determina cómo vive y cómo muere.

Como sistema de alta estructura, el poder personal es un trinomio y está conformado por los siguientes elementos:

1. Energía disponible.
2. Poder creativo del pensamiento.
3. Conocimiento que se posee.

La energía disponible, como combustible para darles potencia, persistencia y velocidad a las acciones necesarias para transitar El KamYno de mejoramiento de nosotros mismos en todos sus carriles.

El poder creativo del pensamiento, como el cernidor y generador del poder de las opciones y alternativas que la vida nos presenta para crear en el menor tiempo posible las elecciones que realizamos.

El conocimiento, como elemento catalizador de la expansión de consciencia, necesario para eliminar 2 de los más grandes limitadores existentes en el ego, el temor y la duda, consecuencia, ambos, de la ignorancia de nuestra esencia divina.

1. Energía disponible

El concepto de energía disponible tiene un significado que es crítico comprender y, por su trascendencia, memorizar para entender los conceptos planteados más adelante:

Energía disponible. Es la cantidad de energía libre, una vez realizadas las actividades necesarias para mantener nuestra vida biológica. Es decir, energía libre después de la ocupada en comer, dormir, trabajar (en el estricto sentido de lograr alimento, vestido y techo para vivir), socializar (sólo refiriéndome a la conducta aprendida de operar en grupo, característica de cada especie animal) y reproducirte (conducta sexual rutinaria, sin amor.)

Comparemos la forma de manejar el aspecto financiero con el concepto de energía disponible para su mejor comprensión:

Cuanto ganas = Energía total de acceso
Cuanto gastas = Energía para vida biológica
Saldo económico = Energía disponible

De la operación anterior, se tendrá un saldo a favor o en contra. En un caso, dinero; en otro, energía. Saldo en contra en la actividad financiera significará deudas y, con estas, una lucha con las personas que nos rodean para hacernos de su dinero. Balance negativo para el proceso energético genera enfermedades, o una lucha con las personas de nuestro entorno para absorberles su propia energía. Si ganamos más de lo que gastamos, entonces lo ahorramos o lo invertimos. Conforme vamos manteniendo el ciclo de saldo positivo, nuestro poder económico va aumentando más y más, principalmente por las inversiones. Para las decisiones financieras contaremos cada vez con más recursos. En otras palabras, nuestro poder financiero aumenta paulatinamente gracias al saldo positivo y a las inversiones.

En el proceso energético ocurre casi lo mismo, con una diferencia: el saldo positivo, energía disponible, no lo podemos ahorrar; o lo gastamos (vemos más televisión, comemos más, dormimos más, ejercitamos más el cuerpo, desarrollamos más actividad sexual, etc.) o lo invertimos en la expansión de nuestra consciencia y en el mejoramiento de nuestro estado de ser. Al invertir la energía disponible, el poder personal aumenta cada vez más generando a su vez más energía disponible. Hay otra cosa que puede pasar cuando logramos la capacidad de generar energía disponible, podremos ofrecerla a las personas, animales o plantas que nos rodean, para su propio crecimiento y desarrollo.

Como podrás reflexionar, *energía disponible*, con el significado descrito arriba, es algo en peligro de extinción en una gran cantidad de nosotros. A la gran mayoría apenas nos alcanza la energía para cubrir las necesidades biológicas.

Como habrás comprobado en el transcurso de la vida, en este mundo todo opera con energía, de hecho, todo es energía. La diferencia de fondo, en todo cuanto existe, es la frecuencia de vibración de la energía contenida en cada elemento del Universo. Como dice uno de los más grandes principios descubiertos por nuestra ciencia: "La energía no se crea ni se destruye, sólo se transforma". Cómo nos desempeñemos en el **proceso básico de la vida** dependerá en gran medida de cuánta energía tengamos en un momento dado y en qué y cómo la transformemos.

La cantidad de energía con la cual vamos a contar en cada momento de nuestra vida es consecuencia de la energía a la que podamos acceder y dependerá de 3 factores principalmente:

1. **La energía proveniente del cuerpo.** A través de la transformación de los alimentos y el oxígeno, el cuerpo genera energía. Además, por medio del oído, los ojos y la piel, estamos absorbiendo energía de nuestro alrededor. Percibir la belleza de la naturaleza, por ejemplo, puede generar un incremento en la energía personal. Escuchar música, ruido o gente hablando aumenta el nivel de energía del cuerpo. Un

abrazo, una caricia o un beso también son medios por los cuales nuestro cuerpo se provee de energía.

2. **La energía proveniente de la voluntad original.** Energía disponible aún, de la que nos fue entregada al nacer, cuya cantidad dependerá de **nuestro sentido de vida.** Además de la enviada de regreso a nosotros, como consecuencia de nuestros pensamientos y obras de amor. Esta última es nuestra posibilidad de superar, o no cumplir, nuestro sentido de vida. Básicamente estamos hablando de energía espiritual.

3. **La energía mental.** Utilizando las 2 fuentes de energía antes mencionadas, la mente tiene la posibilidad de invertirla en el proceso creativo. Cuando así ocurre, podemos decir que el regreso de energía ganada por nuestra inversión en el acto de crear es energía mental. Sin embargo, la mente, en sí misma, sólo utiliza y tiene el poder de amplificar la energía proveniente de nuestro cuerpo y de nuestro espíritu.

Tres fuentes, 3 posibilidades o 3 maneras en las cuales nos proveemos de energía para operar en este mundo. Se puede percibir la vida como un continuo de transformación de energía. Por lo tanto, de en qué y cómo vayamos transformando la energía a la cual tengamos acceso, dependerá el nivel final de nuestra energía disponible; y, como dijimos, esto tiene un impacto directo en nuestro poder personal. Los problemas más representativos por los cuales el nivel de energía disponible del ser humano promedio es bajo son: energía dormida en el subconsciente por no haber reconocido nuestro **sentido de vida**; un estilo de vida altamente sedentario y utilización inefectiva de la energía a la cual tenemos acceso cada día. En los 3 casos la causa principal es falta de conocimiento y consciencia de cómo funcionamos a nivel energético.

En su libro *Las enseñanzas de don Carlos*, Víctor Sánchez plantea lo siguiente sobre la energía:

El nivel de energía de cada ser depende de tres factores fundamentales: la cantidad de energía con la que fue concebido, la manera en que la incrementó o disminuyó a lo largo de su vida, y la manera en que la usa en su vida presente... La forma en que el hombre común utiliza su energía no es producto del azar o de su elección, sino que está determinada por su Historia Personal... Aun cuando las personas cotidianas utilizan su energía realizando las rutinas que emanan de su Historia Personal pueden, sin embargo, realizar los siguientes cambios fundamentales en su condición de campos de energía: 1. Redirección del uso de la energía. 2. Ahorro de energía y/o 3. Incremento de energía.

La primera parte del párrafo nos habla de los factores de los cuales depende el nivel de energía bajo el cual vamos a tender a operar: el relativo a nuestra **voluntad original,** el relativo al proceso de vida pasado o historia personal (nuestros hábitos y programas de cómo gastamos nuestra energía) y el relativo a la forma de utilización presente. Al final, nos plantea las 3 opciones para realizar cambios en la utilización de la energía si queremos mejorar lo que estamos haciendo en el presente: incremento, redirección y ahorro. El asunto clave aquí es: ¿qué hacer hoy para tener más energía disponible mañana?, ¿cómo incrementar nuestra capacidad de acceder a mayores cantidades de energía? Tres aspectos fundamentales por considerar para poder responder estas preguntas son:

1. Cuando conocemos, recordamos o tomamos consciencia de nuestro sentido de vida, aparece, de pronto, una enorme cantidad de energía que siempre estuvo ahí, pero en el subconsciente. No se había manifestado como consecuencia de que nuestro sentido de vida estaba dormido, por lo tanto, no requeríamos de tanta energía para la vida diaria. Despiertos al elemento más trascendente de nuestra **voluntad original,** nuestro espíritu empieza a liberar la energía necesaria para manifestarnos desde nuestra más profunda identidad.

2. De los 40 a los 60 años de edad tenemos acceso a la cantidad de energía más grande de nuestra vida adulta. ¿Por qué a

esta edad? El dato viene de investigaciones planteadas por Napoleón Hill en su libro *Piense y hágase rico*. Los datos y análisis descritos en este libro son contundentes, vale la pena tenerlos en cuenta en nuestro plan de vida. Lo único adicional a considerar es que estas investigaciones reflejan conclusiones para un momento dado de nuestra evolución, por lo cual puede ser diferente cuando más porcentaje de seres humanos descubra a temprana edad su sentido de vida.

3. El acto de crear es una forma de acceder a la abundancia energética del Universo. Cuando realizamos actividades creativas, abrimos un canal de transferencia de energía pura hacia nosotros. Por esta razón, planteo el acto creativo como una forma de invertir nuestra energía disponible. La manera de comprobar esto es muy sencilla, tan sólo hay que recordar nuestro **estado de ser** alguna vez que hayamos creado algo espectacular. Por lo regular, son experiencias presentes en nuestra mente toda la vida. El acto supremo de creación que podemos realizar es crearnos a nosotros mismos. Cuando elegimos recuperar la responsabilidad con nosotros mismos para dedicarnos a este proceso creativo, el Universo responde con enormes cantidades de energía.

Re-direccionar nuestra energía requiere un buen grado de energía disponible. Al estar realizando nuestro gasto energético en las mismas rutinas, desde los 8 años de edad, esto es ya un hábito muy arraigado. Es de conocimiento común la tremenda cantidad de energía que se requiere para cambiar un hábito; a esto, normalmente, le llamamos *fuerza de voluntad*. Por esto, re-direccionar la energía para lograr incrementar nuestra energía disponible es algo así como la paradoja del huevo y la gallina: "Si poseo energía disponible puedo cambiar mi rutina de cómo la uso. No tengo energía disponible, por mi rutina de gasto actual, entonces necesito energía disponible para re-direccionar mi energía; y así sucesivamente".

Aun y cuando creemos en la fuerza de voluntad y en que todo es posible, para la mayoría de nosotros no es sencillo. Por esto, hay que enfocarnos, especialmente, en cómo ahorrar energía, para tenerla disponible y poder utilizarla en nuestro proceso de redirección. Ahorrando energía, ya dependerá de cada quien hacia dónde la canaliza.

Ahorro de energía física

Las 5 formas más comunes que tenemos de gastar nuestra energía física son: trabajar, divertirnos, comer, dormir y la actividad sexual. En ninguno de los casos la actividad en sí misma es un problema, al contrario, es, para la mayoría de nosotros, indispensable. El conflicto empieza cuando somos improductivos o entramos en abusos. En el transcurso de la vida del hombre, estas 5 conductas se han ido modificando de tal manera que, en la actualidad, nos consumen la mayoría de la energía a la cual tenemos acceso, así queda, muy rara vez, algo disponible.

La primera situación obvia para ahorrar nuestra energía es evitar el abuso. Es decir, eliminar de cada una de las 5 actividades la palabra *adicto*. Desde los adictos al trabajo, cuya energía disponible después de un día de actividades laborales normal alcanza exclusivamente para llegar a su casa, cenar y ver televisión; hasta los adictos al sexo, que convierten su día normal en un proceso de preparación para culminar con la consumación del hecho. El factor clave es el equilibrio en nuestras actividades, además de que, una vez realizadas, nos quede energía disponible para otras cosas. En este aspecto la cuestión primordial es comprender nuestra estancia en esta vida como algo más que trabajar, dormir, comer, tener sexo y los pasatiempos favoritos.

La segunda situación general tiene que ver con divertirse. Cualquiera de las actividades mencionadas, en lugar de disminuir nuestro nivel de energía, nos genera energía disponible cuando la disfrutamos. La mayoría de las encuestas sobre calidad de vida concuerdan en ubicar a un 80% de las personas en un trabajo que no disfrutan. Ya sean las labores del hogar, para un ama de casa o cualquier trabajo en una empresa, el 80% de las personas está en la labor equivocada de acuerdo con su naturaleza. Lo hacen por necesidad de supervivencia y, eso pasa, sobreviven. Disfrutar nuestras actividades es posible siguiendo un proceso de 3 pasos:

1. El primero es despertar nuestra consciencia y darnos cuenta del desperdicio de vida generado cuando no se disfruta cada minuto sobre este planeta.
2. El segundo es generar la actitud mental necesaria (a través de dominio de nuestro pensamiento) para disfrutar todo cuanto hagamos.
3. El tercero es reconocer y vivir desde los elementos existentes en nuestra voluntad original.

Estos 3 pasos dependen exclusivamente de nosotros mismo y podemos realizarlos al transitar este KamYno de mejoramiento de sí mismo. Es una cuestión de actitud, de dominar nuestra mente para generar los pensamientos correctos, es decir, de convertirnos en directores de nuestra vida. Desgraciadamente, regresamos al asunto del huevo y la gallina, para lo anterior requerimos alto nivel de energía disponible. Por esto, una vez que empecemos a lograr excedentes de energía, una de las mejores inversiones es redireccionar la mayor parte a disfrutar la mayoría de nuestras actividades.

Palabras especiales se merecen esos a los que llamamos nuestros pasatiempos o diversiones. Ya sea diligencias sociales, culturales o deportivas, el término *diversiones* aplica exclusivamente para aquellos eventos en donde realmente la pasamos bien. Aun y cuando parece obvio, la aclaración es por aquellos pasatiempos que realizamos por compromiso, ya sea con nuestra pareja, nuestros hijos o amistades, y no son divertidos para nosotros. Comprender esto es crítico, ya que dedicarles tiempo a nuestras diversiones nos genera energía disponible. Por ejemplo, las personas que disfrutan la práctica de algún deporte, al practicarlo en la tarde después de un día de trabajo, pudiera parecer gasto de energía. En realidad, al día siguiente, contarán con más energía disponible que si no se hubieran dedicado a dicha tarea. Esto fue una inversión de energía.

Reflexiona honestamente y toma consciencia de, realmente, cuántas actividades disfrutas en un día normal. Para la mayor parte de nosotros el porcentaje es muy bajo. ¿Por qué no actuamos en consecuencia? Una respuesta es: estamos dormidos, es decir, la Matrix nos tiene atrapados. Como en todo, hay una excepción a la regla, es decir, aparece el mundo de lo relativo. Algo que puede convertir a una diversión en gasto de energía es el abuso en comida y bebidas ingeridas dentro del tiempo dedicado a divertirnos. Esto es demasiado común, desgraciadamente, en nuestras formas actuales de esparcimiento. Las manifestaciones más comunes del bajo nivel de energía, después de este tipo de abusos son: depresión, la cruda, diferentes dolores corporales, irritabilidad, indigestión, cansancio y todo cuanto sea efecto que produzca malestar después de un pasatiempo enviciado.

Sobre lo que comemos, la situación es más delicada. Esta necesidad fisiológica es un gran consumidor de energía cuando debería ser una forma de proveernos de ella. La razón, el alto grado de falta de conocimiento sobre cómo funcionamos y la inconsciencia sobre los efectos del mal comer en nuestra calidad de vida. En la actualidad, hay miles de libros hablando del asunto, por lo tanto, sólo voy a comentar algunos datos tomados de *Poder sin límites*, de Anthony Robbins:

1. El diseño original de nuestro cuerpo es para alimentarnos de fruta. Nuestro aparato digestivo tiene una estructura similar a la de los gorilas y no a la de un león. El gorila come fruta, tiene estómago e intestinos pequeños. El león come carne, tiene estómago e intestinos realmente grandes. En ambos casos, existe el sistema digestivo adecuado para digerir el tipo de comida para el cual fue diseñado cada uno de sus cuerpos.
2. Nuestras manos tienen la estructura para la recolección de frutas, no para cazar. Nuestra dentadura difiere mucho de la de un león, y esta última sí es para desgarrar carne.
3. La glucosa es el principal alimento para nuestro cerebro. La forma más fácil para el organismo de obtenerla es de la

fructuosa, existente en la fruta de forma completamente natural.

4. El cuerpo humano produce enzimas para digerir la leche, las cuales dejan de generarse alrededor de los 3 años de edad. A partir de esta edad, muchos de nosotros perdemos la capacidad de digestión adecuada de la leche y sus derivados.

5. Para digerir las proteínas hay segregación de ácidos en el estómago. Para los carbohidratos se producen sustancias alcalinas. Cuando se juntan sustancias alcalinas con ácidos, se produce una base, es decir, una sustancia neutra con muy poca capacidad digestiva.

Con estos 5 puntos podemos abordar lo principal del asunto: si nosotros consumiéramos solamente fruta, nuestro cuerpo estaría generando cada día una muy aceptable cantidad de energía disponible para aumentar nuestro poder personal. La ciencia médica ha comprobado al proceso digestivo como uno de los consumidores más altos de energía de nuestro cuerpo, la razón, nuestra forma de comer. Si sólo nos alimentáramos de fruta, la digestión estaría terminada entre 30 y 45 minutos. La energía consumida en este tiempo es relativamente poca, por estar constituida la fruta, sobre todo, de agua. Además, la fruta proporciona todos los requerimientos alimenticios necesarios de una persona adulta para mantener una vida saludable. Aquí estoy planteando el proceso de alimentación ideal, de acuerdo con el diseño original de nuestro cuerpo; sin embargo, es posible que este ideal no sea factible en la actualidad por muchas razones, entre ellas los cambios genéticos que ha tenido el cuerpo humano desde su creación.

Analicemos ahora el otro extremo: un proceso de alimentación constituido principalmente por carbohidratos (harinas, pastas, cereales) y proteínas (carne, leche y huevos). Por lo general, nuestra comida de todos los días va a llevar una combinación de estos dos tipos de alimentos. Nuestro cerebro, al detectar en el estómago proteínas y carbohidratos, mandará la segregación de ácidos y alcalinos en nuestro estómago. Como dijimos, si juntas estas 2 sustancias, se anulan sus efectos independientes, por lo tanto, la base formada consume una gran cantidad energía y tiempo para poder digerir los alimentos; es decir, el ácido y los alcalinos no podrán desempeñar su función natural correctamente.

Consideremos un ejemplo, tal vez uno de los extremos, el consumo de 3 trozos de pizza con 4 ingredientes (jamón, chorizo, salami y pepperoni) y un refresco extragrande (por 3 pesos más). Esta combinación está formada por una alta cantidad de carbohidratos, proteínas y líquidos. Además, un derivado de la leche, sin capacidad de ser digerida por muchos de nosotros desde los 3 años de edad. El proceso digestivo durará entre 3 y 5 horas, consumiendo la mayor parte de nuestra energía corporal. Cuando por fin esté terminado el proceso, ya es tiempo de la siguiente comida, y así día tras día hasta cuando se termine la energía física para mantener la maquinita trabajando. Definitivamente, nuestra forma de comer es uno de los más claros ejemplos de nuestra vida condicionada por los programas que la Matrix ha instalado en cada uno de nosotros.

Recuerda que esto no pasa sólo con la pizza, la combinación descrita la tenemos por todos lados: hamburguesas, burritos, tortas, guisados combinados con pastas, cereal con leche y, en general, con nuestra forma actual de alimentarnos. Planteados ya los 2 extremos, podemos hablar del equilibrio. Un proceso de alimentación balanceado, compuesto principalmente por fruta, verduras, carbohidratos y algunas proteínas provenientes principalmente del pollo, pescado y algunos derivados de la leche. El proceso de alimentación más fundamentado que conozco lo plantea el Dr. James D'Adamo en su libro *Su comida, ¿veneno o salud?* Con un proceso de investigación de más de 20 años, llega a un descubrimiento muy significativo: en esencia, encuentra la relación existente entre el grupo sanguíneo y los alimentos más saludables para cada uno. Si estás interesado en alimentarte de una manera realmente saludable y que te genere energía disponible para la vida, la lectura del libro del Dr. D'Adamo es indispensable.

El otro factor crítico, generado de cómo nos alimentamos, es nuestra salud. Una gran cantidad de enfermedades viene derivada de nuestro proceso de alimentación. Por una parte, es el riesgo que corre nuestra vida ante las enfermedades, empero, el factor de más impacto en el día a día es el dolor sintomático de casi cualquier enfermedad, el cual consume una gran cantidad de nuestra energía para la vida. Un ejemplo muy común de enfermedad ocasionada por mala alimentación es el de las alergias (incluido el asma, que pone en riesgo la vida). Son un padecimiento de millones de personas alrededor del mundo, cuya causa más común es el alto consumo de leche y sus derivados. La razón principal es la incapacidad de muchos de nosotros para digerir la lactosa existente en la leche, después de los 3 años de edad.

El sistema respiratorio es el más afectado por las alergias y, con él, todo nuestro cuerpo. El oxígeno es el elemento más importante para el correcto funcionamiento de nuestro cuerpo. Los síntomas más comunes en personas con alergia son la disminución de su capacidad respiratoria y un alto grado de mucosidad producida. Esto acarrea un sinfín de complicaciones en todo el organismo de los cuales los más frecuentes son dolores de cabeza y flujo nasal. Dos cosas necesita nuestro cerebro para funcionar bien: glucosa y oxígeno. Según estadísticas médicas, arriba del 95% de los dolores de cabeza están generados por falta de oxígeno en el cerebro. Todo, por no saber alimentarnos ni respirar correctamente.

Como se puede ver, en la alimentación está una herramienta inmediata para hacernos de energía disponible para canalizarla a nuestras más altas prioridades. Aun y cuando cambiar algo en nuestra forma de alimentación también requiere de energía disponible, para realizar cambios sencillos la cantidad necesaria no es alta. Lo importante es iniciar el ciclo virtuoso de generación de energía disponible.

En nuestro proceso de evolución como especie, de ser una necesidad básica para sobrevivir el comer, se convirtió en un placer. Al convertirse en placer, nuestra fuerza de voluntad para dominarlo disminuyó drásticamente. Sin embargo, si queremos experimentar la mayor cantidad de este placer durante esta vida, comer menos es la mejor estrategia. Mucho y mal comido, probablemente, nos hará llegar a los 60 años de edad. Con medida, balanceado y bien combinado, la expectativa de vida crece 30 a 40 años más; por lo tanto, a final de cuentas terminamos comiendo más.

Hablando de placeres, comentemos ahora el de dormir. A esta actividad le pasó lo mismo que a la de comer: de necesidad fisiológica pasó a costumbre en unos y a placer en otros. El tiempo, si bien no es energía, es un recurso no renovable. Para trascender en nuestro sentido de vida requerimos combinar de manera efectiva los elementos poder personal y tiempo. Dormir en exceso nos consume energía y tiempo. Dormir es uno de los programas de la Matrix a los cuales la ciencia le ha dedicado una enorme cantidad de investigación sin poder descifrarlo completamente. La pregunta a la cual no se ha podido dar respuesta es: ¿para qué dormimos? Everett Mattlin, en su libro *Duerma menos viva más*, nos presenta un tratado muy completo sobre el tema.

Everett plantea, con profundidad y detalle, los resultados y conclusiones de la gran cantidad de investigaciones realizadas en los laboratorios del sueño. En la actualidad, cuando existe un clamor casi generalizado de que "no me alcanza el tiempo", adentrarnos en este conocimiento puede darnos nuevas alternativas de tiempo disponible. En su libro, Everett escribe:

> De manera que la conclusión a la que podemos llegar partiendo de los estudios de la privación del sueño es que si alguien lo privara de todo su sueño durante una semana entera, su salud no se afectaría en forma adversa, su capacidad de trabajo sufriría algo, pero no desaparecería por completo y quizá tendría algunas alucinaciones... La consecuencia principal de la privación del sueño es que subjetivamente lo vuelve cada vez más soñoliento, eso es algo que no puede negarse, pero no es aparente ningún otro cambio apreciable... Quizá, como alguien dijo en una ocasión, el sueño es como el sexo. Podemos necesitarlo, pero no tiene lugar ningún daño físico si nos vemos obligados a prescindir de él. Entonces, ¿qué es lo que el sueño hace por nosotros?...

los profesores, con toda su información tan sofisticada que han obtenido de los electrodos y las máquinas y bolígrafos del electroencefalógrafo, no lo saben.

En el libro se plantean muchos casos de personas que han sido investigadas formalmente por su poca necesidad de horas de sueño. Relata el caso de una mujer de 75 años de edad, quien declaraba que desde su infancia no dormía más de una hora al día. Al ser invitada al laboratorio durante 5 noches durmió en promedio 75 minutos cada noche. Tal vez la anécdota más famosa mencionada por el libro es la historia del reconocido inventor Thomas Alva Edison. De acuerdo con lo declarado por él y por la gente que trabajaba a su alrededor, normalmente dormía un promedio de 4 horas por día, lo cual disminuyó a una hora en los últimos años de su vida. Gente real confirmando con su vida lo incierto del para qué dormimos.

Un descubrimiento muy interesante de los laboratorios del sueño es que dormimos en ciclos de 90 minutos. Al final de cada uno de los ciclos estamos en una etapa conocida como MOR (movimiento ocular rápido) por un periodo de entre 5 y 45 minutos, dependiendo de si es el primer ciclo del periodo de sueño es del cuarto ciclo en adelante. En esta etapa del ciclo, es cuando normalmente soñamos y los signos vitales (ritmo cardiaco y respiratorio, presión sanguínea) son muy similares a los presentados en estado de vigilia. Por esta razón, el mejor momento para levantarnos cada mañana es al estar en etapa de MOR.

Cuando se nos despierta estando en etapas de sueño profundo, el desgaste de energía realizado por nuestro cuerpo, para regresar nuestros signos vitales al nivel de vigilia, es enorme. Por esta razón, es muy difícil levantarnos, además de significar, normalmente, un día con alta sensación de cansancio. Por lo tanto, para programar la cantidad de horas a dormir cada noche lo más recomendable es en ciclos de hora y media (1.5, 3, 4.5, 6, 7.5). Por ejemplo, si por alguna razón estás listo para irte a dormir a las 2 de la mañana y requieres levantarte a las 6, la mejor alternativa, desde un punto de vista energético, es dormir 3 horas. Ya sea esperar a dormirte hasta las tres o poner el reloj para despertarte a las 5 de la mañana. Si duermes las 4 horas, lo más probable es que el despertador suene cuando estás en fase de sueño profundo y dormir una hora más no te recuperará ni el 5% de la energía gastada por tu cuerpo para regresarte de fase de sueño profundo a vigilia.

Imagina, por un momento, el esfuerzo que tiene que realizar tu cuerpo para, en unos segundos, regresar de signos vitales de absoluto reposo (casi muerto) a estado de vigilia (pasar de etapa 4 de sueño profundo a fase de MOR en un ciclo normal toma 30 minutos en promedio). Algo parecido a despertar de una fase de sueño profundo es el proceso de resucitación en un paro cardiaco; en este caso, se utilizan choques de alto voltaje para lograr el efecto. El voltaje necesario para la resucitación es el equivalente al gasto energético que realiza el cuerpo para poder despertarse repentinamente, desde una fase de sueño profundo.

Regresamos al punto inicial: ¿dormimos por placer, rutina o necesidad fisiológica? Un hecho concreto, por el momento, es que mantenerse despierto por 24 horas durante 19 días, récord del *Libro Guinness*, no tiene mayores efectos negativos en la salud. Por lo tanto, si percibes en tu vida una imperiosa necesidad de tiempo y, duermes más de 4.5 horas diarias, ya tienes una alternativa más, dormir menos. Por otro lado, si se tienen grandes problemas para levantarse por las mañanas y existe la sensación de cansancio durante el día por no dormir bien, la siguiente acción recomendada es programar nuestro periodo de sueño en ciclos de 90 minutos.

Además, permanecer dormido después de 4.5 horas significa empezar a gastar nuestra energía para la vida. Después del tercer ciclo en un periodo de sueño, la mayor cantidad de tiempo se pasa en la fase de MOR. En esta etapa el cuerpo gasta casi el mismo nivel de energía de vigilia y el cerebro está en gran actividad generando los sueños. Por esta razón, cuando se duerme más de lo acostumbrado, aparece una sensación de cansancio durante el día.

Para cerrar nuestra reflexión sobre la actividad a la cual le hemos dedicado más tiempo y energía durante toda nuestra vida, 3 puntos finales:

1. Multiplica tu edad por 0.33. El resultado es la cantidad promedio de años que has estado dormido, con la vida pasando por un lado de ti sin que tú te des cuenta o lo notes. Así, una persona que cuenta con 30 años ha estado dormida por 10 años. ¿Habremos venido a este mundo para invertir la mayor parte de nuestra vida en dormir?
2. Para recuperarse, el cuerpo requiere en promedio 4.5 horas de sueño. Conclusión obtenida de la vida diaria y del hecho de que sólo en los primeros 3 ciclos entramos a sueño profundo de forma prolongada.
3. Lee con atención integral el siguiente epigrama de Sir Eduard Coke, escrito hace más de 2 siglos: "Seis horas de sueño, en el severo estudio de las leyes, seis. Cuatro horas empleadas en orar, y el resto en la exigencia de la Naturaleza".

La última de las 5 actividades físicas en las cuales gasta más energía el ser humano adulto promedio es el sexo. Sobre esta actividad, sólo creo conveniente, para no entrar en mayor controversia, mencionar 2 cosas:

1. Es un gasto de energía cuando se realiza sin amor.
2. Es la inversión más extraordinaria de energía cuando es llevada a efecto con el más sincero amor.

Ahorro de energía mental y emocional

Dentro de la Matrix existen algunos programas cuya única función es que gastemos inútilmente, y muchas veces en perjuicio de nuestro cuerpo, la energía a la cual accedemos. Hay 2 rutinas muy arraigadas por medio de los cuales el ser humano promedio gasta la mayoría de sus pensamientos y, con ello, gran parte de su energía disponible, son la importancia personal y diálogo interno.

Primero veamos la importancia personal. En primera instancia revisemos cómo describe Víctor Sánchez este concepto en su libro *Las enseñanzas de don Carlos*:

La Importancia Personal es la forma particular en que nuestro ego arma y maneja la realidad para tratar de autoafirmarse y convencerse de que es real... La más abarcadora de ellas es la defensa del ego. Considerémoslo seriamente, cuánta energía nos consume. Cuánta gastamos en defendernos, en cuidar la imagen, en tratar de influir en la opinión que los demás tienen de nosotros, en tratar de ser aceptados, en defendernos cuando se nos critica, en tratar de demostrar que somos los mejores o que no valemos nada, que somos los más bellos o los más fuertes o los más miserables, siempre los más algo. ¡Cuánta importancia nos damos!

En el libro, Víctor atribuye a la importancia personal el consumo del 90% de nuestra energía mental. Regresamos al famoso 90% de nuestra vida controlada por el ego, por los condicionamientos, la instalación foránea o el mundo de la Matrix (como a estas alturas cada quien tenga a bien llamarle a la vida rutinaria y sin sentido del ser humano promedio). Importancia personal, ego o vanidad, finalmente, el efecto es que gastamos la mayor cantidad de nuestra energía en el intento de tratar de confirmarnos como algo valioso a los ojos de los demás. Reflexiona en el impacto de esto último: **gastar casi toda la energía a la cual tienes acceso, en la búsqueda de un imposible; lograr autoestima con base en lo que los demás piensan de ti.**

Si no somos capaces de valorarnos a nosotros mismos por lo que somos, jamás lo conseguiremos basados en las opiniones de otras personas. Nuestro ego, instalación foránea, está formado en su mayor parte por la personalidad adquirida antes de los 14 años de edad, entonces, realmente no somos nosotros. Defenderlo es darle vida y asegurar su permanencia en lo más profundo de nuestro cerebro.

Enseguida, el planteamiento de Carlos Castaneda en su libro *La rueda del tiempo*, sobre este concepto:

El mayor enemigo del hombre es la importancia personal. Lo que lo debilita es sentirse ofendido por lo que hacen o dejan de hacer sus semejantes. La importancia personal requiere que uno pase la mayor parte de su vida ofendido por algo o alguien.

El ego es el juego de significados, principios, valores, ideas y concepciones. Importancia personal es gastar nuestros pensamientos y gran cantidad de nuestras acciones en darle vida en defender y en justificar al ego. ¿Para qué? ¿Qué beneficios reales obtenemos?

Las siguientes preguntas se proponen para reflexionar a fondo sobre el efecto actual en tu vida de la importancia personal:

¿Cuánta energía gastas cada día en pensar y ejecutar acciones para guardar las apariencias?

¿Qué cantidad de palabras salen de tu boca en un día normal para justificar lo que haces o piensas?

¿Por qué es tan difícil perdonar a alguien? ¿Por qué te ofendiste?

¿De dónde te surge la necesidad de juzgar a los demás?

¿Con cuántas personas a tu alrededor tienes fricciones al relacionarte con ellas?

¿Cuántas cosas haces cada día para tratar de agradar a los demás?

¿Por qué generas expectativas si su resultado es, en la mayoría de los casos, la frustración?

¿En dónde nace la necesidad de criticar lo que alguien más hace?

¿Cuántas cosas o personas te generan enojo o molestia?

¿A cuántas personas les guardas resentimientos? ¿Cuántas venganzas tienes pendientes? ¿De cuántas cosas te piensas culpable?

¿Cuántas promesas tienes incumplidas, las cuales hiciste para quedar bien?

¿Por qué mientes en asuntos sin importancia, en lugar de decir la verdad?

¿Cuántas conductas estás reprimiendo y qué cantidad realizando, como consecuencia de tu orgullo?

Imagina un día el cual pudieras pasar sin la necesidad de darle vida a la importancia personal, sin requerir autoafirmarte a través de los demás; tal vez sería algo muy parecido a estar en silencio interno. La ventaja de lograr un día así sería que toda esa energía, de ser gastada inútilmente, se convertiría en energía disponible, es decir, poder personal. Comprender y aplicar este concepto dará un nuevo impulso a tu proceso de mejora de ti mismo. En él existe una clave de vital importancia para conseguir energía disponible, necesaria para incrementar tu poder personal y lograr todo cuanto elijas en tu vida. Empezar a tomar acción con respecto a la energía gastada en la importancia personal es un paso que depende exclusivamente de ti. Además, no requiere tanta energía disponible si se empieza como un proceso gradual de lo más sencillo a lo muy arraigado. Recuerda, tu pensamiento es lo único sobre lo cual tienes derecho de pleno dominio.

Ahora revisemos el **diálogo interno.** Por definición, el *diálogo interno* es la plática continua, incesante, normalmente sobre lo mismo y lo mismo y lo mismo que mantenemos en nuestra mente. Se diferencia, diametralmente, del proceso de pensamiento creativo. El primero es un gasto inútil de energía y su función principal es reafirmar nuestras ideas, valores y principios; por lo tanto, los pensamientos generados son extremadamente repetitivos.

Crear es una fuente de energía. Al crear, el proceso inicia consumiendo energía disponible, pero en poco tiempo ya se estableció un canal de acceso directo a la energía del Universo. La forma tangible de darnos cuenta de esto es tomando consciencia del estado fisiológico y la energía en forma de motivación que puedes percibir cuando has conseguido crear algo. En este proceso, los pensamientos son abiertos, se exploran todas las posibilidades, los puntos de vista de cada persona son válidos y se pone en operación la atención integral, para acceder a la integración de conceptos conocidos y a la intuición. La función principal del proceso creativo es descubrirnos a nosotros mismos y, con esto, destruir la instalación foránea. Diálogo interno es empezar a pensar:

"¿Por qué los demás no me entienden? Es tan claro, si yo sólo espero...", "¿Me estará tratando de dañar o me está retando?

Se me hace que no le caí bien", "¿Por qué siempre me pasa a mí? Ya lo sabía, tenía que pasar esto, todo fue por su culpa", ¿Qué le habrá pasado?, ¿en dónde andará?, ¡¿y si le ocurrió un accidente?!, ¡¿y si lo asaltaron?!...". Y todo cuanto resulte parecido.

La siguiente metáfora se plantea como apoyo para ayudar a comprender el diálogo interno y sus efectos:

Este trabajo mental, el diálogo interno, es equivalente a dar vueltas y vueltas en una plaza pensando que de esa forma llegarás a casa. Puedes pasar toda la vida en este intento y jamás llegarás. Lo más increíble es que, regularmente, te sientas en una banca de la plaza para analizar por qué no llegas a casa. Después de un tiempo de reflexión, te das cuenta de la razón: ¡te la has pasado dando vueltas y vueltas! Ahí sentado tomas la decisión firme de, ¡ahora sí!, ir camino a casa. Te levantas con esta convicción en mente y toda la motivación que ella genera. A la mitad de la plaza se encuentra el puesto de las palomitas de maíz, se te antoja y compras unas. Sigues, palomitas en mano, y a unos pasos encuentras al entrañable amigo. Le cuentas que ahora sí vas a casa. Primero, él te felicitará por tu buena decisión y te dirá lo mucho que le gustaría también, a él, ir a casa. Momentos después te empezará a hablar de lo difícil que es eso, sus innumerables intentos en donde se ha dado cuenta de que no se puede. Es más, te invita un refresco en lo que te cuenta los detalles. Para entonces, ya dieron otra vuelta a la plaza. Finalmente, se despide porque debe regresar a su tarea dentro de la plaza. Tú permaneces pensando en que es bueno ir a casa, pero, en la plaza no se la pasa uno tan mal: hay palomitas de maíz, puestos de revistas, muchas cosas que comprar, personas a quienes contarles tus problemas; hay bancas para descansar, está el quiosco para cuando llueva, enfrente se encuentran el cine y la iglesia. En la nevería hay una televisión para ver el futbol y las novelas. Además, los trabajitos que te salen en la plaza te permiten pasarla más o menos y, por cierto, siempre habrá tiempo para ir a casa. Como quiera, sientes que sería bueno intentar ir a casa, pero ¿ si el camino es peligroso?, ¿y si no alcanzas a llegar?, ¿y si llegas y encuentras que es más divertido estar en la plaza? En ese momento te llaman para uno de tus trabajitos y piensas: "Bueno, el último". Para cuando terminas el trabajo tienes hambre, sueño y poca energía disponible. Has dado algunas vueltas más sobre la plaza, pero no es tan grave: como quiera, siempre habrá tiempo para ir a casa.

Los efectos más evidentes y nocivos del diálogo interno son:

1. Se gasta energía. El diálogo interno son pensamientos y estos son la transformación que hace el cerebro de la energía a la cual tenemos acceso.
2. Reafirman nuestros patrones de comportamiento, basados en las concepciones que tenemos sobre nosotros mismos, sobre los demás, sobre la vida y sobre Dios.
3. Nos desconecta de la realidad, disminuye nuestra capacidad de enfoque y nos distrae de la actividad diaria. En pocas palabras, afecta nuestra habilidad de atención integral.
4. Disminuye el nivel de dominio del pensamiento. Como vimos, el diálogo interno es 90% inconsciente. La cantidad de diálogo interno es inversamente proporcional a nuestro dominio del pensamiento.
5. Genera, en la realidad, tarde o temprano, todo el contenido presente en él: enfermedades, temores, angustias, problemas de relación, incapacidades, pronósticos o circunstancias de vida. Al ser el pensamiento la frecuencia de energía más alta operando directamente en este mundo, tiene un enorme poder creativo (de la mente emana energía, el lenguaje y conductas).

Como se puede ver, hay buenas razones por las cuales vale el esfuerzo lograr la capacidad de frenar el diálogo interno, es decir, conseguir el dominio sobre nuestro pensamiento. Importancia personal y diálogo interno son dos formas tangibles de nuestro gasto de energía mental. Si se analiza a profundidad, se puede llegar a comprender el efecto que han tenido a lo largo de nuestra vida. Sólo para complementar la importancia y el poder que tiene el correcto manejo de nuestra energía mental y emocional, hablemos de algo un poco menos tangible.

Si analizamos los elementos de la teoría de sistemas, un aspecto crítico para que un sistema funcione de forma efectiva es una adecuada relación e intercambio de información y energía entre sus elementos. En nuestro desenvolvimiento dentro del entorno, estamos en interacción continua con el resto de los elementos del sistema llamado vida. Uno de los procesos más interesantes que ocurre en esta relación es el intercambio energético que se da entre cada persona y el resto de seres vivos que poblamos este planeta, es decir, sus semejantes, las plantas y los animales. Hay seres humanos con la capacidad de poder ver este flujo de energía, yo por lo pronto sólo puedo hablar de sus efectos tangibles.

A final de cuentas, la capacidad de ver este flujo energético es poder observar a otra frecuencia vibratoria los efectos de pensar, hablar o actuar. La cantidad de energía fluyendo depende del poder personal de quien actúa y del tipo de conducta ejecutada. Si hablamos, intercambiamos más energía que si sólo pensamos, pero menos que si actuamos. Si pensamos, hablamos y actuamos enfocados en algo, el intercambio de energía es altamente productivo. Pero si pensamos, hablamos, actuamos y experimentamos sentimientos y emociones, entonces se da el mayor flujo energético que puede ocurrir en una interacción entre un ser humano y su entorno. Por ejemplo, en nuestra relación con las plantas, ¿de qué depende la famosa "buena mano" para el cultivo y desarrollo de flores, matas y árboles? De pensar, hablar, actuar y sentir enfocados en la planta a desarrollar. Cuando tú le preguntas a alguien con "buena mano" cómo le hace para lograr tan bello jardín, la respuesta más común es "platico con mis plantas". En realidad, sí es la diferencia más tangible con respecto a alguien no tan efectivo en esta actividad. Sin embargo, la "buena mano" es resultado de pensamientos, palabras, acciones y sentimientos, es decir, de un flujo de energía alto entre la persona y la planta.

En nuestra relación con los animales pasa exactamente lo mismo. Del tipo de intercambio de energía que tengamos con ellos, depende nuestra "buena mano" para generar animales con buenas capacidades. Sin embargo, el intercambio de energía más frecuente que tenemos con nuestro entorno es con las personas con las cuales interactuamos. Y de nuestro poder personal dependerá si en el intercambio diario de energía tenemos suficiente para ofrecerles o vamos a intentar absorber la de ellos. Si tenemos alto poder personal, vamos a poder ofrecer energía para el crecimiento y evolución de hijos, esposa, familiares, amigos, subordinados, etc. Si tenemos bajo poder personal, no sólo vamos a tener poca energía para ofrecer a otros, además vamos a estar en una lucha inconsciente por la poca energía que exista a nuestro alrededor.

Las consecuencias concretas del bajo poder personal, por lo tanto, de lucha por energía, en los miembros de una familia, son: problemas de salud, celos, peleas continuas, vicios, crítica, reproches, regaños, golpes, expectativas, poca capacidad de cambio, entre otros. En una familia con miembros con alto poder personal, se genera desarrollo humano, crecimiento, evolución y una alta capacidad para amar, en otras palabras, alto nivel de calidad de vida.

En su novela *La profecía celestina*, James Redfield nos plantea un concepto muy interesante sobre el flujo de energía que se da entre los seres humanos y el mundo a nuestro alrededor. En relación con el flujo generado en las relaciones personales nos dice:

> El primer paso en el proceso de aclararse, para cada uno de nosotros, consiste en hacer consciente nuestro drama de control particular. Nada puede hacerse hasta que nos examinemos y descubramos cómo hacemos para manipular la energía... Recuerde que todos los miembros de nuestra familia vivían también su drama, tratando de extraer energía

de nosotros, mientras éramos niños. Por eso tuvimos que inventarnos una estrategia para recuperar la energía... -Una vez que descubrimos nuestro drama, ¿cuál es el siguiente paso? -Somos verdaderamente libres -dijo Sánchez reduciendo la marcha del coche para mirarme a los ojos -para hacer algo más que el acto inconsciente que realizamos. Como dije antes, podemos encontrarle un significado más elevado a nuestra vida, una razón espiritual al hecho de que hayamos nacido en una familia determinada. Podemos empezar a ver con claridad quiénes somos en realidad.

James nos plantea en su libro 4 **dramas de control** (conductas programadas) que desarrollamos los seres humanos para hacernos de la energía de los demás:

1. **Amedrentador.** Es aquella persona que amenaza verbal o físicamente generando miedo en las personas. El miedo es una manifestación de falta de energía. Si estamos bien y de pronto alguien origina que aparezca en nosotros el miedo o estrés, aquí tenemos el efecto de nuestra energía saliendo hacia el amedrentador.

2. **Interrogador.** Aquel que, a base de preguntar y sondear el mundo de otra persona, descubre algún error y lo bombardea con su crítica. La persona criticada, si cede al efecto de la crítica, será víctima de la pérdida de energía que fluirá al interrogador. Tan sólo recuerda cuando alguien te criticó algo; si te molestaste o generó dudas en ti, ahí tienes tangible el efecto de este drama. Dudar de uno mismo es consecuencia de la energía que en ese momento fluye de nosotros hacia el interrogador. No requerimos ver físicamente el flujo de energía, con sólo poner atención en estos casos podemos observar los efectos tanto en la persona criticada como en la que critica. Parece una locura, pero después de años de estar observando la vida diaria te puedo asegurar que está pasando todos los días en la mayoría de las interacciones humanas.

3. **Reservado.** Persona que genera una actitud distante, vaga, tímida o escurridiza. Este drama se genera en gente que estuvo mucho tiempo expuesta a un interrogador. Para poder librarse de la crítica intentará pasar desapercibida. De esta manera, al esquivar los ataques del interrogador, logrará desesperarlo y, por lo tanto, hacerse de su energía. Cuando observes a alguien mortificado por no poder hacer participar a una persona tímida, ya puedes imaginarte quién está "pirateándole" la energía a quién.

4. **Compasión ("pobre de mí").** Aquellos que, a través de la culpa, el dolor o la lástima intentarán obtener la energía de los demás. Cuando alguien empieza a contar las últimas tragedias que le han ocurrido, a quejarse de lo desamparado que vive, de que no le importa a nadie o de lo mal que lo trata la vida, aquí tienes el drama de **compasión**. El ciclo se completa y la energía fluye cuando quien escucha se siente mal por la suerte de la otra persona, por ser tan desconsiderado, despiadado o desinteresado. Intentar justificarse, sentir culpa o empezar a prometer son efectos posibles de la energía fluyendo hacia la persona con este drama de control. Como por arte de magia el sufrimiento mostrado por el autoconmiserado empieza a disminuir, ahora el dolor de cabeza, el malestar o la preocupación pasaron a la persona que fue víctima del "pobre de mí". **La energía es la misma, sólo cambió de contenedor.**

Estos dramas se generan desde nuestra niñez y son parte del 85% de instalación foránea que ya tenemos a los 8 años de edad. Por ejemplo, un padre **amedrentador** normalmente genera un hijo con drama de **compasión**. Una madre **interrogadora** ocasiona alta posibilidad de un drama **reservado** en sus hijos. Definitivamente, esto va a depender de la cantidad de energía que el niño posea desde su nacimiento. Si el niño no necesita entrar a la lucha por energía, será difícil que ceda la propia, sin embargo, desafortunadamente esto no es muy común. Cuatro programas, **dramas de control,** de nuestra incesante lucha por energía, consecuencia de no tener otras maneras de generar energía disponible.

Como mencioné, observar este flujo de energía no es tarea sencilla –al menos para mí–; no obstante, sus efectos están siempre tangibles a una persona con atención integral, es decir, con sus 5 sentidos, su sentimiento y su pensamiento enfocados a percibir estos efectos.

Una pareja de amigos me platicó una emergencia (de *emerger*) que se da en su sistema familiar. Cuando ellos llegan a tener una discusión enfrente de sus 2 hijos, se genera de inmediato una conducta de unión entre los niños. El mayor apoya a la pequeña en tareas, se manifiestan muestras de cariño entre ambos y conductas por el estilo. Si aplicamos el concepto de James a esta experiencia, podemos decir: en una discusión hay siempre salida de energía en ambas personas, por lo tanto, el flujo energético será de las 2 personas hacia otro lado. En el caso de mis amigos, las conductas generadas en los hijos serían un efecto de la recepción de energía salida de sus padres. Si pensamos en una discusión de pareja en donde los hijos lloran y se asustan, la energía de los hijos estará fluyendo hacia los padres para fortalecer su proceso de lucha.

Considerando el concepto anterior y el principio de conservación de la energía, yo parafraseo el **principio de energía disponible para los seres humanos:**

La energía para la vida en un ser humano no se crea, no se destruye, ni se puede guardar; sólo se obtiene, transforma y transfiere. A cuánta se accede cada día, dependerá de en qué se transforma y en cómo y a quién se transfiere.

2. Poder creativo del pensamiento

Todo pensamiento es creador, la mente es quien da origen a todo cuanto se presenta en la realidad. En cuanto una elección es realizada, la mente no descansará de crear hasta traerla a la realidad. La función creativa más importante de la mente es la autocreación; por esto, la importancia de hacer conscientes las concepciones sobre nosotros mismos que elegimos entre los 6 y 8 años de edad. Como parte de este proceso continuo de autocreación, un aspecto crítico es la facultad para corregir lo que está equivocado en nosotros, a través del **proceso de mejoramiento de sí mismo.** Además, cada nuevo elemento descubierto de nuestra identidad original le da a nuestra mente nuevos recursos y medios para mejorar el proceso creativo. El reto más importante para un ser humano, con respecto a su mente, es llegar a un proceso en el cual en cada momento se está **creando una respuesta espontánea** a cada una de las experiencias de vida.

El dominio pleno del proceso creativo es clave de acceso a nuestra capacidad para crear calidad de vida. Crear es un acto en donde se pone de manifiesto nuestra semejanza con Dios. Todo es mente, pensamiento, energía, Dios. Como escribe Donald Walsch en su libro *Conversaciones con Dios*:

> El pensamiento es energía pura. Cualquier pensamiento que tengáis, hayáis tenido o vayáis a tener es creador. La energía de vuestro pensamiento nunca muere. Nunca. Abandona vuestro ser y se dirige al universo, expandiéndose por siempre. Un pensamiento es para siempre. Todo pensamiento se coagula; todo pensamiento choca con otros pensamientos, entrecruzándose en un extraordinario laberinto de energía, formando una estructura en continuo cambio de indescriptible belleza e increíble complejidad.

Ser capaz de mantener la mente enfocada, de lograr parar el diálogo interno y el silencio interno es una habilidad con la cual se hace posible el descubrimiento del mundo real, la realidad aparte, la voluntad original. En su libro *Pases mágicos*, Carlos Castaneda nos plantea las enseñanzas de don Juan, chamán del antiguo México, en relación con el silencio interno:

> Lo definía como el estado natural de la percepción humana, en el cual los pensamientos se encuentran bloqueados y todas las facultades del hombre operan a partir de un nivel de consciencia que no requiere la intervención de nuestro sistema cognitivo cotidiano... Según don Juan, cuando la percepción humana funciona en una condición de silencio interior, es capaz de alcanzar niveles indescriptibles.

Silencio interno es dejar de pensar, manteniéndose consciente. Despierto, pero sin pensar. Es como llegar a un estado de meditación profundo, permaneciendo consciente del ser. Silenciar la mente tiene el extraordinario poder de ir eliminando **la instalación foránea,** es decir, los filtros aprendidos. Con esto, se logra la expansión de nuestros pensamientos hacia la consciencia espiritual. Un reto al cual se debería enfocar todo ser humano es lograr de 5 a 20 minutos seguidos de silencio interno, es decir, sin pensar. Lograr parar el diálogo interno de toda una vida es una tarea realmente difícil para la mayoría de nosotros. Al principio, se requiere de un espacio en donde se pueda estar solo, sin mucho ruido. Se va a tratar de dominar el pensamiento.

Cuando alguien logra la habilidad para silenciarlo por 10 minutos, su pensamiento, en cualquier momento dado, estará accediendo a uno de los poderes más trascendentes para cualquier ser humano. La razón: empieza a ser dueño del proceso por medio del cual se crea todo lo que existe. Además de eliminar el diálogo interno repetitivo que le da vida a toda emoción negativa, a las adicciones y a la mayoría de las enfermedades etiquetadas como hereditarias. Sin pensamientos no hay acción o conducta. Dejar la mente en blanco frena absolutamente cualquier conducta. Enfocar el pensamiento y parar el diálogo interno. ¿Qué sigue? ¿Puedes calcular el **tiempo mental disponible** que esto te daría? **Este tiempo libre es para poner los pensamientos necesarios para crear las elecciones conscientes por medio de las cuales le estarás dando vida a la creación de tu destino.**

Te comparto los pensamientos que la Madre Teresa expresa en su libro *El amor más grande*, sobre el silencio interno:

> Es difícil orar si no se sabe orar, pero hemos de ayudarnos. El primer paso es el silencio. No podemos ponernos directamente ante Dios si no practicamos el silencio interior y exterior. El silencio interior es muy difícil de conseguir, pero hay que hacer el esfuerzo. En silencio encontramos nueva energía y una unión verdadera. Tendremos la energía de Dios para hacer bien todas las cosas, así como la unidad de nuestros pensamientos con Sus pensamientos, de nuestras oraciones con Sus oraciones, la unidad de nuestros actos con Sus actos, de nuestra vida con Su vida. La unidad es el fruto de la oración, de la humildad, del amor. Dios nos habla en el silencio del corazón. Si estás frente a Dios en oración y silencio, Él te hablará; entonces sabrás que no eres nada. Y sólo cuando comprendemos nuestra nada, nuestra vacuidad, Dios puede llenarnos de Sí mismo. Las almas de oración son almas de gran silencio. El silencio nos da una nueva perspectiva acerca de todas las cosas. Necesitamos silencio para llegar a las almas. Lo esencial no es lo que decimos sino lo que Dios nos dice y lo que dice a través de nosotros. En ese silencio Él nos escucha; en ese silencio Él le habla al alma y en el silencio escuchamos Su voz.

Pocas cosas más bellas, pocas cosas más profundas.

3. Conocimiento que se posee

El conocimiento más importante: conócete a ti mismo. (Lleva más de 2,000 años en el tintero). Este es el saber más importante, ya que es el camino más viable para llegar al conocimiento trascendente: Dios. (Por estar creados a su imagen y semejanza). Los seres humanos y la naturaleza, las 2 fuentes inagotables de conocimiento accesibles todos los días, a cualquier hora y en todo lugar, tienen dentro de sí los secretos más profundos de su Creador y, ahí están, a nuestro alcance siempre. Lo único que requerimos es un poquito de humildad y un mucho de atención integral para aprender cuanto nos pueden enseñar. Cada persona es un libro el cual se puede leer con sólo dedicarle un poco de tiempo. Todos y cada uno nosotros somos diferentes y, en esta divergencia, existe la más grande oportunidad de aprender entre nosotros.

En la naturaleza, presente siempre a nuestros ojos dormidos, están las leyes universales que nos rigen, latentes, sutiles pero manifiestas, mas no para nuestro sistema de percepción actual. Requerimos eliminar algunos filtros para poder percibir estas leyes.

Los libros son la fuente de acceso a la esencia y corazón del conocimiento más rápida en este mundo. En un libro tienes el privilegio de conocer, en una cantidad relativamente pequeña de tiempo, lo que a alguien le llevó conocer y demostrar 5, 10, 20 años o, en ocasiones, toda una vida. Acceder regularmente a esta fuente de conocimiento lo considero uno de mis privilegios más grandes. Desgraciadamente, para la mayoría de las personas la lectura con fines de conocimiento son una conducta casi olvidada.

Desde luego, estoy convencido de la necesidad de mantenernos en continua formación a través de las fuentes formales de acceso al conocimiento: doctorados, maestrías, diplomados, seminarios, cursos, talleres, es decir, toda posibilidad de educación formal a la cual se tenga oportunidad de acceder.

El cine es una extraordinaria fuente de conocimiento: en los argumentos de algunas películas se plantean hipótesis de investigación y conceptos muy interesantes y normalmente de vanguardia. Creo que algunos secretos escapan a las puertas herméticamente cerradas de los más prestigiados laboratorios, centros de investigación y áreas militares del mundo, a través del cine, y son traídos hasta la comodidad de nuestra casa en una película. Sólo se requiere una consciencia despierta e inquieta tratando de acceder a más conocimiento para aumentar el poder creativo de sus pensamientos.

Finalmente, y en general, la búsqueda del conocimiento es una actitud a mantener las 24 horas de cada día. El nuevo conocimiento se encuentra a la vuelta de la esquina, en una frase de tu hijo de 4 años, en un comercial de televisión, en el vuelo de un pájaro, en el último sueño, en la placa de un autobús, es decir, en la vida diaria. Ahí, puede estar la información necesaria, el dato que falta o la palabra clave para terminar de comprender ese último concepto por medio del cual se podrá resolver esa inquietud que anda dando vueltas en nuestra cabeza.

En fin, como se podrá percibir, fuentes de conocimiento hay muchas, sólo falta la actitud de aprender. Dejar para mañana nuestra preparación y búsqueda del conocimiento es decirle no al incremento de nuestro poder personal. Y es lo mismo que decir: "Lo que soy, tengo y hago en este momento, está bien; no necesito más; los conocimientos que poseo hoy serán suficientes para vivir mejor mañana". Un pensamiento como este es apostar el futuro al caballo que lleva perdiendo toda la temporada, aun y cuando siempre llega en segundo o tercer lugar.

Bibliografía

(1) El lado activo del infinito. Carlos Castaneda. Barcelona, España, Ediciones B, S.A.

(2) Diccionario etimológico castellano en línea. http://etimologias.dechile.net/

(3) El Poder del Conocimiento en Acción. Miguel Angel Aldape Ramírez. Edición particular 2001

(4) Mensajes del agua. Masaru Emoto. Editorial libre de marzo

(5) Los tres ojos del conocimiento. Ken Wilberg. Kairós

(6) Aprendizaje Dinámico con PNL. Robert B. Dilts y Todd A. Epstein. Barcelona, Urano

(7) Pasos hacia una ecología de la mente. Gregory Bateson. Buenos Aires, Argentina, Ediciones Lohlé – Lumen

(8) Siga esta ruta. Curt Coffman; José Gabriel González Molina. Ediciones Empresa Activa

(9) La rueda del tiempo. Carlos Castaneda. México, Plaza & Janés Editores, S.A.

(10) Las enseñanzas de Don Carlos. Víctor Sánchez. México, Lectorum

(11) Piense y hágase rico. Napoleón Hill. México, Grijalbo

(12) Poder sin límites. Anthony Robbins. México, Grijalbo

(13) Su comida ¿veneno o salud? James D´Adamo. León, España, Everest

(14) Duerma menos viva más. Everett Mattlin. México, Compañía Editorial, S.A./Editorial Diana

(15) La Profecía Celestina. James Redfield. México, Planeta

(16) Conversaciones con Dios. Neale D. Walsch. México, Grijalbo

(17) Pases Mágicos. Carlos Castaneda. Buenos Aires, Argentina, Editorial Atlántida, 1998

(18) El amor más grande. Madre Teresa. Barcelona, Urano, 1997. Págs. 25 y 26.

Otros libros del autor:

Gestión de capacidades: La vida desde el quinto nivel. Miguel Ángel Aldape Ramírez. 2008. Sin editar

Gestión del Talento. Miguel Ángel Aldape Ramírez. 2010. Sin editar

Made in the USA
Columbia, SC
24 June 2023

18765556R10261